汽车新技术系列教材

大众车系新电器培训教程

中国劳动社会保障出版社

图书在版编目(CIP)数据

大众车系新电器培训教程/杨庆彪主编．—北京：中国劳动社会保障出版社，2008
ISBN 978－7－5045－6995－0

Ⅰ．大… Ⅱ．杨… Ⅲ．汽车-电气设备-技术培训-教材 Ⅳ．U463.6

中国版本图书馆 CIP 数据核字（2008）第 061653 号

中国劳动社会保障出版社出版发行

（北京市惠新东街 1 号 邮政编码：100029）

出 版 人：张梦欣

*

新华书店经销

北京新华印刷厂印刷 三河市华东印刷装订厂装订

787 毫米×1092 毫米 16 开本 23 印张 530 千字

2008 年 5 月第 1 版 2008 年 5 月第 1 次印刷

定价：42.00 元

读者服务部电话：010－64929211

发行部电话：010－64927085

出版社网址：http://www.class.com.cn

前言

随着汽车工业的发展，汽车电子技术、新能源技术以及检测与维修技术逐渐成为汽车技术发展的热点。自 20 世纪 50 年代汽车技术与电子技术开始结合以来，电子技术在汽车工业中的应用范围越来越广，尤其是近十年，电子技术在汽车工业中迅速发展，汽车电子控制系统提高了汽车的动力性、经济性、安全性、舒适性。在汽车新能源方面，随着世界能源危机和环保问题日益突出，世界各大汽车公司纷纷致力于开发新能源与新燃料汽车，近几年柴油电控发动机和混合动力车辆已经大批量面世，新能源汽车获得了长足发展。随着汽车技术的发展，特别是电子技术、计算机技术在汽车上的应用，汽车故障诊断从传统的听、看、闻等经验诊断方式，向以集成化、智能化的诊断设备为手段，以信息技术为依托的现代汽车故障诊断技术发展。

面对汽车新电器、新能源及诊断维修技术三方面的迅猛发展，传统教材已经无法满足培养技术、维修人员的实际需求。在这一形势下我们首先组织开发了汽车新电器培训教材，包括《大众车系新电器培训教程》《丰田车系新电器培训教程》《通用车系新电器培训教程》三本，以后还要陆续开发汽车新能源培训教材与汽车诊断维修培训教材等。

汽车新电器培训教材围绕当今典型车系上应用的电器新系统与新技术，通过大量典型车型电器结构实物图、原理图、电路图，进行了较为全面、翔实的介绍。考虑到在理解结构原理与检测方法上有一定的难度，本系列教材先讲解系统组成、元件位置、元件结构与工作原理，再讲解系统的工作过程、电路控制与电路分析，引导读者对各系统进行必要的认识，在理解结构原理的基础上逐步掌握各系统的检测与维修技能。

本系列培训教材适合汽车维修从业人员培训使用，尤其适合作为汽车技术培训高级班学生用教材，也可作为职业院校教师参考用书。

在教材编写过程中得到了李一骏、陶树恩、梁少波、何思洪等的大力支持，在此表示感谢。

劳动和社会保障部教材办公室

简介

本书以“大众”车系为主要车型，全面介绍“大众”车系上应用的电器新系统与新技术，主要包括有提高汽车驾驶性与舒适性的雨水感应式雨刷系统、随速助力转向系统、分区域独立控制恒温自动空调系统、无钥匙进入和起动授权系统、自动应空气悬挂系统、脚踏驻车制动与电控制动系统；增强行驶安全性的氙气大灯与大灯射程控制系统、轮胎压力监控系统、主动巡航控制系统、ESP电子稳定程序制动系统、安全气囊与张紧式安全带系统以及提高全车系统信息整合性和更加人性化的信息娱乐系统、双蓄电池的车内电网管理系统、电源管理系统、多路传输系统、中控门锁与电子智能防盗系统、光纤通信技术与多媒体MOST总线等。在介绍新系统新技术工作原理的基础上，分别讲解了各系统的电路控制与电路分析。

参与本书编写的有杨庆彪、张贺平、张涛、王玉海、黄立新、陈岚、曾建辉、朱智富、黄忠洲、韩名宪、吴红军、王捷、陶树恩、李一骏、王佳、周波、宁建涛、顾金兰、付亚军、蒋万岭、杨兆春、郭捷、刘志国、段志东、叶华、刘永福等，主编杨庆彪，主审何恩洪。

目录

CONTENTS

第一章 LIN总线控制的雨水感应式雨刷器

第一节 雨水感应传感器

雨水感应传感器是一种组合传感器，该传感器具有辅助控制功能，可免除驾驶员手动接通行车灯的麻烦，还可以根据前风挡玻璃的湿度情况来控制雨刷器。这种传感器的开发将雨水与感应两种功能集成在一个小型壳体内，又被称为雨水和光强度识别传感器，如图 1—1—1 所示。

一、雨水感应传感器安装位置

雨水感应传感器安装在前风挡玻璃上车内后视镜的安装底座内，通过 LIN 总线连接到供电控制单元，如图 1—1—2 所示。

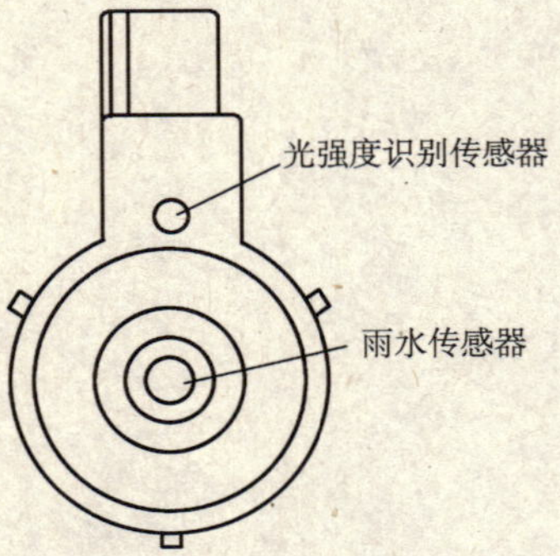

图 1—1—1　雨水感应传感器

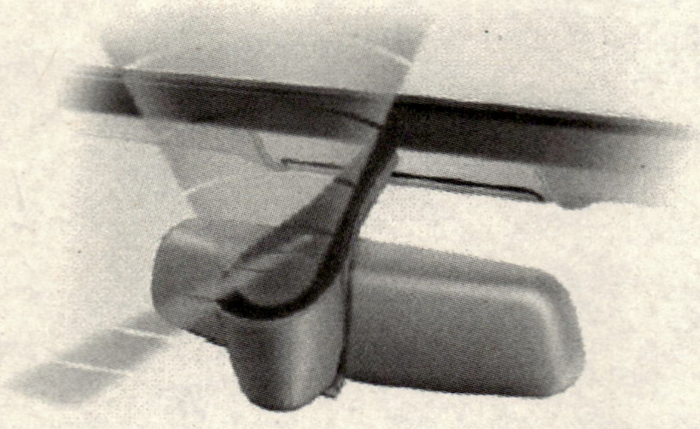

图 1—1—2　雨水感应传感器安装位置图

二、雨水感应传感器的功能

电控单元可根据光强度识别传感器的信号自动接通及关闭行车灯、激活回家/离家功能、实现白天/夜晚识别。在拂晓、黄昏、黑暗中、驶入穿行隧道或在树林里行驶时，光强度识别传感器会发送信息到供电控制单元上，接通行车灯。

为了能识别出诸如树林内的道路以及穿行隧道等环境状况，光强度识别传感器接收来自两个区域内的光强度信号。全区表示紧靠车附近的亮度，而前区表示车辆前部区域的光线情况，如图 1—1—3 所示。

电控单元还可根据雨水感应传感器感应的前风挡玻璃的沾水湿润程度，实现雨刷器七个速度挡的自动接通和关闭，同时在下雨时自动接通行车灯。

当雨刷开关置于“Intervall”（间歇）时，雨水传感器即被激活。驾驶员也可以通过雨刷器间歇工作调节器的四个灵敏度来设置雨水感应传感器，在这种模式下则不再需要参考刮水动作（激活雨水感应传感器时的刮水动作）。刮水开关就可以总是保持在间歇位置。出于安全考虑，只有在车速超过 16 km/h 或通过雨刷器间歇工作调节器来改变其工作灵敏度时，雨水传感器才会被激活。

图 1—1—3　传感器作用示意图

三、雨水传感器工作原理

雨水传感器可根据光折射的原理来判断前风挡玻璃的湿度情况，该传感器内集成有环形的发光二极管，这个发光二极管在乘员舱内透过前风挡玻璃发射出红外线，如图 1—1—4 所示。

如果玻璃处于干燥状态，那么红外线光由玻璃的表面反射回来，则集成在该传感器中央的光电二极管能接收到较多的光，如图 1—1—5 所示。

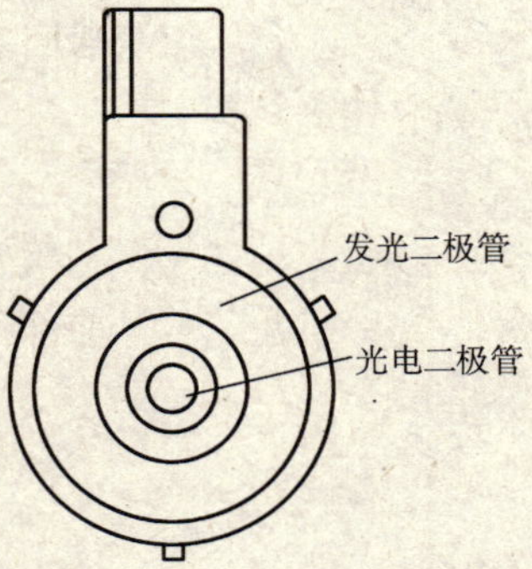

图 1—1—4　雨水传感器结构图

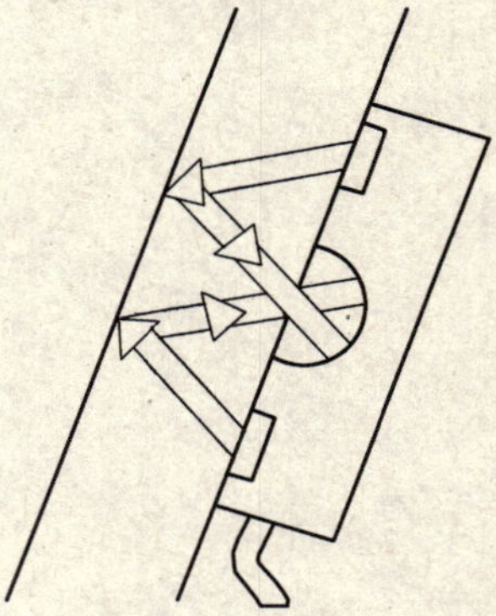

图 1—1—5　雨水传感器工作原理图 1

如果玻璃浸湿了，玻璃表面因水滴的作用会发生散射，反射的光量就减少了，那么光电二极管接收到的光也就减少了，于是信号电压就发生了改变，如图 1—1—6 所示。

要使传感器的发光二极管发出光线，光电二极管接收到光线后产生电压信号，就需要给发光二极管提供电流，即需要提供电源与搭铁回路，其信号是直接通过 LIN 总线发送的，该传感器线路连接如图 1—1—7 所示。

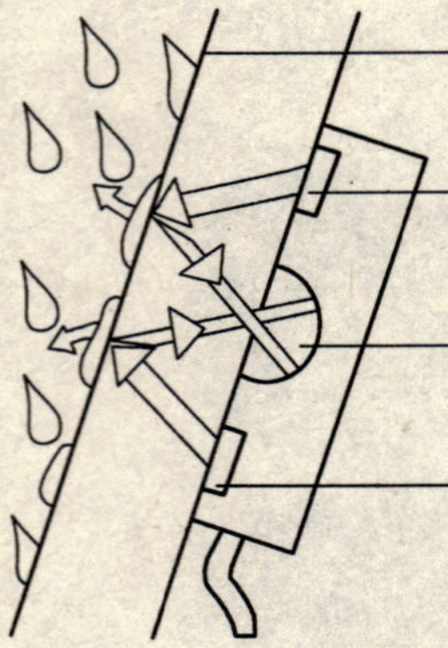

图 1—1—6　雨水传感器工作原理图 2

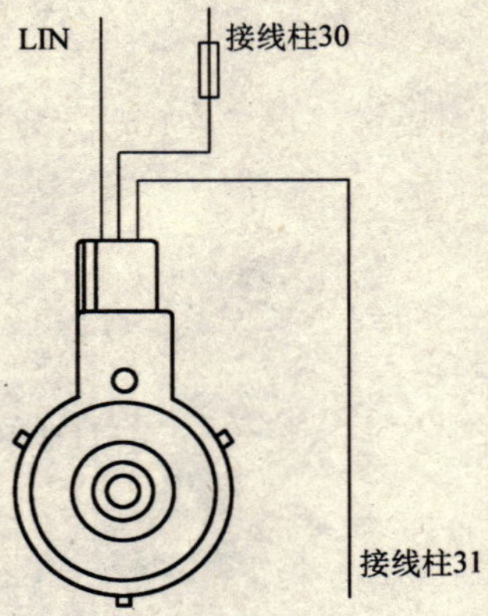

图 1—1—7　传感器电路连接图

第一章 LIN总线控制的雨水感应式雨刷器

第二节 雨刷控制单元

一、雨刷电动机控制单元

新款奥迪 A6 轿车上的雨刷电动机控制单元与奥迪 A8 轿车相同，控制单元与雨刷电动机集成在同一个元件内部。该控制单元是通过 LIN 总线与供电控制单元连接在一起的，控制单元实物图如图1—2—1所示。

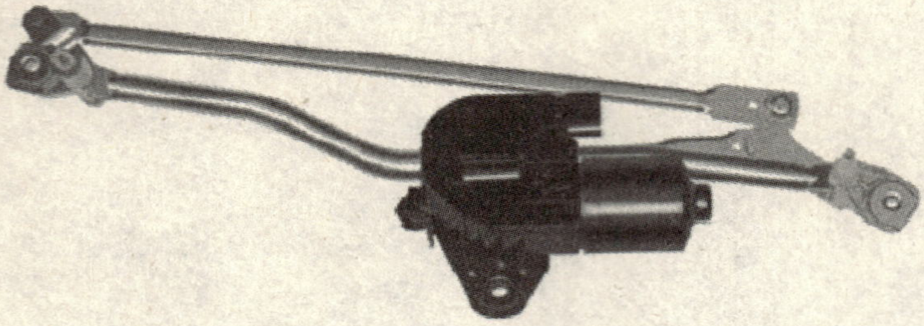

图 1—2—1　雨刷控制单元实物图

雨刷电动机控制单元控制雨刷工作有间歇挡位、点动刮水挡位、1 挡刮水挡位、2 挡刮水挡位。如图 1—2—2 所示，雨刷电动机控制单元可根据雨水传感器检测到的雨量信号控制雨刷自动工作，在完成清洗玻璃刮水过程后 5 s 再刮一次水（仅在车速＞5 km/h 时），以防止玻璃上产生水滴。同时雨刷电动机控制单元还控制风挡玻璃清洗泵的工作，其电路连接如图 1—2—3 所示。

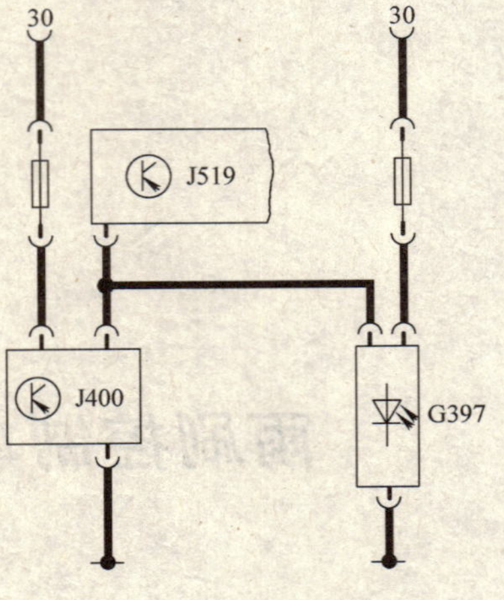

图 1—2—2　控制单元与传感器间的通信

G397—雨水感应传感器　J400—雨刷电动机控制单元

J519—供电控制单元

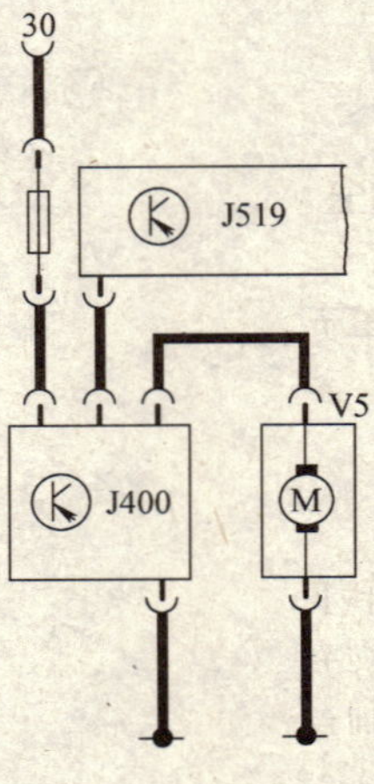

图 1—2—3　对风挡玻璃清洗泵的控制功能

J400—雨刷电动机控制单元　J519—供电控制单元

V5—风挡玻璃清洗泵

如果在雨刷电动机正在工作时打开了发动机舱盖，那么雨刷电动机会立即停止工作。如果在风挡玻璃清洗泵工作时打开了发动机舱盖，那么该泵也会被立即关闭。发动机舱盖是否打开由两个接触开关来识别，这两个开关信号被发送到供电控制单元 J519 上。

供电控制单元通过 LIN 总线给雨刷电动机控制单元提供所需要的信息，以便执行雨刷器的各种功能。用于启动风挡玻璃清洗泵 V5 的信息是由转向柱电气控制单元 J527 发送到舒适系统 CAN 总线的。供电控制单元 J519 在接收到信息后，又通过 LIN 总线将信息继续传送到雨刷电动机控制单元 J400，J400 随后启动挡风玻璃清洗泵 V5，雨刷器就开始工作，其电路控制如图 1—2—4 所示。

雨刷器功能的启动信号由转向柱电气控制单元 J527 通过舒适系统的 CAN 总线发送至供电控制单元 J519。供电控制单元 J519 通过 LIN 总线将包含相应雨刷功能的信息发送到雨刷电动机控制单元 J400，控制单元控制雨刷电动机工作，其电路连接如图 1—2—5 所示。

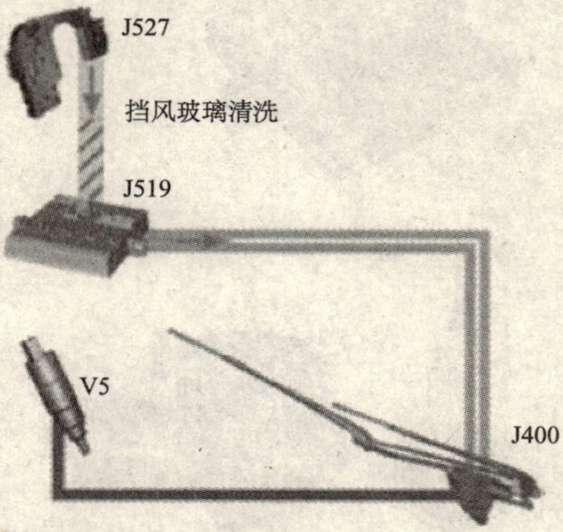

图 1—2—4　风挡玻璃清洗泵的启动电路

J519—供电控制单元　J527—转向柱电气控制单元

J400—雨刷电动机控制单元　V5—风挡玻璃清洗泵

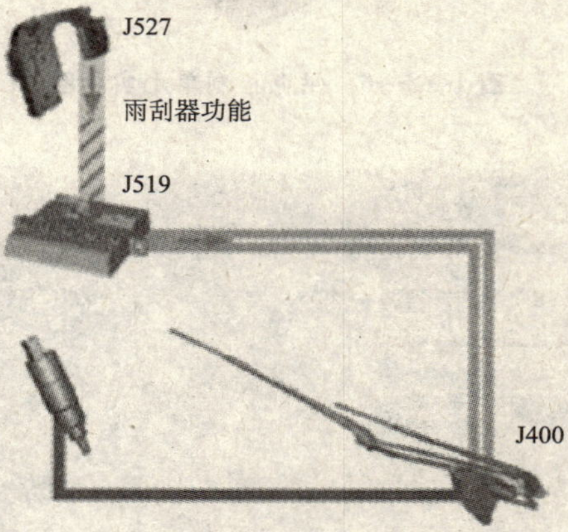

图 1—2—5　雨刷电动机的工作电路

J519—供电控制单元　J527—转向柱电气控制单元

J400—雨刷电动机控制单元

二、供电控制单元

供电控制单元的实物如图 1—2—6 所示。

供电控制单元的任务是读入开关的信息，控制至雨刷电动机控制单元的功率输出，并通过 LIN 总线控制雨水感应传感器，如图 1—2—7 所示。

如果舒适系统中央控制单元 J393 失效，那么供电控制单元 J519 就会替代它来实现主功能，J519 会将转向信息发送到 CAN 总线上。供电控制单元的软件可以实现应急功能，如果识别出旋转式灯开关有故障，或该开关的导线断路，那么供电控制单元会自动接通行车灯。另外，供电控制单元还可实现转向柱调节、脚坑照明、变速杆位置照明、前面和侧面转向信号、喇叭控制、风窗清洗泵控制、转向柱记忆等功能。供电控制单元装在仪表板左侧的后部，取下脚坑盖板就可看到，如图 1—2—8 所示。

三、智能型雨刷器控制功能

1. 雨刷器的工作挡位

雨刷器有间歇、慢速、快速、点动刮水 4 挡，当车速为 0 时会自动降速一挡，起步之后

图 1—2—6　供电控制单元实物图

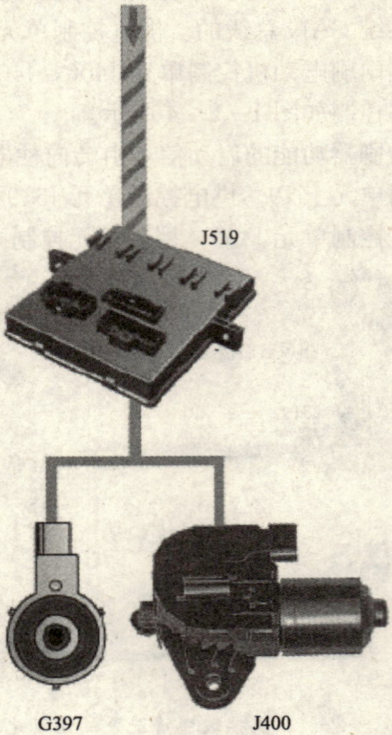

图 1—2—7　供电控制单元 LIN 控制电路示意图

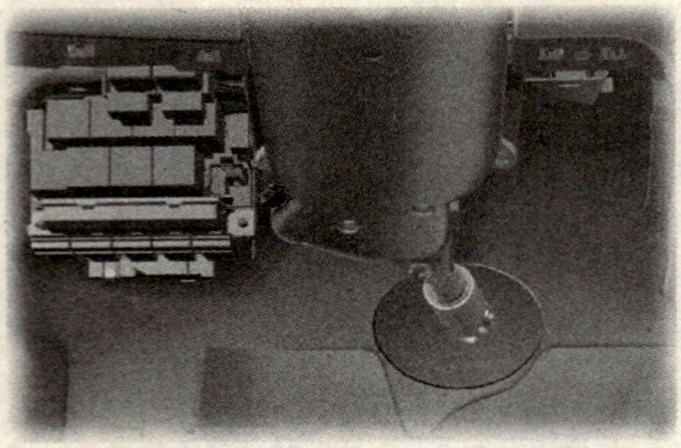

图 1—2—8　供电控制单元安装位置图

恢复设定的刮水速度。如在间歇挡，间隔时间与车速成反比。雨刷操纵杆向下拨一下可短促刮水一次，如保持在该位置 2 s 以上，刮水器开始加快刮水速度。

可根据雨水传感器检测到的雨量信号控制雨刷器自动工作的功能，在完成清洗玻璃刮水过程后 5 s 再刮一次水（仅在车速>5 km/h 时），防止玻璃上产生水滴。同时雨刷控制单元还控制风挡玻璃清洗泵的工作。向方向盘方向拉操纵杆，清洗器立即开始工作，刮水器随后开始刮水。如车速超过 120 km/h，清洗同时工作。如果松开操纵杆，则清洗器停止工作，刮水器继续工作约 4 s。

2. 智能型雨刷器的其他功能

（1）停车并关闭点火开关后 10 s 内，启动雨刷间歇挡，雨刷可停在风挡最上端，此时方可将雨刷臂扳起，可以进行维修以避免冬季下雪天气发生雨刷冻结。

（2）雨刷在摆动过程中遇到障碍物或冻结在风挡上时，尝试推动 5 次，如失败，雨刷停在此位置不动，可避免传统雨刷器一直耗尽电源的弊端。

（3）随车速、雨量的变化自动调整刮刷速度。

（4）雨刷片停在发动机盖内，不干扰视野。

（5）关闭雨刷器 5 s 后，再刮一次，以清除水滴。

（6）发动机舱开启，雨刷器自动停止，发动机机舱盖打开的状态下，雨刷器没有动作，防止发生干涉而损坏雨刷器。

(7) 雨刷器具有防盗功能，雨刷器收到发动机舱盖下面后，无法将雨刷器扳起盗走。

(8) 挂倒挡时，后风窗玻璃刮水器刮水一次，如刮水器操纵杆处于慢速或快速刮水位置并挂倒挡，则后风窗刮水器动作。

(9) 向前推雨刷器操纵杆，后风窗玻璃约隔 6 s 刮水一次。

(10) 软停止功能使得雨刷片磨损小，为了防止刮片的变形损坏，雨刷在每次开关关闭时刮臂都会轻柔地回到风挡的下沿，每次的停止位置不同，每隔一次在停止位置稍许退回，将雨刷片翻过来，这样可以延缓橡胶雨刷片的老化。

(11) 每次启动发动机时，两只雨刷臂都会轻轻地跳动一下，将雨刷片翻转，此项动作能延缓橡胶雨刷片老化。

第一章 LIN总线控制的雨水感应式雨刷器

第三节
雨刷系统的LIN总线控制

一、雨刷器的 LIN 总线控制

大众、奥迪在新款车型中采用了 LIN 总线控制的智能雨刷器系统，该系统采用 LIN 总线控制工作，LIN 总线是一个连接主控制器与其部件的子系统，如图 1—3—1 所示，这些部件包括控制器、开关、传感器、执行器等，这种方式的连接和数据传递方式在更多的车型与系统中应用，LIN 总线作为子系统可以节省费用，在一辆车里可以存在多个 LIN 总线子系统输出不同的功能。每个 LIN 总线系统由一个主控制器和一个或多个附属控制器组成。附属控制器通过主控制器与 CAN 总线通信。其他的 LIN 总线子系统均可与 CAN 总线进行数据交换。

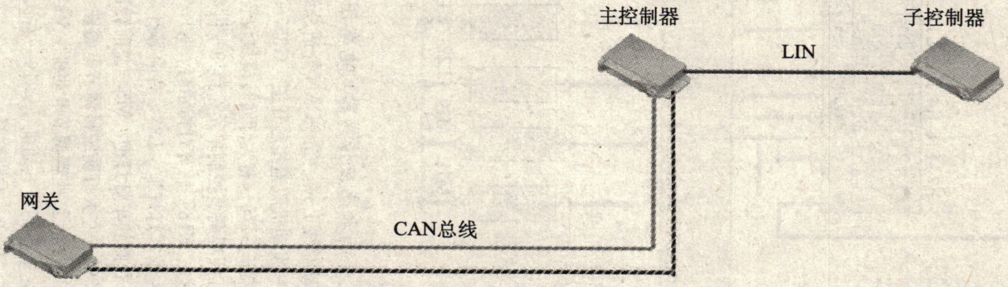

图 1—3—1　LIN 总线通信示意图

LIN 总线数据的传递速率介于 1～20 kbit/s 之间，传递速率的快慢取决于其位于舒适总线及信息娱乐总线的地址设定。LIN 总线的线材基础颜色为紫色，带有一点白色识别色，直径为 0.35 mm，单线传输没有屏蔽。信号传递波形为高低电平的矩形波（介于蓄电池额定电压与 0 V 之间），附属控制器有多功能方向盘、雨刷电动机等，执行器有防盗报警喇叭等，传感器有车身水平传感器等。LIN 总线控制的优点包括可以减少线束，减轻车辆装备质量，减少干扰，由于插接器减到最少而减轻维修难度。舒适系统电路如图 1—3—2 所示，雨刷器与清洗器开关电路如图 1—3—3 所示，雨刷电动机与清洗泵电路如图 1—3—4 所示。

二、系统故障诊断与设定

雨水和光强度识别传感器须通过供电控制单元来完成自诊断。如果更换了供电控制单元 J519、转向柱或转向柱调节开关 E167，必须对转向柱进行轴向和垂直方向位置的基本设定。通过执行元件检测可以完成雨刷器上回转位置、雨刷器下回转位置、风窗清洗泵 V5 的检查。

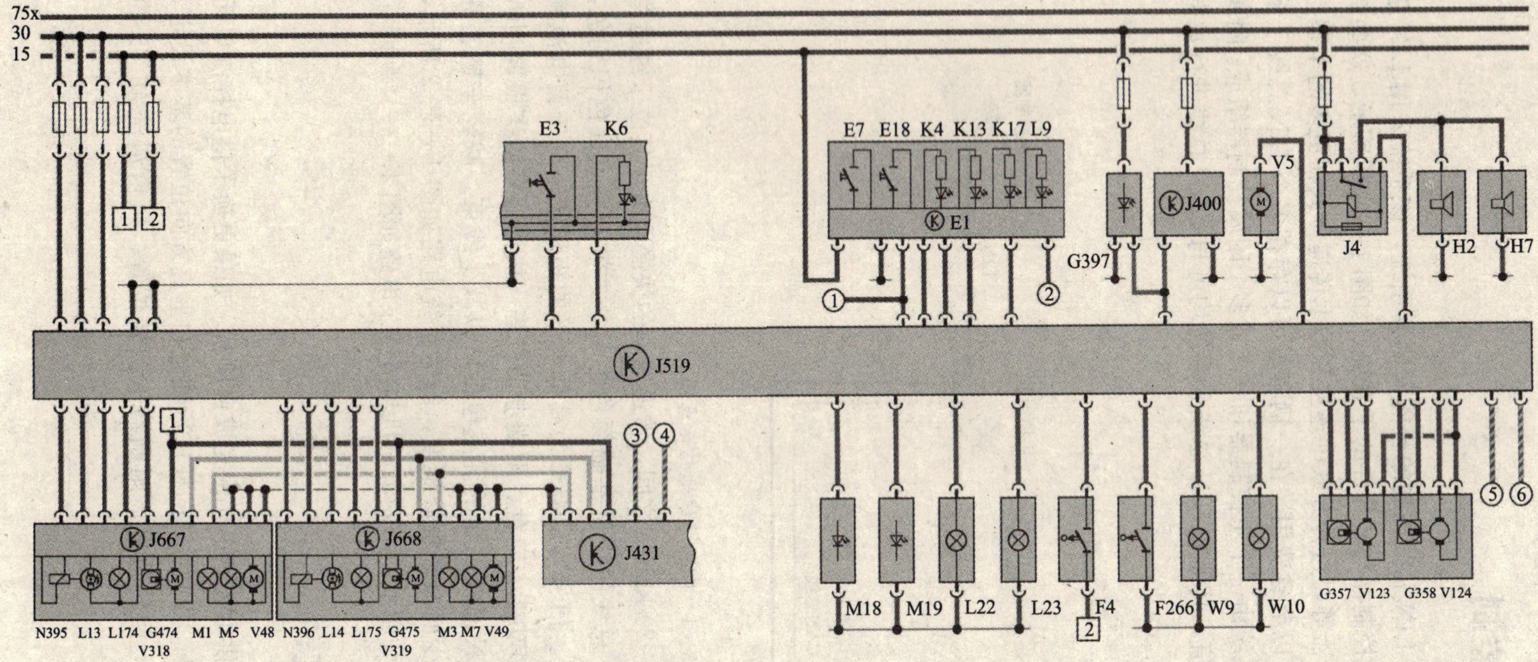

图 1—3—2　舒适系统（含雨水感应传感器）电路图

①—接线柱 58　②—接线柱 58 s　③—CAN 驱动总线 High　④—CAN 驱动总线 Low　⑤—CAN 舒适总线 High　⑥—CAN 舒适总线 Low　E1—灯开关　3—报警闪光开关　E7—前雾灯开关　E18—后雾灯开关　F4—倒车灯开关　F266—发动机舱盖接触开关　G357—转向柱垂直调节传感器　G358—转向柱轴向调节传感器　G397—雨水和光强度识别传感器　G474—左大灯回转模块位置传感器　G475—右大灯回转模块位置传感器　H2—高音喇叭　H7—低音喇叭　J4—双音喇叭继电器　J400—清洗电动机控制单元　J431—大灯照程调节控制单元　J519—供电控制单元　J667—左大灯功率模块　J668—右大灯功率模块　K4—驻车灯指示灯　K6—警报闪光指示灯　K13—后雾灯指示灯　K17—前雾灯指示灯　L9—灯开关照明灯泡　L13—左侧气体放电灯泡　L14—右侧气体放电灯泡　L22—左前雾灯灯泡　L23—右前雾灯灯泡　L174—左侧白天行车灯灯泡　L175—右侧白天行车灯灯泡　M1—左侧驻车灯灯泡　M3—右侧驻车灯灯泡　M5—左前转向灯灯泡　M7—右前转向灯灯泡　M18—左侧侧面转向灯灯泡　M19—右侧侧面转向灯灯泡　N395—左大灯防眩目调节电磁铁　N396—右大灯防眩目调节电磁铁　V5—风窗清洗泵　V48—左大灯照程调节电动机　V49—右大灯照程调节电动机　V123—转向柱垂直调节电动机　V124—转向柱轴向调节电动机　V318—左大灯转弯灯光动态调节电动机　V319—右大灯转弯灯光动态调节电动机　W9—左脚坑灯　W10—右脚坑灯

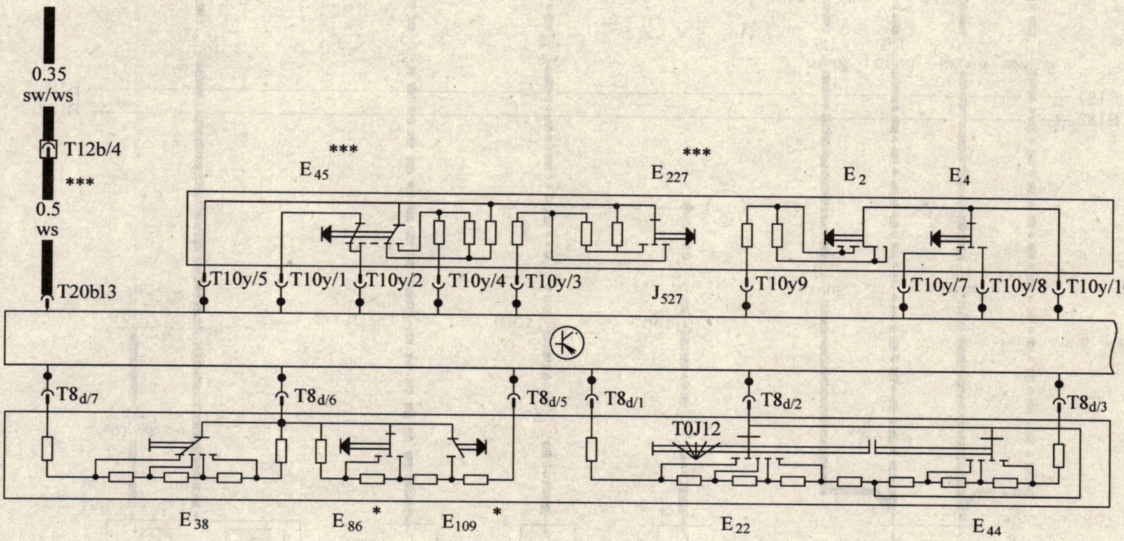

图 1—3—3　雨刷器与清洗器开关电路图

E4—手动防眩目功能和远光灯瞬时接通功能开关　E22—间歇式雨刷器运行开关　E38—车窗玻璃雨刷器间歇运行调节器　E44—车窗玻璃清洗泵开关（刮水一清洗自动装置和大灯清洗装置）　E45—定速巡航装置开关　E86—多功能显示器调用按钮　E109—多功能显示器存储开关　E227—定速巡航装置 Set（设置）按钮　J527—转向柱电子装置控制单元　T8d　芯插头连接　T10y 芯插头连接　T12b 芯插头连接，在排水槽内左侧插头连接的保护壳中　T20b 芯插头连接　*—仅用于带多功能显示器的汽车　***—仅用于带定速巡航装置的汽车

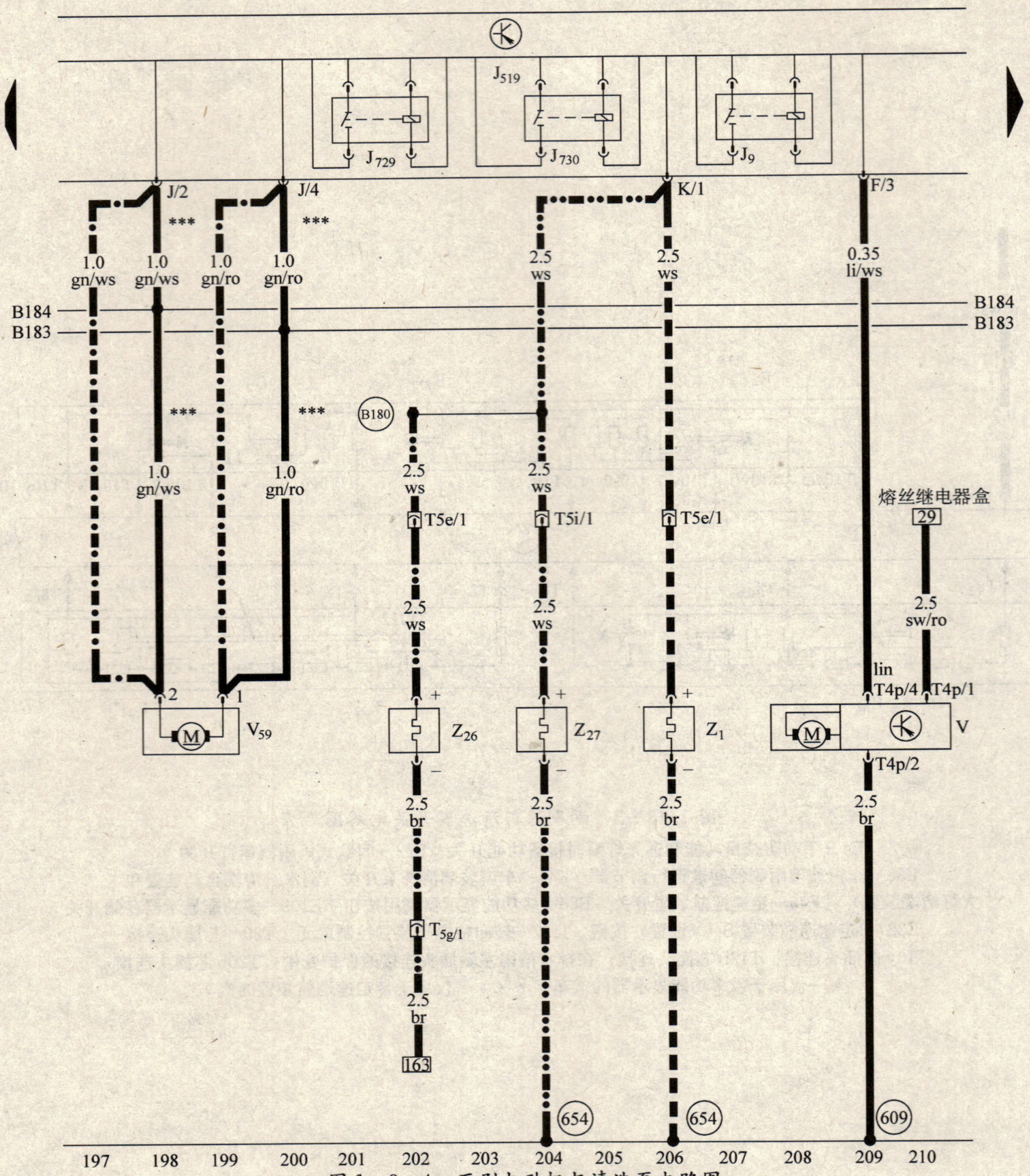

图 1—3—4 雨刷电动机与清洗泵电路图

J9—可加热后窗玻璃继电器 J519—车载电网控制单元 J729—双清洗泵继电器 1 J730—双清洗泵继电器 2
T4p—芯插头连接 T5e—芯插头连接，在左后侧围板内 T5g—芯插头连接，在左后侧围板内
T5i—芯插头连接，在右后侧围板内 V—雨刷电动机 V59—挡风玻璃清洗泵和后窗玻璃清洗泵
Z1—可加热式后窗 Z26—左侧翼形门上的可加热式后窗玻璃 Z27—右侧翼形门上的可加热式后窗玻璃
(609)—排水槽内右侧的接地点 (654)—接地点，右侧 D 柱 (B180)—连接（可加热式后窗玻璃），在车内导线束中 ＊＊＊—仅用于带有后窗玻璃雨刷器的汽车 ■•■—仅用于不带后窗玻璃雨刷器的汽车
■••■—仅用于带尾翼形车门的汽车 ■ ■ ■—仅用于带尾门的汽车

第二章 信息娱乐系统

第一节 信息娱乐系统整体介绍

一、信息娱乐系统功能

大众、奥迪轿车信息娱乐系统是一个电子系统，用于集中控制和运行多个系统，如空调、导航、移动电话等功能。如图 2—1—1 所示为大众辉腾轿车中采用的大量信息娱乐系统元件。

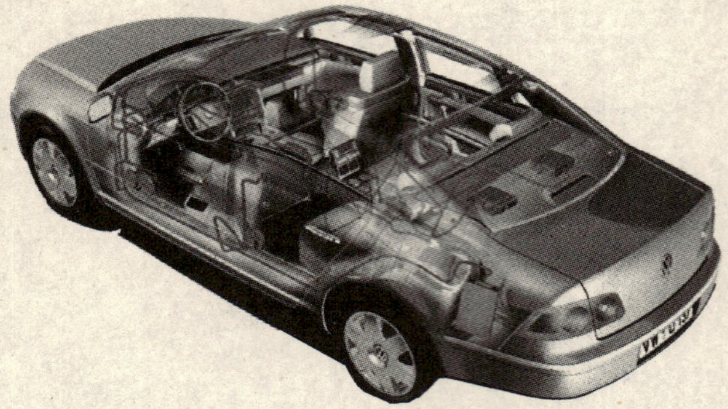

图 2—1—1　大众辉腾轿车中采用的信息娱乐系统元件布置图

大众辉腾轿车中的信息娱乐系统管理着众多功能，这些功能通过仪表板中央控制台上的前信息显示与操作单元、多功能方向盘和后信息显示与操作单元集中控制。信息娱乐系统的功能包括：音响/电视（收音机、CD 播放机、电视）、车载电话（移动电话、电话簿管理）、导航（路线指引、目的地信息）、单次行程数据（里程数据、燃油消耗、加油站）、空调（暖风与空调系统的调节、太阳能车顶功能、辅助加热）、底盘行驶系统设置（悬架高度与减振器调节）、维护功能（雨刷器刮片与大灯光程调节）。

二、信息娱乐系统的组成元件

如图 2—1—2 所示，除了仪表板、方向盘以及后面的操作单元之外，信息娱乐系统主要包括组合仪表上的多功能显示屏、手套箱中带光驱的导航电脑、CD 播放机、后窗中的天线、用于语音输入和车载电话功能的麦克风。这些主要元件通过信息娱乐系统 CAN 总线互相联结。大众辉腾轿车采用三个 CAN 总线网络，包括驱动 CAN 总线、舒适 CAN 总线、信息娱乐系统 CAN 总线。这三个网络相互交换信息，这样信息娱乐系统就可以访问众多的传感器与执行机构。

1. 前信息显示与操作单元

操作单元安装在仪表板的中央控制台上并划分成几个部分，如图 2—1—3 所示。

(1) 空调控制按钮排。这些按钮具有固定的暖风与空调系统控制功能。

(2) 功能键及屏幕。该屏幕显示各种菜单和信息。功能键的含义随着菜单的不同而变化，具体含义会显示在屏幕的侧栏中。

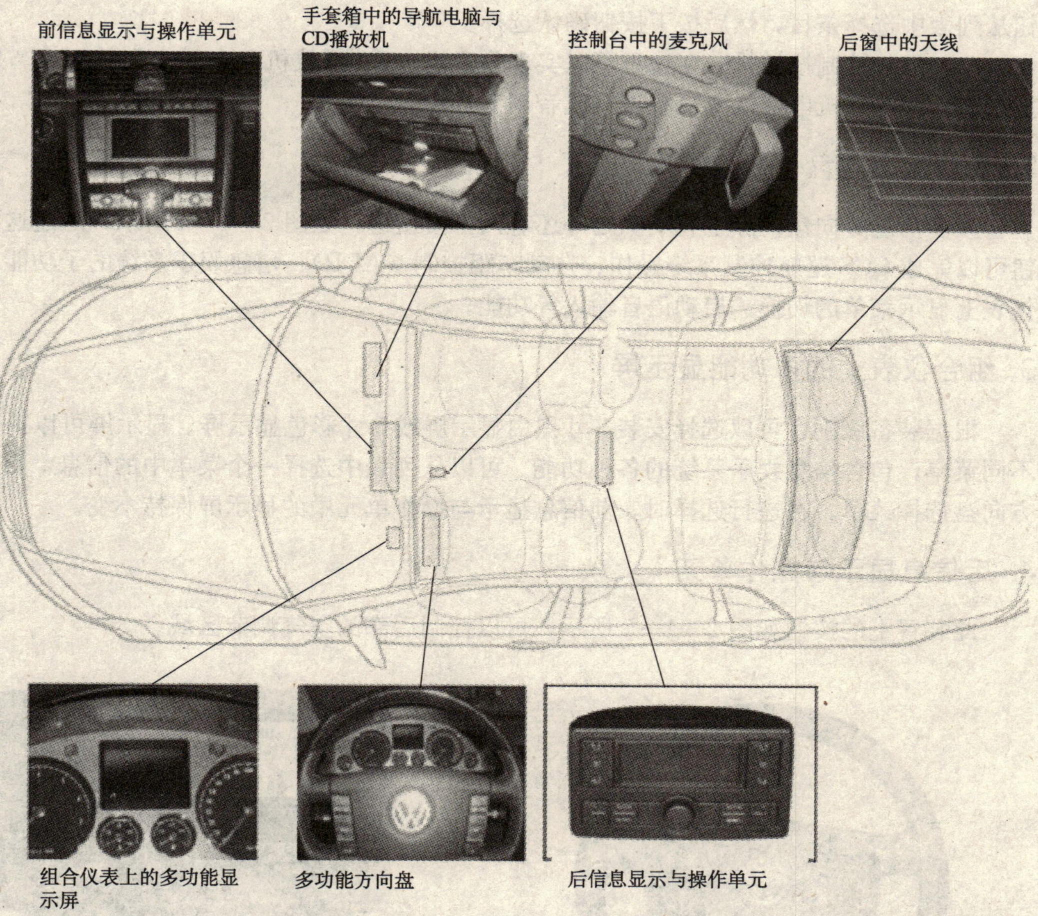

图 2—1—2　信息娱乐系统元件组成图

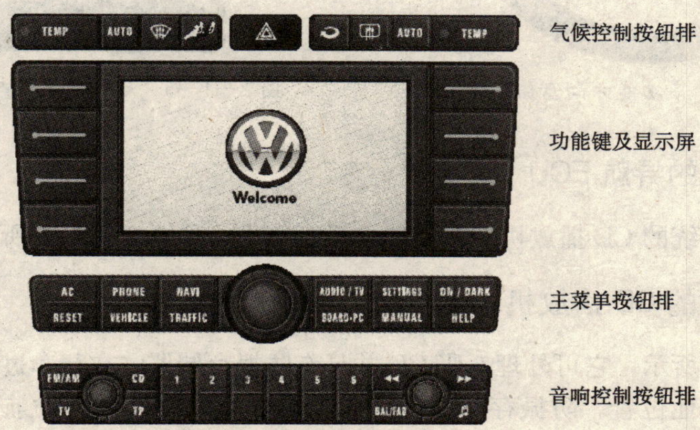

图 2—1—3　前信息显示与操作单元组成图

（3）带有中央旋/压按钮的主菜单按钮排。此排中的按钮用以选择主菜单。用旋/压按钮从列表中选择条目，然后按下按钮确认选择。

（4）音响控制按钮排。在这里可以实现收音机、CD 播放机和电视之间的切换。用各个按钮来选择收音机电台或电视频道，或者调节音量。

2. 多功能方向盘

该多功能方向盘内除了有喇叭之外还有两排按钮组，如图 2—1—4 所示，通过这两排按钮可以完成 CCS 巡航控制系统操作、自动车距控制（ADR）、信息娱乐系统的子功能、组合仪表上显示菜单的切换、启动语音输入等功能。

3. 组合仪表上的多功能显示屏

根据装备级别，可以选择安装 3 寸黑白显示屏或 5 寸彩色显示屏。显示屏可以提供 7 个不同菜单，包含信息娱乐系统的各种功能。可以从列表中选择一个菜单中的信息，用多功能方向盘选择菜单。在进行选择时，前信息显示与操作单元中的显示屏保持不变。

4. 后信息显示与操作单元

此装置上的按钮如图 2—1—5 所示，可以控制后部的空气调节区域。

图 2—1—4　多功能方向盘组成图

图 2—1—5　后信息显示与操作单元布置图

5. 带 CD－ROM 的导航 ECU

它连同音响系统的 CD 播放机一起安装在手套箱中，如图 2—1—6 所示。

6. 带 CD 换盘机的 CD 播放机

如图 2—1—7 所示，它可处理 6 张 CD 并具有防振存储器。在行车过程中严重的振动会导致读取头跳到其他位置。防振存储器的功能就是让读取头回到振动前的读取位置。由于 CD 播放机缓存了读取头回放前 10 s 的音乐，所以乘客不会感觉到音乐中断。

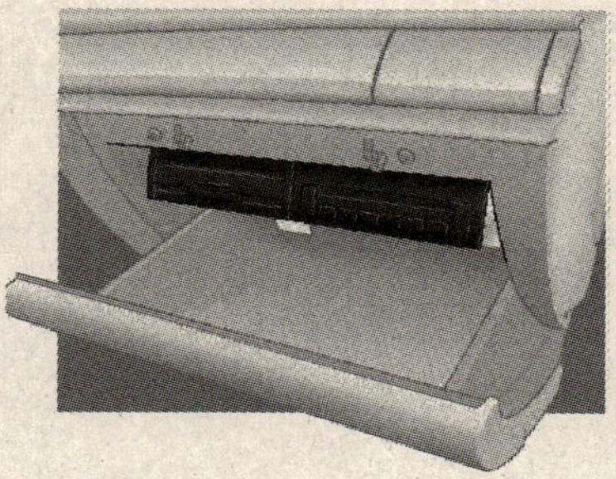

图 2—1—6　导航电脑与 CD 播放机

图 2—1—7　CD 播放机按键图

7. 天线

所有天线都可以用后窗顶部的细线来识别，天线的控制单元就在后窗前顶衬中的罩盖下，如图 2—1—8 所示。

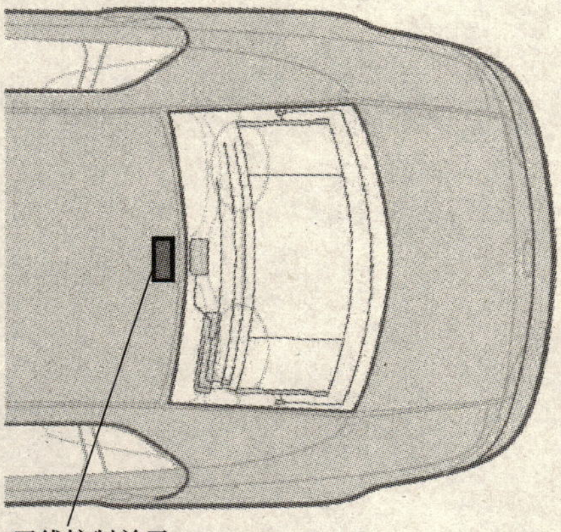

图 2—1—8　天线与天线控制单元位置图

第二章 信息娱乐系统

第二节
信息娱乐系统的按钮操作

一、前部信息显示与操作单元

1. 空调控制按钮排

空调控制按钮排的按钮具有固定的功能。除了这些按钮外，还具有许多由功能键提供的不同设置。无论主信息娱乐系统菜单当前是否显示在屏幕上，空调控制按钮排上的按钮都可以使用，空调控制按钮布置如图 2—2—1 所示，各按钮功能见表 2—2—1。

图 2—2—1　空调控制按钮布置图

表 2—2—1　　空调控制按钮功能表

图　示	作　用	备　注
	翘板开关，用以分别调节驾驶员侧与前排乘员侧的温度，单步调节幅度为 0.5℃。按带有红点的一侧可升高温度，按带有蓝点的一侧则降低温度	该温度设定值显示在信息显示与操作单元的中央和组合仪表的多功能显示屏上
	自动空调控制按钮。自动调节空气温度、空气量与空气分配，以便尽快达到所选的温度并保持恒温	
	打开或关闭手动除霜功能	
	将所有四个空调调节区域调节到驾驶员的设定	
	打开或关闭手动空气再循环功能	
	打开或关闭后车窗加热器	

2. 功能键

有 8 个功能键分列在 7 寸彩色显示屏的左右两侧，如图 2—2—2 所示，这些功能键的功能随选择的主菜单或子菜单不同而变化。在彩色显示屏上，每个按钮功能都用两条深色边框区域中的文字或图标进行说明，与功能键关联的图标功能见表 2—2—2。

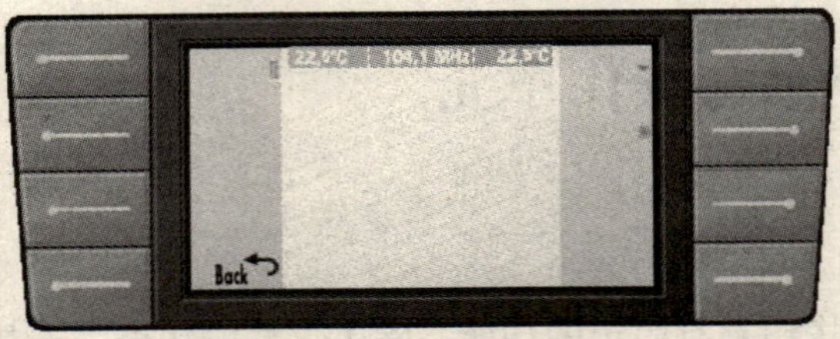

图 2—2—2 功能键布置图

表 2—2—2 功能键含义表

图 示	作 用	备 注
	打开或关闭功能键。活动功能用一个类似于LED的彩色图标显示在屏幕上	
	该功能键的功能是选择子菜单。它在屏幕上用按钮旁边的一个小三角显示	当启动子菜单后，就导入下一级菜单系统
	为了回到上一级菜单，总是有用箭头显示的“Back”（后退）或“Cancel”（取消）功能键	
	用旋/压按钮来选择或确认一项功能。此选项在屏幕上用按钮旁边的一个小圆点表示	

3. 主菜单按钮

主菜单按钮由控制信息娱乐系统的 12 个不同功能按钮组成。按下按钮后，相关主菜单就显示在屏幕上，主菜单按键位置如图 2—2—3 所示，各键功能见表 2—2—3。

图 2—2—3 主菜单布置图

表 2—2—3 主菜单按键功能表

图 示	作 用	备 注
	打开空调控制主菜单	
	启动移动电话功能	

续表

图　示	作　用	备　注
	将所有功能复位到出厂时的默认设定	
	启动导航系统	
	收音机/电视/CD 功能切换	
	含有一组定制信息娱乐系统的功能	例如钥匙配置文件、语言、日期/时间
	在点火开关关闭后打开信息娱乐系统或在点火开关打开后关闭信息娱乐系统	
	轮胎压力检查功能	
	显示到来的与已存储的交通通告与交通拥堵警告	
	显示测定的单次行程数据	例如油耗、平均车速或者在屏幕上显示下一个加油站
	打开电子用户手册	
	启动上下文相关的帮助程序	
	通过转动旋/压按钮，选择值的大小或者从列表中选择条目；按下确认选择	位于功能键排的中间

4. 音响控制按钮排

音响控制按钮排用以控制收音机、电视与音乐 CD 以及设定音质与声道平衡，如图 2—2—4所示，各按钮功能见表 2—2—4。

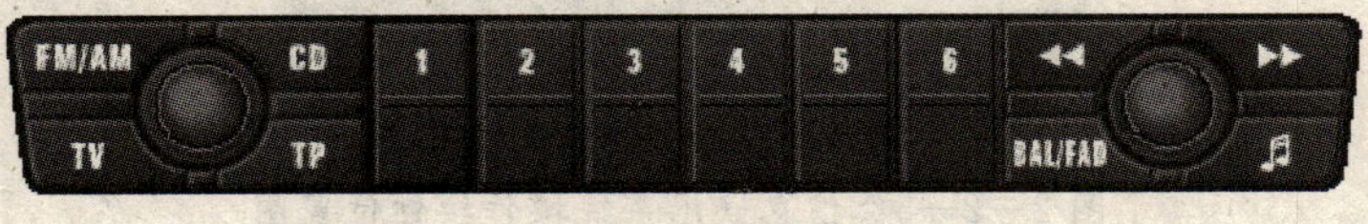

图 2—2—4　音响控制按钮布置图

表 2—2—4　　音响控制按钮功能表

图　示	作　用	备　注
	FM 与 AM 收音机之间的切换	打开收音机，以及打开前信息显示与操作单元屏幕上的收音机主菜单，按两次进行
	当播放机中装载了音乐 CD 后，转换到重放模式	
	TV 打开电视功能，只有在车辆静止时，才可以从前显示屏中看电视图像	
	启动开车时的收音机功能	
	调节音量。按下后将扬声器静音	
	根据打开的是 FM/AM、电视还是 CD，电台按钮 1 到 6 分别选择预置的收音机电台、电视频道或者 CD 换盘机中的碟片	
	在 FM/AM 或者电视模式中开始电台/频道搜索	在 CD 模式中，用按钮选择曲目，或者在一个曲目中启用扫描功能向前或向后搜索
	BAL/FAD 和 Tone（音调）利用前信息显示与操作单元上的旋/压按钮调节声道平衡和音质	
	电台/频道选择器，用于手动调节电台/频道	

二、多功能方向盘

信息娱乐系统的操作按钮排列在方向盘右侧，如图 2—2—5 所示，各按钮功能见表2—2—5。

图 2—2—5　信息娱乐系统操作按钮位置图

表 2—2—5　　信息娱乐系统操作按钮功能表

图　示	作　用	备　注
	调节音量	
	调节音量	
	打开语音输入	在启用了语音输入后，某些功能（如输入移动电话的 PIN 码）可以直接用语音激活，若车辆没有配备语音输入功能，此按钮重复导航系统的最后一次语音输出
	电话听筒图标按钮用于建立或取消电话呼叫	
	浏览组合仪表上的 7 个不同屏幕显示	
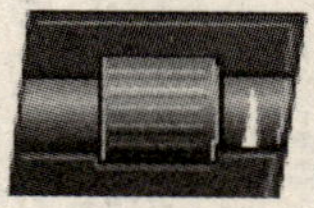	指轮，在列表中选择值或按下后确认选择	
	显示前一个屏幕内容或取消某个过程	

三、后部空调操作单元

后部空调操作单元如图 2—2—6 所示，各按钮功能见表 2—2—6。

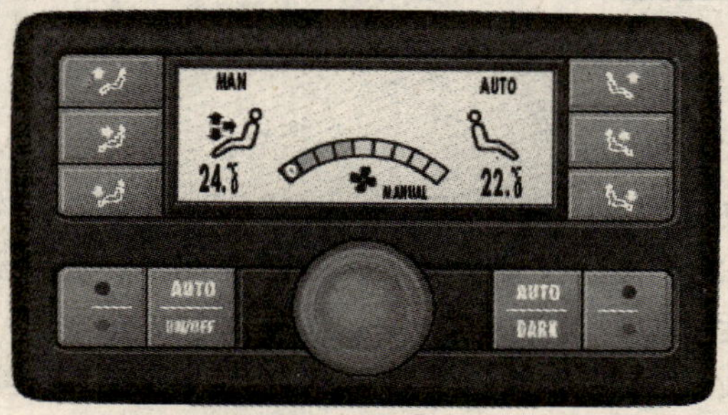

图 2—2—6　后部空调操作单元

表 2—2—6　　　　后部空调操作单元按钮含义表

图　示	作　用	备　注
	通过B柱出风口启用后排坐椅的间接通风	
	分别控制驾驶员侧与前排乘员侧的后部脚部空间风门，给乘员提供直接通风	
	打开脚部空间出风口	
	改变温度用的翘板开关，单步调节幅度为 0.5℃	
	调节鼓风机设置的旋钮	
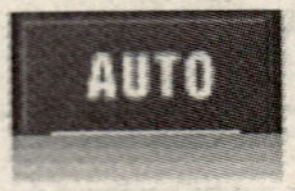	启用各个空调调节区域的自动空调控制	
	打开或关闭后排坐椅的空调控制	
	打开或关闭多功能显示屏	

四、车身调节

按下选挡器前的中央控制台上的“Shock abs.”（减振器）按键，就可显示轿车空气悬架的设置菜单，如图 2—2—7 所示，按下旋/压按钮在四个设置中进行选择，这四个设置分为舒适型、软悬挂型、运动型和硬悬挂型。

通过“Self－leveling suspension”（水平高度调节系统）按键，可打开设置水平高度调节系统的菜单，如图 2—2—8 所示，此处有两种设置选择，high 为高车身，normal 为正常车身高度。

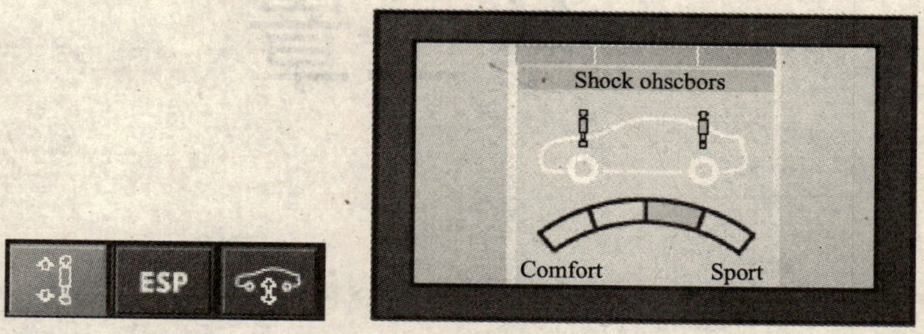

图 2—2—7 辉腾轿车空气悬架的设置菜单

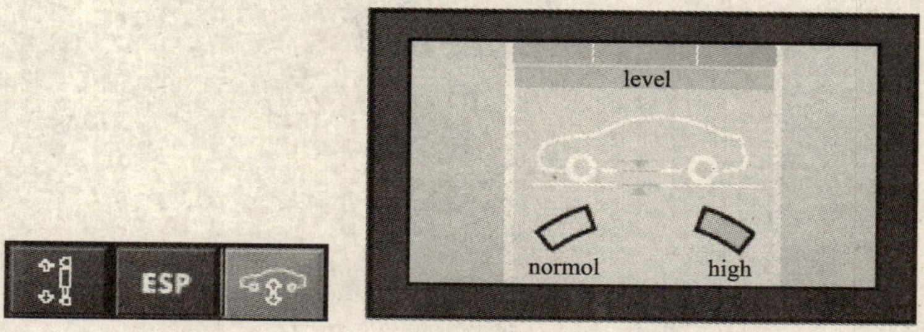

图 2—2—8 车身高度调节菜单

第二章 信息娱乐系统

第三节
信息娱乐系统的菜单操作与信息显示

一、组合仪表上的5寸多功能显示屏

多功能显示屏被分为几个区域，中央区域显示信息娱乐系统信息，各种信息含义见表2—3—1。

表2—3—1　　　　组合仪表多功能显示屏上的信息娱乐系统信息含义表

图　示	名　称	含　义
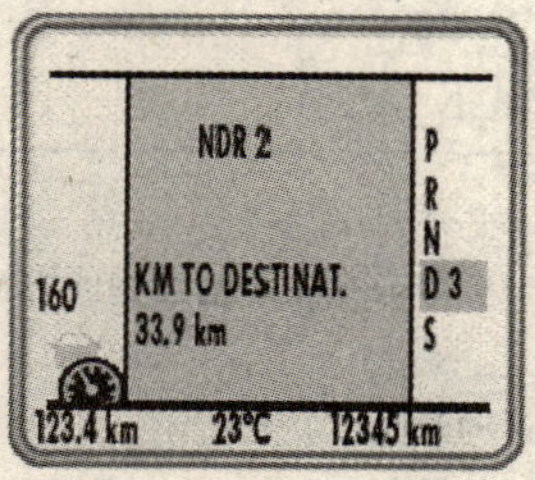 (a)	到达目的地的单程数据（a）	除了电台/频道设定，还显示在导航系统中输入的到达目的地的距离
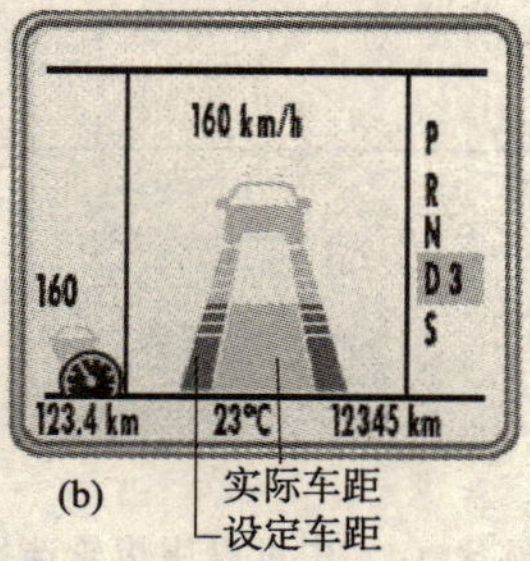 (b)	自动车距控制（b）	外部梯形刻度表示输入的车距设置，内部梯形条表示车辆的实际车距，汽车图标上方的数字表示所需的车速
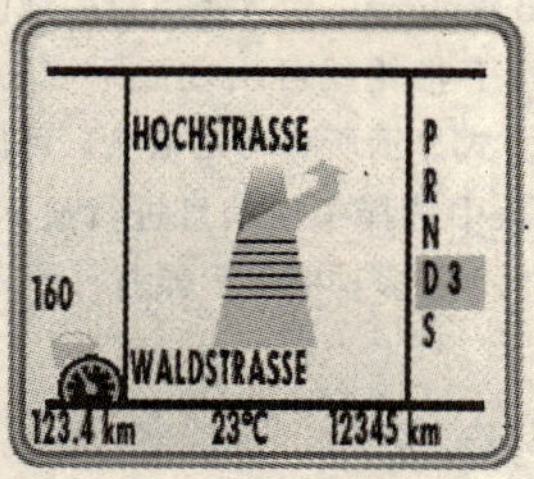 (c)	导航（c）	多功能显示屏显示路线信息以及导航系统的方向指引
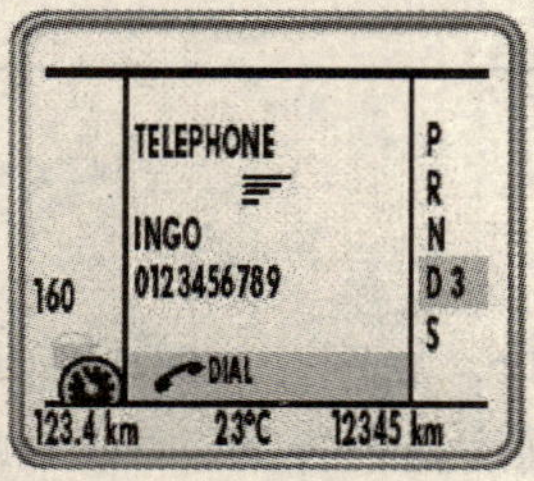 (d)	移动电话（d）	除了显示电话簿中存储的姓名之外，多功能显示屏还显示所选的或者所输入的电话号码

续表

图示	名称	含义
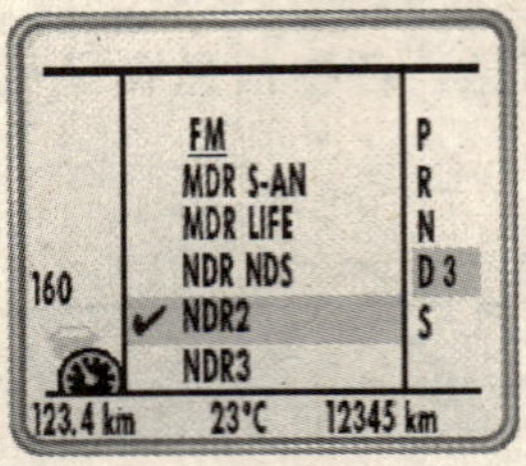 (e)	选择CD、电视频道或者收音机电台（e）	根据在音响按钮排中的所选功能（电视/收音机/CD），可以选择播放放入的CD或者从列表中选择预置的电台/频道
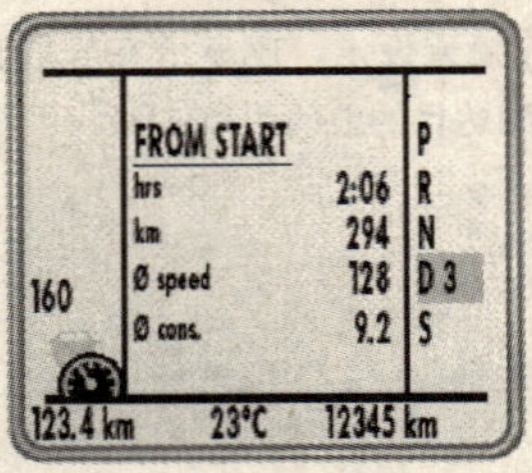 (f)	当前行程数据显示（f）	多功能显示屏显示车载电脑数据状态的固定选项： 开车后经过的时间 开车后经过的里程 平均车速 平均油耗
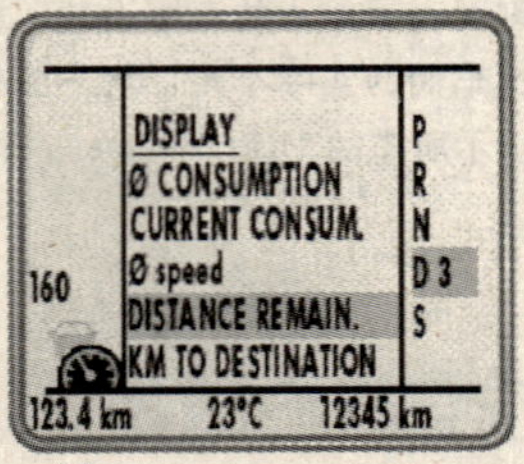 (g) 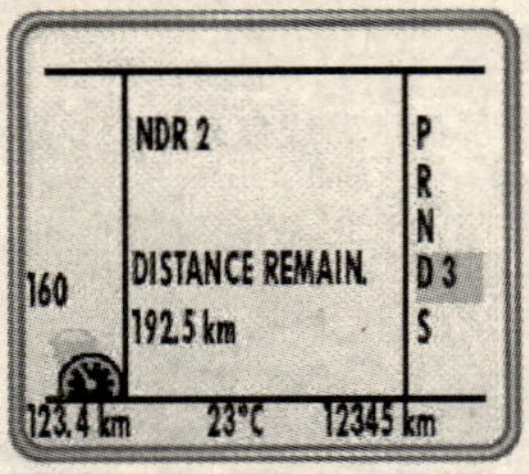 (h)	用户定义的显示（h）	比如，在显示（a）中可以用指轮选择读数“km to destination”（距离目的地的公里数），按下指轮就可出现显示（g），上面用列表方式显示所有可用信息。可以用指轮从列表中选择一项信息进行显示，随后信息就出现在多功能显示屏上

二、空调主菜单

利用空调主菜单可以分别控制驾驶员侧与前排乘员侧的出风口，如图2—3—1所示，旋/压按钮调节的气流强度用刻度表示，并且所有四个空调区域的强度是一样的。“ECON”按钮用于打开和关闭空调系统的制冷功能。用“Other”（其他）功能键，可以选择空调菜单

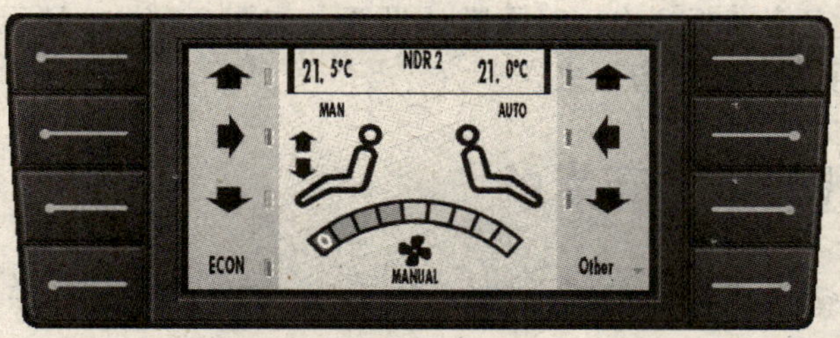

图 2—3—1　空调主菜单图

中的子菜单。在子菜单中有一些辅助功能，例如，从前部关闭后部两个空调区域、利用定时器功能启动辅助加热或者太阳能车顶功能。

选择“Other”（其他）选项后，可以在“Auxiliary heater”（辅助加热器）子菜单中设置多个辅助加热操作定时器。可以在某日某时设定加热器开始工作，并设定固定的时间长度。在第二天，只需启动辅助加热功能就可，因为其启动时间与持续时间都会采用前一天的设置。当太阳能车顶功能被启动后，结构罩盖打开。鼓风机由太阳能车顶中的太阳能电池供电。

三、导航系统主菜单

由于导航菜单较为复杂，在这里只对主菜单做简要说明。按下信息显示与操作单元上主菜单按键排中的“Navi”（导航）键后，出现此菜单，如图 2—3—2 所示。按下“Enter dest.”（输入目的地）键打开一个子菜单，在此可以为路线指引系统规定各种通向目的地的路线。用旋/压按钮逐字输入地名字母，按下子菜单中的“Save veh. location”（保存车辆位置），将当前的车辆位置保存到内存中。在“Alternative route”（变更路线）子菜单中可以确定另一条路线距离。按下“Full screen”（全屏）键后，地图区域会扩展到全屏显示，按键功能的描述将被隐藏，按下任一功能键就可回到标准的显示模式。在子菜单“Display”（显示）与“Section”（区域）中可以选择多种不同的显示选项。输入完目的地后，按下“Start route”（开始导航）键就启动了路线指引功能。

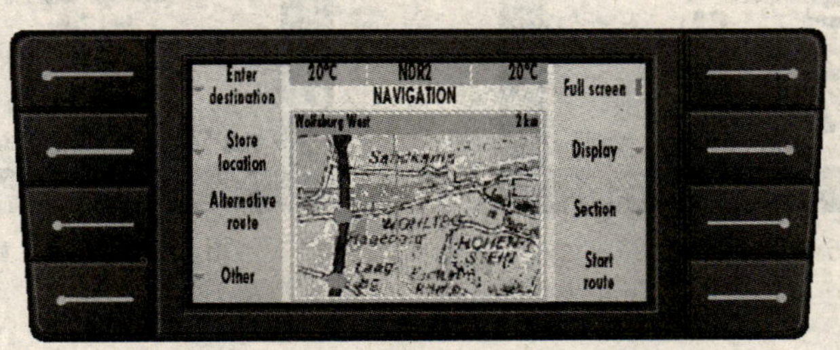

图 2—3—2　导航系统主菜单图

四、菜单复位功能

“Reset”（复位）键可将某个功能（例如空调控制）的所有值复位，或者在经过确认后将所有功能的所有设定值恢复到出厂时的默认设置，如图 2—3—3 所示。但是电话簿中的条目以及预置的电台/频道会被保留下来。

五、轮胎压力监控显示菜单

当按下“TPC”键后“Vehicle”（车辆）菜单会打开或关闭轮胎压力检查，如图 2—3—4 所示。作为可选项，备胎也可以监测。所显示的参考压力是温度为 20°C 时的轮胎压力。“Inflation. info.”（充气信息）键打开一个子菜单，其中显示了在当前的轮胎温度下轮胎应该补充的压力。

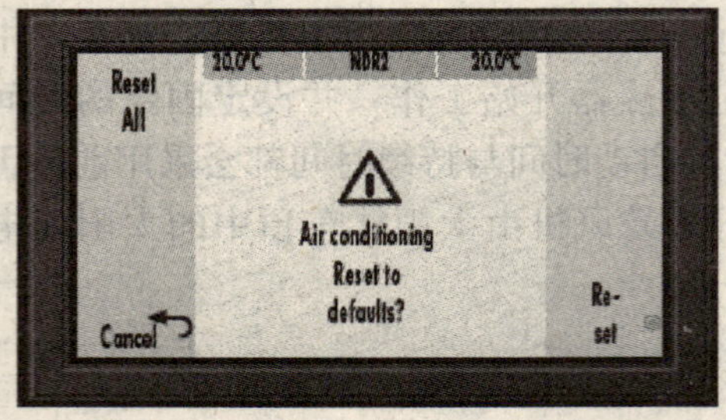

图 2—3—3 复位功能图

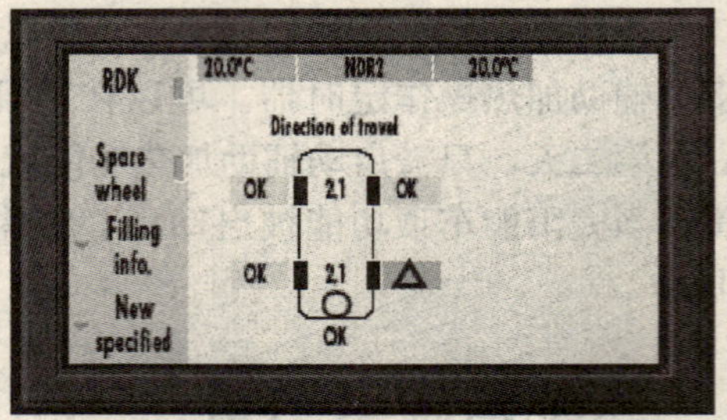

图 2—3—4 轮胎压力监控显示菜单图

六、交通菜单

“Traffic”（交通）功能打开交通主菜单。“TIM”键打开一个子菜单，它可以重现收音机中的交通公告。屏幕的中央显示最后存储的几个数字交通公告。当用旋/压按钮选择了一个条目后，可用公告重放的方式查看该公告的详细内容。

图 2—3—5 交通菜单图

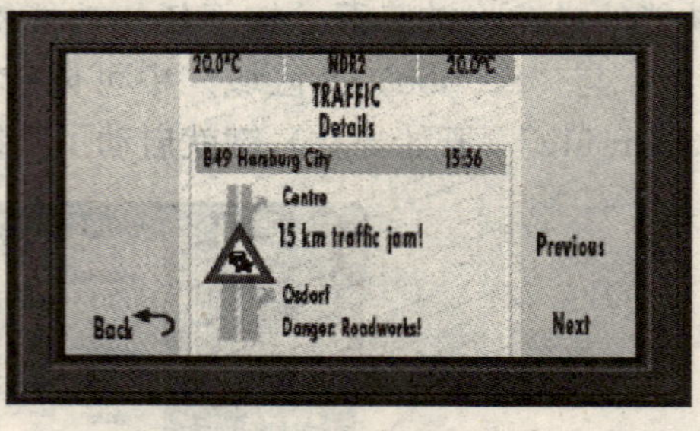

图 2—3—6 车载电脑菜单图

七、车载电脑主菜单

“车载电脑”功能的主菜单显示了当前行程的统计数据，如图 2—3—7 所示，按下“To dest”（到目的地）或“From start”（从出发地）按键，选择显示的数据是以出发地还是目的地为参照点。

“Long－term stats”（长期统计数字）按键打开一个子菜单，其中显示根据总体运行时间而统计的数据。

用“Board PC”（车载电脑）功能可显示以下信息：开始时间、预期的行驶时间、已花费时间、总里程、已行驶里程、平均车速、平均油耗、到下个加油站的距离、当前油耗、上次停车后的行车时间。

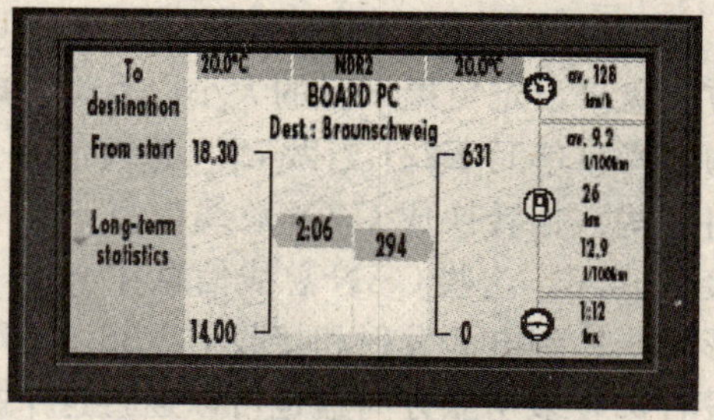

图 2—3—7　车载电脑菜单图

八、移动电话系统

电话发射和接收器 R36 是作为一个标准装备与蓝牙模块装在一起。考虑到电磁兼容的原因，目前的蓝牙系统只有在将手机放入手机座内时才会工作。每次将手机放入手机座内时，存储在 SIM 卡上的电话簿会被读入到电话发射和接收器 R36 的存储器内。由于各种型号手机所采用的数据格式是不同的，所以可能出现无法读入手机内部电话簿的情况。如图 2—3—8 所示为新奥迪 A6 轿车移动电话系统组成图。

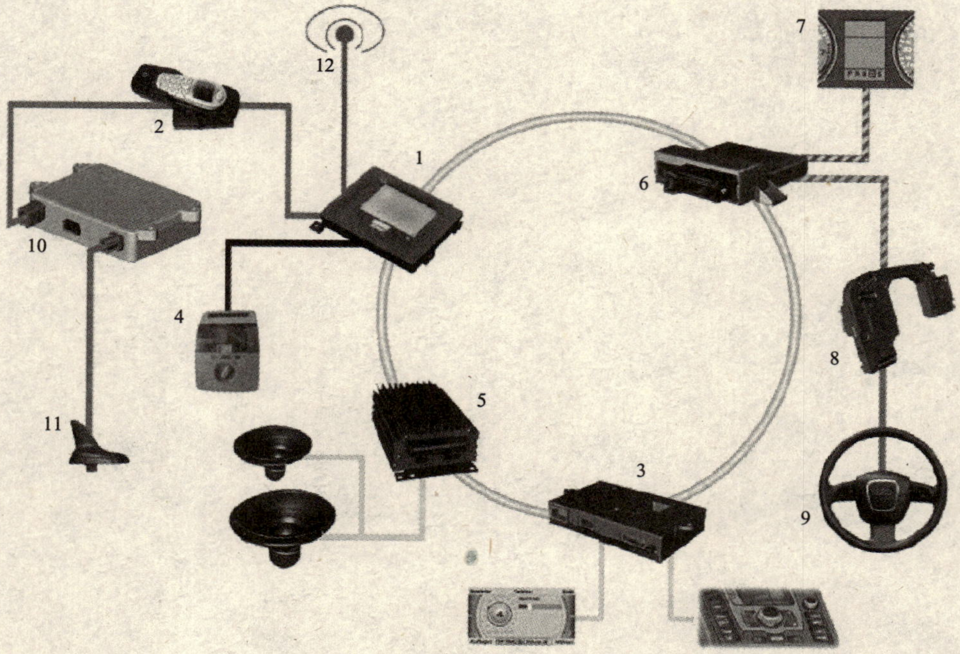

图 2—3—8　新奥迪 A6 轿车移动电话系统

1—电话发射和接收器　2—电话座 R126　3—信息控制单元 J523　4—麦克风 R140　5—数字音响包控制单元 J525　6—数据总线诊断接口 J533　7—组合仪表上的控制单元 J285　8—转向柱电子装置控制单元 J527　9—多功能方向盘控制单元 J453　10—手机放大器（补偿器）R86　11—GPS 导航天线 R50　12—蓝牙天线 R152

使用方向盘内的操纵单元 E221 可以用声音来操纵这种新型手机系统，也可以用多功能方向盘来设定免提声音的大小以及选择电话簿上的姓名和电话号码。这个数字信号由方向盘内的操纵单元 E221 当做 LIN 总线信号传给转向柱电子装置控制单元 J527，这个控制单元将这些数据转换成 CAN 总线信息，然后通过 CAN 舒适总线将这些信息传给数据总线诊断接口 J533，这些 CAN 总线信息在 J533 内转换成 MOST 数据记录格式后，再通过 MOST 环形总线传到电话发射和接收器 R36。适配器有一个按钮操纵通话（PTT）专用的按键，即使没有选装多功能方向盘也可以通过这个按键来实现声音控制功能。现有的手机适配器上都有这个按键。这个 PTT 按键根据 MMI 型号的不同，其功能也不同，再加上启动电话发射和接收器 R36 的内部语音控制功能。这个内部语音控制功能只在 MMI－Basic 上才有，而在 MMI－High 上需通过选装语音输入控制单元 J507 来实现此功能。

第二章 信息娱乐系统

第四节

信息娱乐系统的电路控制与外部通信

一、系统与电源网络的连接

信息娱乐系统的电气端口位于前信息显示与操作单元的后面，如图 2—4—1 所示，其后连接导航传感器、CD 换盘机与附加端口、扬声器端口、电源、K 线，用于收音机、电视、导航与移动电话的天线以及光纤总线。

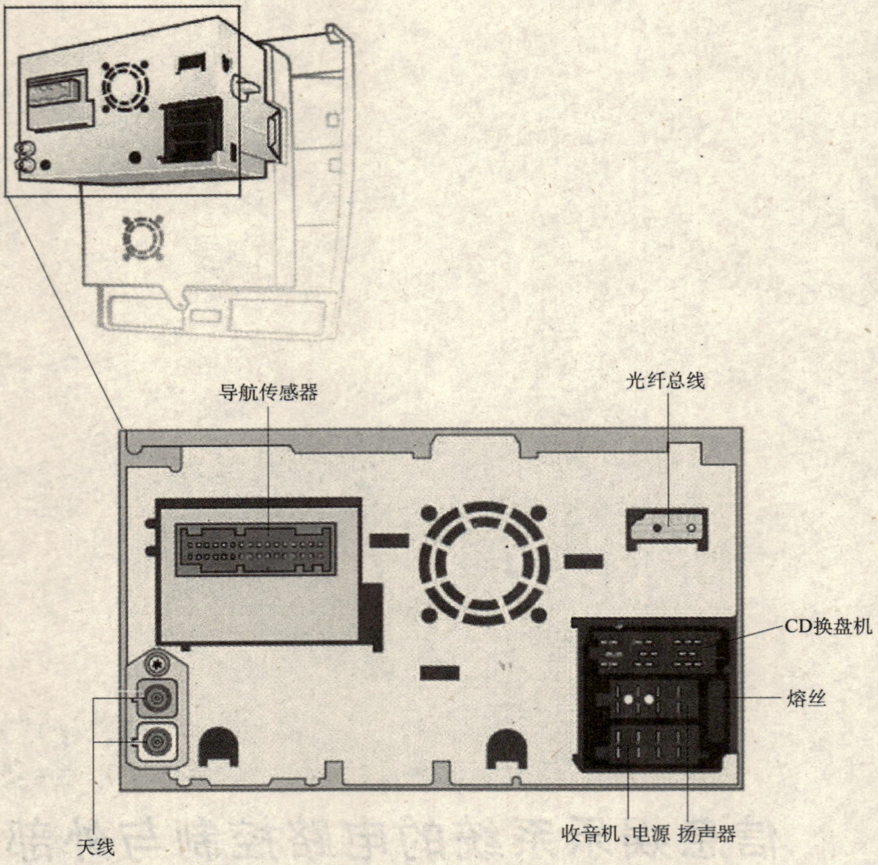

图 2—4—1　信息娱乐系统的电气连接

二、光纤总线

光纤总线将中央信息显示与操作单元连接到导航电脑上。由于导航系统的无故障数据交换非常重要，所以采用光纤进行连接。在光学数据转发器中，数字信息被转换成一系列光脉冲，并在光纤中传送。如图 2—4—2 所示，金属导线相比，采用光纤技术传输数据流时不会受到电磁场的影响。这些电磁场是在电流流经导体时产生的。平行或交叉金属导线会相互干扰。干扰也包括电磁辐射（例如移动电话），同样会影响数据传输。

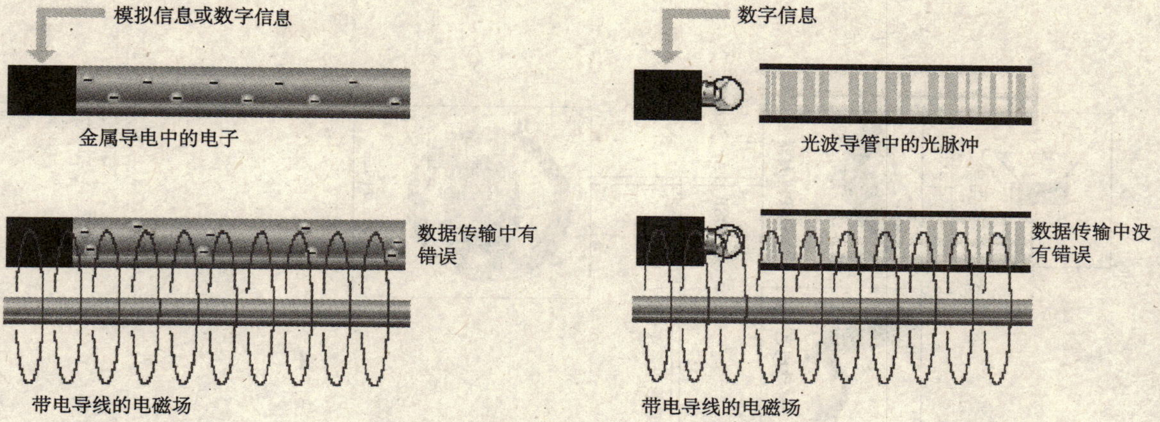

图 2—4—2 光纤导线与金属导线数据传输对比图

由于光纤总线插头极易损坏，所以在安装时必须用保护盖，如图 2—4—3 所示。

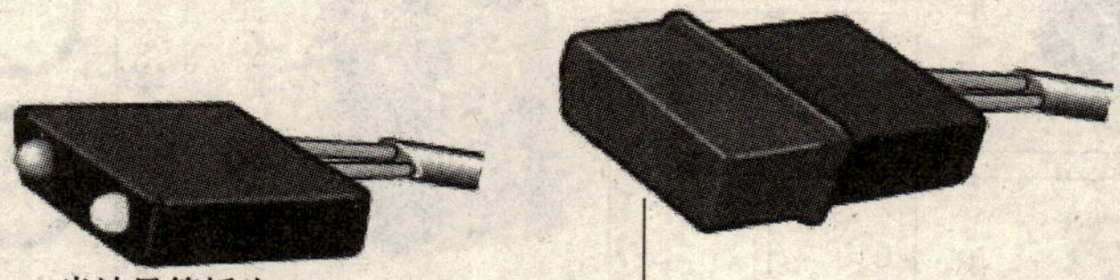

图 2—4—3 光纤总线插头与保护盖

某些部件（例如收音机）容纳在前信息显示与操作单元中。其他装置与部件通过各种接口连接到该系统，如图 2—4—4 所示，手套箱中带有 CD－ROM 的导航电脑通过信息娱乐系统 CAN 总线和光纤总线与之相连，手套箱中的 CD 换盘机通过信息娱乐系统 CAN 总线和 AF 线与之相连，行李箱中的电视调谐器通过信息娱乐系统 CAN 总线、AF 线和 Y－C 线与之相连，仪表板通过信息娱乐系统 CAN 总线与之相连，行李箱中的电话控制单元通过信息娱乐系统 CAN 总线和 AF_{in} 以及 AF_{out} 与之相连，驾驶员扶手中的移动电话单元用一根专用线与之相连，行李箱中的 DSP 放大器通过信息娱乐系统 CAN 总线和两根 AF 线以及扬声器系统的立体声输出线与之相连，后窗中的天线通过 HF/IF 直接输入与输出线与之相连，车顶衬中的麦克风用一根单独的输入线与之相连。

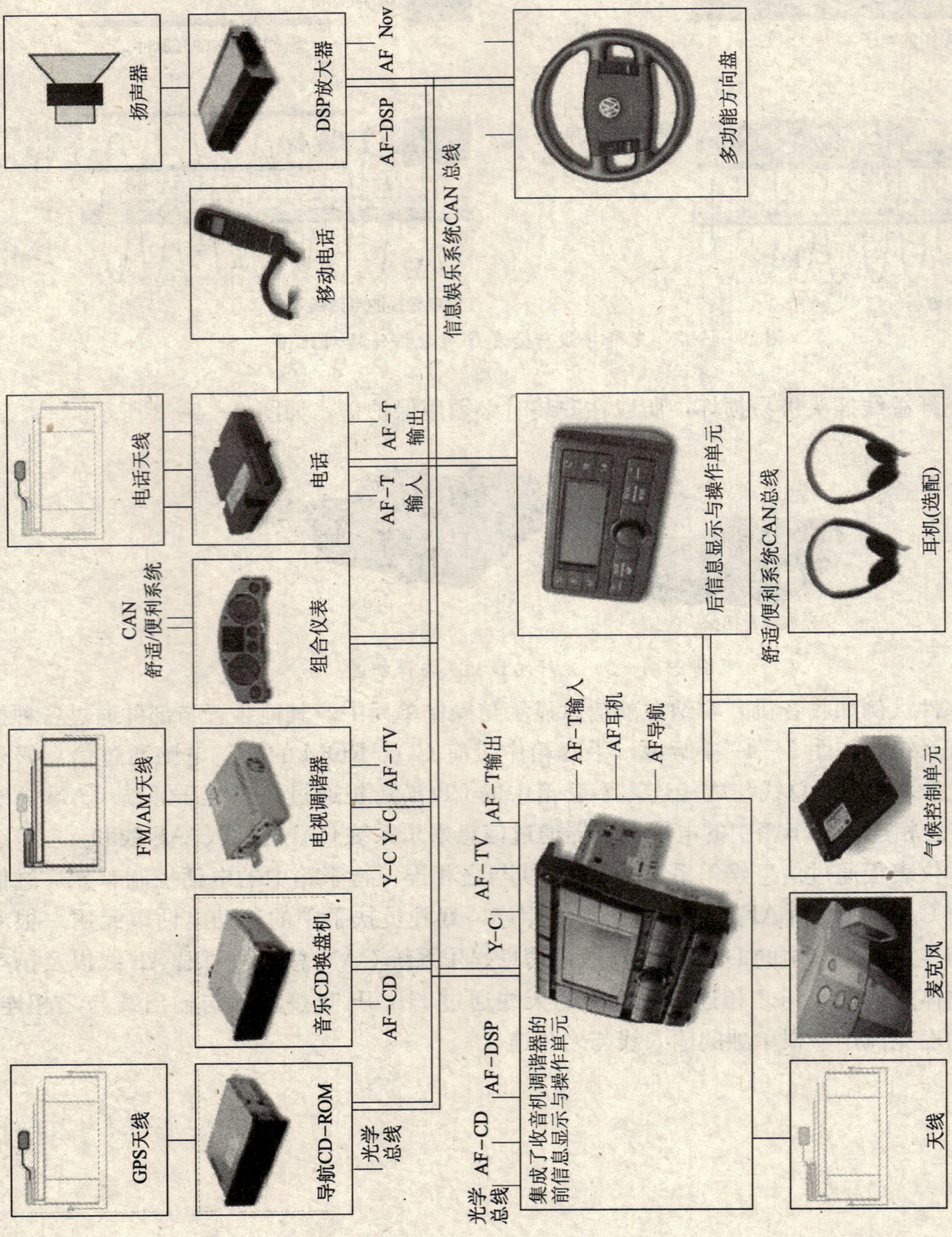

图 2—4—4 信息娱乐系统的外部通信图

AF线—具有双层屏蔽保护，此线很少发生故障，电容低且机械稳定性高

Y—C线—音频与视频电缆

第三章 氙气大灯与大灯射程控制系统

第一节

氙气大灯

随着汽车业的蓬勃发展，汽车灯泡原先采用的卤钨灯泡将逐渐被LED（发光二极管）所代替，而最重要的汽车前大灯，将被各项性能均优于卤钨灯的HID氙气大灯逐步更新换代。随着技术的提高、质量的改善、价格的下降，以前高档车才能装配的HID氙气大灯，现在也出现在许多中、低档车型上。HID氙气大灯的优点有亮、省电、寿命长、安全等。

用于照明的汽车前照灯品种繁多，总的来说就其结构与原理，可分为白炽灯、卤素灯、氙气灯三种。白炽灯是最普遍、最传统的一种，采用钨丝发光，因其工作状态不稳定，发光亮度不够，能源消耗大，已被卤素灯取代，目前仅少数几种国产低端汽车仍在使用。

卤素灯与白炽灯的不同在于往灯泡内灌注了卤元素气体，但仍采用钨丝发光。卤素灯是取代传统白炽灯泡的产品，它在同样的功率下发光亮度比白炽灯高出50%。卤素灯一般采用双灯式组合，并配以带有多重棱镜的防雾灯罩，无死角，现在很多车款采用卤素灯。这种灯由高聚碳酸酯制成，能充分提高照明效果，同时能减少迎面车辆大灯带来的眩目感。卤素灯的缺点是消耗钨丝，灯泡的寿命不长。另外其额定功率一般要求在60 W左右，不如35 W的氙气大灯经济，因而也在逐步被取代。但就现在而言，因为其造价较为合理，照明度充分，仍是使用很广泛的一种汽车大灯。

氙气大灯又称高强度放电灯。最初的氙气灯是通过在原有的卤素灯泡内加注活性更强的氙气而成，现在氙气灯已发展到无灯丝高压放电。

一、氙气大灯的含义

HID即High Intensity Discharge lighting，即高压气体放电灯的英文缩写，可称为重金属灯或氙气灯。它的原理是在抗紫外线水晶石英玻璃管内，以多种化学气体充填，其中大部分为氙气（Xenon）与碘化物等惰性气体，然后再透过增压器（Ballast）将车上12 V的直流电压瞬间增压至25 000 V左右，经过高压振幅激发石英管内的氙气电子游离，在两电极之间产生光源，这就是所谓的气体放电。而由氙气所产生的白色超强电弧光，可提高光线色温值，类似白昼的太阳光芒。

二、氙气大灯的类型

氙气大灯的型号主要有H1、H3、H4、H7、H8、H9、H11、H13、9004、9005、9006、9007、D2S和D2R等，一般情况下H1为远光灯泡、H3为雾灯、H4为远近光一体的灯泡、H7大多为近光灯泡，(但也有用来做远光灯的，如奥迪A6轿车)，D2S和D2R为双氙大灯，D2S用于投射型大灯，D2R带有遮光屏，用于发射型大灯。

三、氙气大灯的优点

HID氙气大灯从发明至今只有十多年，其工艺和技术远比卤钨灯复杂，制作更精细，其主要优点如下。

1. 寿命长

利用电流刺激气体发光，基本上不会产生过高温度，所以只要其中的氙气还没用完，它就可以一直正常发光。而一般的卤素灯泡，常会发生钨丝烧坏的现象。在正常的用车条件下，一组氙气大灯至少有 6 年的使用寿命。是卤钨灯的 8～10 倍。并且当它出现故障时往往会逐渐变暗，而不是突然不亮，可以给驾驶者提供维修的准备时间。

2. 高亮度

氙气大灯可以发出高出传统卤素灯三倍的亮度效率，对于提升夜间及雾中驾驶视线清晰度有着明显的功效，照得更亮、更广、更远，行车更安全。如图 3—1—1 所示，在路口未安装氙气大灯的车辆，从发现自行车到车辆停止，很容易造成事故的发生，安装了氙气大灯以后，车辆可以及早地发现自行车的状态，并能够及时制动停车。

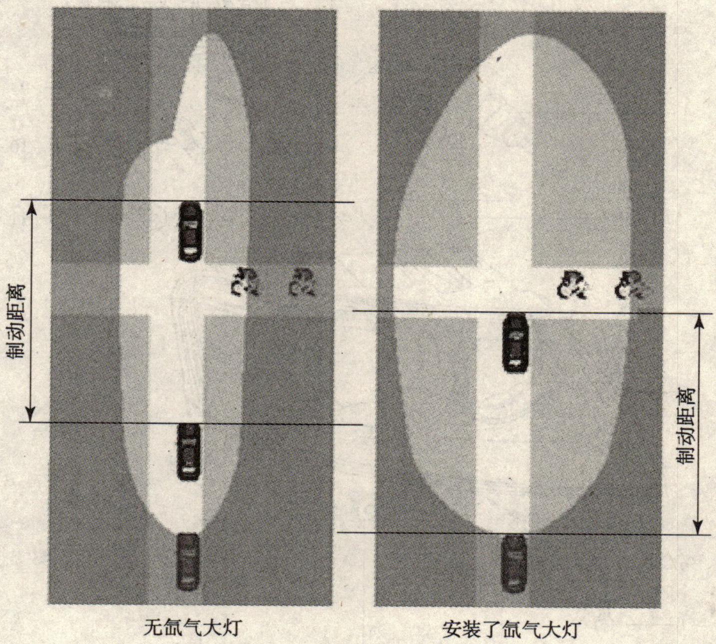

图 3—1—1 氙气大灯作用图

3. 省电

一般车辆上卤素大灯每小时需要耗费 60 W 左右的电力，氙气大灯只需要 35 W 的电力，节省电力约 50%，在相应提高车辆照明的同时，减少了油耗。

4. 色温性能好

有 3 000～12 000 K 之间不同色温的选择，色温接近正午太阳光的蓝钻石白光，适合人眼的接受度和舒适度，可以有效减少驾驶员的视觉疲劳，大大提高驾车的安全性。

四、氙气大灯系统组成

氙气大灯由大灯灯泡、气体放电灯控制单元及大灯照射行程执行器电动机组成，如图3—1—2所示。它的灯泡两极间的间隙为4 mm，工作时电压高达25 kV，因此绝对不允许在其工作状态拆装作业。控制单元的作用非常重要，因为它既要起到瞬间高压激发氙气大灯点亮的作用，又要稳定维持点灯正常各类参数，并起到自动感知电路异常切断高压的作用，以保安全，并有高稳定、高效率、抗电磁干扰等优良特性。

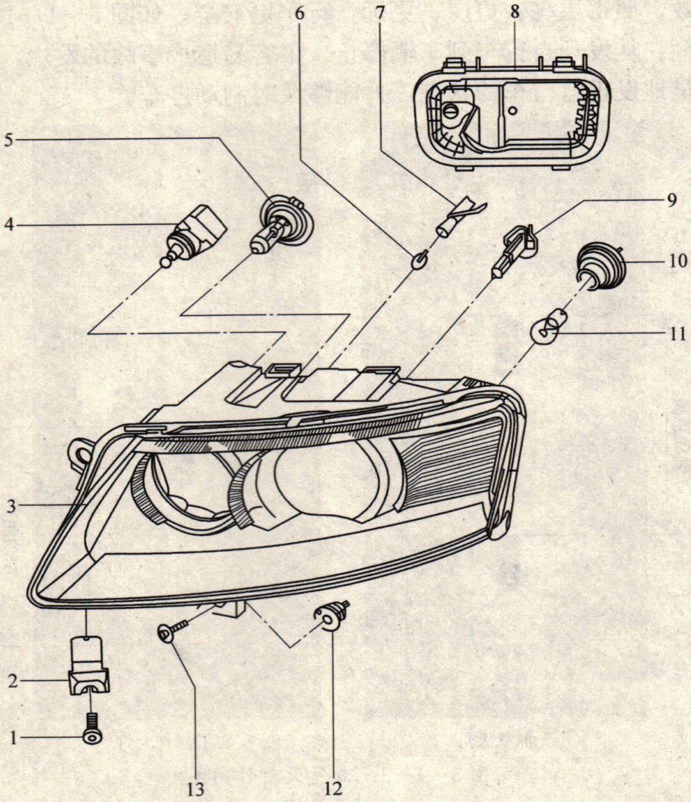

图3—1—2　氙气大灯

1—螺钉　2—固定件　3—大灯壳体　4—大灯射程调节电动机　5—远光灯泡
6—驻车灯　7—灯泡固定件　8—壳体后盖　9—近光灯　10—灯泡固定件
11—转向信号灯泡　12—调节螺母　13—螺钉

五、双氙气大灯

双氙气大灯是一种特殊的灯光系统。由于氙气气体放电灯点燃3 s后才能达到最大亮度，传统的氙气灯不能作远光灯，只能作近光灯使用，因此大灯内仍然装有一个作远光灯用的卤素灯泡。而双氙气大灯允许使用一个氙气灯同时产生近光和远光，双氙气大灯分为反射型双氙气大灯和投射型双氙气大灯。

1. 反射型双氙气大灯

通过远光/近光开关操作，一个电子机械动作器移动反射镜内的氙气灯到合适的位置以限制远光和近光光锥面的散失情况。这种双氙气大灯的优点是可以用于远光氙气灯，其工作原理如图 3—1—3 所示。

2. 投射型双氙气大灯

投射型双氙气大灯结构原理如图 3—1—4 所示，通过移动明/暗截止线的遮光屏使氙气灯用于远光操作，透镜直径为 60 mm 和 70 mm。

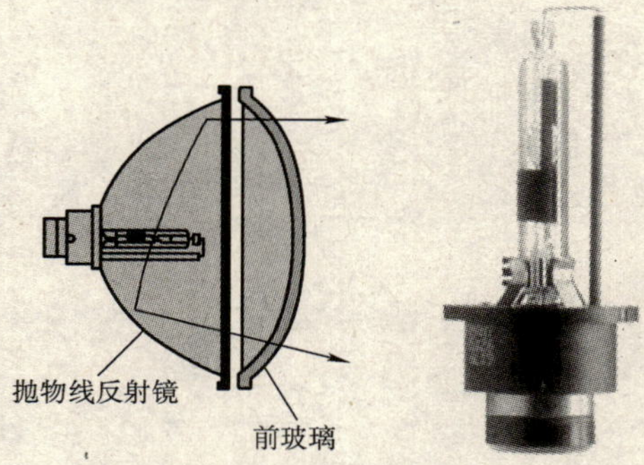

图 3—1—3　反射型双氙气大灯结构原理图

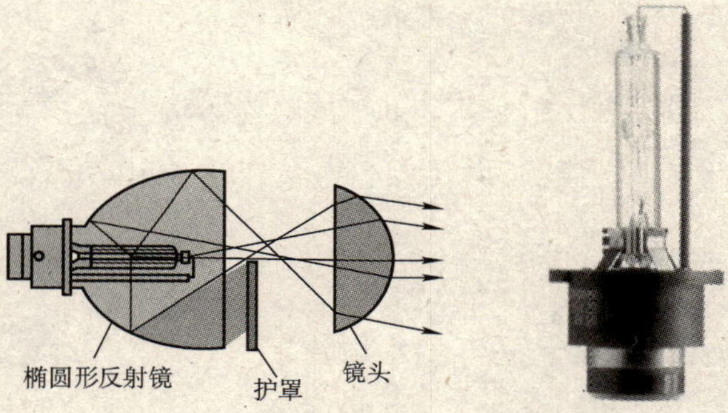

图 3—1—4　投射型双氙气大灯结构原理图

3. 奥迪车上应用的双氙气灯

新奥迪 A6 轿车采用三种前大灯，包括卤素大灯、双氙气大灯和自适应大灯。作为选装装备，可以使用一个双氙气大灯作为远光灯和近光灯，可选一个带灯泡 H7 的大灯作为附加远光灯，如图 3—1—5 所示，安装了这种型号的大灯时，如果在未打开近光灯的情况下操纵远光灯瞬时功能，则只有附加远光灯亮起。因为短时控制氙气灯作为远光灯瞬时功能会缩短其使用寿命。

奥迪 A6（05 款）轿车上基本装备是卤素和氙气大灯，其内部装有如图 3—1—6 所示的灯泡。W5W 灯泡，用于驻车灯，以保证驻车灯灯光颜色与氙气灯相同；H1 灯泡，用于远光灯和变光；H7 灯泡，用于近光灯和白天行车灯；PY21W 灯泡，用于转向灯；D2S 灯泡用于远光灯、变光和近光灯，在远光灯和变光状态还控制近光灯防眩。

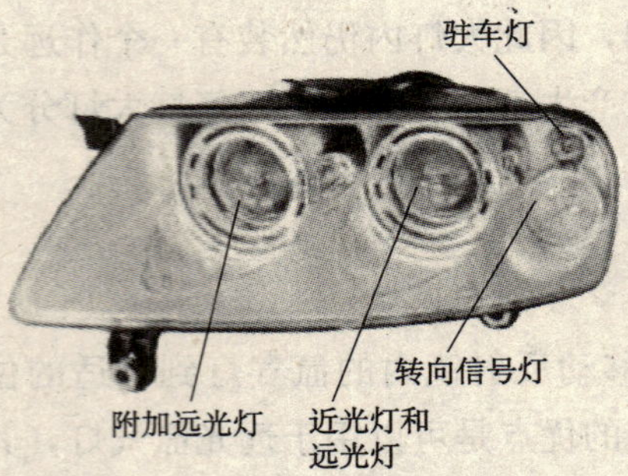

图 3—1—5　带附加远光灯的双氙气大灯

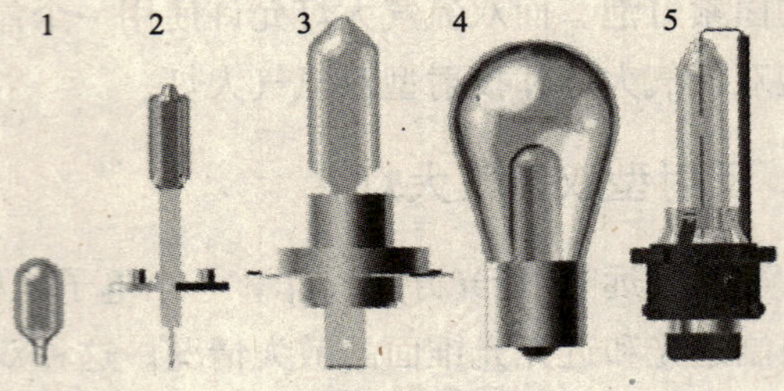

图 3—1—6　奥迪 A6 大灯灯泡类型图

1—W5W 灯泡　2—H1 灯泡　3—H7 灯泡　4—PY21W 灯泡　5—D2S 灯泡

第三章 氙气大灯与大灯射程控制系统

第二节 氙气大灯与转弯调节自适应大灯

氙气灯和自适应大灯系统的组合是首次应用于奥迪量产车上，其实物如图 3—2—1 所示。自适应大灯和动态转向灯引领了全新的优化视觉标准，登上了新的驾驶安全等级。HPV 是 High－Performance－Lampen 的缩写，就是高性能灯泡的意思，这种灯泡结构小巧，使用寿命明显提高，其消耗的功率比普通灯泡降低 25%，用户自己不可以更换这种灯泡。

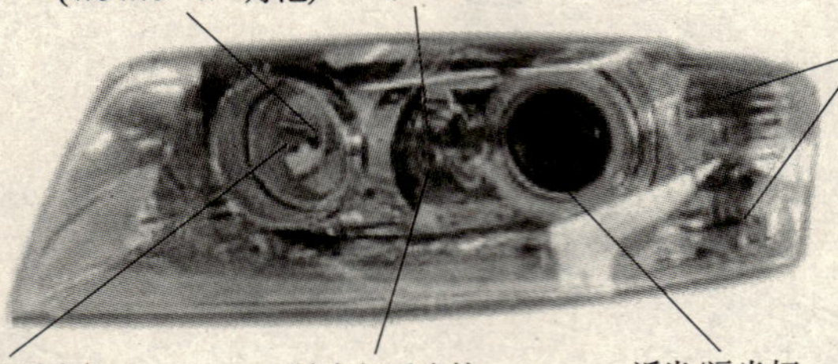

图 3—2—1　奥迪轿车上的氙气大灯实物图

一、动态自适应大灯作用

动态转向灯的大灯模块能够根据车速以及转向运动的响应转动 15°。这利于扩大视野范围，使转向时道路的照明状况得到明显的改善，照明范围增加了一倍。无论是近光灯还是远光灯，动态转向灯都能够工作。当车辆以低于 70 km/h 的速度行驶时打开转向灯，或者当驾驶员将方向盘转到一个特定的角度时它便会自动打开，在车辆完全变向之前对弯道进行照明。当倒车时，两个转弯灯会同时打开，为泊车提供必要的帮助。在夜间转弯时，根据车速和方向盘转角的变化，近光灯可以进行同步左右摆动，提高了转弯时的前方视觉识别效果，如图 3—2—2 所示。

车辆倾斜的静、动态补偿以及静态转弯灯的控制由大灯照程控制单元 J431 来实现。控制单元驱动 CAN 总线采集四个空气悬架车身高度传感器信号来进行调节。在大灯照程控制单元内，这两种氙气大灯代码分别是 1 和 2，以便于区分。

大灯照程自动调节功能是从标准自动调节功能发展而来的，它不但能针对不同载荷来补偿大灯的倾斜，还能在加速和制动造成底盘倾斜时进行灯光动态补偿。

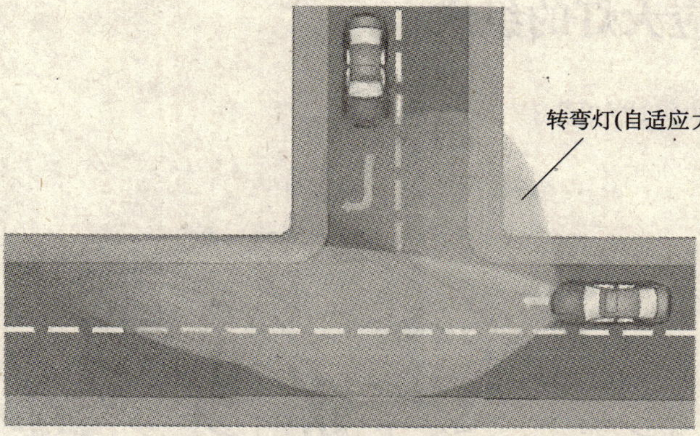

图 3—2—2　自适应大灯的功能图

二、动态自适应大灯的工作过程

动态自适应大灯可以在车辆加速、减速导致车辆车身水平发生改变时及转弯时对灯光照射角度进行动态调节，这种大灯的投射模块内装有电动机，该电动机可在车辆转弯时在水平方向上改变灯光照射方向，大灯透镜和支架并不转动。大灯正常的回转范围如图 3—2—3 所示。灯光转动的角度在转弯方向的内侧可达约 15°，在外侧可达 5°～8°，如图 3—2—4 所示。

这个角度变化可使车辆在转弯时得到更好的照明效果。这时灯光转弯内模块的转动角是外模块的两倍。这样就可在相同的灯光强度的情况下，得到最大的照亮范围。

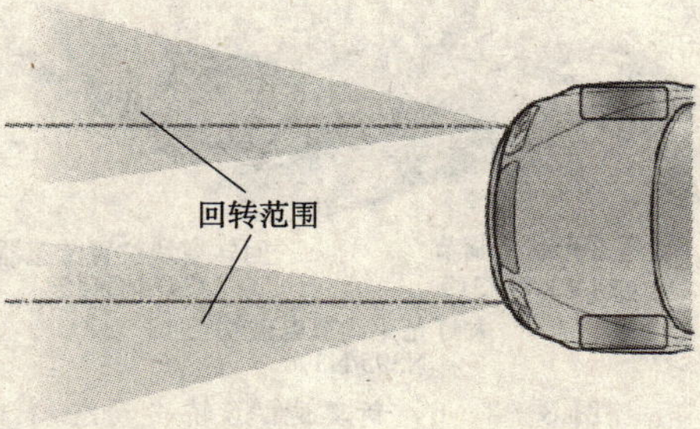

图 3—2—3　大灯回转范围图

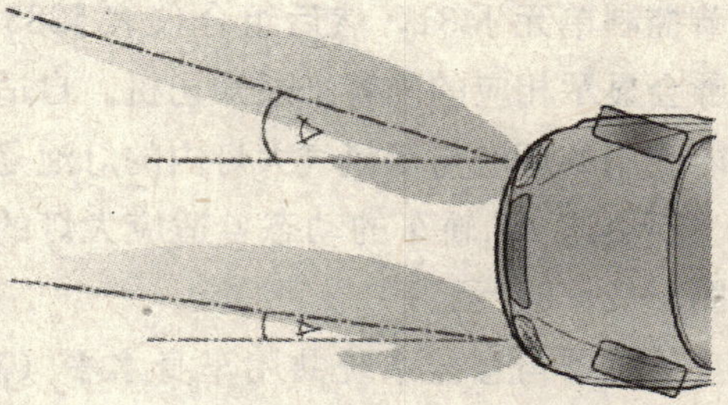

图 3—2—4　转弯调节功能图

车辆在静止时不回转，当车速小于 6 km/h 时，大灯内的投射模块不会回转。当车速超过 6 km/h 时，灯光回转的角度主要取决于方向盘转动的角度。这样就可以满足在车辆静止时不得摆动大灯灯光的法律规定。同时，当车辆在这种低速状态进行加速时，在转向角度不变的情况下，可以使得大灯的偏转均匀过渡。

三、动态自适应大灯的组成

自适应大灯系统的组成如图 3—2—5 所示。

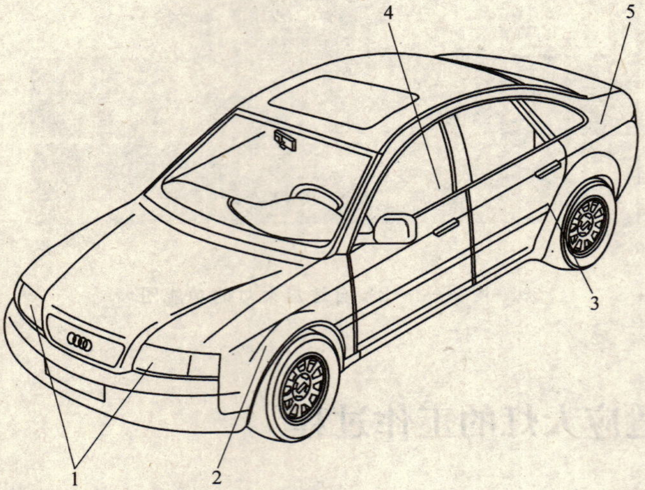

图 3—2—5　自适应大灯系统组成图

1—大灯射程控制电动机　2—左前车辆水平传感器　3—左后车辆水平传感器

4—右后车辆水平传感器　5—大灯射程控制单元

大灯回转角度由回转模块内的一个电感式传感器来监控，传感器将脉冲宽度调制信号发送到大灯功率模块。如果调节电动机或传感器失效，功率模块会将故障信息发送到大灯照程调节控制单元 J431，然后组合仪表 J285 的显示屏会显示相应的内容来通知司机。自适应大灯内使用的灯泡与双氙气大灯内的灯泡是一样的。新奥迪 A6 轿车的动态自适应大灯的组成如图3—2—6所示。

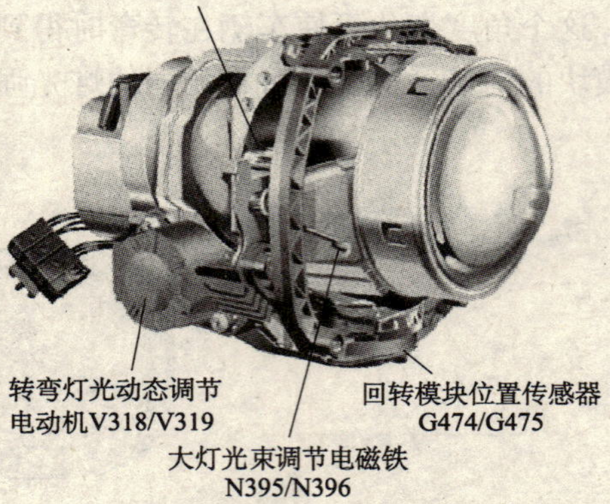

图 3—2—6　新奥迪 A6 轿车动态自适应大灯元件组成图

传感器与悬挂系统共用车身水平（高度）传感器，装有氙气大灯或空气悬挂系统的车辆上自适应大灯系统作为标准配置，需要及时判断前后轴出现的上下起伏波动的情况，因此，执行臂将车辆前轴和后轴的上下波动传递给传感器，传感器发送电子信号给大灯控制单元。总共四个传感器分别检测四个空气悬挂的位置，控制单元根据这些信号确定车辆的水平高度，车身水平传感器安装位置如图 3—2—7 所示。

水平传感器将一个脉冲宽度调制信号发送到大灯照程调节控制单元上。大灯照程调节控制单元 J431 与大灯左、右功率模块 J667 和 J668 之间的数据交换通过 CAN 总线来完成。

在车辆静止时，也可通过这个展示功能来使大灯灯光回转（通过转动方向盘），通过诊断仪在大灯照程调节控制单元上进行自适应即可实现该功能。如果车辆超速，则功能处于不可用状态，但可以随时用诊断仪来激活该功能。如果拆卸、安装或更换大灯，一定要进行大灯的基本设定。

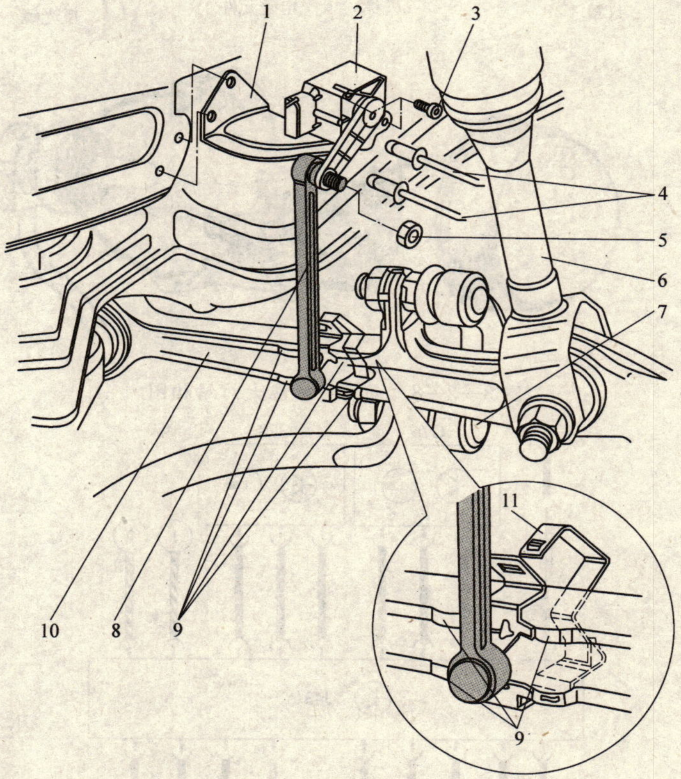

图 3—2—7　车身水平传感器位置图

1—支架　2—车身水平传感器　3—六角螺钉　4—铆钉　5—自锁螺母　6—悬挂　7—连接元件　8—车身水平传感器执行臂　9—车身水平传感器安装位置标签　10—拉杆　11—固定夹

四、动态自适应大灯的调节原理

动态自适应大灯的结构与调节原理如图 3—2—8 所示，电路原理如图 3—2—9 所示。信息传递图如图 3—2—10 所示，带有（*）的值是用来计算回转角度时的输入值，其他的输入值只是用于动态大灯照程调节的。

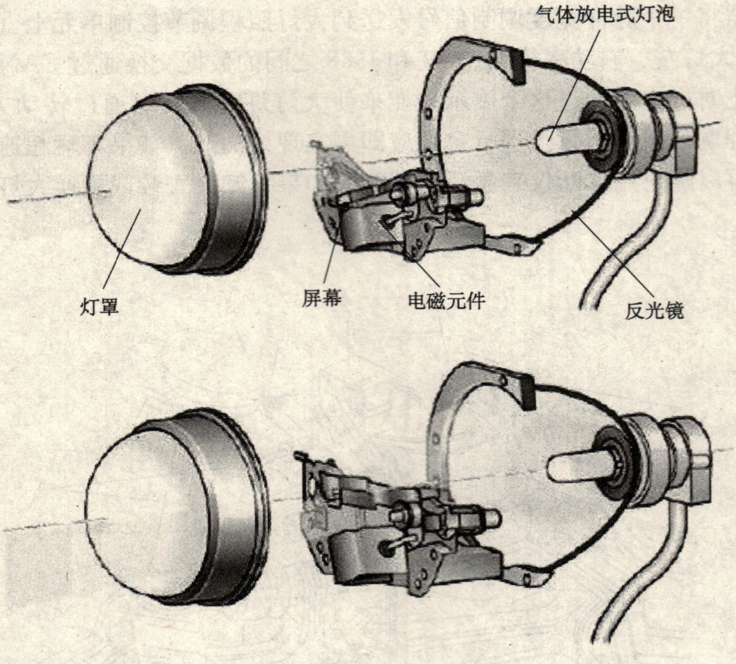

图 3—2—8　动态自适应大灯结构图

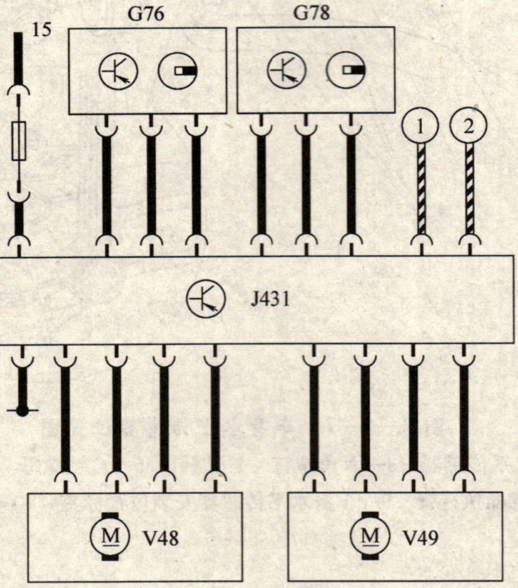

图 3—2—9　自适应大灯电路原理图

G76—大灯光束水平传感器　G78—大灯光束水平传感器　J431—大灯照程调节控制单元

V48—左大灯照程调节电动机　V49—右大灯照程调节电动机

五、系统电路控制

水平传感器与双氙气大灯动态调节所用的传感器是相同的，该传感器将一个脉冲宽度调制信号发送到大灯照程调节控制单元上。大灯照程调节控制单元 J431 与大灯左、右功率模块 J667 和 J668 之间的数据交换通过 CAN 总线来完成。自适应大灯系统电路原理如图 3—2—11 所示。奥迪 A6 轿车自适应大灯系统实车电路如图 3—2—12 至 3—2—17 所示。

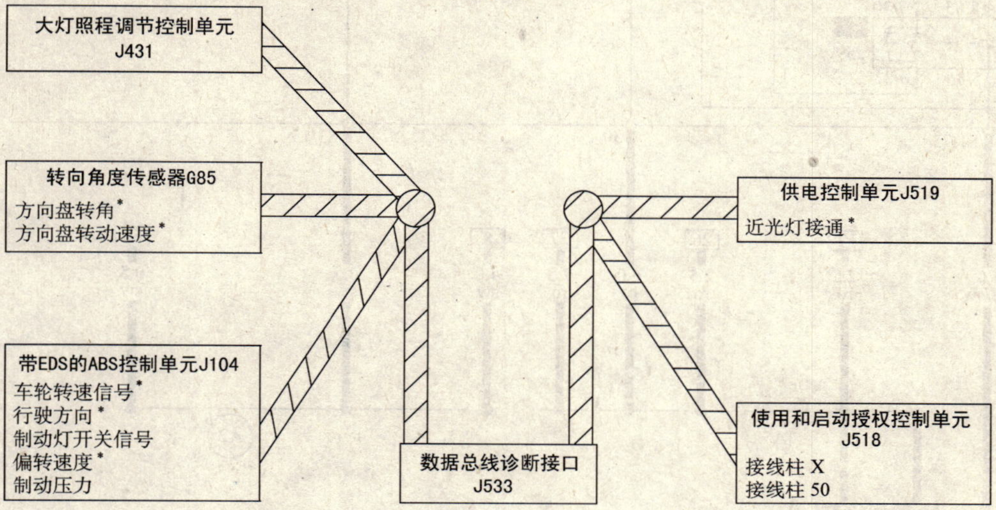

图 3—2—10　自适应大灯信息传递图

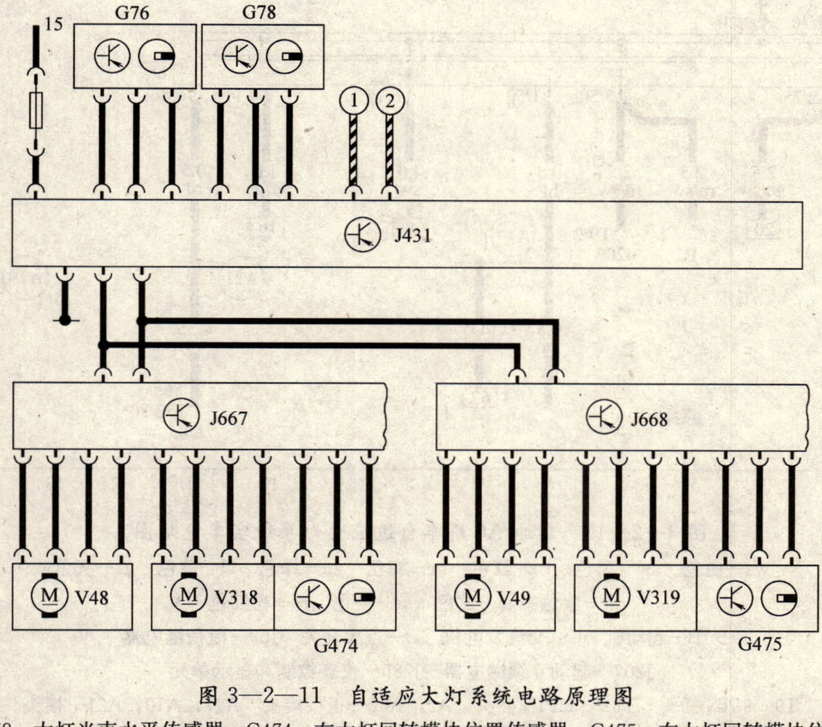

图 3—2—11　自适应大灯系统电路原理图

G76，G78—大灯光束水平传感器　G474—左大灯回转模块位置传感器　G475—右大灯回转模块位置传感器

J431—大灯照程调节控制单元　J667—左大灯功率模块　J668—右大灯功率模块

V48—左大灯照程调节电动机　V49—右大灯照程调节电动机　V318—左大灯转弯灯光动态调节电动机

V319—右大灯转弯灯光动态调节电动机

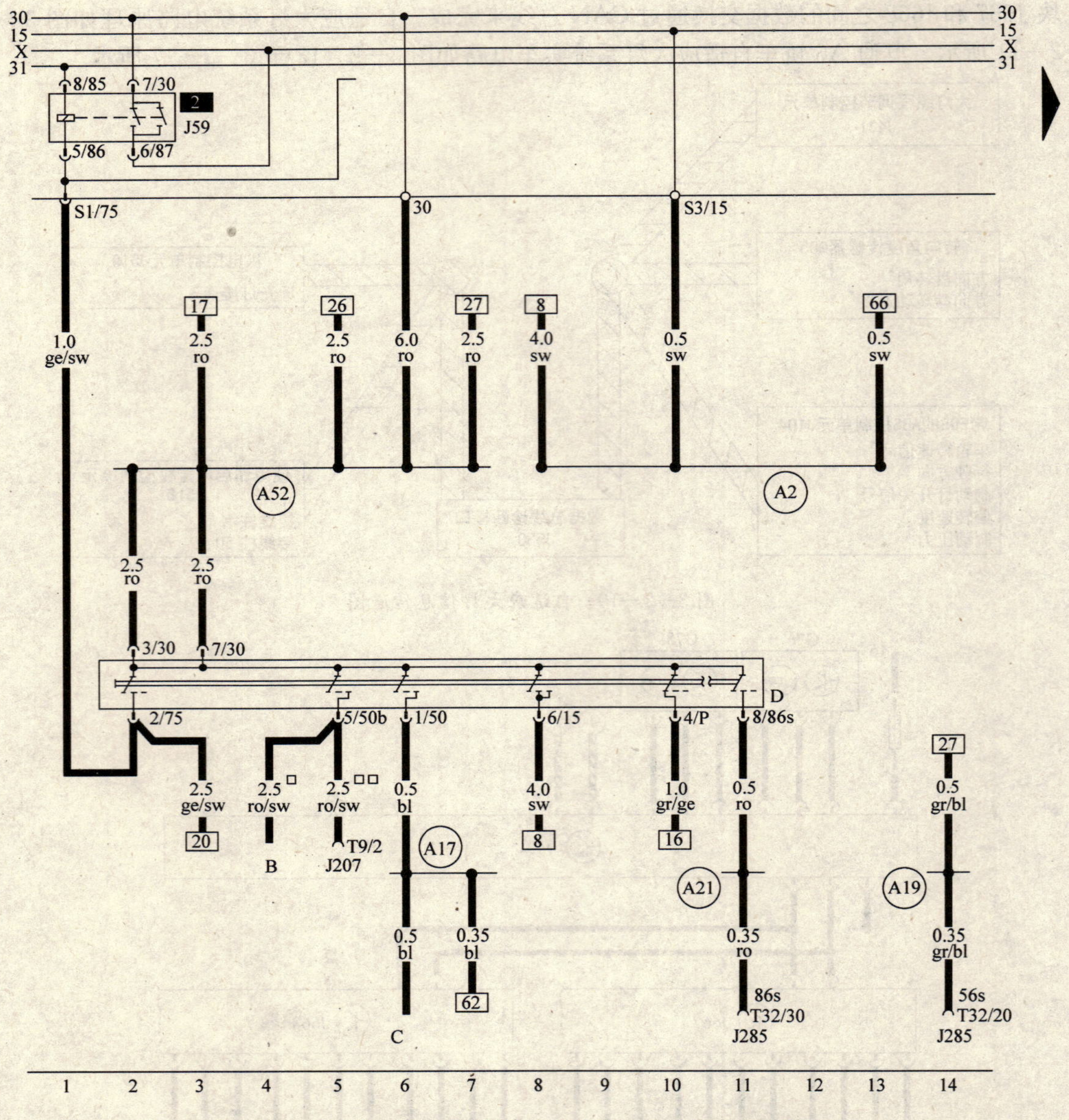

图 3—2—12　奥迪 A6 轿车自适应大灯系统实车电路图 1

ws—白色　sw—黑色　ro—红色　br—棕色　gn—绿色　bl—蓝色　gr—灰色

li—紫色　ge—黄色　or—橙色　rs—粉红色

B—起动机　C—交流发电机　D—点火开关　J59—泄荷继电器

J207—起动互锁继电器　J285—仪表控制和显示单元

T9—9PIN 插头　T32—32PIN 插头　A2，A52—正极接头　A17，A19，A21—接头

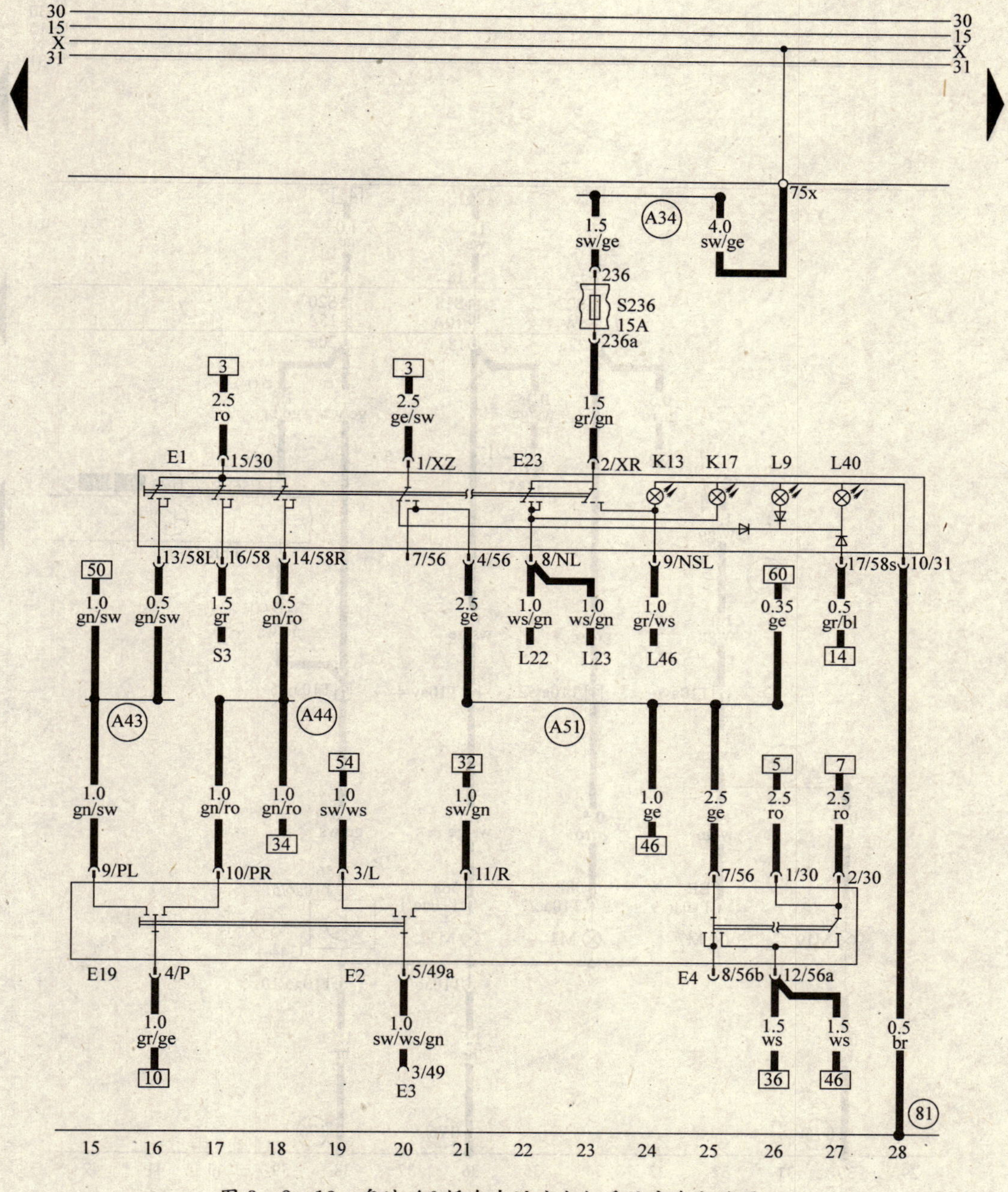

图 3—2—13 奥迪 A6 轿车自适应大灯系统实车电路图 2

E1—灯光开关 E2—转向信号开关 E3—紧急警告灯开关 E4—大灯变光开关 E19—驻车灯开关
E23—前后雾灯开关 K13—后雾灯警告灯 K17—雾灯警告灯 L9—灯光开关内灯泡
L22—左雾灯灯泡 L23—右雾灯灯泡 L40—前后雾灯开关照明灯泡
L46—左后雾灯灯泡 S3—熔丝 S236—36 号熔丝 81—搭铁接头
A34，A43，A44，A51—接头

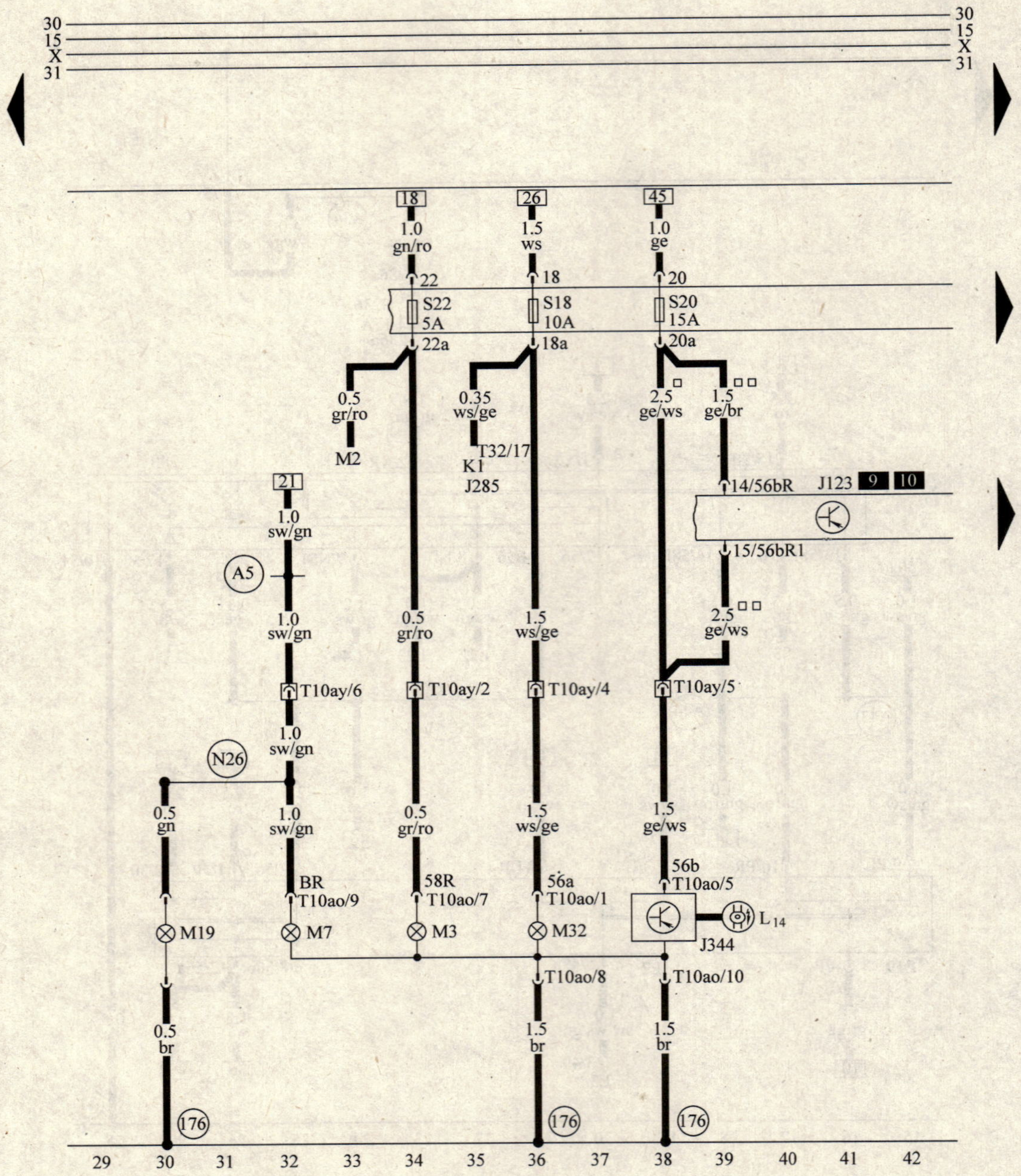

图 3—2—14　奥迪 A6 轿车自适应大灯系统实车电路图 3

J123—灯泡监控装置　J285—仪表板控制与显示单元　J344—右侧氙气灯控制单元　K1—远光警告灯

L14—右侧氙气灯　M2—右尾灯灯泡　M3—右侧灯灯泡　M7—右前转向信号灯泡

M19—右侧转向信号灯泡　M32—右远光灯泡　S18，S20，S22—熔丝　T10ao—右大灯 10PIN 接头

T10ay—A 柱 10PIN 粉红色接头　T32—仪表板 32PIN 蓝色接头　176—右大灯线束搭铁接头

A5—仪表板线束右转向信号正极接头　N26—接头

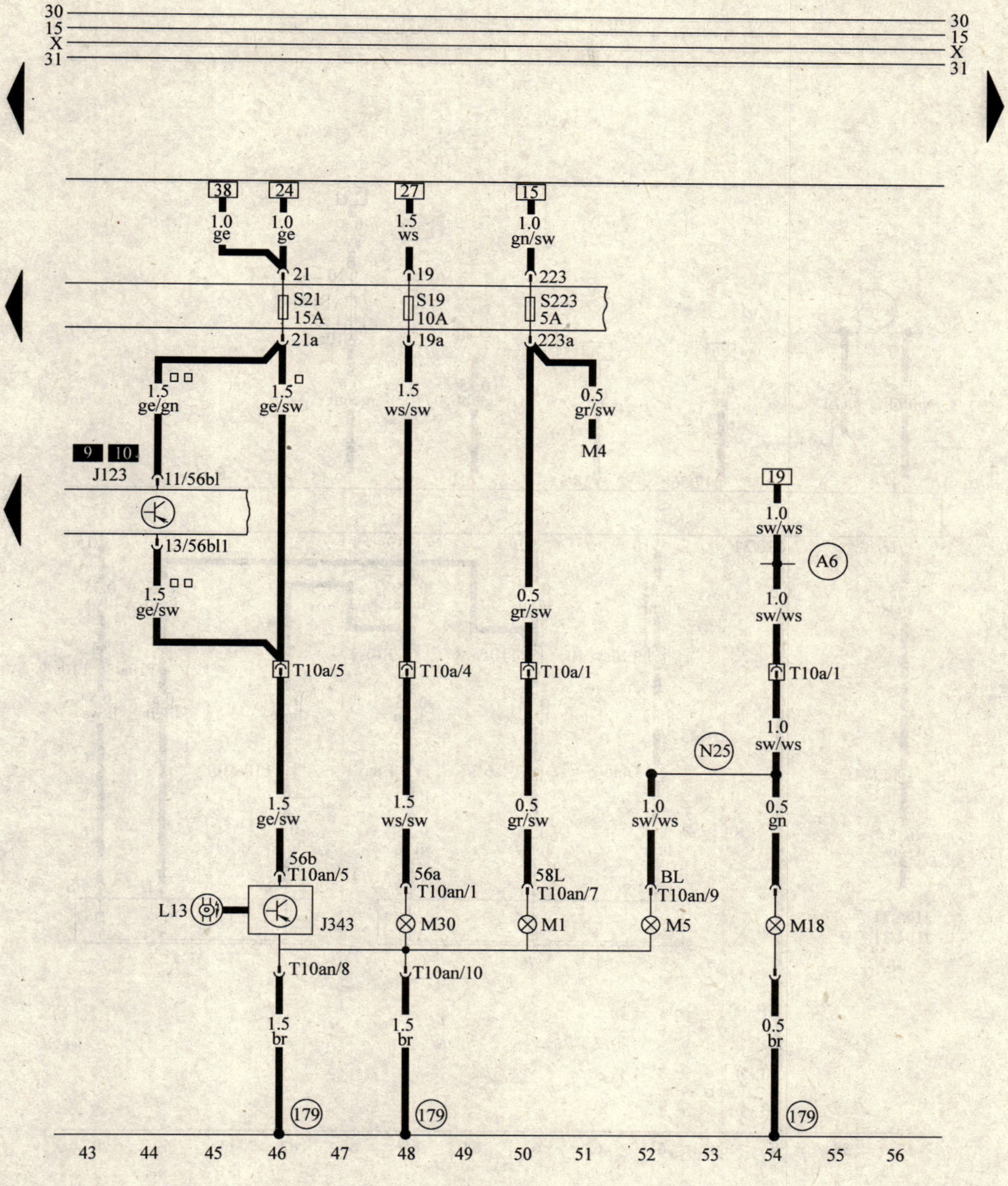

图 3—2—15　奥迪 A6 轿车自适应大灯系统实车电路图 4

J123—灯泡监控装置　J343—左氙气灯控制单元　L13—左氙气灯　M1—左侧灯泡

M4—左尾灯灯泡　M5—左前转向信号灯泡　M18—左侧转向信号灯泡　M30—左远光灯泡

S19，S21，S223—熔丝　T10a—左侧 A 柱 10PIN 粉红色接头　T10an—左大灯 10PIN 接头

179—左大灯线束搭铁接头　A6—仪表板左转向信号正极接头　N25—左转向信号线束接头

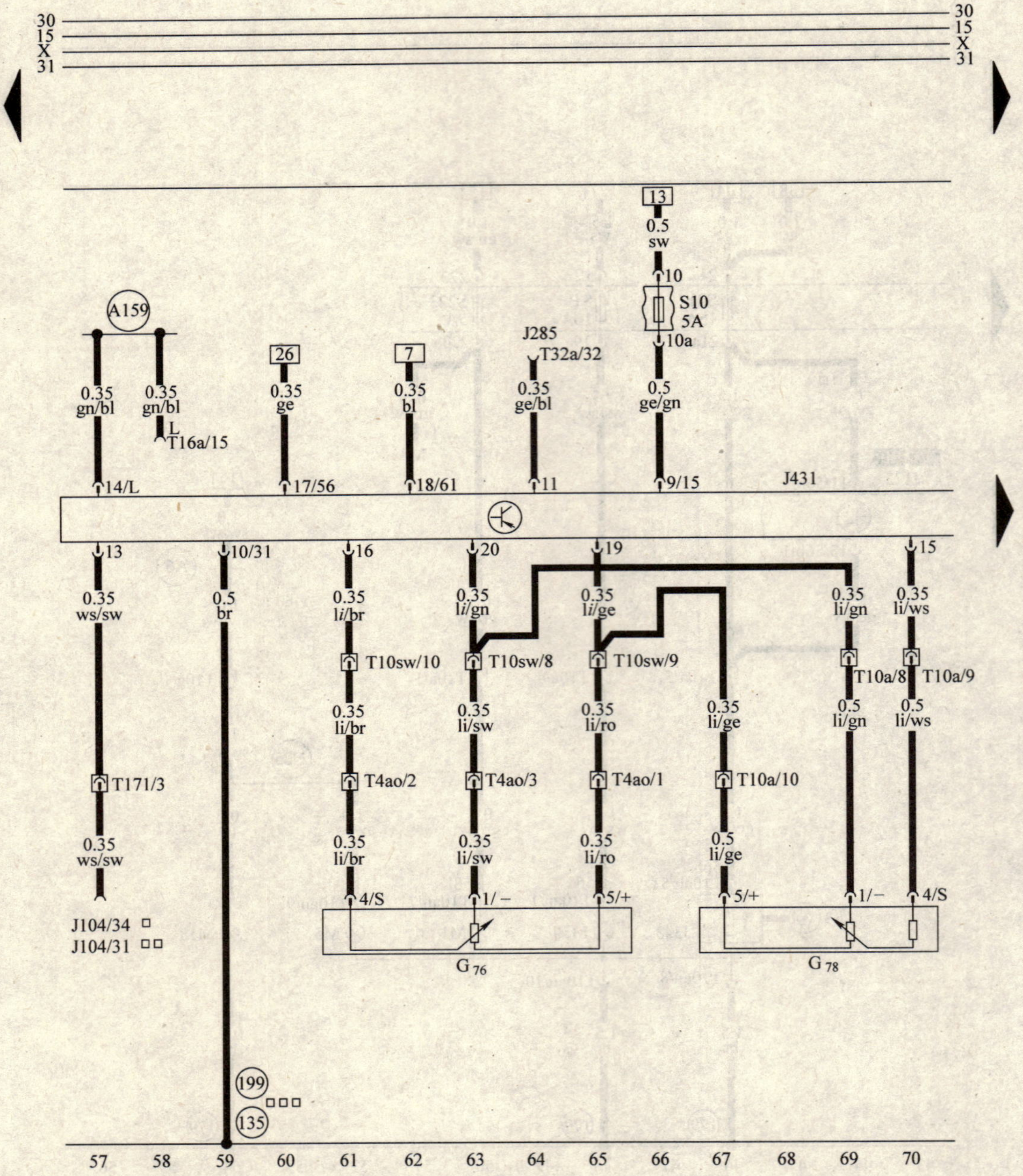

图 3—2—16　奥迪 A6 轿车自适应大灯系统实车电路图 5

G76—左后车辆水平传感器　G78—左前车辆水平传感器　J104—ABS 与 EDL 控制单元　J285—仪表板显示与控制单元　J431—大灯射程范围控制单元　S10—熔丝盒　T4ao—左后坐椅下面 4PIN 接头　T10a—左 A 柱粉红色 10PIN 接头　T10sw—右 A 柱黑色 10PIN 接头　T16a—16PIN 诊断接头　T17f—17PIN 黑色接头　T32a—仪表板 32PIN 绿色接头　135，199—仪表板搭铁接头　A159—仪表板线束接头

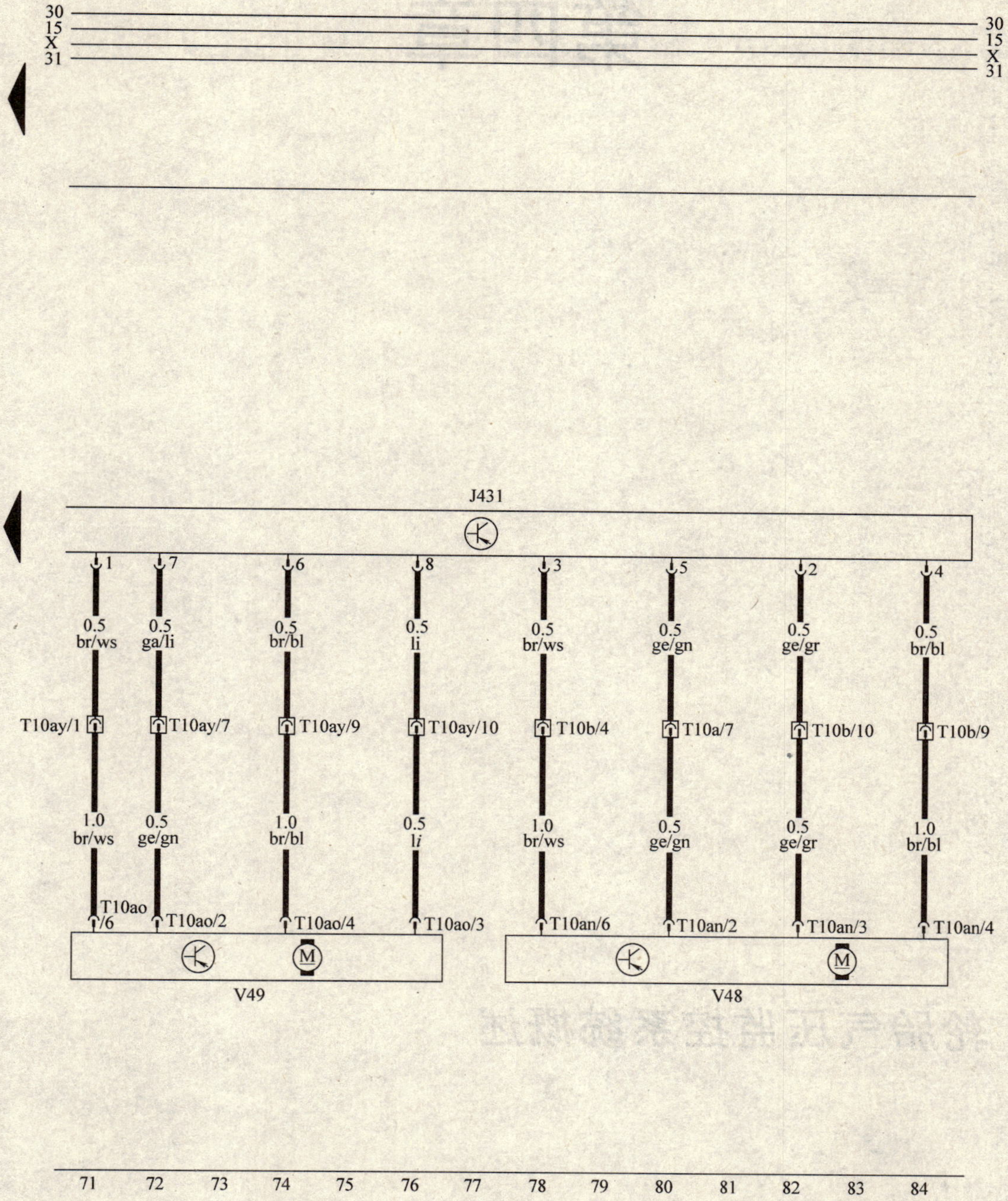

图 3—2—17　奥迪 A6 轿车自适应大灯系统实车电路图 6

J431—大灯范围控制单元　T10a—左 A 柱 10PIN 粉红色接头　T10b—左 A 柱 10PIN 红色接头
T10an—左大灯 10PIN 接头　T10ao—右大灯 10PIN 接头　T10ay—右 A 柱 10PIN 粉红色接头
V48—左大灯范围控制电动机　V49—右大灯范围控制电动机

第四章 轮胎压力监控系统

第一节 轮胎气压监控系统概述

轮胎气压监控系统是提高汽车安全性和舒适性方面的一个新的进步。在日常生活中，由于轮胎老化、过度磨损、胎压异常、轮胎外伤等原因造成的爆胎事故屡屡发生。

胎压异常易导致“爆胎”的发生，胎压异常是指轮胎气压不足和胎压过高。胎压异常会引起轮胎局部磨损、操控性和舒适性降低、油耗增加等问题。胎压不足时，轮胎侧壁容易弯曲折断而发生爆裂。而胎压过高，则会使得轮胎的缺陷处（如损伤部位）在高速行驶过程中发生爆裂。

据部分统计，轮胎长期处于充气压力不足造成轮胎过早损坏的占85%左右。轮胎压力监控系统可在车辆静止和行驶时监控轮胎的充气压力。正确的轮胎压力对行驶安全性、轮胎耐用性和燃油消耗起关键作用。

一、系统原理

奥迪轿车上使用的轮胎压力监控系统是一种四轮系统，从车轮传感器到控制单元的数据是通过高频无线电传递的。车辆外围设备的信息交换是通过舒适 CAN 总线实现的。

每个气门嘴上都装有一个轮胎气压测量和发送单元，该单元以固定的时间间隔向安装在翼子板上的轮胎压力监控天线和轮胎压力监控控制单元发送无线电信号。

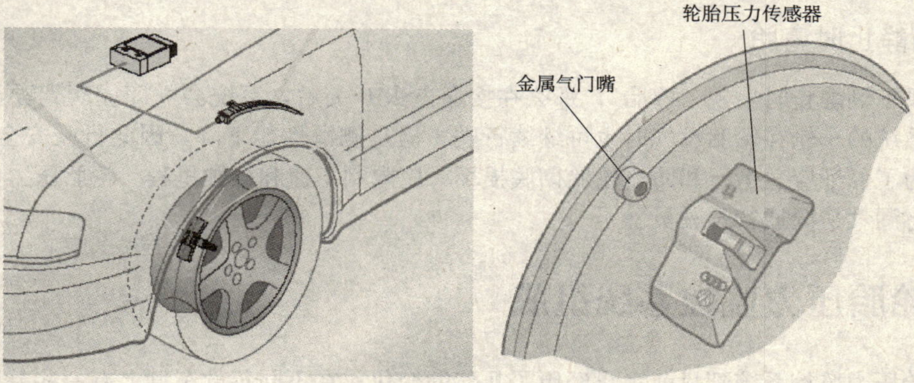

图 4—1—1　系统工作示意图

轮胎压力监控控制单元分析轮胎的充气压力及压力的变化情况，将相应信息发至组合仪表，这些信息由驾驶员信息系统显示出来。

二、轮胎压力监控系统优点

1. 轮胎气压过低时会提前指示，因此安全性得到提高。

2. 不需要定期检查轮胎的压力，因此舒适性得到提高。只有当显示屏上显示相应的信息时才有必要校正轮胎气压。

3. 提高了轮胎寿命（压力每降低 0.3 bar，轮胎寿命会降低 25%）。

4. 正确的轮胎压力会相应地降低燃油消耗。

三、轮胎压力监控

轮胎在不同的漏气状态下轮胎气压监控系统的处理方法是不同的，按照漏气状态分为缓慢漏气、突然漏气和车辆静止时瘪胎三种情况。

1. 缓慢漏气

缓慢漏气会提前指示给驾驶员，以便驾驶员检查轮胎状况及校正轮胎的气压。“爆胎”中有85%可归因于缓慢漏气。轮胎气压过低时，如果车在高速行驶，就会因碾压而使轮胎过热，从而发生“爆胎”。

2. 突然漏气

车辆正在行驶时若出现突然漏气现象（如爆胎、瘪胎），系统会立即给司发出警报。正常情况下，驾驶员根据车的行驶状态也可识别出这种情况。对于拥有车轮应急运行系统的车，驾驶员可能会由于应急运行的特点而未立即识别出“瘪胎”。在这种情况下，轮胎压力监控系统就成了唯一能提醒驶驶员的手段。

3. 车辆静止时瘪胎

如果车辆静止时出现“瘪胎”，那么在接通点火开关后，系统会立即提醒驾驶员。有应急运行系统的车轮在轮胎没气时也可继续行驶，但是侧滑性能下降，因此行驶安全性变差。另外，为了保证应急运行和防止轮胎彻底损坏，应限制车速和行驶里程。轮胎压力监控系统会提前将漏气情况通知驾驶员。

四、轮胎压力监控系统组成

轮胎压力监控系统到目前为止经历了几代的变化，在不同年款车型上有一些差别，如图4—1—2所示。

轮胎压力监控系统一般由5个轮胎压力传感器、4个轮胎压力监控天线、轮胎压力监控控制单元、组合仪表、功能选择开关等元件组成，各元件位置如图4—1—3所示。

奥迪轿车轮胎气压监控系统电路如图4—1—4所示。

大众途锐汽车轮胎气压监控系统电路如图4—1—5所示。

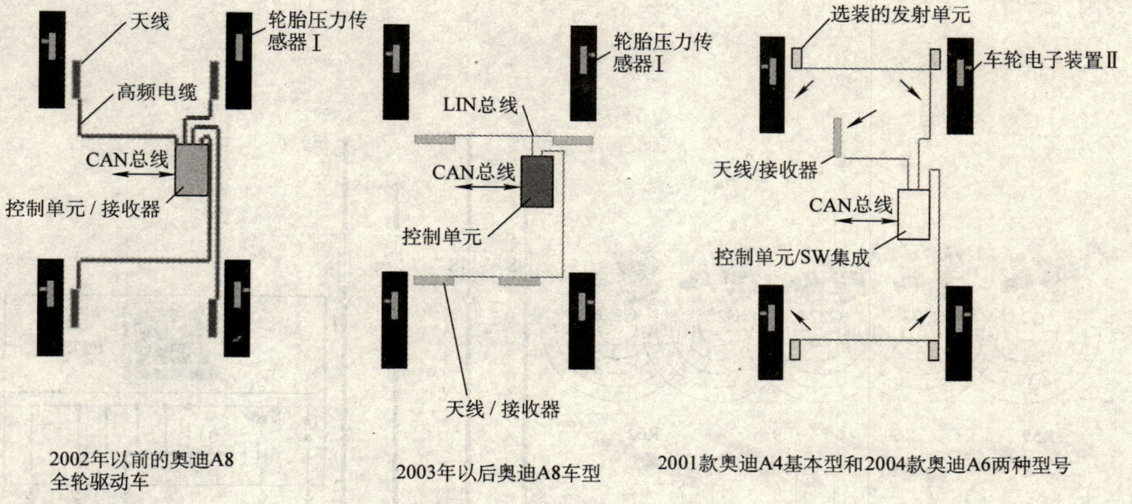

图 4—1—2　轮胎压力监控系统分类组成图

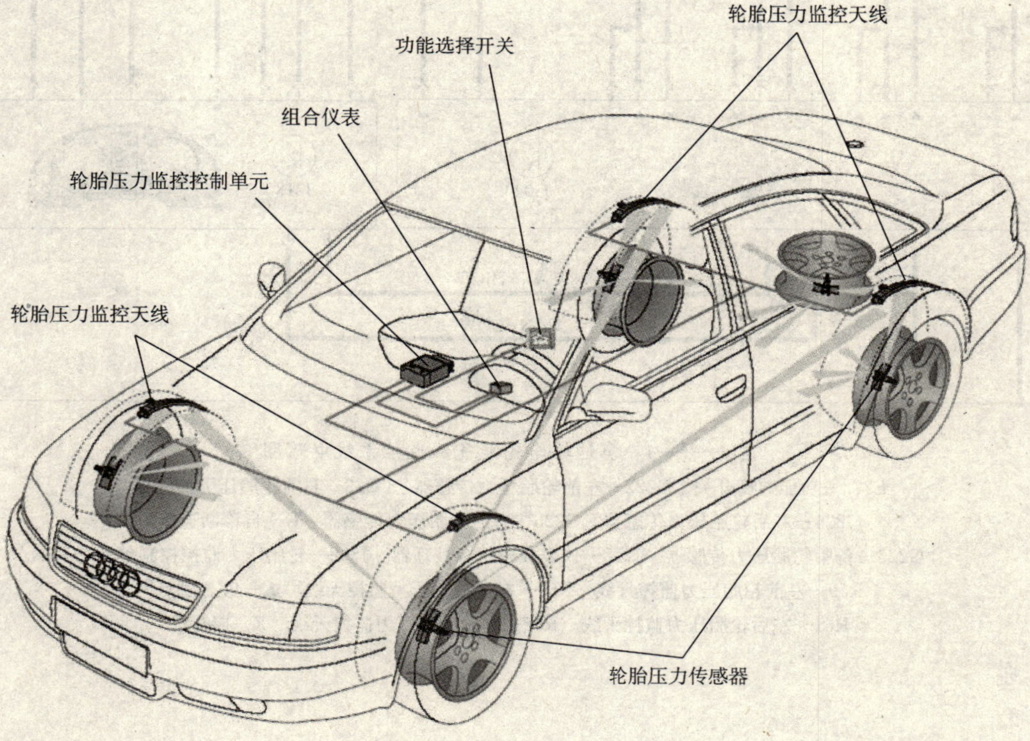

图 4—1—3　系统元件位置图

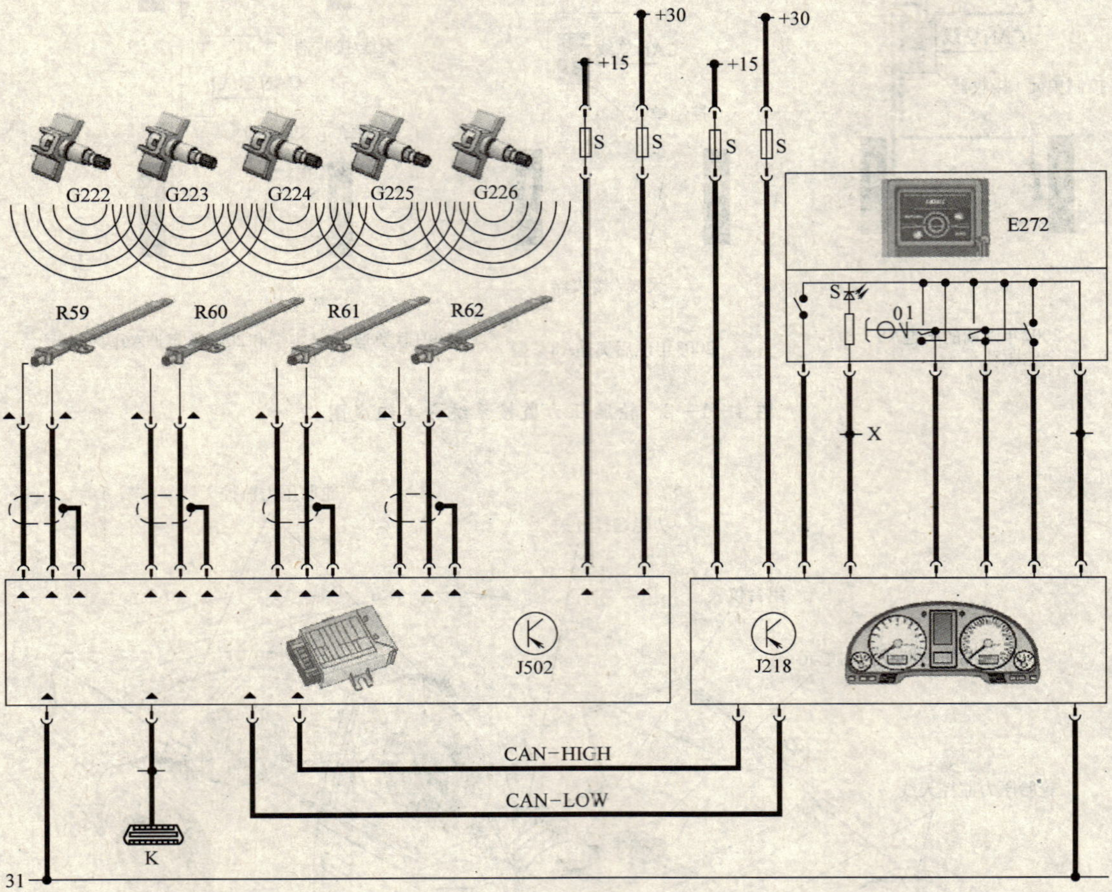

图 4—1—4　奥迪轿车轮胎气压监控系统电路图

E272—功能选择开关　G222—左前轮胎压力传感器　G223—右前轮胎压力传感器
G224—左后轮胎压力传感器　G225—右后轮胎压力传感器　K—自诊断连接
G226—备胎轮胎压力传感器　J218—仪表板内组合处理器　J502—轮胎压力监控控制单元
R59—左前轮胎压力监控天线　R60—右前轮胎压力监控天线　▲—镀金触点
R61—左后轮胎压力监控天线　R62—右后轮胎压力监控天线　X—接线柱

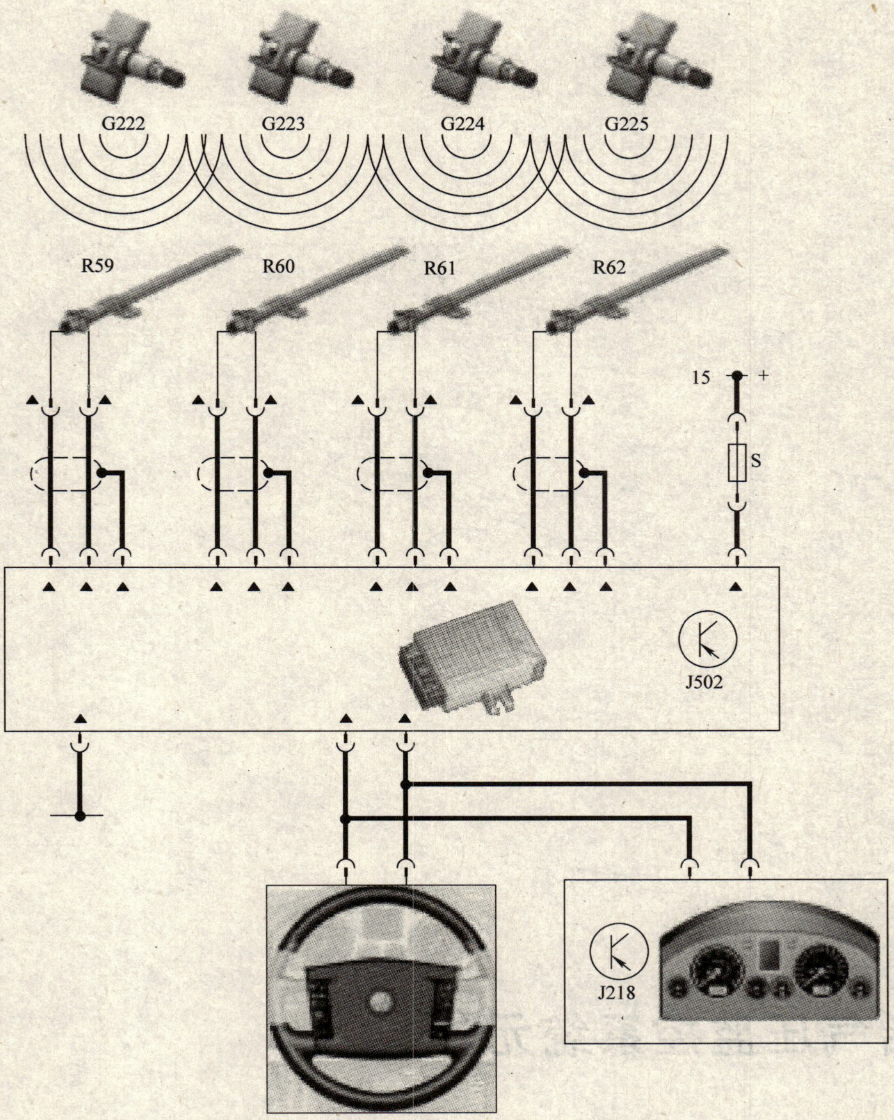

图 4—1—5　大众途锐汽车轮胎气压监控系统电路图
G222—左前轮胎压力传感器　G223—右前轮胎压力传感器
G224—左后轮胎压力传感器　G225—右后轮胎压力传感器
J218—组合仪表内的组合处理器　J502—轮胎压力监控控制单元
R59—左前轮胎压力监控天线　R60—右前轮胎压力监控天线
R61—左后轮胎压力监控天线　R62—右后轮胎压力监控天线
▲—镀金触点

第四章 轮胎压力监控系统

第二节

轮胎气压监控系统元件

一、金属气门嘴

轮胎压力监控系统所用的气门嘴采用了新型设计，过去多采用橡胶气门嘴，现在使用的是金属气门嘴。更换轮胎时，只更换气门芯即可，其外观如图 4—2—1 所示，其结构如图 4—2—2 所示。

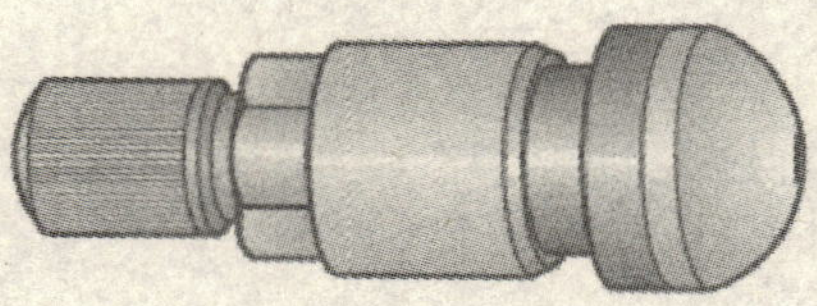

图 4—2—1　金属气门嘴外观图

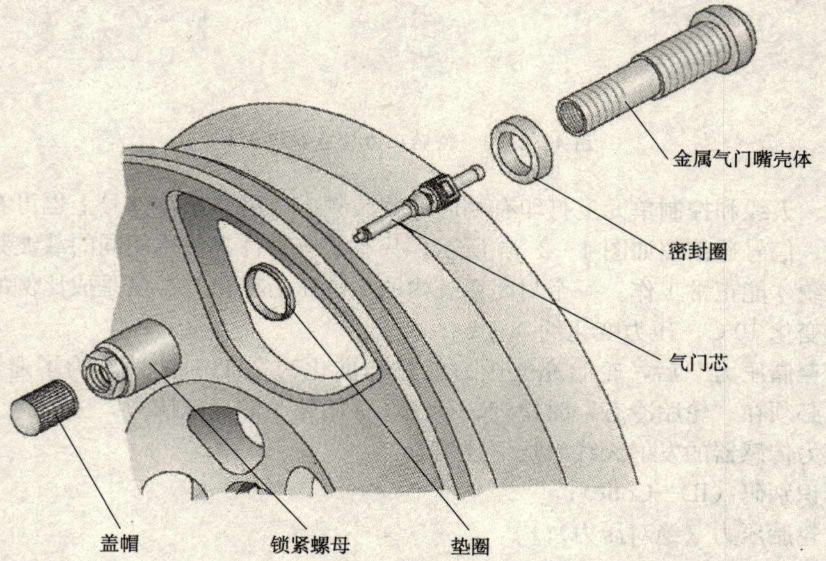

图 4—2—2　金属气门嘴结构图

二、轮胎压力传感器

轮胎压力传感器是拧在金属气门嘴上的，在更换车轮或轮辋时，该传感器仍可再用。轮胎压力传感器内部集成有发射天线、压力传感器、温度传感器、测量和控制电子装置及电池，如图 4—2—3 所示。

轮胎压力传感器将轮胎的实时压力信息（绝对压力测量）发送给轮胎压力监控控制单元，用以评估压力情况。温度信号用于补偿因温度改变而引起的压力变化，同时还用于自诊断。温度补偿由轮胎压力监控控制单元来进行，测出的轮胎压力以 20℃时的值为标准值。根据各国情况的不同，现在使用两种不同的载波频率。大多数国家使用 433 MHz 的载波频率，少数国家（如美国）使用 315 MHz 的载波频率。

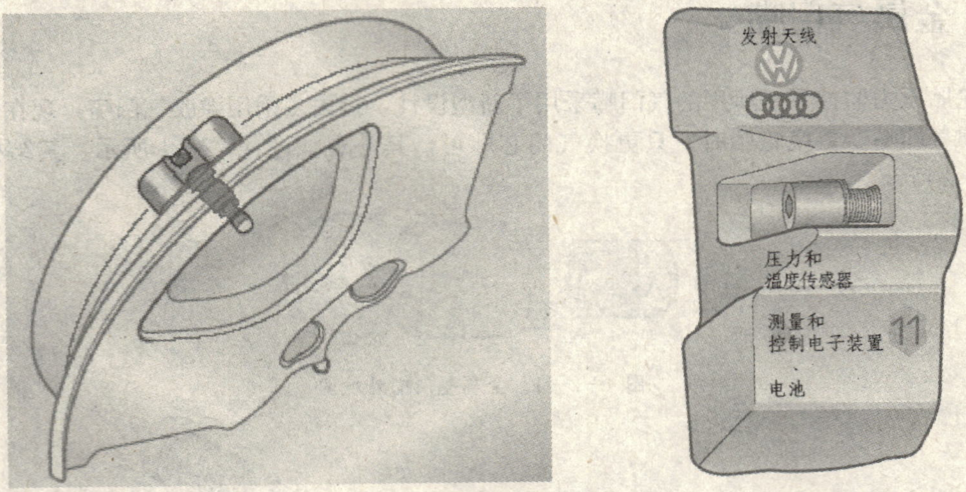

图 4—2—3　轮胎压力传感器组成图

传感器、天线和控制单元上打印有相应的载波频率，另外从零件号上也可看出用的是哪种载波频率，信号通信图如图 4—2—4 所示。只有系统部件都使用相同的载波频率时，轮胎压力监控系统才能正常工作。一个封闭系统内的空气压力变化与温度是成比例的。正常情况下，温度每变化 10℃，压力变化约 0.1 bar。

输入“存储压力”后，轮胎充气压力就被标准化为 20℃时的值。为了避免调整不当，应特别注意必须在“轮胎冷态”时检查、校正及存储轮胎的充气压力。

轮胎压力传感器的发射天线发送下述信息：

—专用识别码（ID—Code）；

—实时轮胎压力（绝对压力）；

—实时轮胎空气温度；

—集成电池的状态；

—为保证数据的安全传递所需的状态、同步和控制方面的信息。

以上所列的信息都包含在一段 12 位长的数据电报内。数据传递是调频式的，传递时间约 10 ms。每个轮胎压力传感器都有一个专用的识别码（ID—Code），用于轮胎识别。为了避免接收到错误信息，当轮胎压力传感器接收到的温度达到 120℃时，就不再发送无线电信号（数据电报）了。在发射电子装置切断轮胎压力传感器前，轮胎压力控制单元收到了“温度切断”信息，于是故障内容被记录在故障存储器内。当温度低于某一值时，轮胎压力传感器又能恢复无线电通信。电子部件对高温非常敏感，高温会导致功能故障及部件损坏。当一个或多个轮胎压力传感器发生温度切断时，会出现如图 4—2—5 所示的提示。轮胎压力传感器的供电测量、控制及发射电子装置是通过集成的锂电池供电的。为了使轮胎压力传感器的使用寿命尽可能长，其控制电子装置有专用的“能源管理”功能。

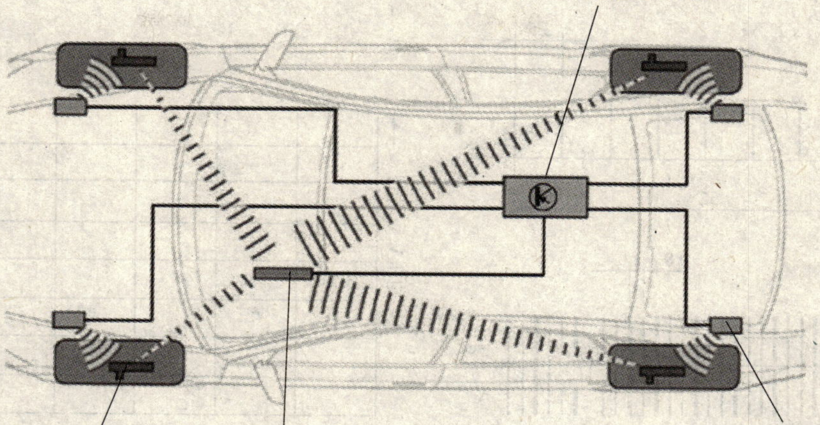

图 4—2—4　信号通信图

测量轮胎压力的数据传递量是很小的，但能立即识别出气压不足并将此信息传递给控制单元。"能源管理"功能可以根据不同的测量和发射时间间隔区分出是正常发射模式还是快速发射模式，如图 4—2—6 所示，当轮胎气压值保持恒定时，轮胎压力传感器就处于正常发射模式。当气压损失高于0.2 bar/min时，轮胎压力传感器立即切换到快速发射模式。

图 4—2—5　传感器发生温度切断示意图

"能源管理"可在保证压力监控功能的同时，传感器电池所承受的负荷尽可能小。电池寿命理论上可达到 7 年。电池是轮胎压力传感器的一个组成部件，它不能单独更换。但可以通过自诊断来查询电池的理论寿命，电池的放电曲线如图 4—2—7 所示。

三、轮胎压力监控天线

轮胎压力监控天线实物如图 4—2—8 所示，其接收来自轮胎压力传感器的无线电信号，并将此信号传至轮胎压力监控控制单元以便进一步处理。在正常模式下每隔 54 s 接收一次数据电码，在快速发送模式下每隔 850 ms 秒接收一次。轮胎中的压力损失速度超过0.2 bar/min时，快速发送模式启动。

轮胎压力监控系统共有 4 根用于轮胎压力监控的天线，分别安装于左前、右前、左后、右后车轮罩内的衬板后，如图 4—2—9 所示，这 4 根天线经高频天线导线与轮胎压力监控控制单元相连，并根据安装位置与控制单元进行匹配。天线接收所有处于接收范围和频率范围内的无线电信号。每根天线都会接收所有处于其作用半径以内的传感器信号。无线电信号会被传送至控制单元内并经过选择，以便处理正确的信息。

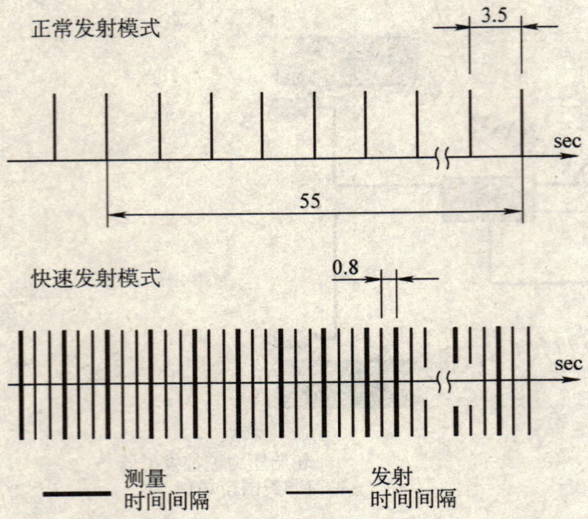

图 4—2—6　传感器信号发射模式

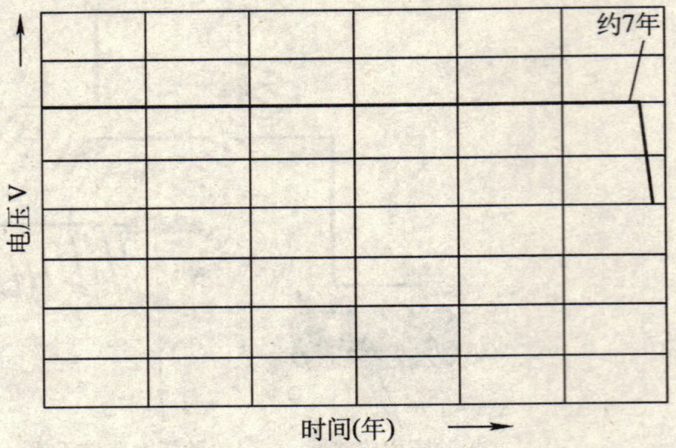

图 4—2—7　轮胎压力传感器内锂电池的放电曲线图

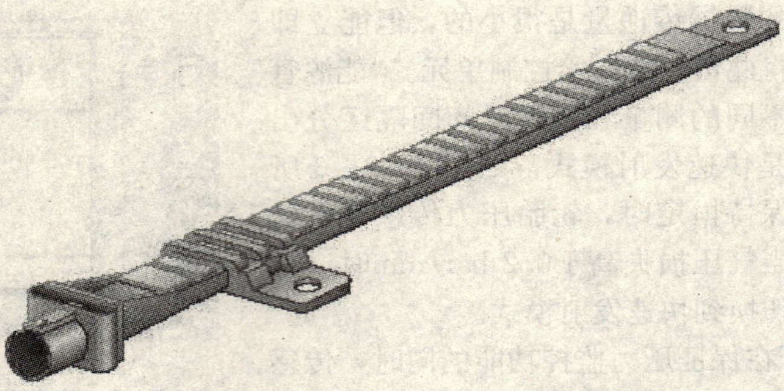

图 4—2—8　轮胎压力监控天线实物图

为了保证轮胎压力监控系统能正常工作，该系统上使用的各部件的载波频率必须相同。天线上打印有载波频率，另外从零件号也可看出载波频率。为了不干扰高频数据传递，对于损坏的天线导线目前不可以修理。如果天线导线损坏，应更换整个线束。

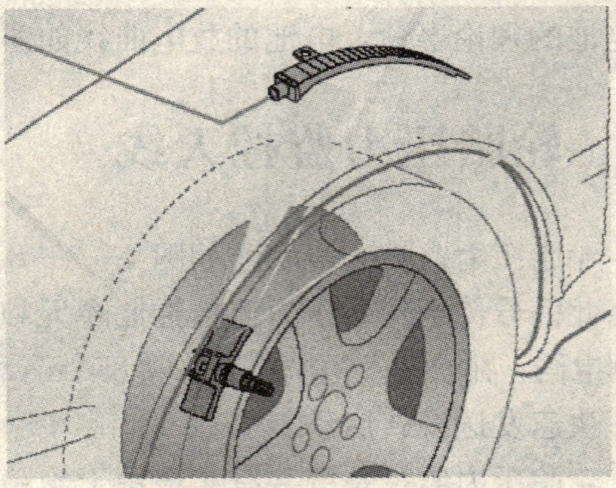

图 4—2—9　轮胎压力监控天线安装位置图

四、轮胎压力监控控制单元

轮胎压力监控控制单元实物如图 4—2—10 所示，该控制单元对轮胎压力监控天线发来的信号进行处理并排队，然后把相应的信息送至组合仪表，驾驶员信息系统（FIS）的显示屏会显示相应信息。车辆外围设备是通过舒适 CAN 总线进行通信的，通过对各种不同的界限值和按时间变化的压降（压降梯度）进行分析，就可对系统状况信息按其重要性进行排序。

输入“存储压力”后，不但要求控制单元存储新的轮胎充气压力，还要“学习”以前存储的传感器及其位置。因此控制单元内存储了两套独立的轮胎压力值。

1. 用控制单元编码输入的部分负荷及全负荷时的轮胎充气压力。该压力值可在油箱盖上的不干胶标签上查到，它是按编码表输入的，如图 4—2—11 所示。根据部分负荷的压力可计算出一个最低压力极限值。

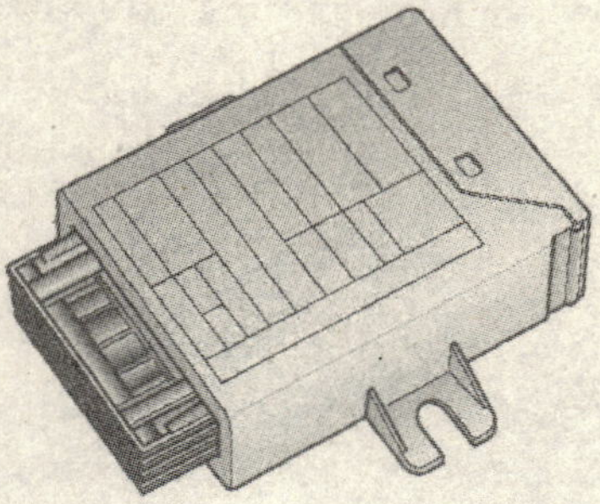

图 4—2—10　轮胎压力监控控制单元

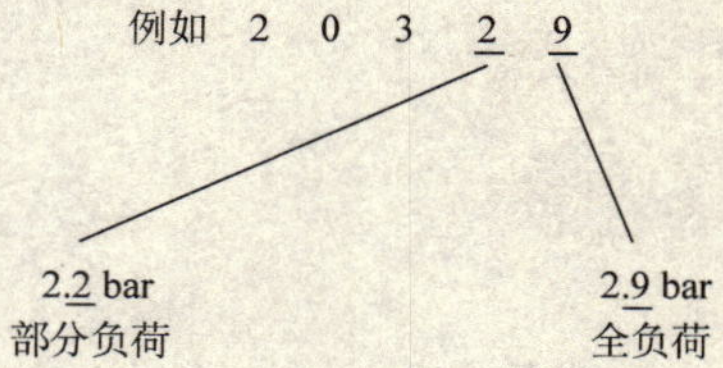

图 4—2—11　轮胎气压标签示意图

2. 通过驾驶员信息系统显示屏的“存储压力”功能由驾驶员存储的轮胎充气压力。用驾驶员信息系统的菜单可以存储个性化的轮胎充气压力值（如满负荷或冬季轮胎）。在未超过最低压力极限值时，用菜单存储的压力值比于用编码输入的压力值有更大的优先权。

第四章 轮胎压力监控系统

第三节 轮胎气压监控系统功能

一、轮胎气压监控过程

在轮胎压力子菜单里通过功能选择开关可以关闭或开启轮胎压力监控系统，还可以存储轮胎的实时压力。如果没有遵守说明且使用了不同的充气仪器来检查和校正轮胎气压，那么根据充气仪器的公差范围情况，系统信号可能提前或延迟。在轮胎温度不同（热/冷）或外界温度不同（夏天/冬天），校正完轮胎压力但没有每次存储压力值时，也会出现系统信号提前或延迟现象。

轮胎压力监控系统可由驾驶员在菜单里关闭。每次接通点火开关后短时出现“系统已关闭”的信息以提醒驾驶员，如图 4—3—1 所示。选择“存储压力”时，轮胎压力监控系统自动接通。为了避免错误信号，建议每次检查及校正完轮胎充气压力后，在 FIS 菜单里执行一次“存储压力”功能。输入“存储压力”后，轮胎充气压力就被标准化为 20℃时的值。为了避免调整不当，应特别注意必须在“冬季轮胎”时检查、校正及存储轮胎的充气压力。

图 4—3—1　系统关闭提示示意图

根据对车辆行驶性能的影响，将系统信号分成两个优先等级：优先等级 1 和优先等级 2。优先等级 1 为最重要信号，表示已不能保证行驶安全性，优先等级 1 的信号由 FIS 显示屏上的红色警报符号以及声音信号来指示，这时要求驾驶员立即检查轮胎状态。优先等级 2 为次重要信号，表示还没有直接影响行驶安全性，FIS 显示屏出现黄色符号来提醒驾驶员现在系统的状态。

优先等级 1 的信号和优先等级 2 的信号又都可分成“无位置”和“有位置”两种形式。所谓“无位置”是指系统不能准确说明故障原因的位置，或者有多个故障位置。所谓“有位置”是指系统可以准确说明故障位置且只有该位置是引起故障的原因。

当实际的轮胎充气压力值降至警报线 2 以下，如图 4—3—2 所示，或压力损失梯度大于 0.2 bar/min 时，被认为属于优先等级 1。超过警报线 3 以后就总是显示优先等级 1 的信号。

当至少满足优先等级 1 的一个条件且不能明确指出是哪个车轮时，就会显示这个信息（优先等级 1，无位置），如图 4—3—3 所示。

在出现优先等级 1 的信号时，若按下 CHECK 按钮，就会出现这个提示，如图 4—3—4 所示。如果所有的压力传感器接收到的轮胎充气压力都高于警报线 1（比存储的轮胎充气压力规定值低 0.2 bar），重新存储了轮胎的压力（通过菜单），优先等级 1 的信号会自动撤销。

当某个车轮的实际压力比通过菜单存储的轮胎压力规定值低 0.2 bar 时，就会显示这些信息（警报线 1），如图 4—3—5 所示，这时轮胎压力监控控制单元应识别出轮胎压力传感器的位置（优先等级 1，有位置）。另外，其他三个轮胎的实际压力与存储的压力规定值相差不能大于 0.1 bar。如果某个轮胎压力达到警报线 1，而其他轮胎中有一个或多个轮胎的压力比存储的压力规定值低 0.1 bar，就会显示无位置信息。这时就要求驾驶员检查并校正所有轮胎的压力。这样就可避免警报过于频繁，因为下次车轮故障在短时间内是不会发出警报的。

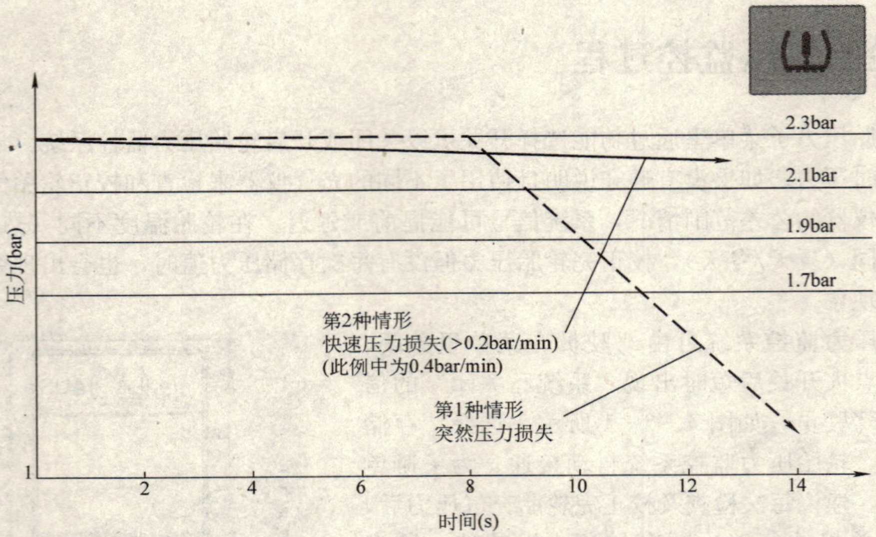

图 4—3—2 轮胎压力变化曲线与警报线对比图

警报线 1—比用菜单存储的轮胎压力规定值低 0.2bar

警报线 2—比用菜单存储的轮胎压力规定值低 0.4bar

警报线 3—是最低压力极限值，它是用部分负荷的编码压力计算出来的

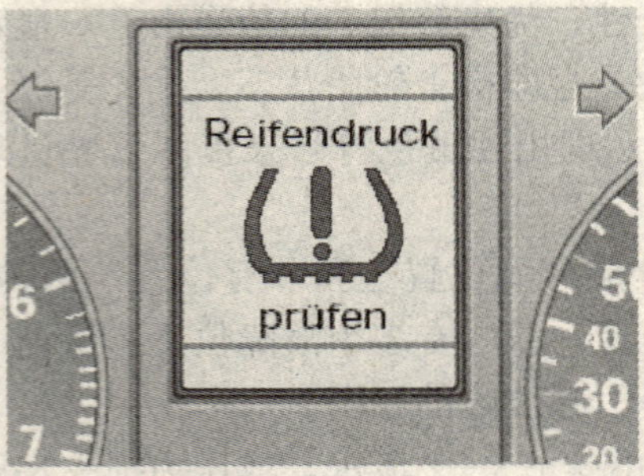

图 4—3—3 优先等级 1 且无位置时的示意图

图 4—3—4 按下 CHECK 后提示图

图 4—3—5 轮胎识别显示示意图

图 4—3—6 轮胎气压监控系统关闭示意图

在点火开关接通的情况下，传感器传递的温度不应该比环境温度高 15℃以上，如果超过了这个界限，就不会发出警报。驾驶员可以通过菜单将压力监控系统关闭。当装有轮胎压力传感器的轮胎（如冬季轮胎）放在行李箱内运输或装用的轮胎无传感器时，关闭压力监控系统就变得非常有意义。每次接通点火开关后，会出现如图 4—3—6 所示的显示，用以提示驾驶员压力监控系统已关闭。

如果故障压力监控系统已无法使用，会出现显示以提醒驾驶员。例如因电磁场变化而导致传感器无法接收信号，就会出现如图 4—3—7 所示这个显示。可能产生干扰的因素包括火花塞间隙过大（火花塞插头未插好）或使用了无线耳机等。如果无线电干扰消失且传感器接收到信号，那么这个提醒信息就会消失。只有当车速高于 5 km/h 时才会出现这个提醒信息。

图 4—3—7　轮胎气压监控系统受干扰示意图

图 4—3—8　系统关闭示意图

当出现其他系统干扰时，会出现信息提示，表示轮胎压力监控系统已无法使用，如图 4—3—8 所示。如系统故障（导线断路、轮胎压力监控控制单元损坏等），轮胎压力传感器没有接收到无线电信号（装上了防滑链或无传感器的轮胎后），车辆行驶 30min 内还未完成车轮识别和位置识别，在车辆行驶中接收到 5 个以上传感器发出的信号（在行李箱内运输有传感器的车轮），当轮胎压力监控控制单元编码错误或根本就未编码等。

二、轮胎识别

每个轮胎压力传感器都有一个单独的识别码（即 ID 码），它是一个 10 位的数字，如图 4—3—9 所示。这个 ID 码包含在传感器信号中并传给控制单元，车辆用它就可识别传感器的位置，控制单元在一定条件下确定并存储传感器的信息，这个过程就称为轮胎识别。

如图 4—3—9 所示，该车辆 VL（左前轮）位置识别码（ID 码）为 0000755100，VR（右前轮）位置识别码为 0000597200，HL（左后轮）位置识别码为 0000602300，HR（右后轮）位置识别码为 0000578100，RR（备胎）位置识别码为 0000598100。

轮胎压力监控控制单元实物如图 4—3—10 所示，其最多可以管理 5 个传感器（包括备胎）。接收到的 ID 码与存储的 ID 码总在不断地进行对比，以便对存储的数据进行进一步处理，这样就可避免在无线电作用范围内“未知传感器”影响系统。

轮胎识别有“自学习”能力，例如轮胎如果装上了别的传感器，控制单元会识别出来，

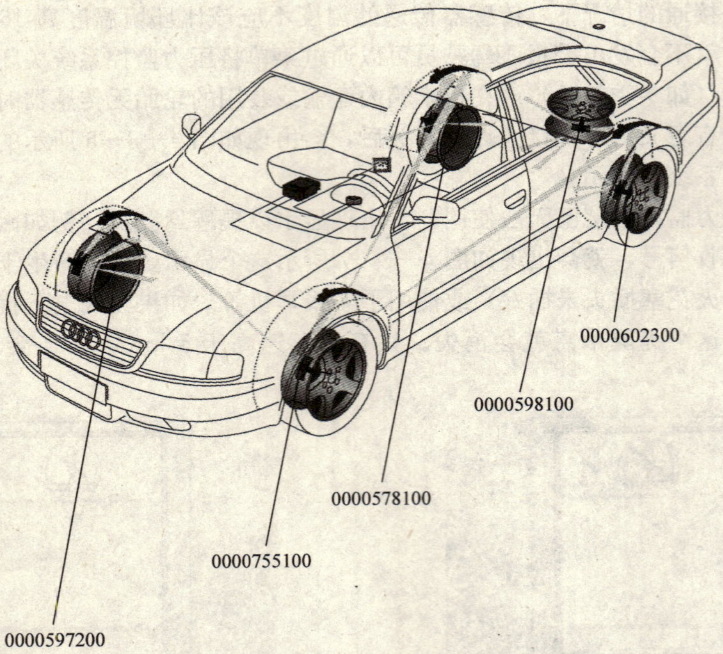

图 4—3—9　轮胎位置识别码示意图

并在一定条件下（算法处理）接受并存储“新传感器”。只有在车辆行驶过程中才能完成传感器的自适应，这样就可避免受停在附近的车辆的影响。

如果车内放有装有轮胎压力传感器的车轮，那么在运输的过程中就会导致轮胎压力监控系统出故障或发出错误警报。在菜单中执行“存储压力”时，不但存储了新的轮胎充气压力，还要求控制单元进行轮胎识别和位置匹配。

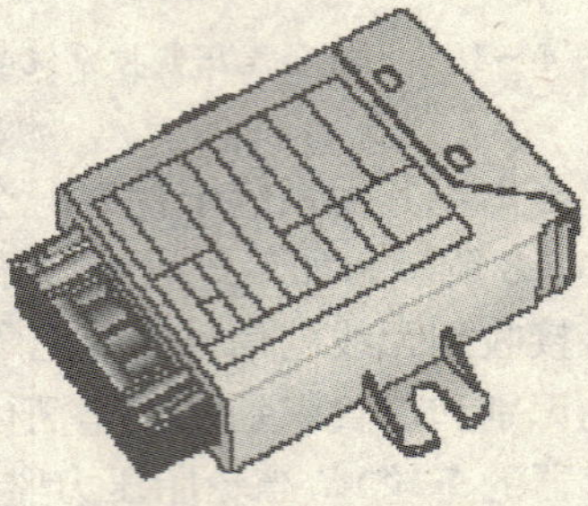

图 4—3—10　轮胎压力监控控制单元

三、位置识别

为了能向驾驶员提供轮胎位置信息，轮胎压力监控控制单元必须知道传感器在车上的安装位置。位置识别是控制单元的一个扩展功能。该功能可以自动完成车轮与传感器的匹配，即定义出左前（VL）、右前（VR）、左后（HL）、右后（HR）及备胎（RR）。为此车上安装了 4 个接收天线，通过分析各个传感器传来的不同强度信号，即可完成位置识别。控制单元根据计算和统计数据就可确定传感器的理论位置（VL、VR、HL、HR 和 RR）。

在无线电传输的过程中，有很多影响接收信号强度的因素，如金属件的屏蔽作用、发射器到天线的距离、环境影响等，所以并不能完全保证准确确定传感器的位置，这就是称其为“理论位置”的原因。

为了使车在停止时仍能监控轮胎压力，轮胎压力监控控制单元在关闭点火开关后继续工作。只是这时的控制单元处于省电状态，当它接收到车轮传感器定期发来的信号时会马上激活。该功能要求正确维护蓄电池，这样才能保证在出车前就会得到及时的提示（如瘪胎）。

备胎在轮胎压力监控系统中占有很重要的位置，备胎上也装有轮胎压力传感器，但备胎没有自己单独用于轮胎压力监控的天线。备胎发出的无线电信号（数据电报）由天线接收后再传给轮胎压力监控控制单元，如图 4—3—11 所示，通过轮胎识别和位置识别就可判断出这个“第五个”轮胎就是备胎，并将该信息存入控制单元。备胎由控制单元来“管理”，但涉及备胎的警报信息都不显示。

备胎的充气压力可以用自诊断仪在 08 功能下的显示组 13 内检查，但前提条件是位置识别功能已完成。当显示组 19 中显示出“15”时，就表示位置识别功能已经完成了。无位置的优先等级 1 的信号，如果没有完成位置识别（如在“存储压力”后或更换轮胎后）且充气压力在警报线 3 以下，那么就还与备胎有关。完成位置识别后（即备胎），这个警报信息就会消失。轮胎压力监控控制单元与车辆的信息交换是在组合仪表上通过舒适 CAN 总线来完成的。

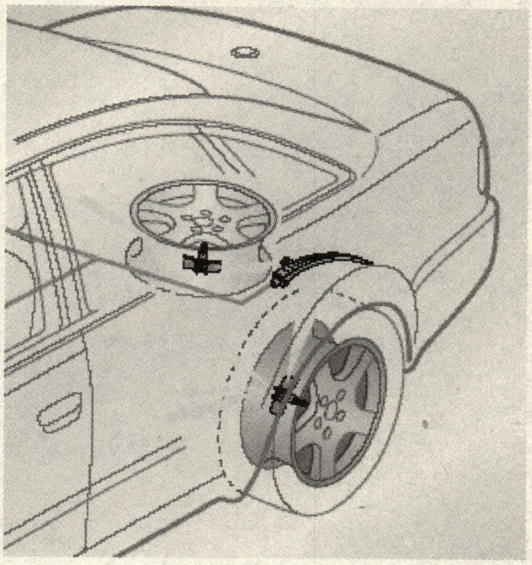

图 4—3—11　备胎信号发送示意图

第四章 轮胎压力监控系统

第四节

轮胎气压监控系统维修与保养

一、轮胎充气操作

带有空气悬架的车辆有一个单独的轮胎充气接口，如图 4—4—1 所示，位于右侧前坐椅前部，它仅允许用于给折叠式车轮和充有密封胶的轮胎充气。

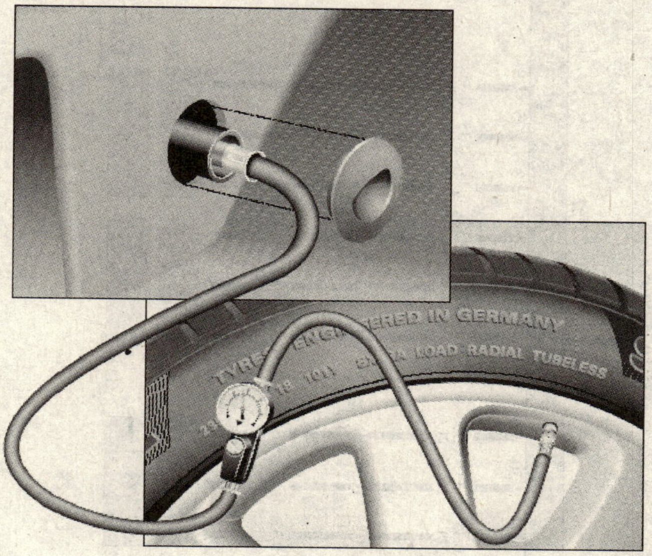

图 4—4—1　车辆轮胎充气示意图

二、轮胎气压监控系统电路控制

轮胎气压监控系统电路如图 4—4—2 所示。

三、系统诊断与设定

通过车上的自诊断接口可以完成多种自诊断，从而可以快速查寻故障。使用 VAS5051 诊断仪器选择地址码 65 即进入轮胎气压监控系统，VAS5051 检测仪器外观如图 4—4—3 所示，进入系统后可以选择以下功能：

01 — 查询控制单元版本号

02 — 查询故障存储器

05 — 清除故障存储器

06 — 结束输出

07 — 给控制单元编码

08 — 读取测量数据块

10 — 自适应

天线自诊断规定用自适应通道 10 来激活。

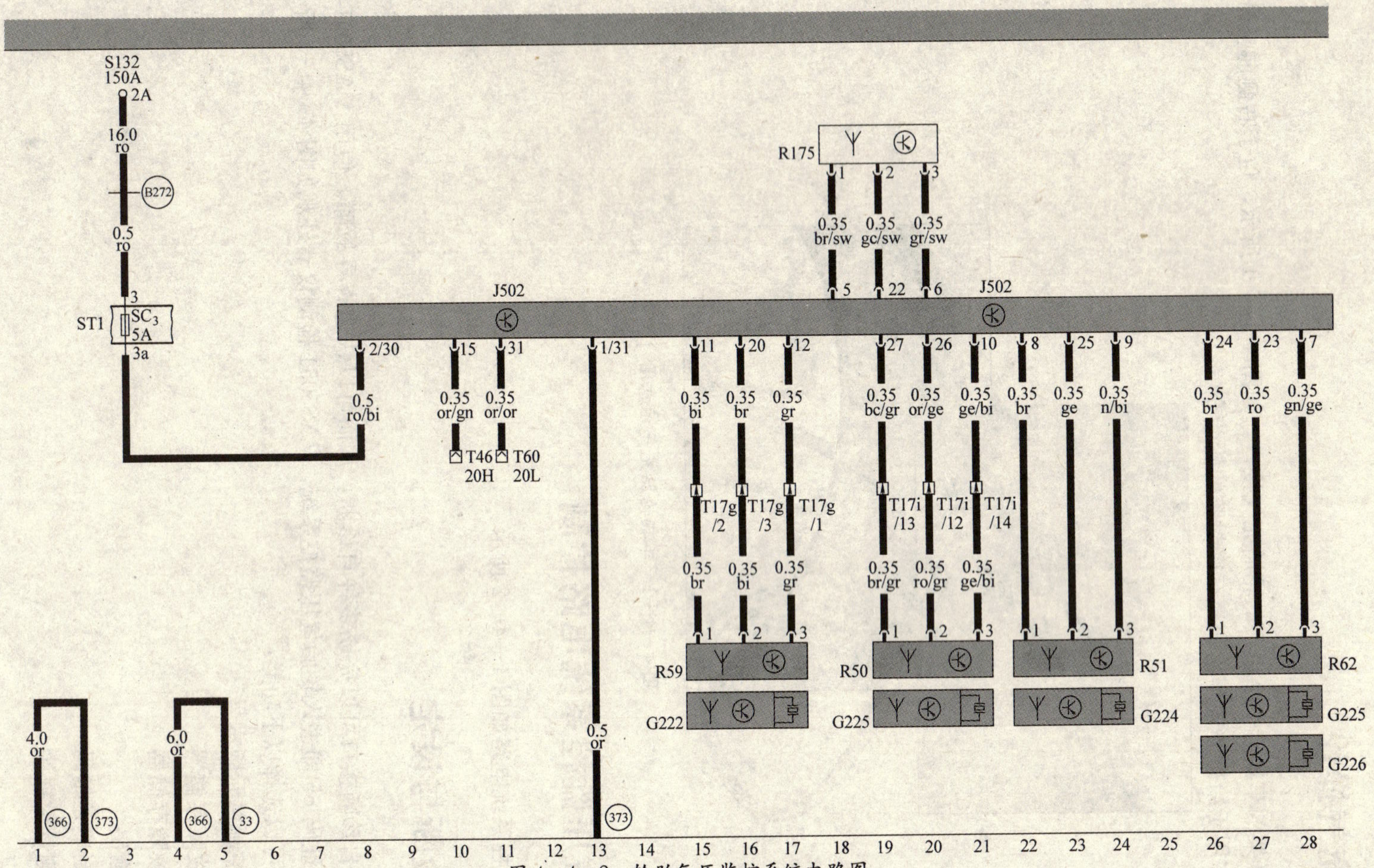

图 4—4—2 轮胎气压监控系统电路图

J502—轮胎压力监控控制单元 S132—熔断式熔丝 SC3—熔丝架上的熔丝 T46b—46 芯插头连接，右 CAN 分离插头 G222—左前轮胎压力传感器 G223—右前轮胎压力传感器 G224—左后轮胎压力传感器 G225—右后轮胎压力传感器 G226—备用轮胎压力传感器 J502—轮胎压力监控控制单元 R59—用于左前轮胎压力监控显示的天线 R60—用于右前轮胎压力监控显示的天线 R61—用于左后轮胎压力监控显示的天线 R62—用于右后轮胎压力监控显示的天线 R175—轮胎压力监控的天线 T17g—17 芯棕色插头 T17i—17 芯红色插头

ws=白色 sw=黑色 ro=红色 br=棕色 gn=绿色 bl=蓝色 gr=灰色 li=淡紫色 ge=黄色 or=橙色

图 4—4—3　VAS5051 检测仪器外观图

第五章 双蓄电池的车内电网管理系统

第一节

双蓄电池车内电网的结构与工作模式

一、蓄电池配置方案

在大众途锐汽车不同车型中设置了不同的蓄电池配置方案，包括单蓄电池车内电网和双蓄电池车内电网，单蓄电池车内电网如图 5—1—1 所示，双蓄电池车内电网如图 5—1—2 所示。

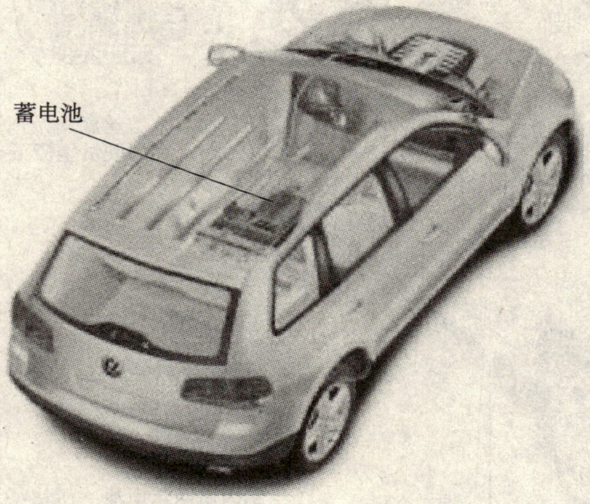

图 5—1—1　单蓄电池车内电网

图 5—1—2　双蓄电池车内电网

在装有 V10 TDI 发动机的车辆上为保证起动能量足够大，需使用双蓄电池车内电网，如图 5—1—3 所示。车内电网的一个蓄电池即起动蓄电池，用于向起动机供电，必要时可供起动系所需的其他电器供电。第二个蓄电池即车内电网蓄电池，用于向车内电网的其他电器供电。这两个蓄电池并联时可向 V10 TDI 发动机提供起动所必需的高电流。

二、双蓄电池车内电网的结构

为防止因舒适电器造成起动蓄电池电量过低，一般将电器分为两组，一组为与起动有关的电器，如预热装置和发动机控制单元等，另一组为与起动无关的车内电网电器，如收音机和可加热后窗玻璃等。与起动无关的电器和车内电网的其他电器由车内电网蓄电池供电。

起动蓄电池可以通过与起动有关的电器的继电器为这些电器供电。高电流电器（例如柴油发动机中的棒状预热塞）总是由起动蓄电池供电。此外，两个蓄电池也可以通过起动蓄电池的充电继电器相连接，以给起动蓄电池充电。该继电器由车内电网控制单元进行控制。它监控车辆行驶期间两个蓄电池的电压，并能识别起动蓄电池何时应充电。

1. 蓄电池主开关/断路开关

当发生碰撞事故时，蓄电池通过蓄电池主开关与起动导线断开。这样可避免起动导线短

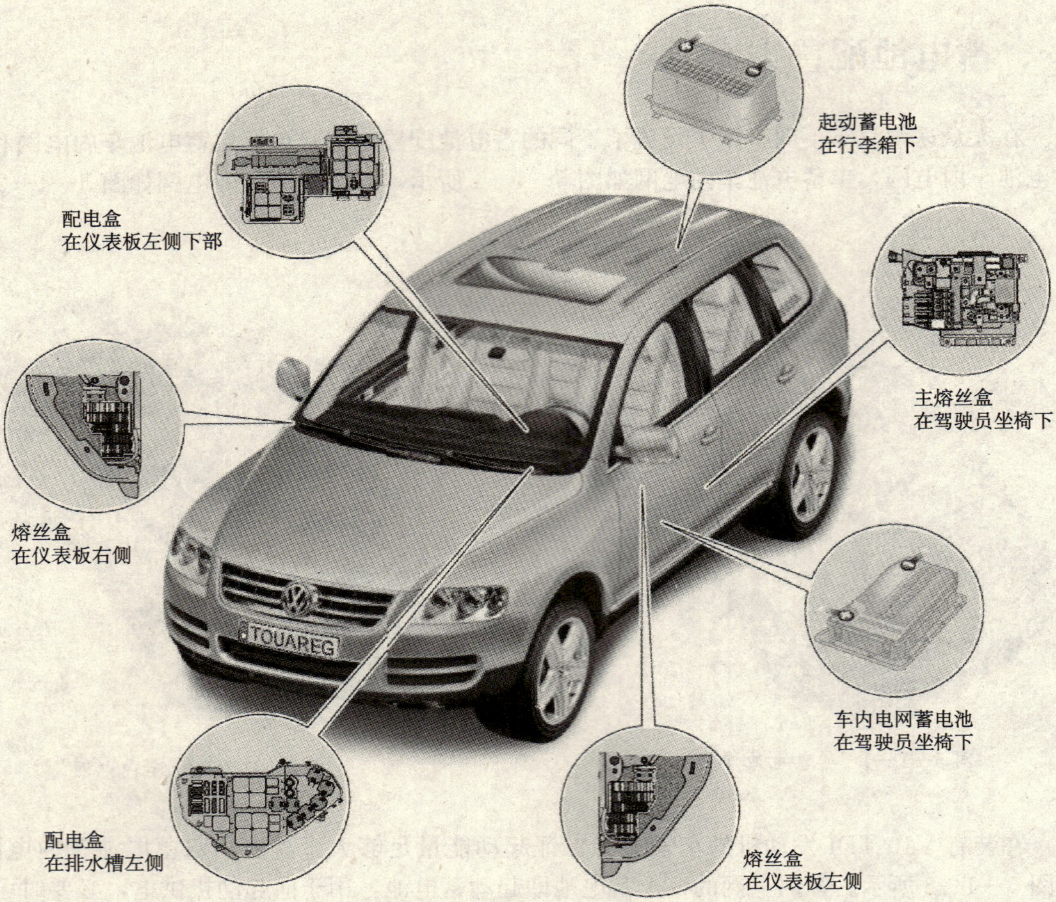

图 5—1—3　双蓄电池车内电网安装情况

路及发生火灾。蓄电池主开关通过一根专用信号导线从安全气囊控制单元 J234 得到断开信号。蓄电池主开关如图 5—1—4 所示。

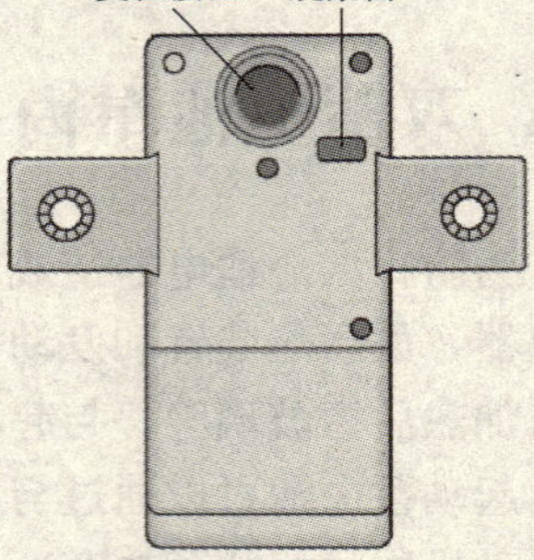

图 5—1—4　蓄电池主开关

在蓄电池主开关触发断开后通过观察窗可见到一个白色的盖板而不是一个铜线圈。之后必须按下复位按钮使继电器复位，否则无法起动。在双蓄电池车内电网中，车内电网控制单元检查蓄电池主开关的位置；如果主开关已断开，则可防止通过起动蓄电池起动，其电路控制如图 5—1—5 所示。

2. 发电机

在 V10 TDI 发动机上，发电机通过一个齿轮传动机构和一个中间轴（传动比 i＝3.6，并带一个哈代式挠性联轴器）驱动。通过该中间轴可提高发电机的驱动转速，同时也提高了发电机的功率。能够满足电气装置很高的电流需求，即使是在怠速运行时也是如此。通过发

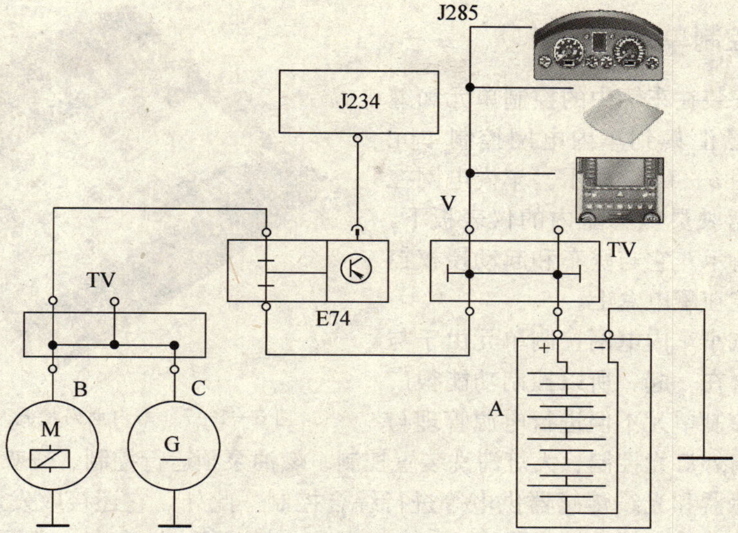

图 5—1—5 蓄电池开关电路作用图

A—蓄电池 B—起动机 C—发电机 E74—蓄电池主开关/断路开关 J234—安全气囊控制单元 J285—组合仪表 TV—导线分配器 V—车内电网电器

动机的冷却循环回路冷却发电机可防止发电机过热，延长其使用寿命并提高其效率，发电机实物及冷却液回路如图 5—1—6 所示。

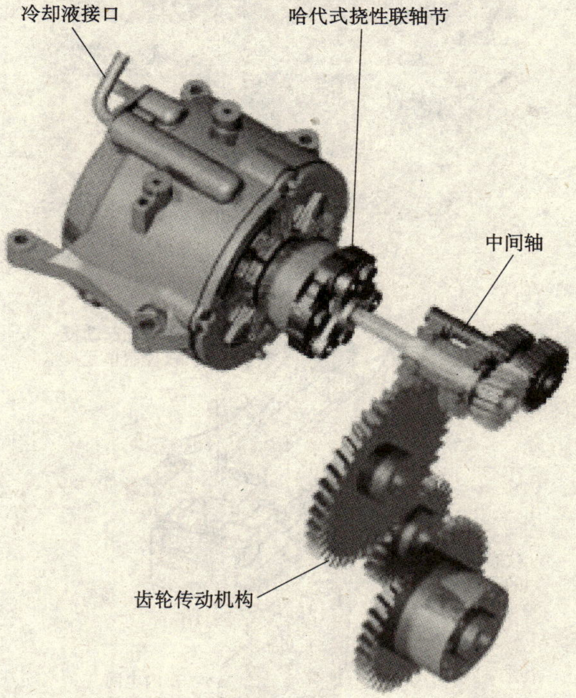

图 5—1—6 发电机实物及冷却液回路图

3. 车内电网控制单元

图 5—1—7　车内电网控制单元实物图

以前分散安装在车辆中的控制单元和继电器的功能现已汇集到车内电网控制单元中，其实物如图 5—1—7 所示。车内电网控制单元安装在驾驶员侧脚舱内的仪表板下，如图 5—1—8 所示。它与登车和起动授权控制单元一起固定在配电盒上。

大众途锐汽车车内电网控制单元由于与各继电器已经合在一起，所以控制功能很广泛，车内电网控制单元不但进行电源管理与控制，还对车内外灯光控制、大灯清洗装置控制、燃油泵预运行控制、喇叭控制、双清洗泵控制、雨水传感器和光线传感器供电等进行综合控制。此外，它还接收发动机舱盖接触开关、后视镜调节开关、报警闪光器按钮、车灯开关、起动蓄电池和车内电网蓄电池的电压测量值等信号，并通过 CAN 数据总线将其传输给其他控制单元。

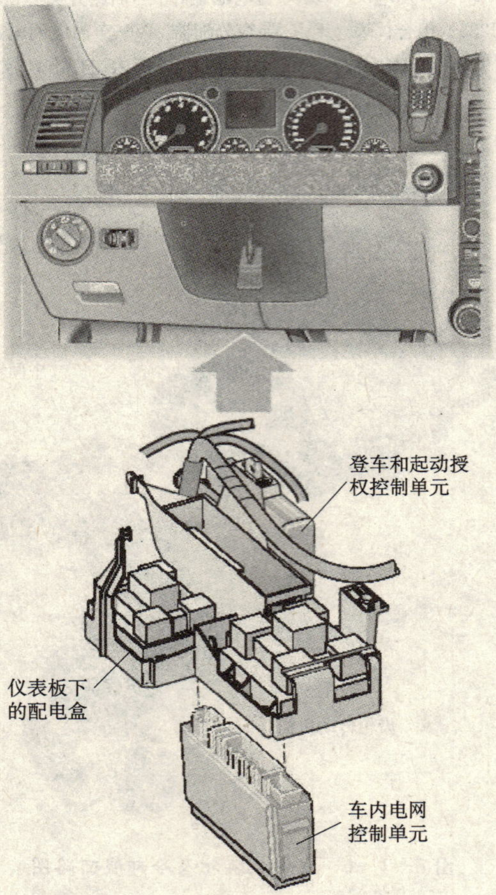

图 5—1—8　车内电网控制单元位置图

三、双蓄电池车内电网的工作模式

1. 休眠模式

车内电网控制单元处于休眠模式（接线柱 S 未启用）时，该系统进入休眠状态。在休眠模式下供电继电器 1 J701 和第二蓄电池即起动蓄电池的充电继电器 J713 断开。供电继电器 2 J710 处于接合状态。

2. 车内电网蓄电池和起动蓄电池已充电时的起动过程

继电器处于正常控制位置（休眠位置）时可以进行起动。第二蓄电池即起动蓄电池的充电继电器 J713 以及供电继电器 J701 断开，供电继电器 J710 接合。蓄电池并联电路继电器 J581 通过登车与起动授权控制单元断开或接通，与接线柱 50 的状态相同，车内电网蓄电池和起动蓄电池已充电时的起动过程电路如图 5—1—9 所示。

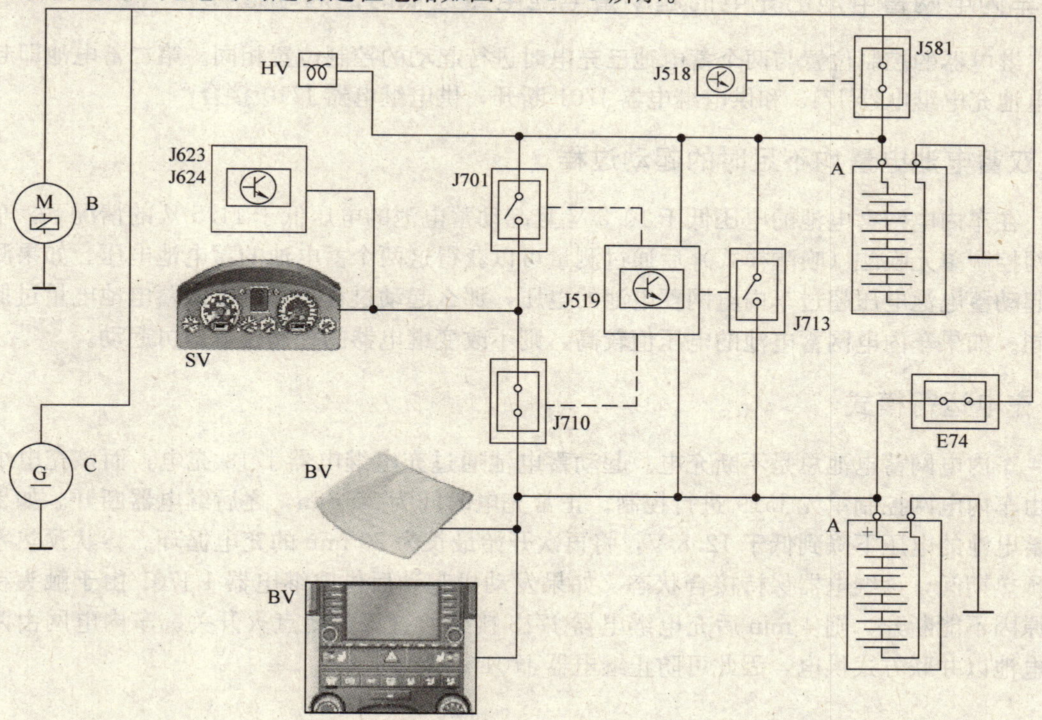

图 5—1—9 双蓄电池已充电后的起动状态电路图

A—车内电网蓄电池，蓄电池 A1—第二蓄电池，起动蓄电池 B—起动机
C—发电机 E74—蓄电池主开关/断路开关 J518—登车和起动授权控制单元
J519—车内电网控制单元 J581—蓄电池并联电路继电器 J623—发动机控制单元
J624—发动机控制单元 2 J701—供电继电器 1 J710—供电继电器 2
J713—第二蓄电池（起动蓄电池）的充电继电器 BV—车内电网电器
SV—与起动有关的电器 HV—高电流电器

3. 车内电网蓄电池电量过低和起动蓄电池已充电时的起动过程

与起动有关的电器的供电从车内电网蓄电池切换到起动蓄电池。为防止这两个蓄电池之间出现补偿电流，供电继电器 J710 先断开，约 100 ms 后供电继电器 J701 接合。第二蓄电池即起动蓄电池的充电继电器 J713 保持断开状态。在这种情况下车辆无法用无线遥控器打开。因为点火开关打开后车内电网控制单元会识别到车内电网蓄电池无电，所以它将执行“应急起动”。

通过“应急运行”状态下所连接的导线，信息将传输到组合仪表以及登车和起动授权控制单元。此时在组合仪表显示屏上出现警告信息“请起动发动机”。如果车内电网控制单元识别到发动机运转时发电机给蓄电池充电，它会将与起动有关的电器切换到车内电网蓄电池，这样应急起动结束，这时才能操纵自动变速箱选挡杆，车辆才能行驶。如果转向角传感器已重新适配，可能亮起的 ESP 指示灯在行驶不久后将熄灭。避免预热未完成的情况出现，此时预热装置指示灯将闪烁。

4. 车内电网蓄电池已充电而起动蓄电池电量过低时的起动过程

继电器的控制位置与两个蓄电池已充电时进行起动的控制位置相同。第二蓄电池即起动蓄电池充电继电器 J713 和供电继电器 J701 断开，供电继电器 J710 接合。

5. 双蓄电池电量均不足时的起动过程

在车内电网蓄电池的电压低于 10.5 V 且起动蓄电池的电压低于 11.5 V 的情况下，车内电网控制单元唤醒（唤醒模式）后通过测量可以获得这两个蓄电池的蓄电池电压。如果测得的起动蓄电池电压超过车内电网蓄电池的电压，那么起动过程与车内电网蓄电池电量过低时相同。如果车内电网蓄电池的电压值较高，则不改变继电器的控制位置即可起动。

6. 充电运行模式

车内电网蓄电池总是不断充电。起动蓄电池通过充电继电器 J713 充电，而该充电继电器由车内电网控制单元 J519 进行控制。正常充电时间为 20 min，之后继电器断开。如果起动蓄电池的电压下降到低于 12.8 V，将再次开始最长为 20 min 的充电循环。棒状预热塞进行预热期间，该继电器保持接合状态。如果发动机起动后供电继电器 1 J701 由于触头粘住等原因不能断开，则 4 min 后充电继电器 J713 接合，直至关闭点火开关。车内电网由两个蓄电池以并联方式供电，因此可防止继电器 J701 过载。

第五章 双蓄电池的车内电网管理系统

第二节

车内电网用电器的电源控制

车内电网控制单元控制舒适电器和长时间使用的高电流电器（例如可加热后窗玻璃）的接通时间，以防止蓄电池电量过低。车内电网负荷过大时怠速转速也会提高，这样可保证总是有足够的电能用于起动发动机。

一、电动燃油泵的控制

1. 预运行控制

大众途锐汽车中的汽油发动机具有燃油泵预运行功能，这样起动前燃油管路中就能建立压力。打开驾驶员车门且接线柱 15 断电时，登车和起动授权控制单元 J518 的一个信号（接线柱 15 断电）和驾驶员侧车门控制单元 J386 的一个信号（驾驶员车门打开），以及为安全起见（接线柱 15 状态）通过 CAN 数据总线传输给车内电网控制单元 J519 一个冗余信号。随后该控制单元控制（通电）燃油泵预运行继电器约 2 s。打开点火开关时燃油泵预运行中止，以后则通过发动机控制单元进行控制。如果驾驶员车门保持打开状态，最多可间隔性地重复控制（通电）三次。车内电网控制单元中的时间控制功能可防止不断控制燃油泵，例如驾驶员车门短时间内多次打开和关闭时。燃油泵控制电路图如图 5—2—1 所示。

2. 碰撞时断开控制

如果点火开关打开时识别到发生碰撞事故，安全气囊控制单元 J234 将通过 CAN 数据总线发送信号，燃油泵将立即断开，约 5 s 后可再次打开点火开关，重新启用该功能。

二、车内照明灯控制

车内照明灯通过车内电网控制单元进行控制，其供电通过接线柱 30G 实现。为防止车内照明灯打开时导致车辆蓄电池电量过低，在点火开关断开且车辆从外部上锁、所有车门已关闭的条件下，将断开接线柱 30G 的供电。在操作车内照明灯开关，打开点火开关，车辆开锁且打开某一车门、行李箱盖或后窗玻璃或操纵发动机舱盖接触开关时，接线柱 30G 将通电，识别出碰撞信号时会立即接通车内照明灯。再次打开点火开关后，可重新启用接线柱 30G 的关闭功能，其电路控制如图 5—2—2 所示。

三、车外灯光控制

车外灯光控制电路如图 5—2—3 所示。

1. 转向信号灯

转向信号灯的主要功能通过车内电网控制单元实现。

信号流程：转向信号灯开关—转向柱电子系统控制单元—车内电网控制单元（控制转向信号灯）— 拖车识别控制单元（控制拖车上的转向信号灯）—驾驶员侧和副驾驶员侧车门控制单元（控制后视镜中的转向信号灯）—组合仪表（控制指示灯和故障信息显示）。

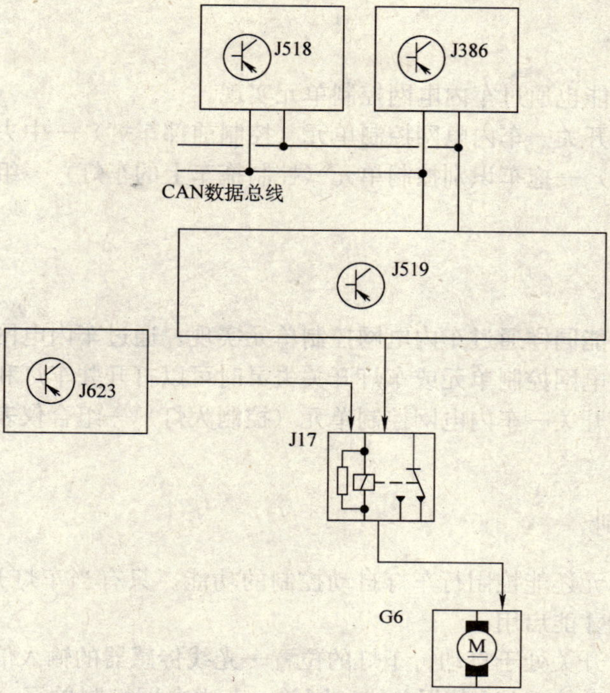

图 5—2—1 燃油泵控制电路图

G6—燃油泵 J17—燃油泵继电器 J386—驾驶员侧车门控制单元

J518—登车和起动授权控制单元 J519—车内电网控制单元 J623—发动机控制单元

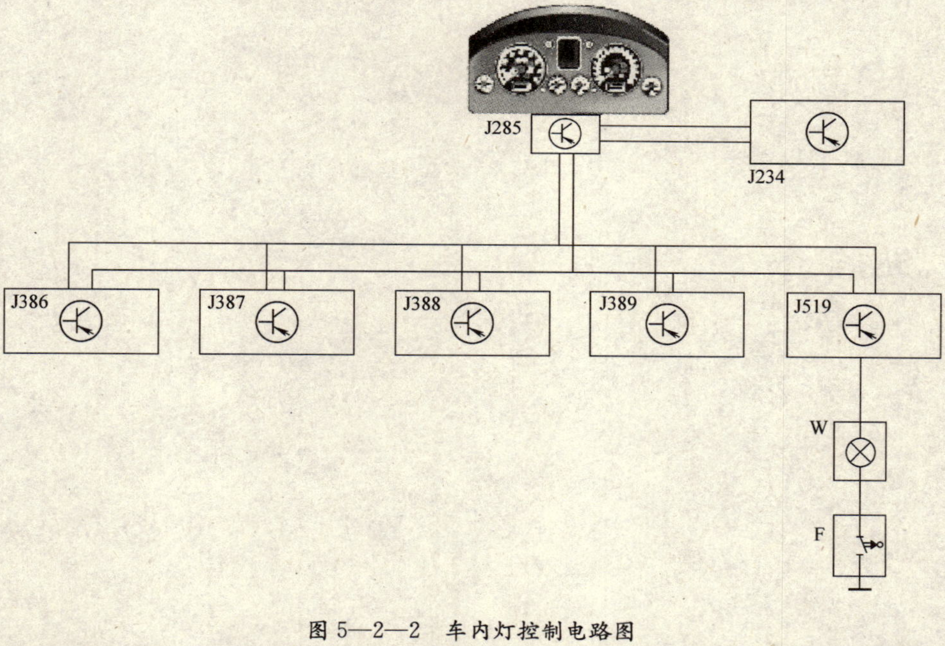

图 5—2—2 车内灯控制电路图

F—车内照明灯开关 J234—安全气囊控制单元 J285—组合仪表（网关） J386—驾驶员侧车门控制单元 J387—副驾驶员侧车门控制单元 J388—左后车门控制单元 J389—右后车门控制单元 J519—车内电网控制单元 W—车内照明灯

2. 驻车灯

驻车灯的主要功能也通过车内电网控制单元实现。

信号流程：车灯开关—车内电网控制单元（控制前部车灯）—中央舒适性电子系统控制单元（控制后部车灯）—拖车识别控制单元（控制拖车上的车灯）—组合仪表（控制指示灯和故障信息显示）。

3. 行车灯

行车灯的主要功能同样通过车内电网控制单元实现。通过车内电网控制单元中的一个附加电路可保证，车内电网控制单元或车灯开关失灵时可以打开驻车灯和近光灯。

信号流程：车灯开关—车内电网控制单元（控制大灯）—组合仪表（控制指示灯和故障信息显示）。

4. 行车灯自动控制

车内电网控制单元还能控制行车灯自动控制的功能。只有当车灯开关处于相应位置时，行车灯自动控制功能才能启用。

信号流程：车灯开关处于自动行车灯的位置—光线传感器的输入信号经过刮水器电动机控制单元、信息娱乐系统 CAN 数据总线和网关—车内电网控制单元（控制前部车灯）—中央舒适性电子系统控制单元（控制后部车灯）—拖车识别控制单元（控制拖车上的车灯）—组合仪表（控制指示灯和故障信息显示）。

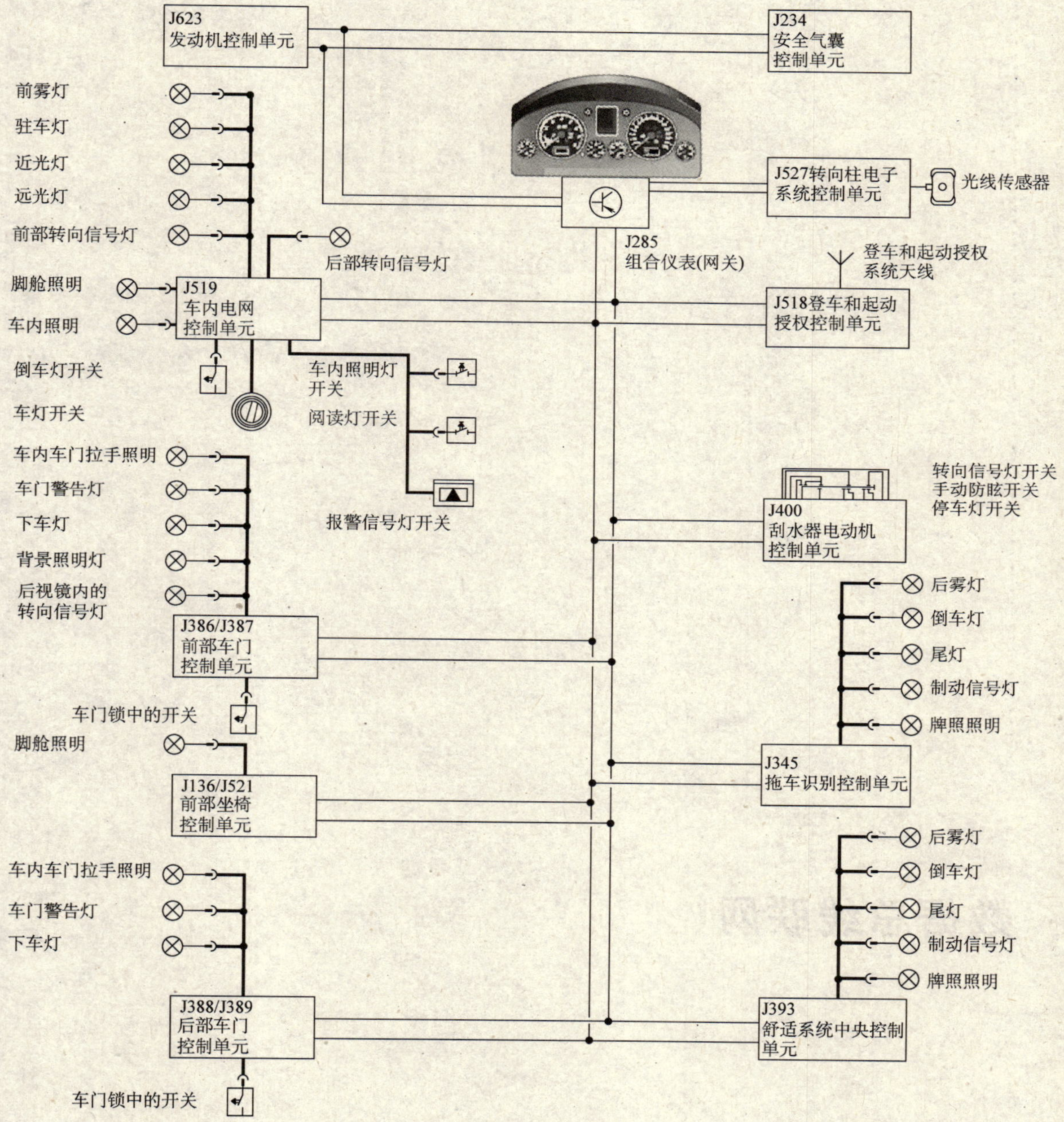

图 5—2—3　车外灯光控制电路图

第五章 双蓄电池的车内电网管理系统

第三节

数据总线联网

为使控制单元之间能交换数据，这些控制单元通过组合仪表中的网关 J285 相互连接在一起。控制单元可以通过数据交换获得车辆中的各种不同信息。控制单元获得的相关车辆状况信息越多，车辆的安全标准和舒适性就越高。为保障数据交换顺利进行，这些控制单元通过 CAN 总线系统连成网络。

一、驱动 CAN 总线控制单元

驱动 CAN 总线控制单元安装位置如图 5—3—1 所示。驱动系统 CAN 总线以 500 kb/s 的数据传输率工作。数据通过 CAN 高位导线（CAN—High，CAN—H）和 CAN 低位导线（CAN—Low，CAN—L）传输。两根导线相互绞在一起（双绞线），CAN 高位导线的电缆颜色为橘黄色/ 黑色，CAN 低位导线的电缆颜色为橘黄色/ 棕色。

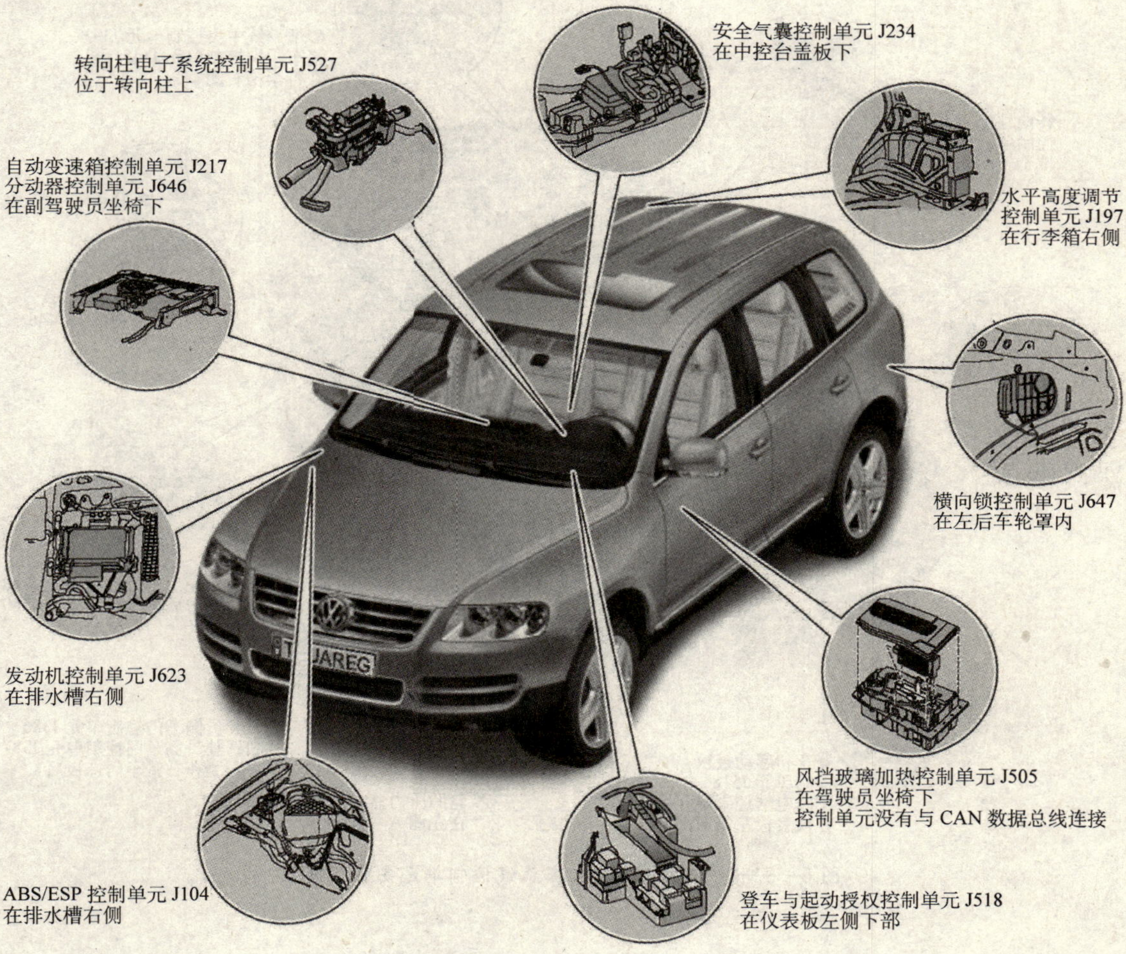

图 5—3—1　驱动 CAN 数据总线控制单元安装位置图

二、舒适 CAN 总线控制单元

舒适 CAN 总线控制单元安装位置如图 5—3—2 所示，舒适系统 CAN 数据总线以 100 kb/s的数据传输率工作。数据通过 CAN 高位导线和 CAN 低位导线传输。两根导线相互绞在一起，CAN 高位导线的电缆颜色为橘黄色/ 绿色，CAN 低位导线的电缆颜色为橘黄色/ 棕色。舒适系统 CAN 数据总线具有单线传输能力，即一根 CAN 数据导线失灵时，CAN 总线信息可以通过另一根导线继续传输。

图 5—3—2　舒适 CAN 数据总线控制单元安装位置图

三、信息娱乐 CAN 总线控制单元

信息娱乐 CAN 总线控制单元安装位置如图 5—3—3 所示，信息娱乐系统 CAN 总线以

100 kb/s 的数据传输率工作。数据通过 CAN 高位导线和 CAN 低位导线传输。两根导线相互绞在一起，CAN 高位导线的电缆颜色为橘黄色/淡紫色，CAN 低位导线的电缆颜色为橘黄色/棕色。由于信息娱乐系统 CAN 总线具有单线传输能力，因此一根导线失灵时，数据可以通过另一根导线发送和接收。

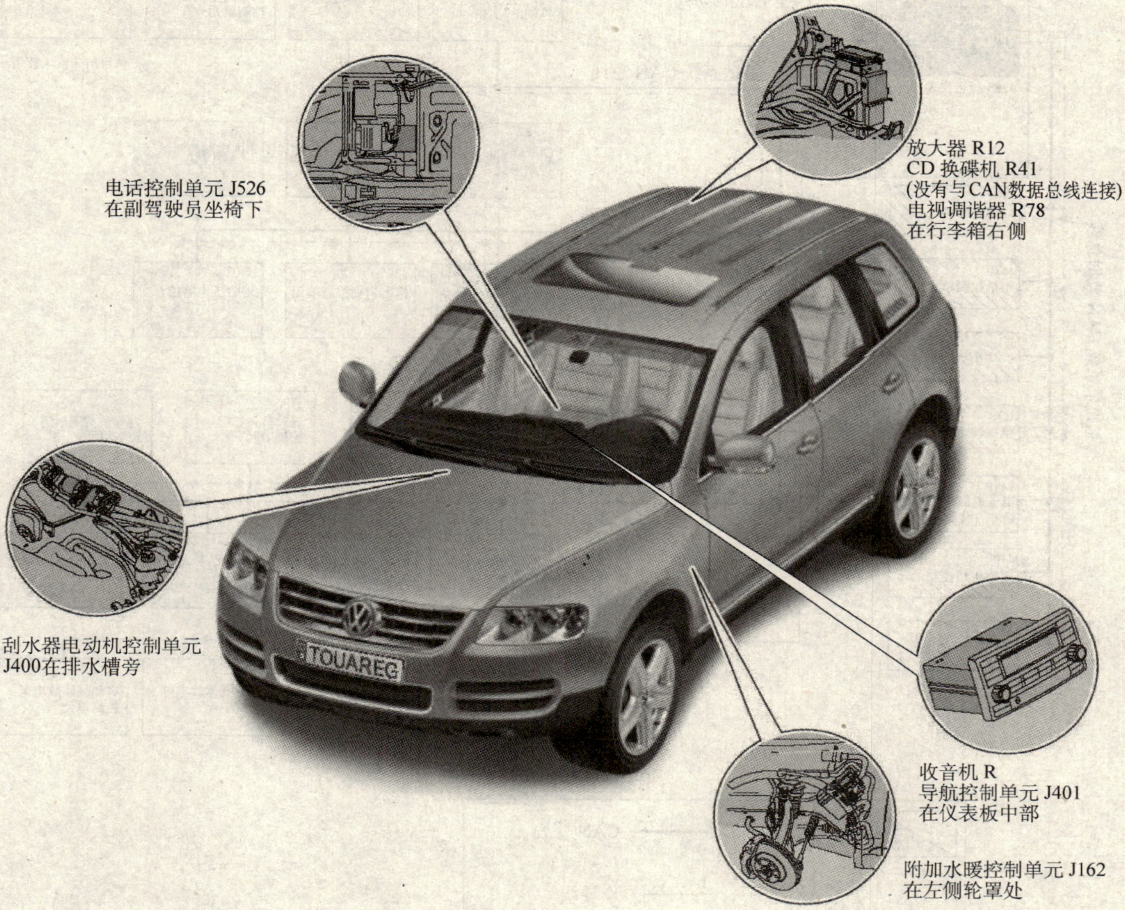

图 5—3—3 信息娱乐 CAN 数据总线控制单元安装位置图

四、整车数据总线

同时因为各数据总线系统以不同数据传输率工作，为安全起见，将控制单元分配到不同的 CAN 总线系统。一个数据总线系统失灵时，所有其他数据总线系统仍能正常工作。CAN 总线系统包括驱动系统 CAN 总线、舒适系统 CAN 总线、信息娱乐系统 CAN 总线，如图 5—3—4 所示。

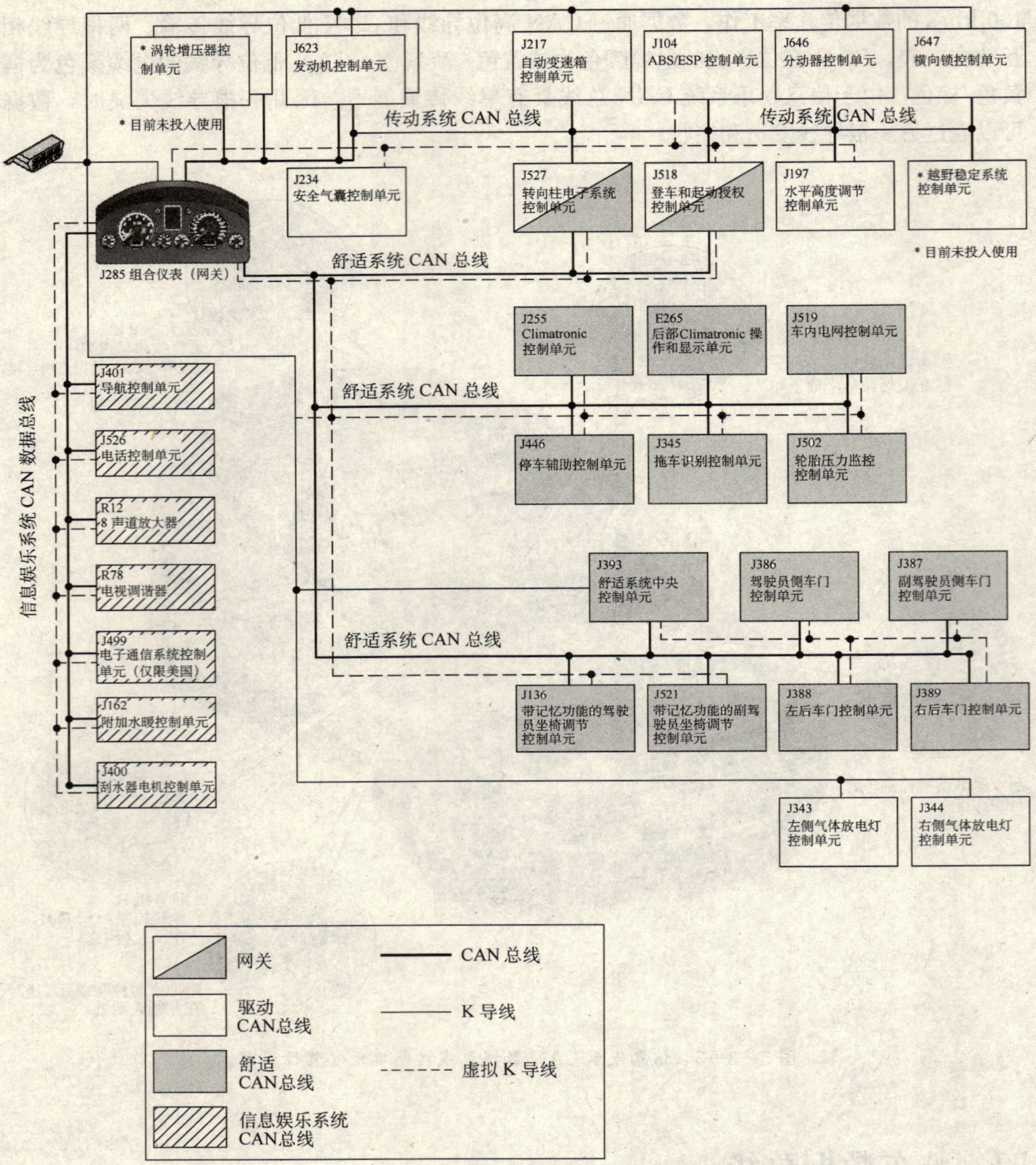

图 5—3—4　CAN 总线系统图

五、车内电网管理系统电路控制

车内电网管理系统电路控制如图 5—5—5 所示。

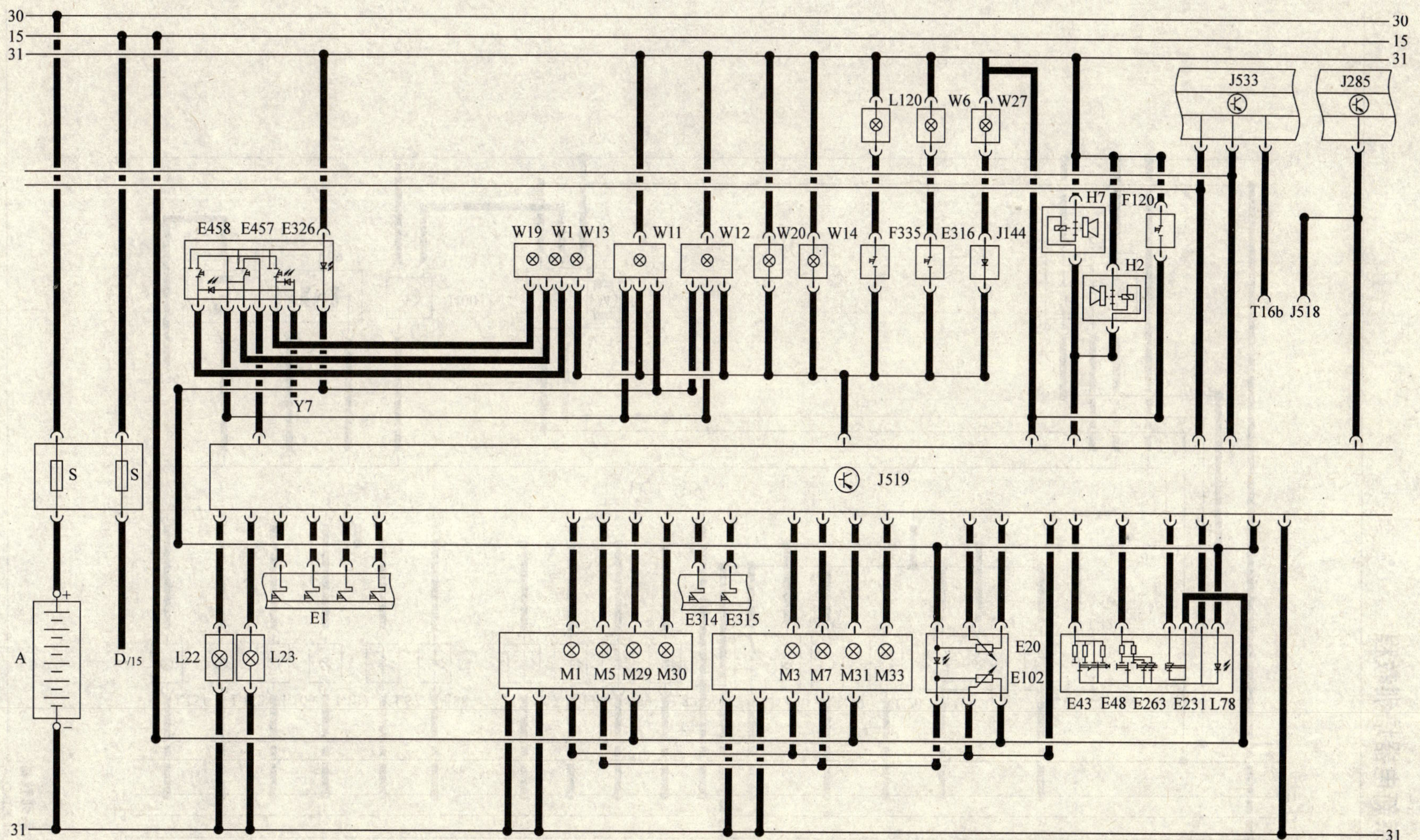
30
15
31
J533
J285
L120
W6
W27
H7
F120
E458
E457
E326
W19
W1
W13
W11
W12
W20
W14
F335
E316
J144
H2
T16b
J518
Y7
S
S
J519
A
D/15
L22
L23
E1
E314
E315
M1
M5
M29
M30
M3
M7
M31
M33
E20
E102
E43
E48
E263
E231
L78

a)

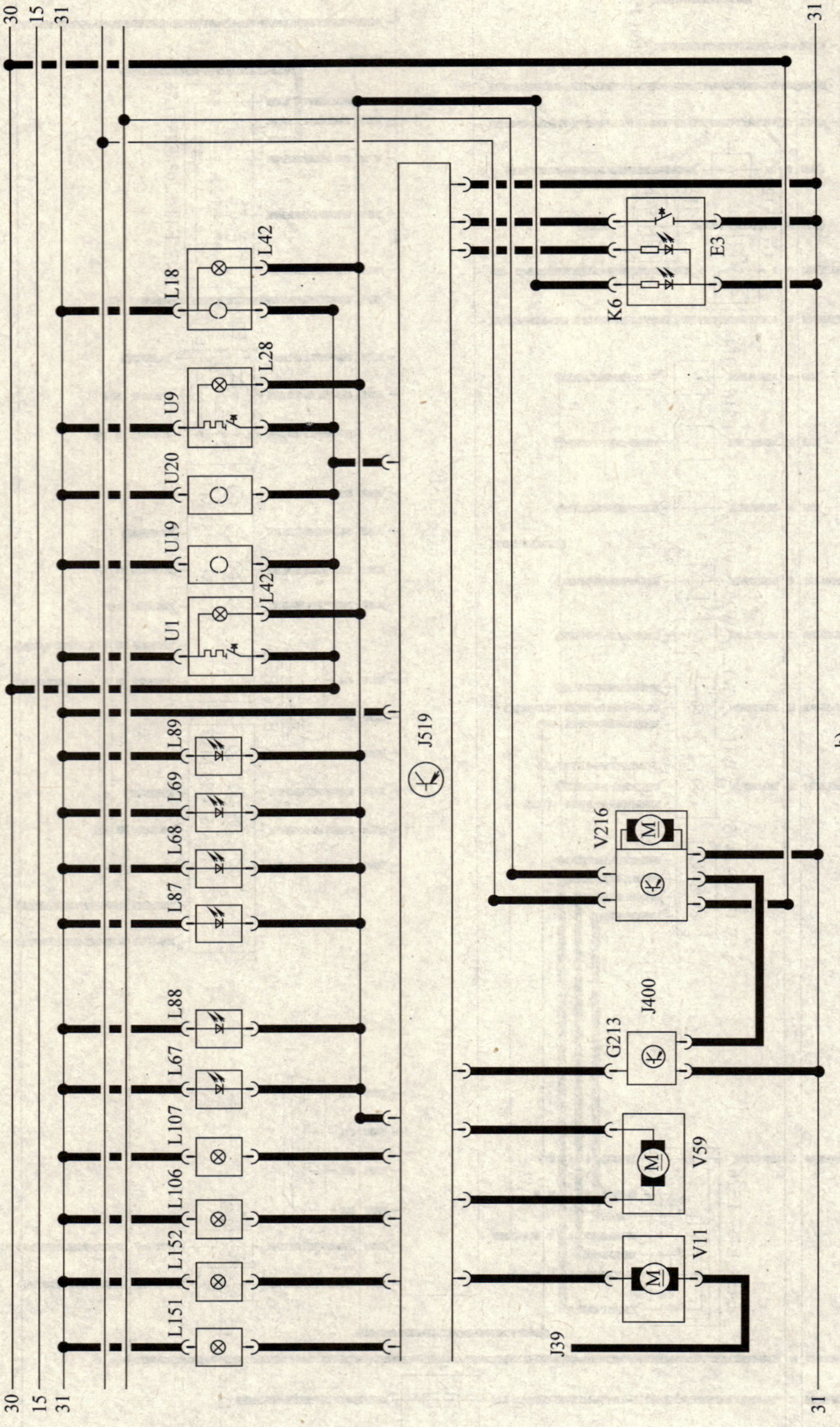
30
15
31
L18
L42
U9
L28
U20
U19
U1
L42
L89
L69
L68
L87
L88
L67
L107
L106
L152
L151
J519
K6
E3
V216
J400
G213
V59
V11
J39
31
b)

图 5—5—5　车内电网管理控制电路图

A—蓄电池　D—点火开关　E1—车灯开关　E3—报警闪光器开关　E20—照明调节器　E43—后视镜调节开关　E48—后视镜调节转换开关　E102—大灯照明距离调节器　E231—车外后视镜加热按钮　E263—后视镜折回开关　E314—后雾灯按钮　E315—前雾灯按钮　E316—手套箱按钮　E326—前部车内照明灯按钮　E457—驾驶员侧阅读灯按钮　E458—副驾驶员侧阅读灯按钮　F120—防盗报警装置　F335—杂物箱照明开关　G213—雨水传感器　H2—高音喇叭　H7—低音喇叭　J39—大灯清洗装置继电器　J144—车内照明灯延时电路闭锁二极管　M1—左侧驻车灯灯泡　M3—右侧驻车灯灯泡　M5—左前转向信号灯灯泡　M7—右前转向信号灯灯泡　M29—左侧近光灯灯泡　M30—左侧远光灯灯泡　M31—右侧近光灯灯泡　M32—右侧远光灯灯泡　U1—点烟器　U9—后部点烟器　J285—组合仪表内带显示单元的控制单元　J400—刮水器电动机控制单元　J518—登车和起动授权控制单元　J519—车内电网控制单元　J533—数据总线诊断接口　K6—报警闪光装置指示灯　J22—左侧前雾灯灯泡　L23—右侧前雾灯灯泡　L28—点烟器照明灯泡　L42—插座照明灯泡　L67—左侧仪表板出风口照明　L68—中部仪表板出风口照明　L69—右侧仪表板出风口照明　L78—后视镜调节开关照明　L87—后座中间出风口照明　L88—左侧后座出风口照明　L89—右侧后座出风口照明　L106—左后脚舱照明　L107—右后脚舱照明　L120—杂物箱照明　L151—左前脚舱照明　L152—右前脚舱照明　U19，U20—伏插座　V11—大灯清洗装置泵　V59—风挡玻璃和后窗玻璃清洗泵　V—车窗玻璃刮水器电动机　W1—前部车内照明灯　W11—左后阅读灯　W12—右后阅读灯　W13—副驾驶员侧阅读灯　W14—带照明的化妆镜(副驾驶员侧)　W19—驾驶员侧阅读灯　W20—带照明的化妆镜(驾驶员侧)　Y7—自动防眩车内后视镜

第六章 中控门锁与电子智能防盗系统

第一节

第一、二、三代防盗 *WFS* 系统

大众奥迪轿车防盗止动器的作用是防止非法利用汽车自身动力将车辆盗走，即防止非法起动发动机。车辆防盗系统与发动机禁止起动系统是保证车辆安全的必要系统。同时，该系统的功能也是随着车辆技术不断升级而更新的。大众车型防盗止动器共分为四代，应用年款与车型见表 6—1—1。

表 6—1—1　　防盗止动器应用情况表

防盗止动器	应用年份	应用车型
第一代	1993 年	大众与奥迪车型
第二代	1997 年	奥迪 A6 1.8L 、2000 年以前生产的部分奥迪 A6 车型
第三代	2001 年	奥迪 A4、奥迪 A6 1.8T 及 2000 年以后生产的奥迪 A6 车型 2001 年款 Passat、Golf、Bora、Polo
第四代	2005 年	奥迪 A8、奥迪 A6

防盗系统的工作过程主要是钥匙和防盗控制单元与发动机控制单元之间要完成密码比对的过程。密码相符，发动机方能起动，否则电控发动机将不喷油、不点火或起动机不工作。

一、第一代防盗系统

第一代防盗又称为固定码传输防盗系统，如图 6—1—1 所示。点火开关打开，防盗止动器 ECU 通过改变天线磁场能量，向送码器传输数据提出质询。然后，钥匙发送回来它的固定码（首次匹配中这个固定码储存在防盗止动器中）。传送的固定码与储存码在防盗止动器中进行比较；如果相同则允许起动发动机，若固定码与防盗止动器中的储存码不一致，则发动机将不允许起动。

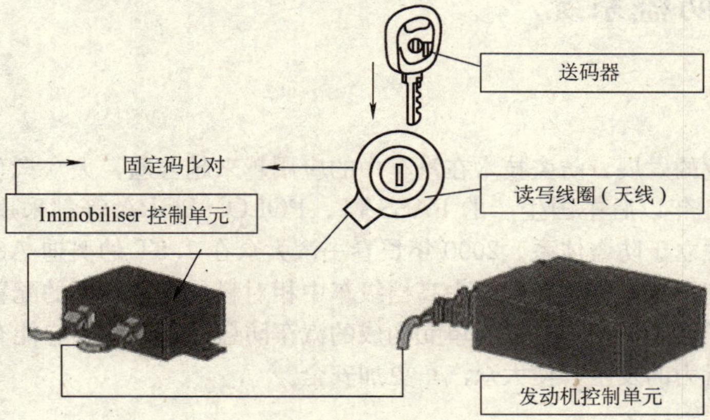

图 6—1—1　第一代防盗系统工作过程图

二、第二代防盗系统

第二代防盗又称为可变码传输，如图 6—1—2 所示。防盗控制单元产生一个可变码，这个可变码作为钥匙和防盗控制单元的计算基础，在钥匙和防盗控制单元中设置一个固定不可改变的密码计算公式和安全钥匙密码（Secret Key Code，SKC），并且钥匙和防盗控制单元中的密码计算公式是完全相同的，钥匙和防盗控制单元根据可变码在公式中进行计算，防盗控制单元并与钥匙的计算结果进行比较，如果结果是相同的，则钥匙鉴别过程结束，钥匙合法则允许发动机起动。只有使用被装于汽车上的防盗器控制单元匹配过的认可钥匙，发动机才能起动。匹配汽车钥匙时，需要把全部钥匙同时与防盗器控制单元匹配。如果需要重新配钥匙或者增配钥匙，也必须匹配汽车的全部钥匙。如果用户遗失一把合法的钥匙，为了安全起见，必须把其他所有合法钥匙重新进行一次匹配过程。这样做可以使丢失在外的钥匙变为非法钥匙，不能起动发动机。

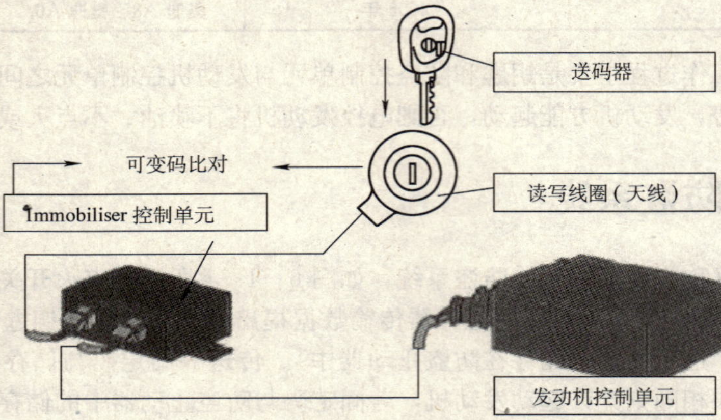

图 6—1—2　第二代防盗系统工作过程图

三、第三代防盗系统

1. 应用现状

随着汽车工业的发展，防盗技术在汽车中的应用越来越普遍，大众汽车的开始采用第三代防盗系统，2001 年以后中国生产的 PASSAT、POLO、BORA 等都采用了第三代防盗系统，遥控系统也独立于防盗体系。2000 年长春一汽大众在 1.8T 的奥迪 A6 轿车上首次使用了第三代防盗系统。这是一种在国产中高档级车中相对科技含量较高的配置，其核心是由防盗锁止单元、电子钥匙、发动机控制单元构成的汽车防盗控制系统。它能有效预防强制侵入车内窃物或窃车行为的发生，使大众汽车更加安全。

2. 作用

第三代电子防盗系统能在发射应答器与防盗控制单元、发动机控制单元与防盗控制单元之间均形成一个随机的可变码，非授权的钥匙不能起动发动机，如图 6—1—3 所示，如果钥匙不对，则发动机将不喷油、不点火，发动机不能起动。

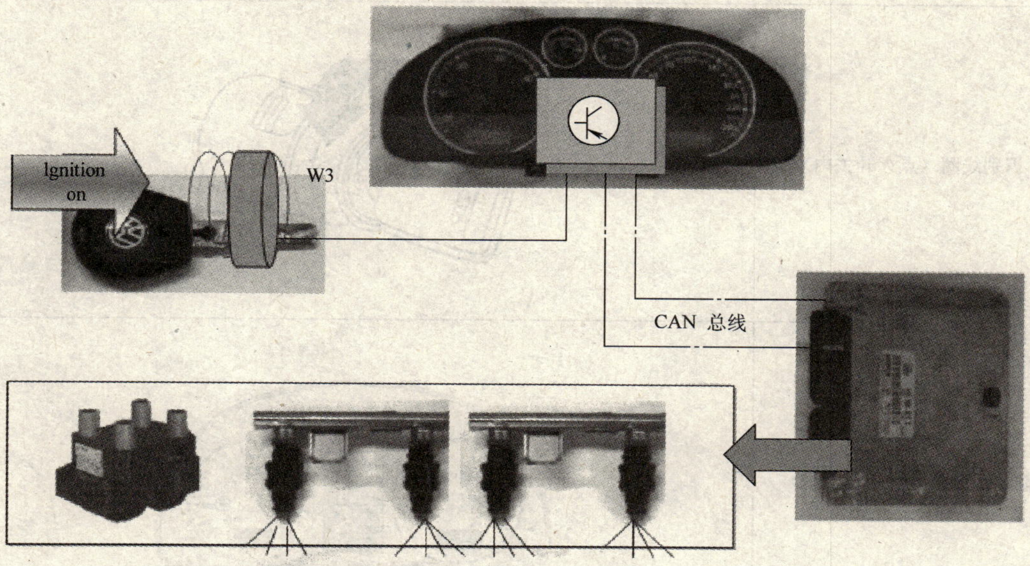

图 6—1—3　第三代防盗作用图

3. 系统组成

第三代防盗系统主要由防盗控制单元、接收和发射天线、带送码器的点火钥匙、仪表板上的故障指示灯、发动机控制单元等组成，见表 6—1—2。

表 6—1—2　　**防盗系统组成表**

元件名称	图　　示
点火钥匙	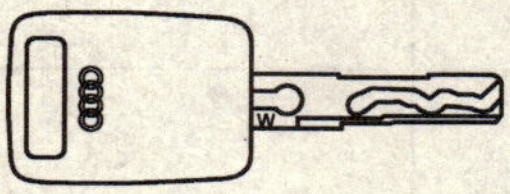
钥匙中的发射器	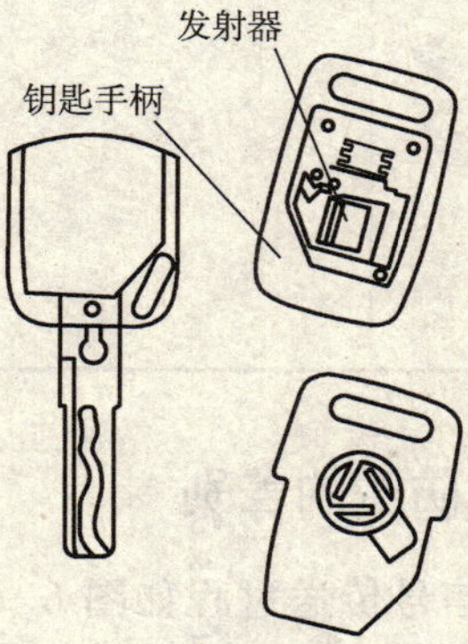

续表

元件名称	图　　示
识别线圈（点火开关内）	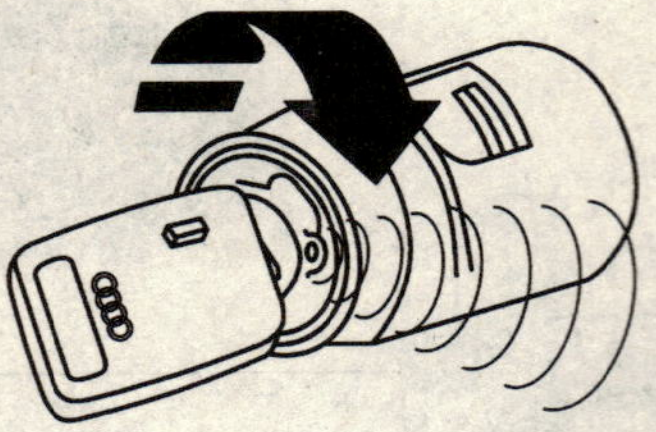
防盗控制单元（组合仪表）	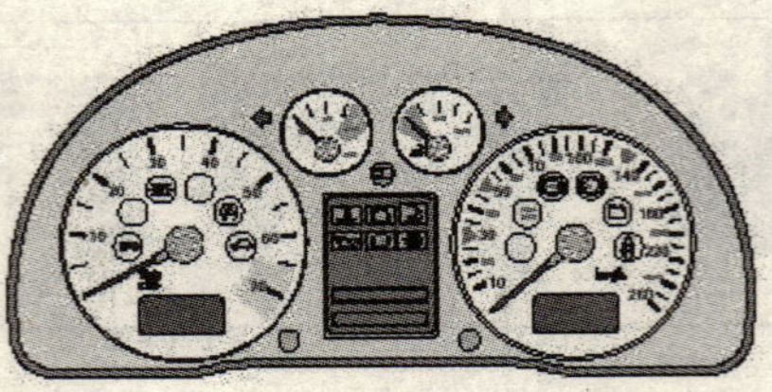
发动机控制单元	
防盗指示灯（仪表上）	

4. 第三代与第二代防盗的差别

第三代防盗系统信号传送过程如图 6—1—4 所示，第三代防盗系统总共比对两组可变码。发动机控制单元随机产生一组代码并传送给防盗止动器。防盗止动器把这个码和存储码进行比较。如果相同，允许发动机起动。发动机控制单元每次起动后按照随机选定原则产生代码，并把这个码储存在发动机控制单元和防盗止动器中，用于下次发动机起动时计算。发动机控制单元随机产生一组代码。在发动机控制单元和防盗止动器内有另一套密码术公式列表和一个相同的公式指示器（Formula pointer）。防盗止动器将计算结果返回到发动机控制单元内与其计算结果进行比较。数据由 CAN 总线进行传递，如果结果相同，发动机被允许起动。

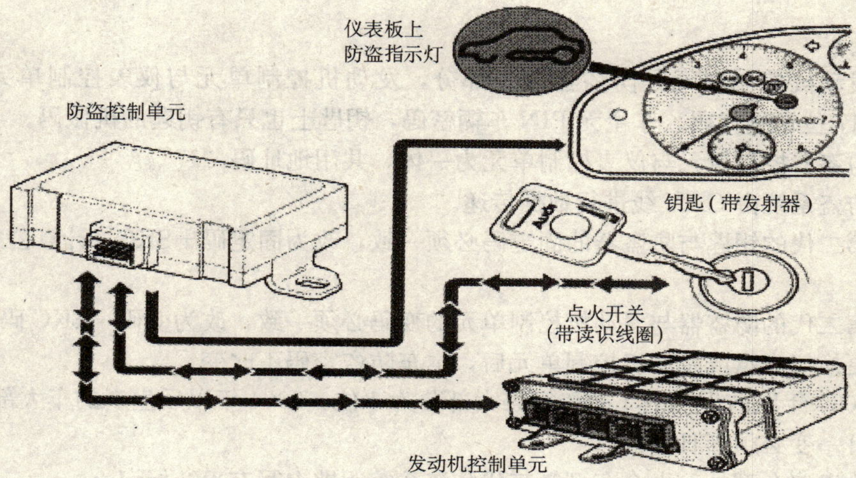

图 6—1—4　第三代防盗系统工作过程图

装有第三代防盗系统的车辆中，防盗控制单元（仪表内）和发动机控制计算机中的防盗控制单元 14 位识别码和 17 位的车辆识别代码（Vehicle Identification Number，VIN）是固定的，所以使用其他车辆的防盗控制单元和发动机控制单元，车辆将不能正常工作，第二代与第三代防盗不同点见表 6—1—3。

表 6—1—3　　**第二代与第三代防盗系统对比表**

防盗系统	钥匙	防盗止动装置	发动机控制单元
第二代	有 W 标志 应答器储存固定码和 SKC	PIN 车辆密码 SKC 钥匙密码 Immobiliser number 止动器号码	无
第三代	有 W3 标志 应答器储存固定码和 SKC	PIN 车辆密码 SKC 钥匙密码 VIN 车辆识别代码 Immobiliser number 止动器号码	PIN 车辆密码 SKC 钥匙密码 VIN 车辆识别代码 Immobiliser number 止动器号码

使用检测仪器可以读取车辆的防盗控制单元及车辆的 VIN 识别代码，如图 6—1—5 所示。

图 6—1—5 VIN 和 IMMO 码显示图

5. 特点

（1）发动机控制单元是防盗器的一部分，发动机控制单元与仪表控制单元必须录入 VIN 车辆 17 位识别代码，车主无 PIN 车辆密码，钥匙上也只有钥匙的机械码。

（2）防盗器控制单元与仪表控制单元为一体，共用地址码“17”。

（3）防盗系统由 CAN 线进行数据传递。

（4）第二代的钥匙与防盗器的固定码必须一致，改为固定码＋SKC（计算公式）码必须一致。

（5）第二代的防盗器与发动机控制单元的变码必须一致，改为变码＋SKC 码必须一致。

（6）更换仪表盘或发动机控制单元后，本车防盗密码不改变。

（7）2004 年以前生产的车防盗密码大部分为 4 位，2004 年以后生产的车大部分为 7 位，后者因每日一变必须当日查询。

（8）除奥迪车型外，大众车型第三代防盗系统钥匙上写有 W3 标记。

6. 系统工作过程

第三代防盗系统工作原理如图 6—1—6 所示，工作过程如图 6—1—7 所示，打开点火开关后，组合表内的防盗止动器控制器通过单线传输给应答器（钥匙），应答器（钥匙）获得能量输出固定码，固定码传输给防盗止动器控制器，与防盗止动器控制器内的固定码比较，如果固定码一致，防盗止动器控制器产生一组变码传输给应答器（钥匙），再经过算式 A 运算后将结果发给防盗止动器控制器，返回的结果与防盗止动器控制器按算式 A 计算的结果比较，如果两者计算结果相同，防盗止动器控制器就发送信号给发动机控制单元，这时发动

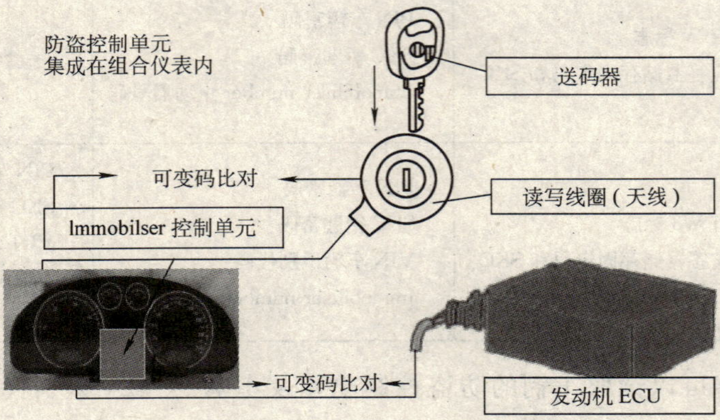

图 6—1—6 第三代防盗系统工作原理图

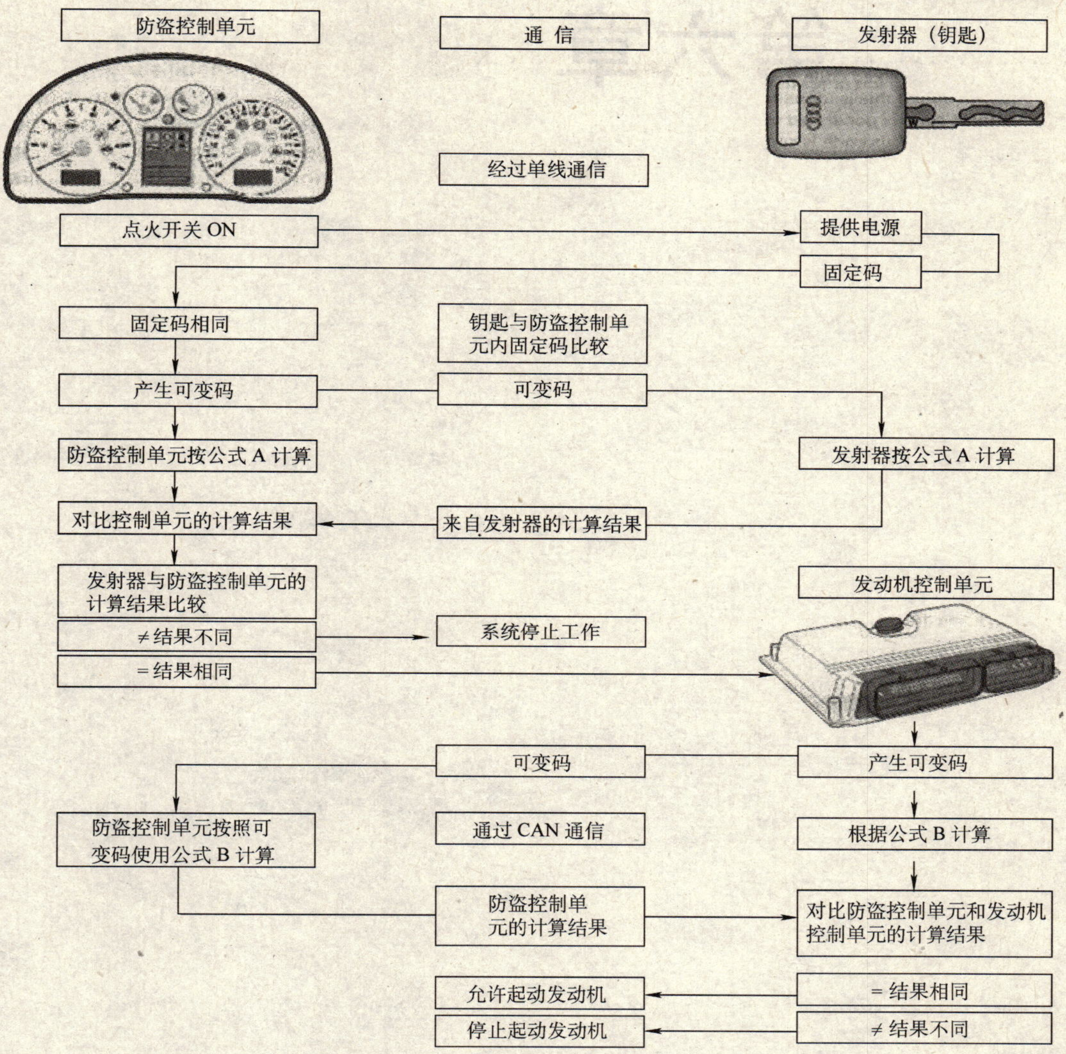

图 6—1—7　第三代防盗系统工作过程图

机控制单元也会随机产生一组变码，这组变码传输给防盗止动器控制器，这时防盗止动器控制器会按算式 B 进行计算，再将结果传输给发动机控制单元，与由发动机控制单元按算式 B 计算出的结果比较，结果符合要求，则允许起动，如有异常便停止工作。

为安全起见，大众第三代防盗系统需编制防盗器密码，防盗器密码由 7 位字符组成。如果 7 位数密码不知道，或者密码牌丢失，可按照以下步骤获得密码：连接 VAG1551/VAS5051，打开点火开关，输入地址码 17，进入组合仪表诊断系统，按确认键。约 5 s 后，屏幕显示 ECU 信息，可以看到防盗控制单元的 14 位数识别码。这时，维修站应查出该防盗控制单元的 14 位数识别码、17 位车辆识别码、维修站代码向大众售后服务或销售商查询，得到 7 位的防盗密码，防盗密码在查询当天同时输入相符的维修站代码及进口商代码才有效。

第六章 中控门锁与电子智能防盗系统

第二节

第四代 WFS 防盗系统结构与检修

2003 款奥迪 A8 轿车采用了最新的 WFS 防盗系统，其故障诊断仪不但实现了远距离诊断功能，而且实现了与中央数据库的连接，故障诊断仪和数据库可自动进行直接通信，实现对 WFS 防盗系统部件的匹配，因而系统安全性得到了更高程度的保障。

一、系统概述

第四代 WFS 防盗系统并不是一个常规、简单的控制单元，而是一套防盗功能系统。它将所有与防盗相关的控制单元的数据都存储在中央数据库中。中央数据库 FAZIT（车辆查询和中央识别）是第四代 WFS 系统的重要组成部分。这个数据库存储了控制单元所有与防盗相关的数据，这些控制单元将“防盗锁止”和“部件保护”功能连成一体。相关控制单元与 FAZIT 的匹配只有通过在线连接才能实现。

二、系统特点

通过在线查询，可以将数据准确、快捷且可靠地传递到车辆上。不存在经由传真或连接其他部件查询 WFS 部件 PIN 密码的情况。所有在 WFS 防盗系统监控下的部件均必须通过在线验证。对具体车辆来说，包括追加订购的车钥匙在内的所有车钥匙，在出厂时都已预先进行了编码设置，这些钥匙只能用于这辆车。

三、系统组成

第四代 WFS 防盗系统组成及工作特性如图 6—2—1 所示。

1. 防盗系统控制单元

目前，一般车辆防盗系统控制单元有的是配备独立的，有些则将安装在组合仪表总成中，而第四代 WFS 则是两者的结合。在 2003 款奥迪 A8 轿车上，WFS 防盗系统与进入和启动许可控制单元 J518 连成一体。组合仪表总成不是防盗系统的组成部分，而是部件保护的组成部分。

2. 发动机控制单元

所有发动机控制单元都是 WFS 防盗系统的组成部分，必须在线接通。

3. 车钥匙

钥匙带有一个经过机械编码处理的钥匙齿，它只能用于（驾驶员车门、行李厢盖）锁芯处。钥匙发射器与电子部件连成一体，并且在钥匙电池无电压的情况下也能工作。这种高级钥匙增设了一个电子部件，实现与进入和起动许可控制单元之间的无线双向通信。该系统最多可配 8 把钥匙。对于每辆车来说，第四代 WFS 防盗系统的车钥匙都将在制造厂以电子和

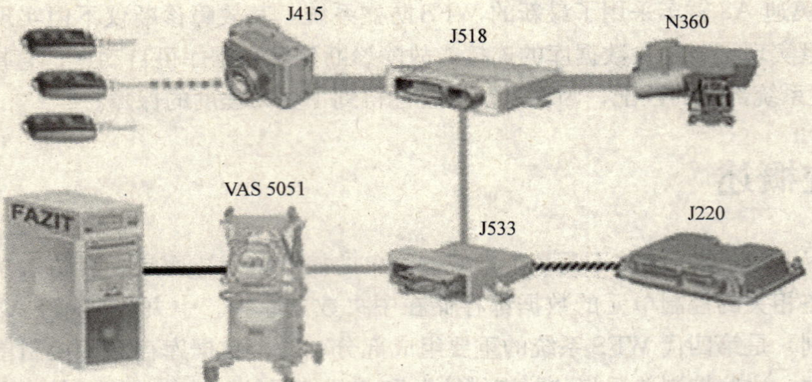

	没有与 WFS 防盗系统连成一体的控制单元		主控制单元
	与 WFS 防盗系统连成一体的控制单元		PC 机 / 大型计算机
	无线数据交换	E415	进入和启动许可开关
	双向数据交换	J518	进入和启动许可控制单元
	舒适系统 CAN 总线	N360	方向盘锁执行元件
	故障诊断系统 CAN 总线	J533	数据总线诊断接口
	帮助系统 CAN 总线	J220	发动机喷射系统控制单元
	PC-网络		

图 6—2—1　**第四代防盗系统组成图**

机械的方式预先设置密码。这就是说对钥匙的内齿进行特殊加工，并设置基础编码，使该钥匙只能用在那辆被指定的车上。

4. 进入和起动许可开关 E415

2003 款奥迪 A8 轿车上配用的是一种不同以往方式的点火开关。进入和起动许可开关不是机械编码钥匙。开关装有读取线圈，它可以将点火钥匙传输的密码数据经由双向数据电缆传送到进入和起动控制单元。进入和起动许可开关不需要匹配到防盗系统中。

5. 方向盘锁执行元件 N360

方向盘锁执行元件 N360 受进入和起动许可开关的控制，它对方向盘进行闭锁或开锁。J518 和 N360 之间传输的数据是密码数据，只能在 15 号线上传送。方向盘锁执行元件 N360 是防盗系统的组成部分，更换之后必须与该系统匹配。

6. 其他部件

所有其他电子部件，如车门把手、天线，起动/停止按钮等都没有安装微型控制装置，它们不属于 WFS 防盗系统和部件保护系统。

四、防盗控制单元的匹配

“新身份”菜单为第四代防盗系统的所有控制单元设置一个新的基础编码。新的基础编码被传送到中央数据库 FAZIT 中。如果发动机控制单元被盗，无需更换所有其他的防盗系统的控制单元。在引导性故障查询中的进入和启动许可控制单元里，可以找到“新身份”菜单。所有原先起作用的部件，如车钥匙和方向盘锁执行元件在更改密码之后将不再可以使用。

在工作状态下，所有防盗系统功能的菜单均采用菜单引导的方式通过“引导性故障查询”菜单来完成，各种功能因车辆不同而异，因此“其他车辆”选项不可使用。如果对方向盘锁执行元件、进入和启动许可控制器单元进行匹配，则发动机不会在 5 min 内启动。闭锁时间可从进入和起动许可控制单元的数据阅读块中读取。

部件保护是控制单元的电子安全系统，因此控制单元在被盗之后无法用于其他车辆。信息系统和舒适系统的大多数控制单元均集成在部件保护中。2003 款奥迪 A8 轿车多媒体系统的 4 位收音机防盗密码已被部件保护功能所取代。带有部件保护功能的控制单元均有车辆专用编码。如果控制单元没有与某辆车进行匹配，则这个控制单元的功能将受到限制。在激活部件保护时，组合仪表及前面的信息显示屏将显示一条提示信息。对于不匹配的控制单元将会产生一个故障存储记录，如图 6—2—2 所示。

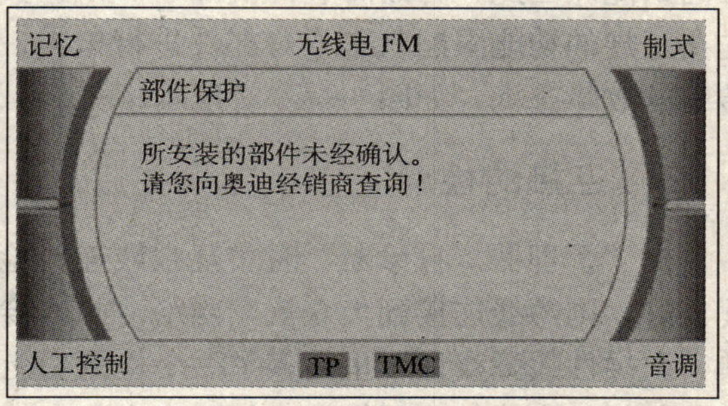

图 6—2—2　部件保护功能图

五、故障诊修技巧

1. 部件保护的诊断功能

对于部件保护被激活的控制单元来说，在故障存储器中记录，见表 6—2—1。

表 6—2—1　　部件保护故障表

故障部位	故障类型	背　景
部件保护激活		如果某些功能失效，故障将以“静态”字样记录下来，当包括 15 号线回路在内的功能限制恢复到正常时，故障记录状态也从“静态”转变到“偶发”状态，在新车辆数据经过正确匹配后，故障记录会自动消除

续表

故障部位	故障类型	背　景
WFS 防盗系统控制单元	无法通信	如果数据电缆发生通信问题，则会被记录在相应的总线故障器中
部件保护	没有基本设定/匹配	只要这些控制单元还处于“新出厂”状态，故障就会被记录成：无法经由“打开故障存储器”消除故障，在新车辆数据经过正确匹配之后，故障记录会自动消除，故障将不会被作为“偶发”故障记录，而是直接消除

2. 故障检测方法

在轿车上使用部件保护和蓄电池管理功能会影响其相关部件的功能。因此，为故障查询设计了一个扩大的故障查询，首先在正规的功能限制状态下对部件进行检查，然后才开始进行传统的故障查询，如图 6—2—3 所示。

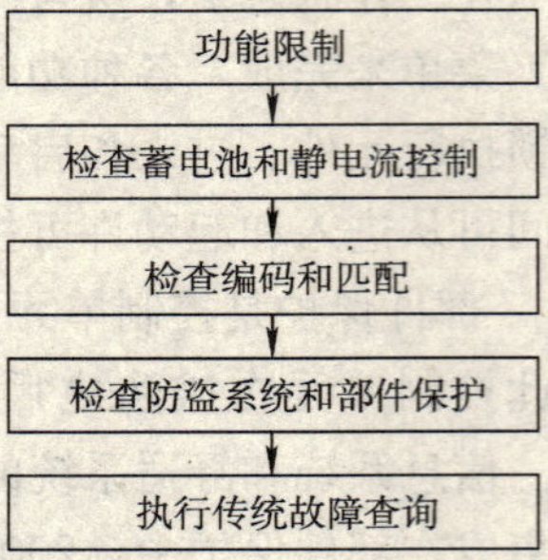

图 6—2—3　故障检测方法图

3. 在线连接的检测

在“管理器＞自诊断”时实现在线连接检测。若结果是情况良好，则总线连接到大众汽车网络。此连接检测不对进入奥迪数据库进行检查。因此，菜单“引导性故障查询”里便多了一个检测功能。

包括已实施的“引导性式故障查询”在内的在线系统检测对经由大众汽车网络传输到奥迪数据库的故障诊断仪信息进行检测并送回，在线系统检测涉及广泛，如菜单“管理器一自检＞”功能。在这种检测中，无须将故障诊断仪与汽车连接，只需要使用识别标记和机械师的密码就可以通过在线连接进行检测。如果输入的标记和密码是错误的，则不能进行系统检测。

第六章 中控门锁与电子智能防盗系统

第三节

带内部监控的防盗报警系统

有一些大众奥迪车型中安装了具备内部监控功能的防盗系统，系统元件包括：内部监控控制单元、内部监控开关、驾驶员侧车门触点开关、新鲜空气鼓风机、左右超声波传感器、左右侧车门警告灯、喇叭、转向信号灯。内部监控范围包括 4 个车门、发动机罩盖、后备箱、收音机（原装）、点火装置（15 号线防盗）、轿车内部空间、车窗玻璃等位置。传感器安装位置包括车门锁触点开关、发动机罩盖触点开关、后备箱盖触点开关、收音机接地、点火锁 15 号端子、内部超声波传感器。

一、车辆内部监控传感器

内部监控传感器外形如图 6—3—1 所示，每个传感器单元包括两个超声波传感器和一个电子放大电路，分别安装在左右 B 柱内，如图 6—3—2 所示，每个传感器监控一个车窗。

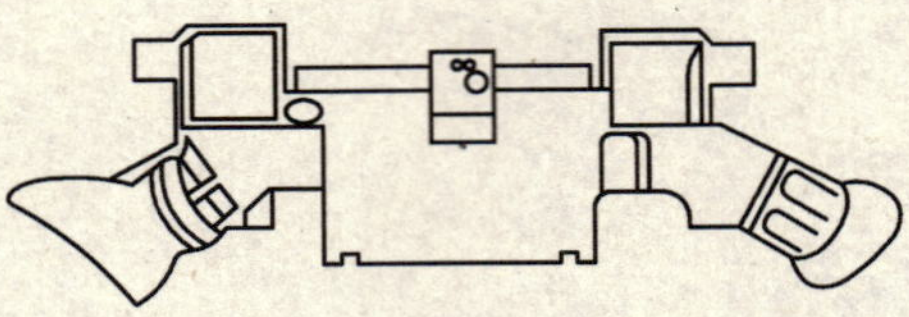

图 6—3—1　内部监控传感器外形图

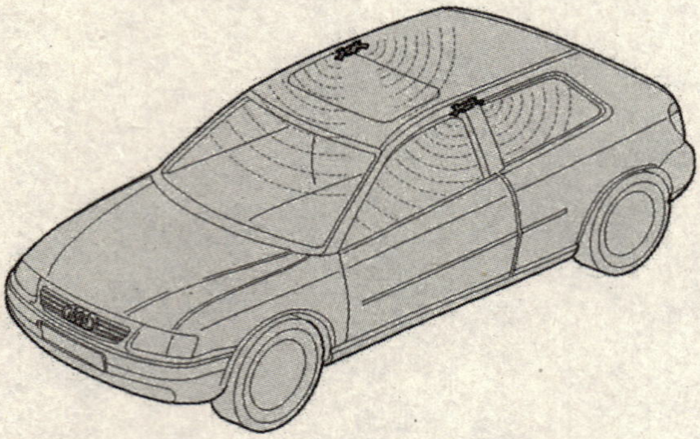

图 6—3—2　传感器发射信号功能图

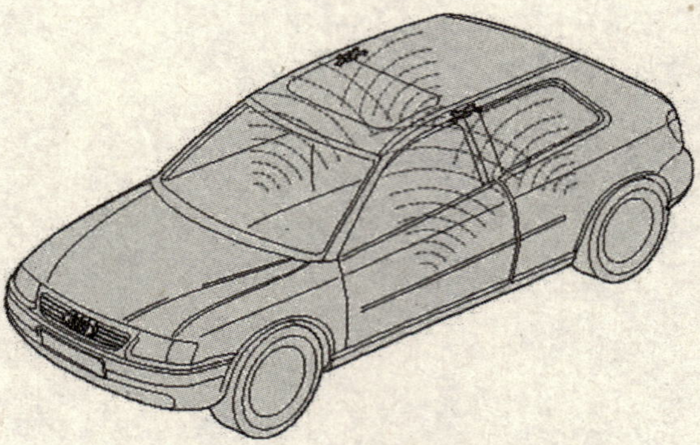

图 6—3—3　传感器接收功能图

1. 超声波传感器发射功能原理

交流电压作用于振动线圈时，其内部将产生一磁场。该磁场又反作用于永久磁铁的恒定磁场。因此，振动线圈的振动频率与交流电压相同。振动线圈与膜片相连，从而膜片也以相同的频率振动。膜片振动引起空气运动，产生声波，如图 6—3—4 所示。

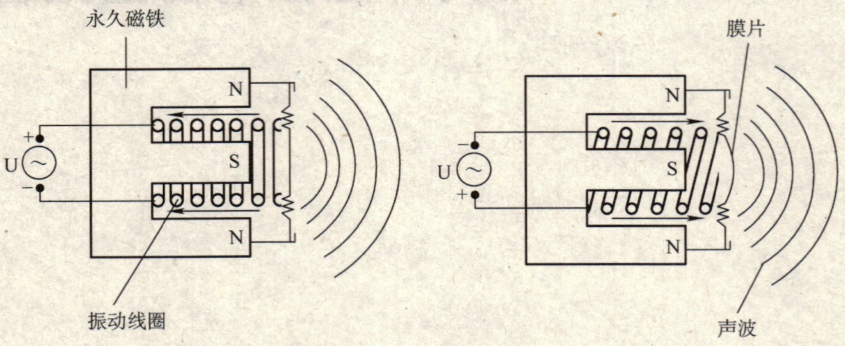

图 6—3—4　超声波发送原理图

2. 超声波传感器接收功能原理

发射出去的声波射到车内壁上并被反射回来，反射的声波引起膜片以一定的频率振动。这样在振动线圈上感应产生一同样频率的交流电压。超声波内部监控控制单元将识别交流电压的变化，并触发警报器发出警报，如图 6—3—5 所示。

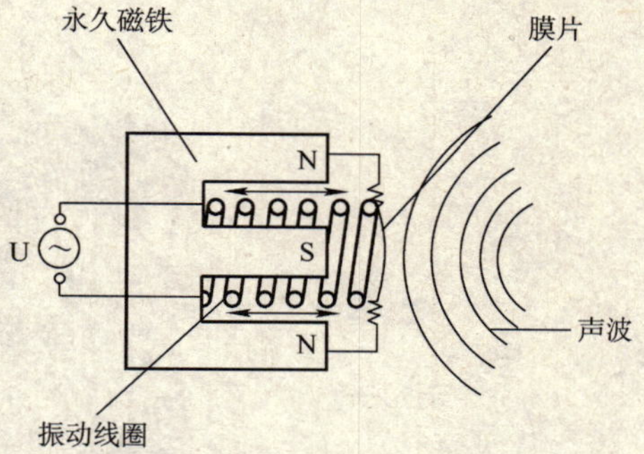

图 6—3—5　超声波接收原理图

二、车门警告灯

车门警告灯是一个发光二极管，其位置如图 6—3—6 所示，由超声波内部监控控制单元触发。闪烁频率表示内部监控系统的状态，并可用做自诊断辅助指示灯。

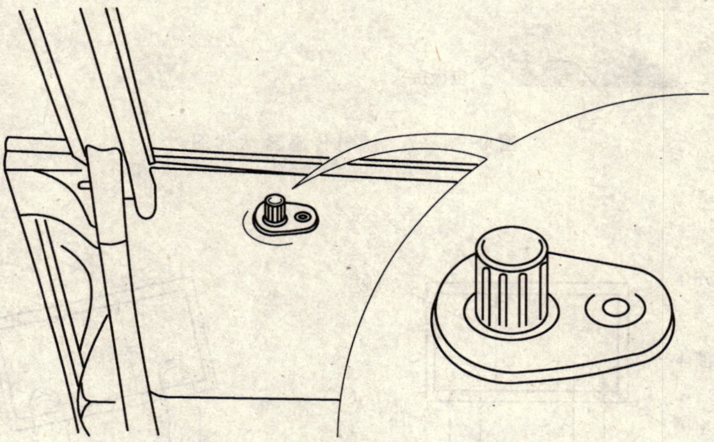
图 6—3—6　车门警告灯位置图

三、倾斜传感器

在一些奥迪轿车上安装了倾斜传感器，用来检测车体有无发生倾斜及车辆是否呈被拖起状态，以防止盗车人员将车辆驱动轮拖起，将车辆在不起动的情况下拖走。倾斜传感器内部由陶瓷壳体、指示液体、电极等组成，结构如图 6—3—7 所示。其工作原理如图 6—3—8 所示，当车辆发生倾斜时，指示液体就会发生偏摆，使一侧液面升高，另一侧液面下降，两侧电极上就会发生电压的变化，将两侧电极信号进行对比，即可判断车辆是否发生了倾斜。

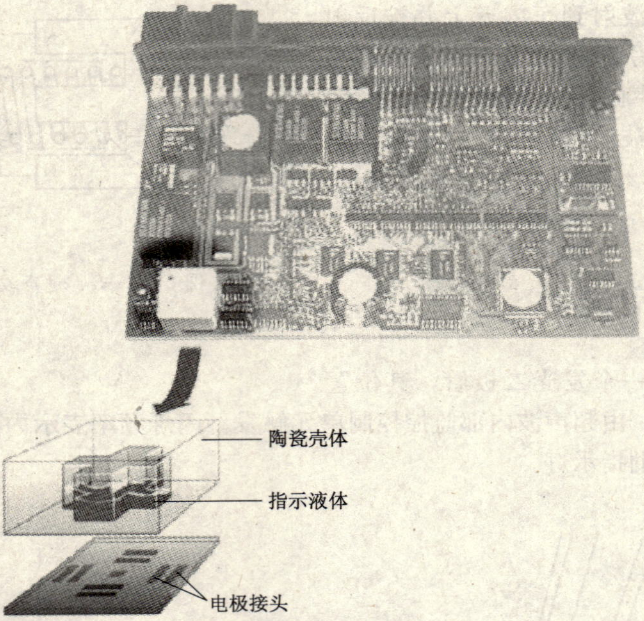

图 6—3—7 倾斜传感器结构图

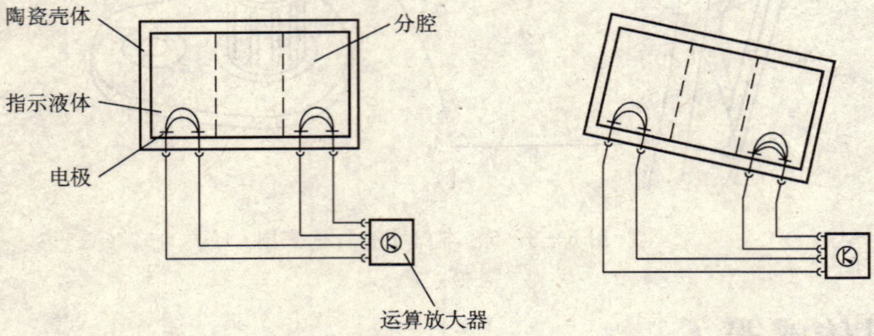

图 6—3—8 倾斜传感器工作原理图

四、中控门锁联动机构

当防盗系统处于警戒或报警状态时，防盗控制单元控制中央门锁电动机通电，车门锁处于锁定状态；当车辆以一定车速行驶时，门锁电动机通电，车门锁会自动锁止，门锁结构如图 6—3—9 和图 6—3—10 所示，门锁机构配置有双锁机构。

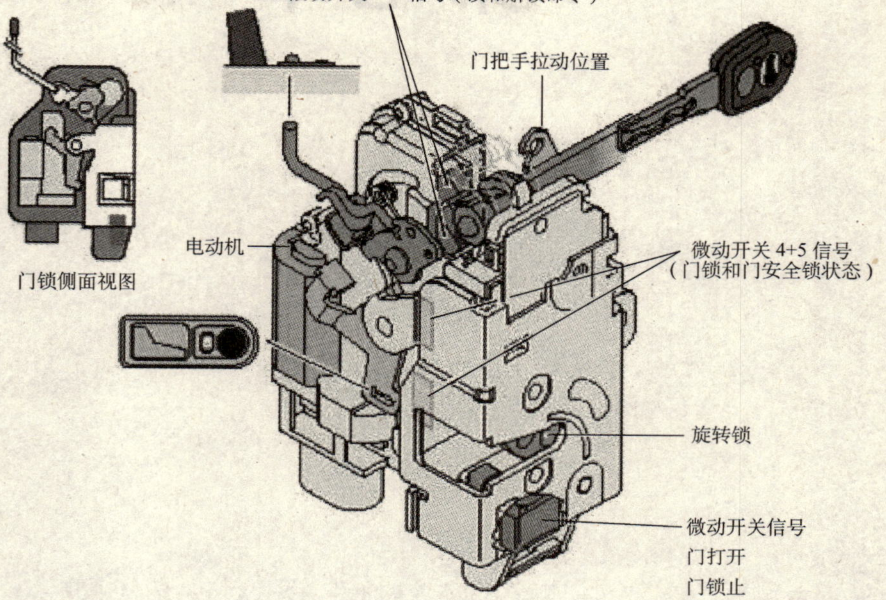

图 6—3—9 门锁结构图 1

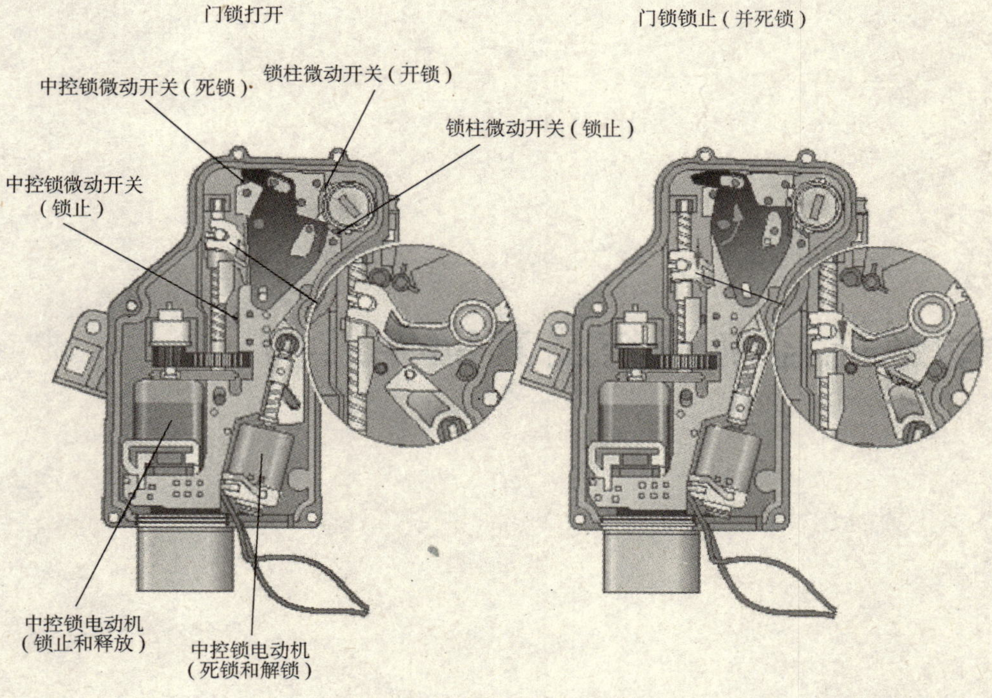

图 6—3—10 门锁结构图 2

第七章 主动巡航控制系统

第一节 主动巡航控制系统及其部件结构

一、系统简介

主动巡航控制系统也叫自适应巡航控制系统，缩写为 ACC，是一种新开发的驾驶员辅助系统，它与传统的巡航控制系统相比，在功能上有很大扩展。由于减少了对油门踏板和制动踏板的操作，所以可明显提高驾驶舒适性。使用该系统可以使得驾驶员严格遵守车速限制以及车距，从而也保证了交通的畅通。系统工作情况如图 7—1—1 所示。

1. 基本功能

主动巡航控制系统的基本功能是使车辆保持驾驶员所选定的与前车距离。主动巡航控制系统就是定速巡航系统的进一步发展。车上装有一个雷达传感器，用于测定与前车的车距和前车的车速。如果车距大于驾驶员设定的值，那么车就会加速，直至车速达到驾驶员设定的车速值。

如果车距小于驾驶员设定的值，那么车就会减速，减速可通过降低输出功率、换挡或必要时施加制动来实现。出于舒适性的考虑，制动效果只能达到制动系统最大制动减速能力的 25%。这个调节过程可以减轻驾驶员的劳累程度，因此可以间接提高行车安全性。在某些情况下，还是需要驾驶员来操纵制动器工作。

图 7—1—1　主动巡航系统工作示意图

2. 工作条件

主动巡航控制系统是一套驾驶员辅助系统，绝不可以将其看成安全系统，它也不是全自动驾驶系统。

（1）主动巡航控制系统在车速为 30～200 km/h 时才工作。

（2）主动巡航控制系统对固定不动的目标无法作出反应。

（3）雨水、浮沫以及雪泥水会影响雷达的工作效果。在转弯半径很小时，由于雷达视野受到限制，所以会影响系统的功能。

（4）主动巡航控制系统工作时必须使用以下信息，见表 7—1—1。

表 7—1—1　　主动巡航使用信息表

序号	信息	图　示
1	与前车的距离	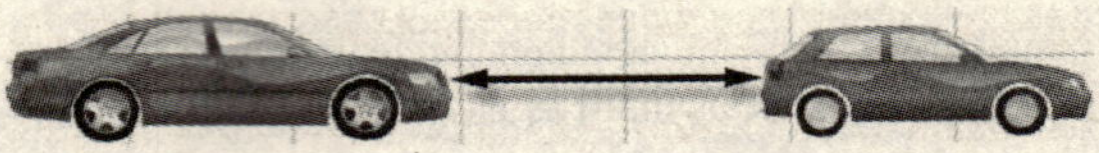
2	前车的车速	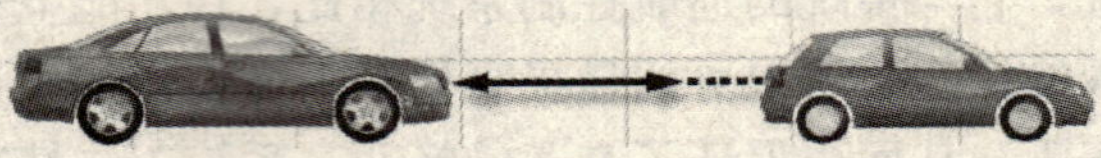
3	前车的位置	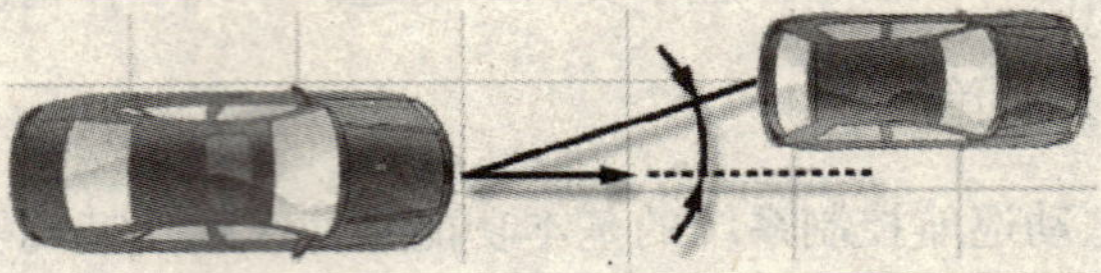
4	前车的数量	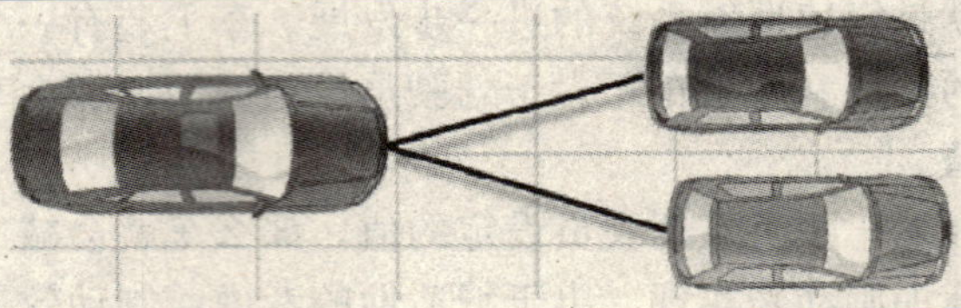

二、系统部件结构

1. 系统部件组成与位置

系统部件组成与位置如图 7—1—2 所示。

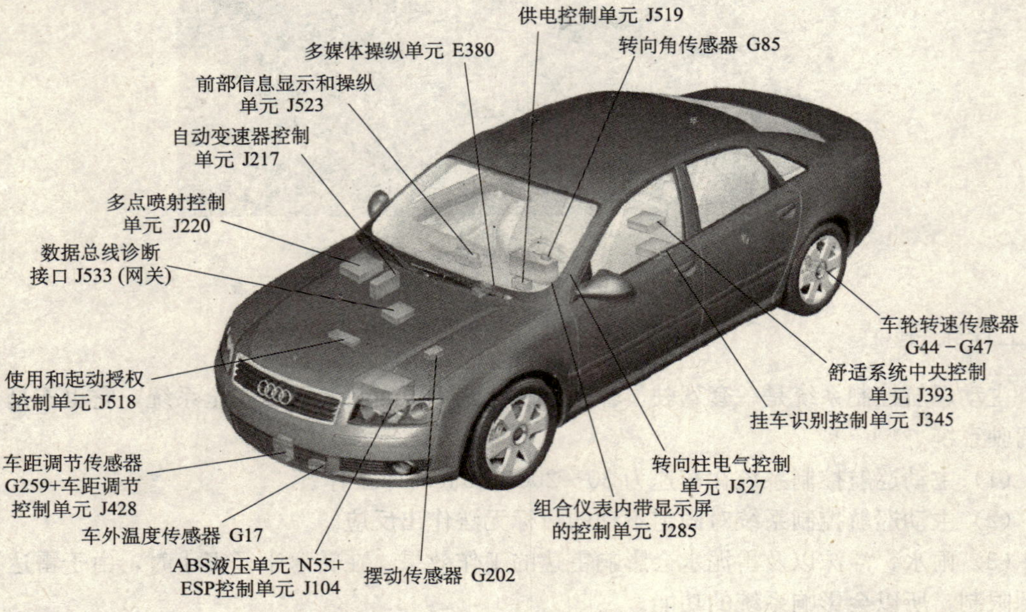

图 7—1—2　系统部件组成与位置图

2. 车距调节传感器和车距调节控制单元

(1) 安装位置。车距调节传感器和车距调节控制单元通过支架上的转接板来进行安装和调整，该支架用螺栓拧在保险杠支架的中央位置，其位置与结构如图 7—1—3 所示。

(2) 结构。传感器和控制单元安装在同一个壳体内，如果传感器/控制单元有故障，必须整体更换总成。当前车的位置和车速以及当前的车距确定后。可以得出应如何来进行调节，调节数据被发送到多点喷射控制单元、自动变速器控制单元以及 ESP 控制单元上。这些数据是经过车距调节 CAN 总线和数据总线诊断接口（网关）传送到驱动 CAN 总线上的。

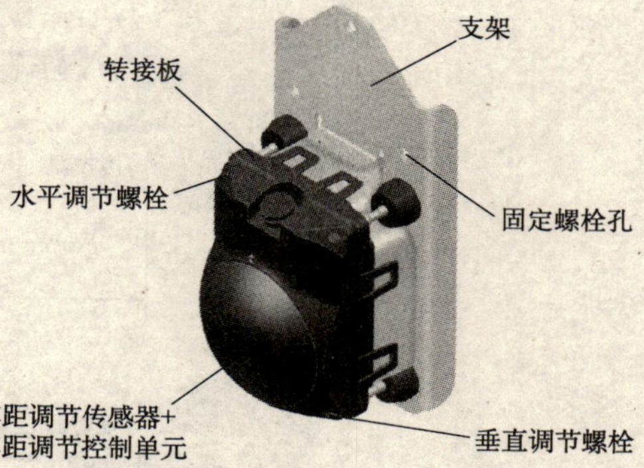

图 7—1—3　车距调节雷达和车距调节控制单元组位置与结构图

车距调节传感器发射出调频信号，然后接收反射回来的信号。车距调节控制单元处理这些雷达信号以及其他输入信号。从这些信号中就可确定雷达视野中出现的物体哪一个是相关的前车。

3. 车距调节传感器护盖

保险杠装饰格栅内的车距调节传感器护盖是采用雷达信号可穿透的材料制成的。对车距调节传感器护盖表面所做的任何改动，如后喷的油漆、贴的不干胶标签及其他东西都可能影响传感器的功能。这个护盖是可加热式的，为了防止雪、冰等妨碍传感器正常工作。

4. 利用雷达技术测定前车的行驶情况

雷达是一种定位物体的电子手段。其基本原理很简单，根据物体表面会反射电磁波，反射回来的那部分电磁波就被当做一种“回声”而接收。

(1) 车距测量。发射信号和接收到反射信号所需要的时间取决于物体之间的距离。如图 7—1—4 所示的 B 中的距离是 A 中的两倍，那么 B 中反射信号到达接收器所需时间就是 A 中的两倍。

由于直接测量发射信号和接收到反射信号所需要的时间十分复杂，因此实际采用一种间接测量法，称为调频连续（等幅）波（FMCW）法。这种方法是将连续发射的超高频振荡波（其频率随时间变化）作为发射信号。频率变化（调频）速率为 200 MHz/ms，作为“运输工具”的载波信号频率为 76.5 GHz。通过这种方法就可以避免使用很复杂的直接测量时间的方式，只需简单地比较一下发射信号和接收（反射）信号的频率差就可以了，如图 7—1—5 所示。

发射信号和接收（反射）信号的频率差直接取决于物体之间的距离。物体之间的距离越大，反射信号被接收前所“运行的时间”就越长，于是发射频率和接收频率之间的差就越大，如图 7—1—6 所示。

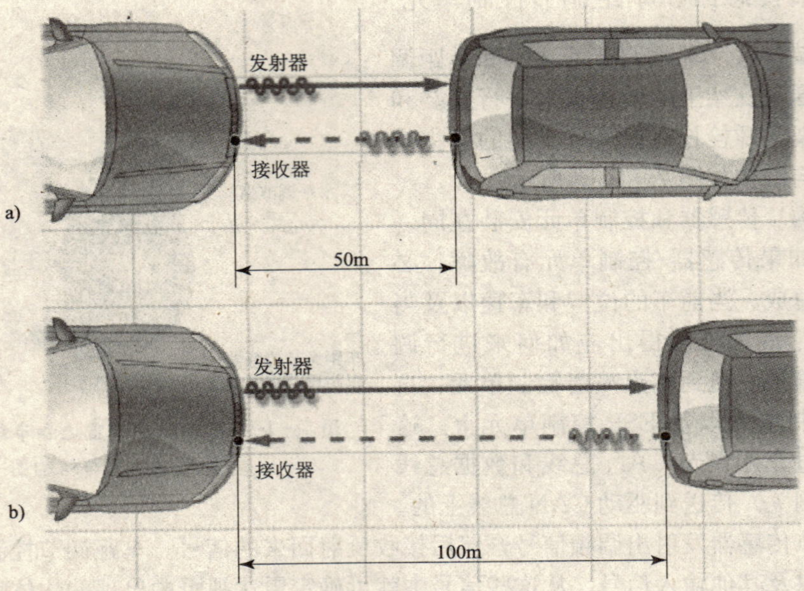

图 7—1—4 发射器/接收器与物体之间距离与信号传递时间关系图

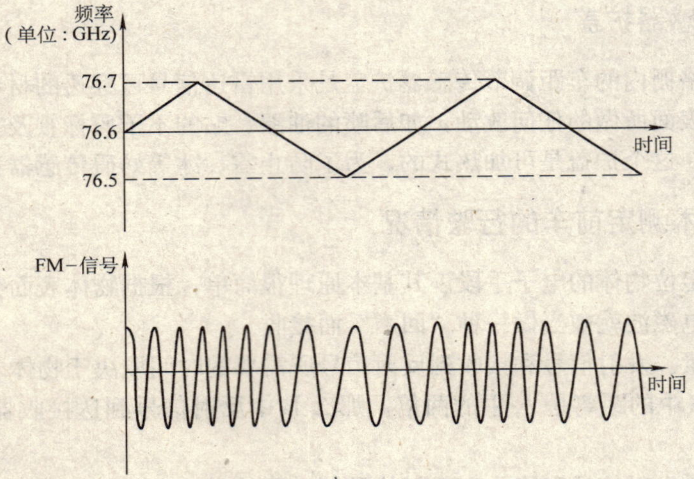

图 7—1—5 振荡波频率比较图

(2) 确定前车的车速。要想确定前车的车速，需要应用一种物理效应，这种效应被称为“多普勒效应”。对于反射出波的物体来说，它相对于发射出波的物体是处于静止状态还是运动状态，是有本质区别的。如果发射出波的物体与反射波的物体之间的距离减小了，那么反射波的频率就提高了；反之若距离增大，那么这个频率就降低。电子装置会分析这个频率变化，从而得出前车的车速。

(3) 确定前车的位置。雷达信号呈叶片状向外扩散。信号的强度随着与车上发射器的距离而纵向和横向降低，如图 7—1—7 所示。

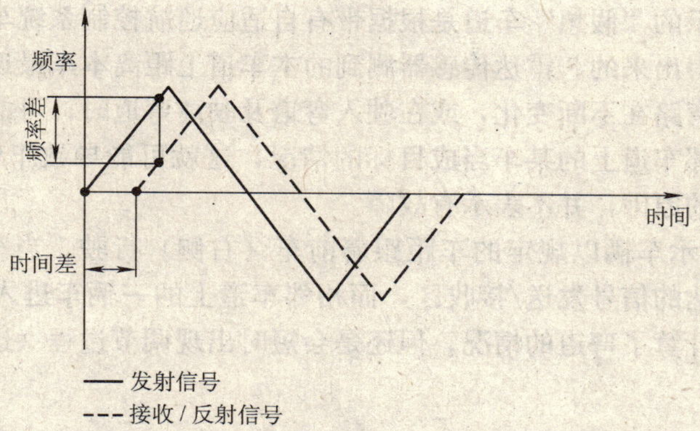

图 7—1—6　发射频率、接收频率关系图

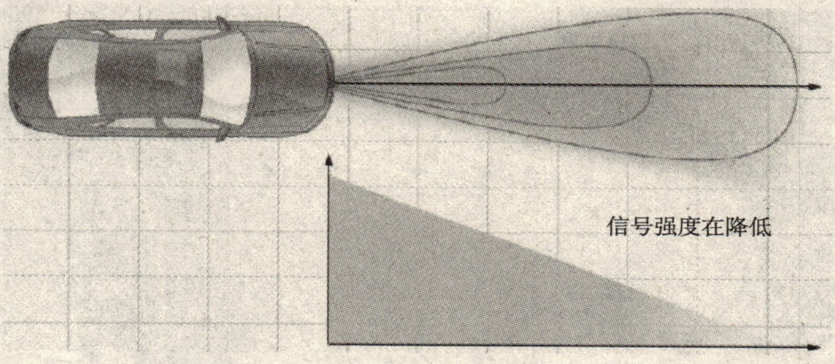

图 7—1—7　雷达信号距离变化图

要想确定车辆位置，还需要一个信息，就是本车与前车相对运动的角度。这个角度信息是通过一个三束雷达获得的。各个雷达束接收（反射）信号的振幅比（信号强度）传递的就是这个角度信息，如图 7—1—8 所示。

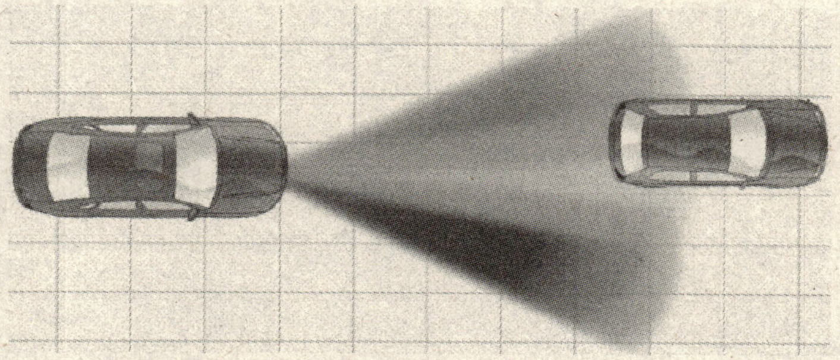

图 7—1—8　三束雷达测定车距示意图

（4）确定具体目标。实际行车中，如在高速公路、多车道路面以及转弯时，在雷达的视野中一般会出现多辆车，这时就要识别哪一辆与本车行驶在同一条车道上，或者说本车应与哪辆车保持选定的距离，这就需要车距调节控制单元来确定车道。这个过程是相当复杂的，还需要其他附加输入信号。需要的信号中最重要的是摆动传感器信号、车轮转速传感器信号以及方向盘转角信号，对这些信号进行分析就可获得车辆在公路上转弯时的信息。

如图 7—1—9 所示的“假想”车道是根据带有自适应巡航控制系统车的当前转弯半径和特定的车道平均宽度得出来的。雷达传感器测到的本车道上距离本车最近的物体就作为车距调节的参照物。由于弯路在不断变化，或在驶入弯道及驶离弯道时，可能出现本车短时失去目标（前车）或将相邻车道上的某车当成目标的情况，这就可能导致车辆短时加速或减速。这种情况是系统本身的原因，并不表示有故障。

如图 7—1—10 所示车辆以规定的车距跟着前车（右侧）行驶。当车辆经过 90°的弯路时，前车就会脱离雷达的信号发送/接收区，而相邻车道上的一辆车进入了雷达的视野。虽然车距调节控制单元计算了弯道的情况，但还是会短时出现调节过程（这是由于另外一辆车引起的）。

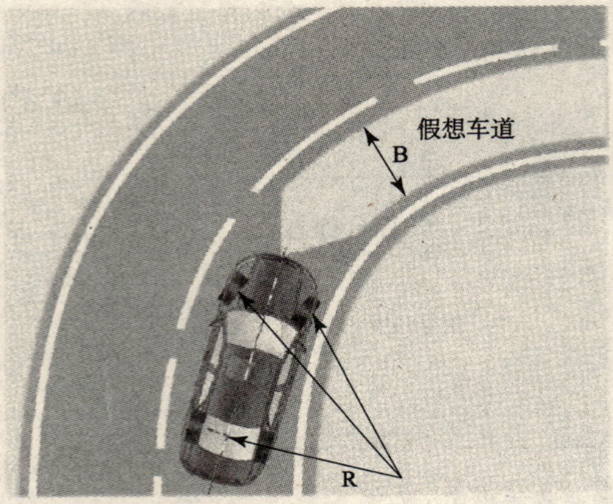

图 7—1—9　确定目标车辆示意图

B—车道平均宽度　R—转弯半径

图 7—1—10　假想车道示意图

第七章 主动巡航控制系统

第二节

系统功能

一、操作和驾驶员信息

主动巡航控制系统使用方向盘左侧的自适应巡航系统操纵杆进行操纵，如图 7—2—1 所示，主动巡航控制系统共有几个显示区，所有重要信息总是显示在转速表的中央，如图 7—2—2 所示。与系统有关的重要信息，由于很少出现，因而就不需要长久地显示出来，显示在仪表板中央显示屏上，如图 7—2—3 所示。用于详细说明系统功能的辅助信息，可由驾驶员在一个附加显示屏上调出，如图 7—2—4 所示，按下刮水器拨杆下方的 RESET 按钮就可完成这个操作。

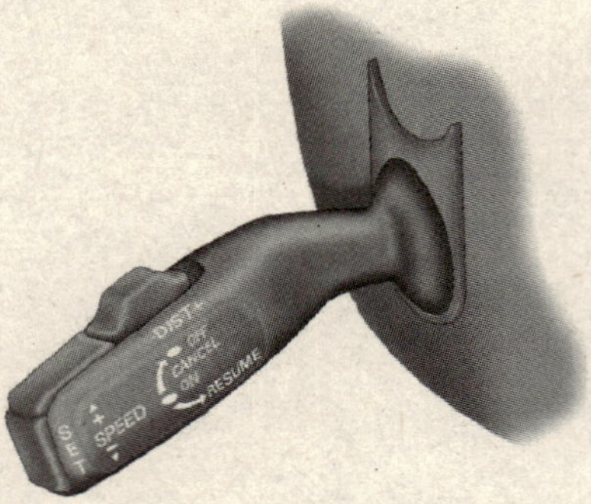

图 7—2—1　主动巡航控制系统操纵杆实物图

图 7—2—2　仪表中央显示区

主动巡航控制系统一共有 AUS、BEREIT、AKTIV 及 BERTRETEN 四种不同的工作模式与状态。AUS 为主动巡航控制系统关闭状态，这时系统已被关闭，无法进行任何操作。BEREIT 为主动巡航控制系统已准备完毕，这个模式表示一种“待机”状态，这时该系统仍然处于接通状态，但并未真正进行调节，如果先前主动巡航控制系统曾经工作过的话，那么所要求的车速会存入存储器。AKTIV 为主动巡航控制系统正在工作状态，主动巡航控制系统以设定好的车速行驶（在公路上）或调节与前车的车距。BETRTETEN 主动巡航控制状态即驾驶员踏下油门踏板使车速超过了主动巡航控制系统设定的车速。

图 7—2—3　仪表板中央显示屏

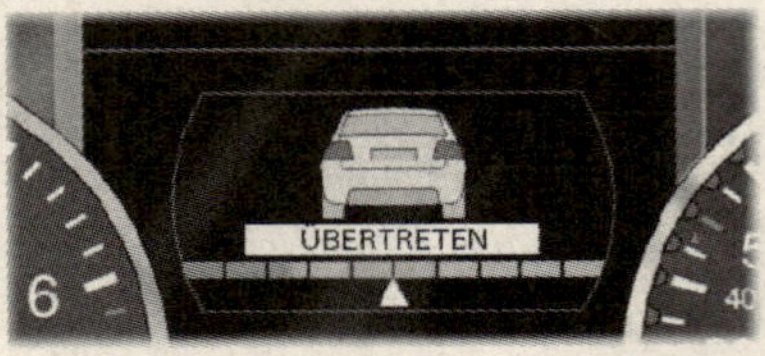

图 7—2—4　附加显示屏

操纵杆有两个位置控制系统的接通与关闭。接通系统只需将该操纵杆向驾驶员方向推至自适应巡航系统的 ON 位置即可。关闭系统只需将操纵杆推至自适应巡航系统的 OFF 位置即可，如图 7—2—5 所示。

起动发动机后，根据这个操纵杆的位置情况，主动巡航控制系统会处于 BEREIT 模式（操纵杆在 ON）或 AUS 模式（操纵杆在 OFF 位置）。系统在接通后就处于 BEREIT 模式，这时转速表上还没有显示任何信息，只有在按下 SET 按键后，主动巡航控制系统才会真正进入 AKTIV 模式。

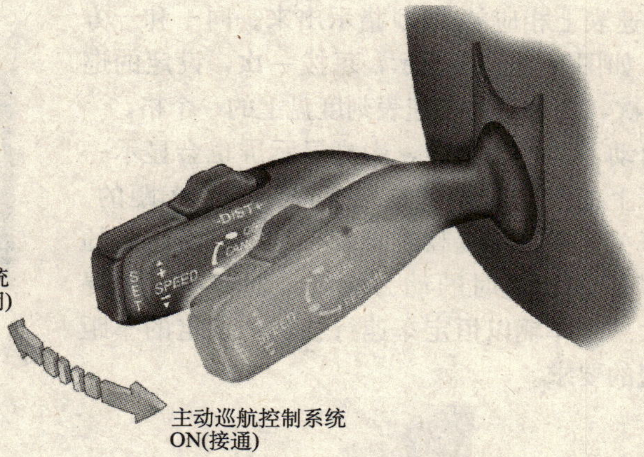

图 7—2—5　系统的接通与关闭开关图

二、设定巡航车速

巡航车速就是在公路上行驶时，主动巡航控制系统所能调节的最高车速取决于巡航车速控制系统的功能。按下 SET 按键就可以将当前的车速作为所要求的巡航车速存储起来，如图 7—2—6 所示。车速表指示环上的一个淡红色发光二极管（LED）指示的就是设定的巡航车速。同时，表示自适应巡航系统正在工作的符号也出现在车速表上。

为了识别自适应巡航系统正在工作这个状态，车速表上 30～200 km/h 之间的所有发光二极管都呈暗红色发光状态，如图 7—2—7 所示。如果驾驶员打开了其他显示屏，那么中央显示屏也会出现一个显示内容。关闭点火开关后，所存储的巡航车速会被清除掉（出于安全原因）。

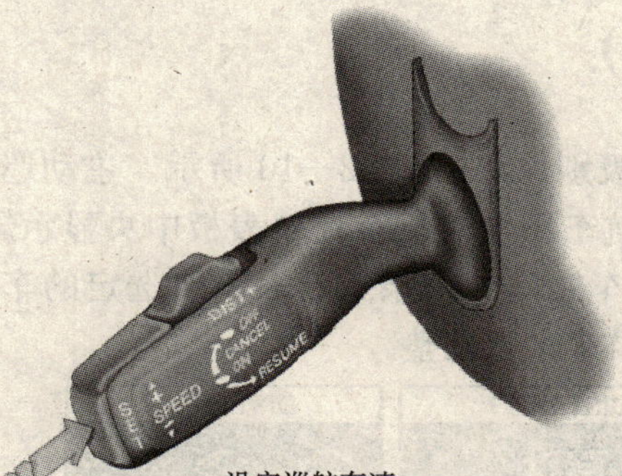

图 7—2—6　设定巡航车速示意图

图 7—2—7　车速表上发光二极管暗红色状态图

三、识别前车

如果识别出前车，那么转速表上会显示出来，如图 7—2—8 所示。

在主动巡航控制系统工作的过程中（车速在 30～200 km/h时），驾驶员可以向上推操纵杆（增速）或向下推操纵杆（减速）来改变已设定的巡航车速，如图7—2—9a所示。已经改变了的巡航车速由转速表上相应的 LED 指示出来。向＋和一方向拨动操纵杆，如图7—2—9b所示，每拨一次，设定的巡航车速就变动一次，变动量为车速表刻度盘上的一个格。

图 7—2—8　前车车速表上显示图

如果已经启动了其他显示屏，中央显示屏也会显示一个信息。操纵杆上的滑动开关就是用来设定巡航车距的。每推动一次该开关，车距就提高或降低一个挡。所选定的巡航车距确定了车辆加速时的动力性能。随着车速的提高，车距也增大。当车辆以恒定车速行驶时，设定的车距应遵守交通法规的要求。

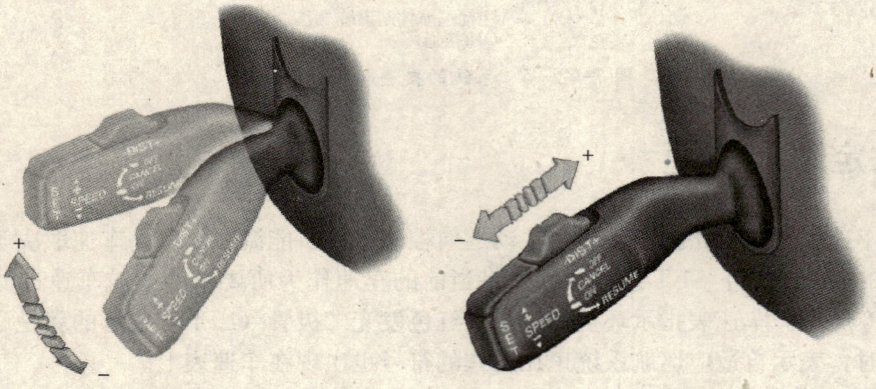

图 7—2—9　增加或降低车速操作图

四、设定巡航车距（与前车的距离）

本车与前车之间的车距可由驾驶员设定为四个级别，如图 7—2—10 所示。主动巡航控制系统设定的车距取决于当时的车速。所选定的巡航车距短时显示在仪表板中央显示屏上。按键第一次按下时，中央显示屏接通，显示出的两车之间的横条数目表示所选定的车距级别。起动发动机后，车距级别的基本设定可按驾驶员来进行调整。

DISTANZ 1	DISTANZ 2	DISTANZ 3	DISTANZ 4
时间间隔 1.0s	时间间隔 1.3s	时间间隔 1.8s “半速”	时间间隔 2.3s
动力学特性： 运动型	动力学特性： 标准型	动力学特性： 标准型	动力学特性： 舒适型
适用于： 车辆呈密集队列缓慢前进和 急速起步	适用于： 车辆队列自由移动 和 舒适跟行	适用于： 车辆队列自由移动 和 舒适跟行	适用于： 乡村道路 带挂车模式

图 7—2—10　本车与前车之间的车距级别图

五、驾驶员接管请求

如果系统识别出施加的制动不足以使车辆达到规定的车距，就会响起声音信号（锣声）。另外，车速表上会出现红色显示，如图 7—2—11 所示，这个显示内容以 0.5 Hz 频率在闪动，提醒驾驶员应主动施加制动。如果驾驶员先前已经启动了其他显示屏，那么中央显示屏上会出现警报，如图 7—2—12 所示。警报音可由驾驶员来设定，如果驾驶员加油使车速超过了巡航车速，那么车速表上的那个符号就会消失，若驾驶员启动了辅助显示屏，该屏幕上就会显示出该状态。

图 7—2—11　车速表上车距红色警示图

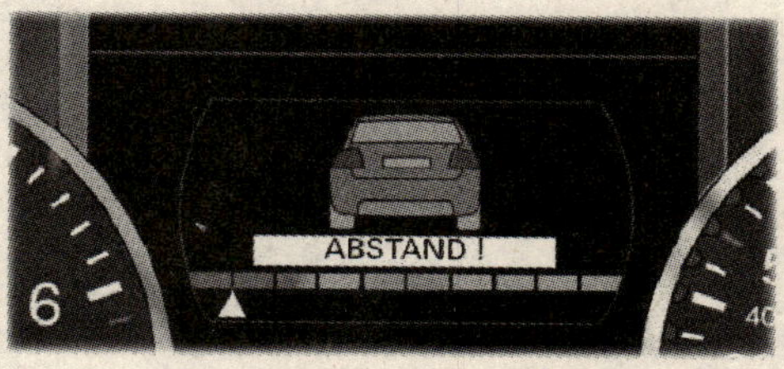

图 7—2—12　需驾驶员进行制动警示图

六、系统的关闭与激活

1. 主动巡航控制系统的关闭

向车的行驶方向轻触操纵杆关闭主动巡航控制系统，这时就从 AKTIV 切换到 BEREIT 模式。踏下制动踏板也可关闭主动巡航控制系统（系统切换到 BEREIT 模式）。

2. 激活主动巡航控制系统（Resume）

如果主动巡航控制系统已经被关闭且处于 BEREIT 模式，那么在已经设定了巡航车速的情况下，向驾驶员方向拉拨杆，就可以激活自适应巡航系统，如图 7—2—13 所示。

七、系统设定

1. 车距的设定

车在出厂时预设的是车距 3，系统设定在激活后该设定一直保持有效状态，直到驾驶员输入另外一个车距。

2. 提示音音量的设定

提示音音量的设定有关闭、轻音、中音、高音四种状态，出厂时预设的是“高音”。

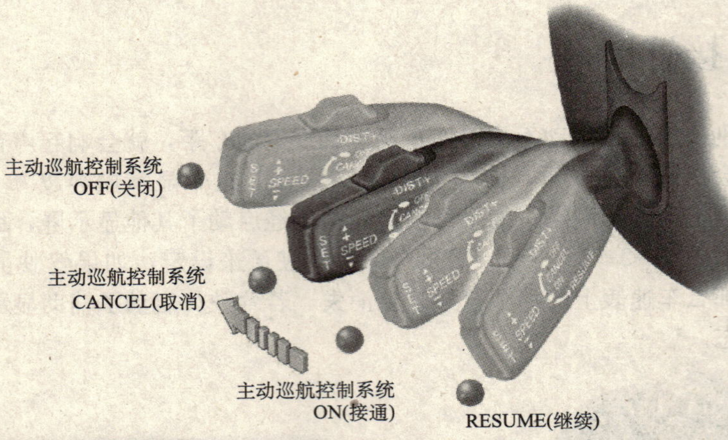

图 7—2—13　巡航系统开关操作图

八、故障显示

如果系统或其外围设备出现严重故障，如车距调节控制单元失效，主动巡航控制系统会被关闭，故障存储器内会记录故障。外围设备故障会限制系统的功能，例如因制动器温度过高而导致主动巡航控制系统无法使用，故障存储器内无故障记录。

驾驶员进行的制动具有优先权，只需踏下制动踏板就可以使系统关闭。车辆在静止时就可以检查自适应巡航系统是否能正常工作。

当系统出现故障且发动机正在运转时，如果将主动巡航控制系统拨杆从位置 OFF 拨到位置 ON，那么暗红的发光二极管（30～200 km/h 范围内的）应该亮 3 s，故障会在中央显示屏上显示。如果自适应巡航系统已关闭，就会有锣声提示。

九、系统工作情况

当脱离 25～220 km/h 这个车速范围或在车速低于 30 km/h 时按下 SET 按键。在识别目标时出现问题，目标“太弱”，比如前方车辆是摩托车，或者是在比较广阔的平原且目标区内静止的物体又较少，其工作分为两种情况。

1. 在开阔的公路上行驶时（前边无车）

如果外界气温在−5℃到 5℃之间或刮水器已经接通时出现目标识别故障，该系统立即关闭。

2. 在正常行驶时（前边有车）

第一个预警报不会导致系统马上切断，10 s 后主动巡航控制系统关闭，随后会出现带有惊叹号的故障显示。并不是只要出现目标识别不充分，就会显示故障和关闭系统。只要导致系统关闭的原因不再存在，就可以通过 RESUME 或 SET 来重新激活主动巡航控制系统。但如果出现严重故障的话，就无法激活系统。

第七章 主动巡航控制系统

第三节

系统工作原理与调整诊断

一、系统工作原理

本节以一个典型的例子来详细说明主动巡航控制的工作原理，内容见表 7—3—1。主动巡航工作状态如图 7—3—1 所示，主动巡航控制系统通信过程如图 7—3—2 所示。CAN 总线信息交换过程如图 7—3—3 所示。

表 7—3—1　　　　主动巡航系统工作调节过程图

情况	工作情况描述	图　示
状态 1	后车驾驶员已经激活自适应巡航控制系统，并选定了巡航车速 V 和巡航车距 Dw，后车已经加速到选定巡航车速	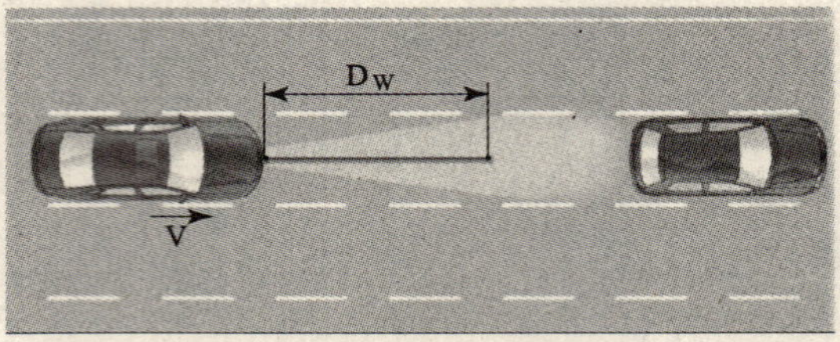
状态 2	后车识别出前车与自己行驶在同一条车道上，于是后车通过收油门，必要时也会施加制动来减速，直至两车之间的距离达到设定的巡航距离	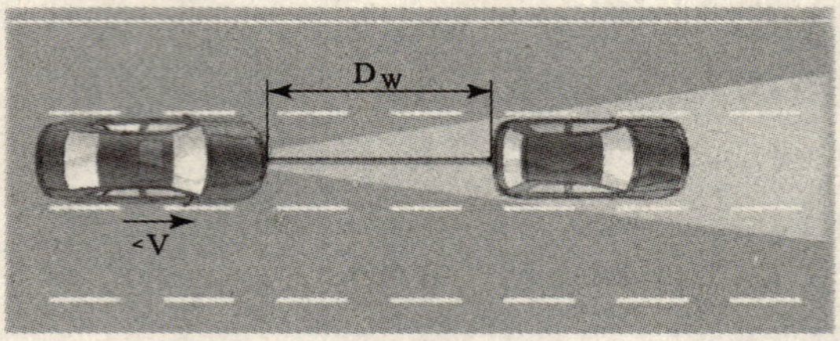
状态 3	如果这时有另一辆车（摩托车）闯入两车之间，那么主动巡航控制系统施加的制动就不足以使后车和摩托车之间的距离达到设定的巡航车距，于是就有声、光报警信号来提醒驾驶员，应踏下制动踏板施加制动	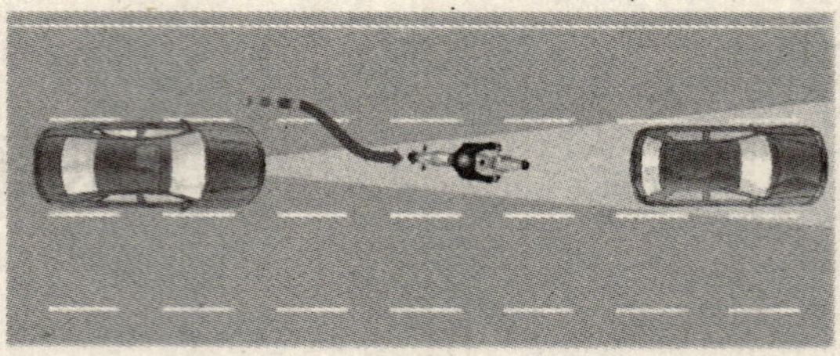
状态 4	如果前摩托车驶离车道，那么雷达传感器会侦测到这一情况，于是后车又开始加速，直至达到设定的巡航车速	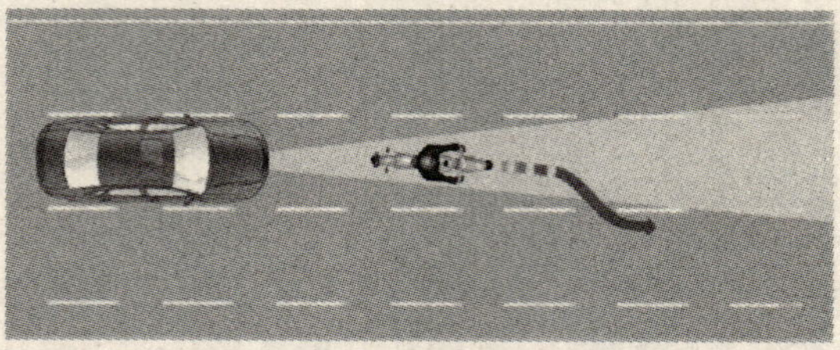

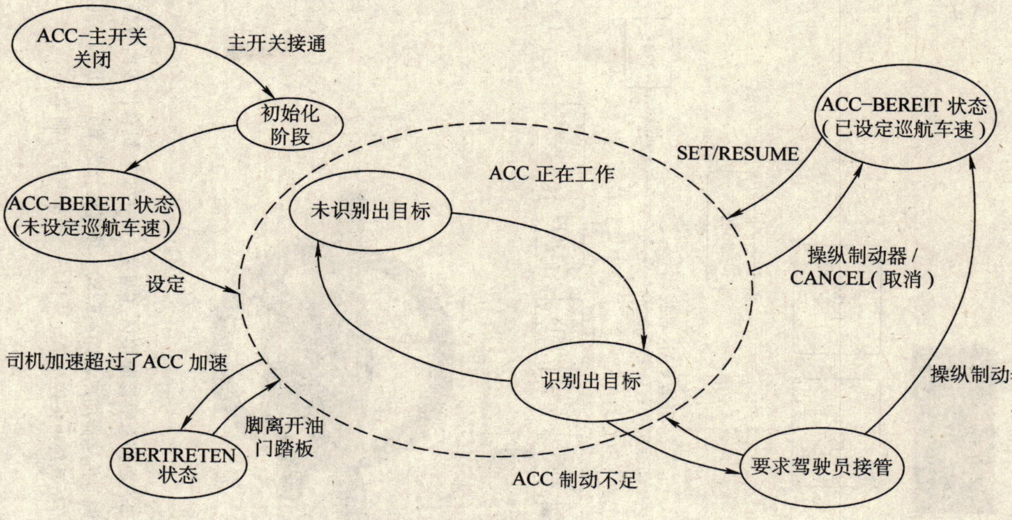

图 7—3—1 主动巡航工作状态图

如图 7—3—3 所示，车距调节控制单元信息后括号内的数字表示由哪个控制单元处理相应的信息。例如，“扭矩请求”信息就是由控制单元 No. 1—J220 来处理的。车距调节控制单元与传感器之间的电路连接如图 7—3—4 所示。

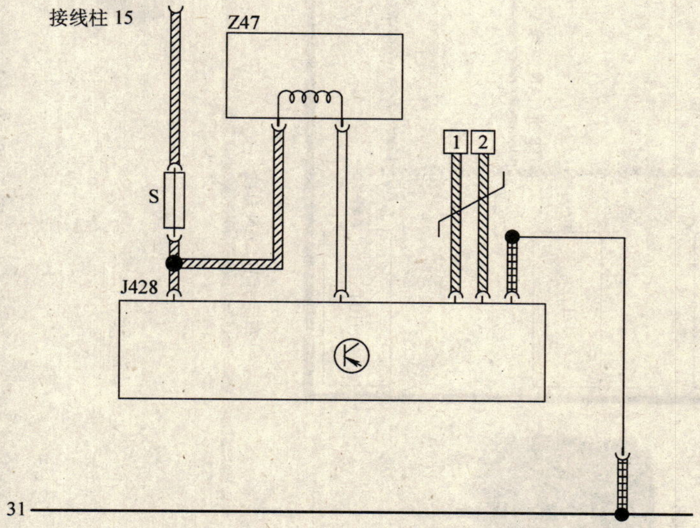

图 7—3—4 车距调节控制单元与传感器之间的电路连接图

颜色代码
- ▨=正极
- ▦=接地
- ▩=输出信号（加热控制）
- ▨=驱动 CAN 总线

部件
- J428—车距调节控制单元
- Z47—车距调节传感器加热器
- S—熔丝

附加信号
- ①—驱动 CAN-Low
- ②—驱动 CAN-High

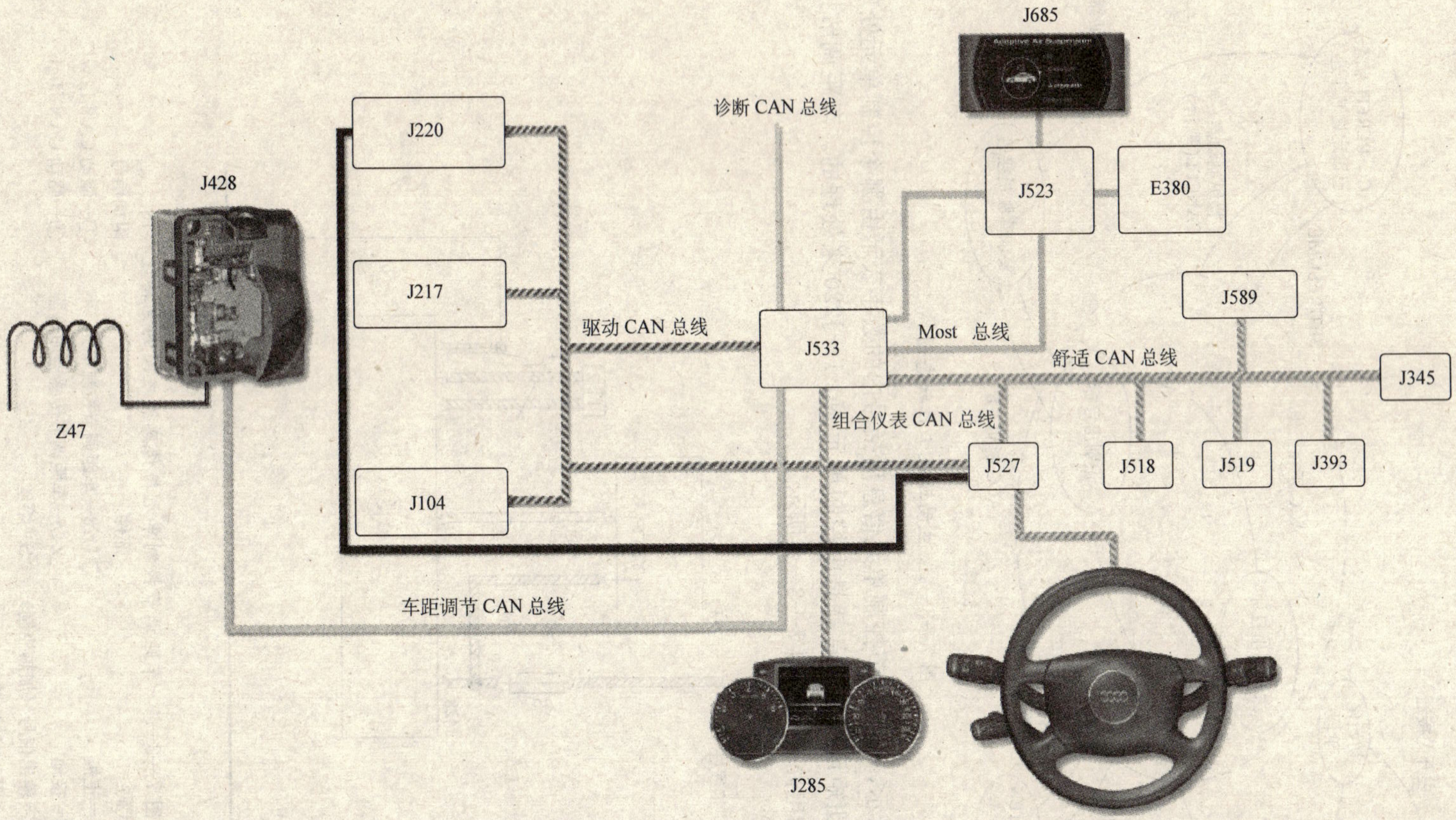

图 7—3—2　主动巡航控制系统通信过程图

J428—车距调节控制单元　J220—多点喷射控制单元　J217—自动变速器控制单元　J104—ESP 控制单元　J533—数据总线诊断接口（网关）　J285—组合仪表内带显示屏的控制单元　J527—转向柱电气控制单元/转向角传感器 G85　J523—信息显示和操纵控制单元　Z47—车距调节传感器加热元件　E380—多媒体操纵单元　J685—前部信息显示单元　J589—驾驶员识别控制单元　J518—使用和起动授权控制单元　J519—供电控制单元　J393—舒适系统中央控制单元　J345—挂车识别控制单元

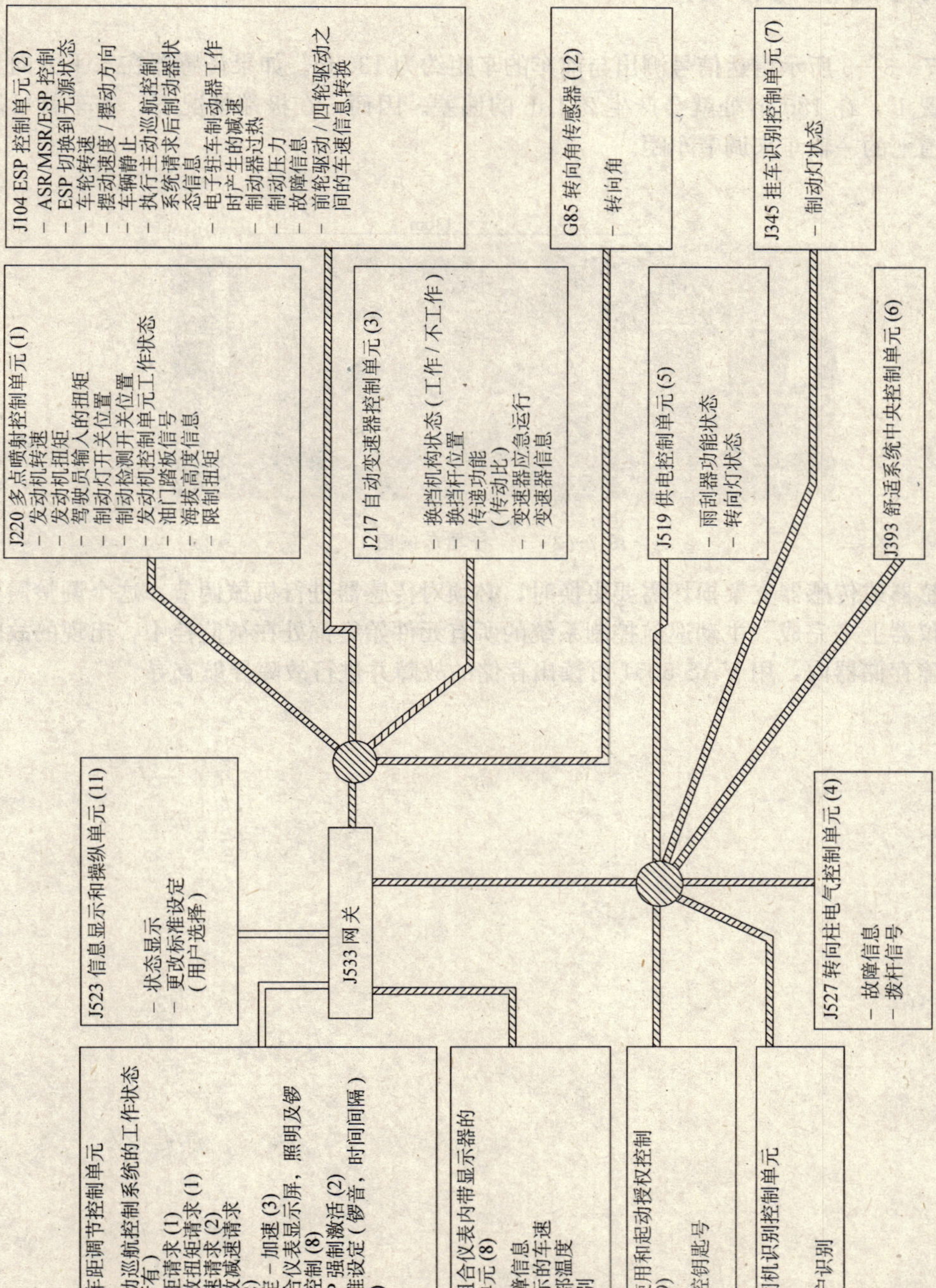

图 7—3—3　主动巡航控制系统 CAN 通信过程图

二、系统调整与诊断

如图 7—3—5 所示雷达信号测出与前车的车距约为 130 m。如果传感器在水平方向上偏离正确位置 1°，在 130 m 处就会产生 2.1 m 的偏差。因而，在极端情况下，本车就可能按照相邻车道上的一辆车来调节车距。

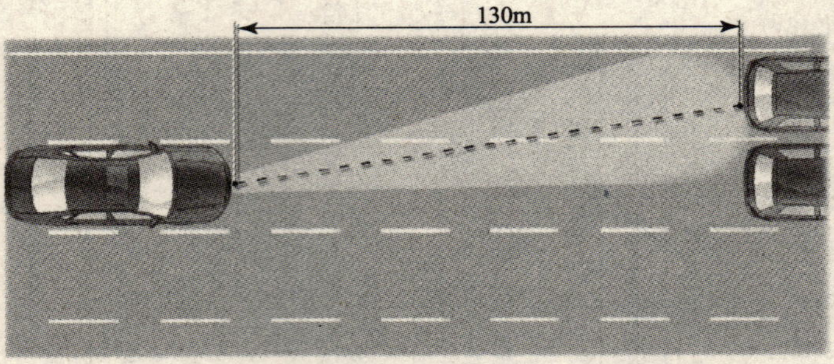

图 7—3—5　行车示例图

当传感器或传感器支架损坏需要更换时，必须对传感器进行机械调节。这个调整需要在车轮定位仪器上来完成。主动巡航控制系统的所有元件始终都处在被监控中，出现的故障会被存入故障存储器内，用 VAS 5051 可读出存储的故障并进行故障导航查寻。

第八章 电源管理系统

第一节 电源管理系统与蓄电池管理器

一、电源管理系统

1. 电能管理控制单元

在新款奥迪 A6 与 A8 轿车上使用了用于蓄电池和电能管理的控制单元，其外形如图 8—1—1 所示，由于车上使用的电子部件增多，对电能的需求也加大，如果不控制电能的使用，就可能造成车上的可用电能大大下降（在任何车况下都有可能出现）。

电能管理控制单元的主要任务是：监控蓄电池的负荷状态，在极端情况下通过 CAN 总线来调节用电器，通过功能切断来将电流消耗降至最小，以保持最佳充电电压。防止蓄电池过度放电，从而保证车辆随时可以起动。

电能管理控制单元安装在行李箱内右侧，在蓄电池附近，如图 8—1—2 所示。

图 8—1—1　电能管理控制单元外形图

图 8—1—2　电能管理控制单元位置图

2. 内置功能模块

电能管理控制单元的功能分为三个功能模块，如图 8—1—3 所示，这些功能模块在不同的车辆状态下工作。功能模块 1 是蓄电池管理器，它负责蓄电池诊断，其总是处于工作状态。功能模块 2 是静态电流管理器，在发动机不转的情况下，有需要时会关闭驻车后的用电器。功能模块 3 是用于动态管理的，即在发动机运转时起作用，用于调节充电电压以及降低负荷和减少用电器数量。

三个功能模块工作时间不同，只有在一定的状态下才会被分别激活，车辆有三种不同的状态，见表 8—1—1。

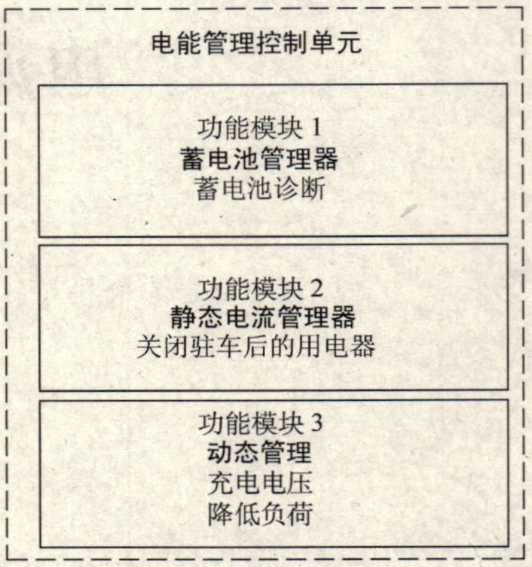

图 8—1—3　电能管理控制单元功能模块组成图

表 8—1—1　　功能模块工作状态图

车辆状态	蓄电池管理器	静态电流管理器	动态管理
15 号接线柱关闭	激活	激活	
15 号接线柱接通 发动机不转	激活	激活	
15 号接线柱接通 发动机在运转	激活		激活

3. 系统功能原理

电能管理控制单元可持续监控蓄电池的状况，它会检查蓄电池的充电状态（SOC）及起动电能。在发动机运转时，该控制单元会将发电机的充电电压调节到最佳状态。另外，该控制单元还可以卸掉载荷（减少用电器的个数）及提高怠速转速。为了避免在发动机停转的情况下出现静电流消耗，该控制单元在极端情况下可以通过 CAN 总线来关闭用电器，从而可避免蓄电池过度放电，系统功能如图 8—1—4 所示。

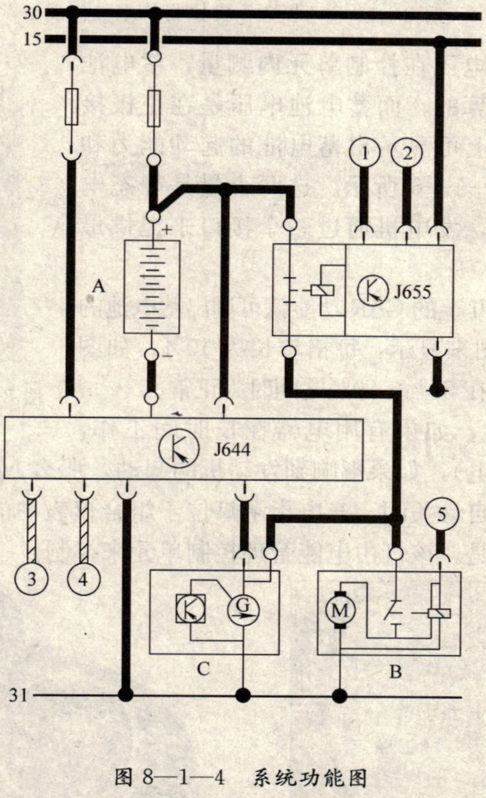

图 8—1—4　系统功能图

A—蓄电池　B—起动机　C—交流发电机　J644—电能管理控制单元　J655—蓄电池切断继电器
①—安全气囊控制单元 J234　②—安全气囊控制单元 J234　③—舒适 CAN 总线 High
④—舒适 CAN 总线 Low　⑤—接线柱 50（来自起动机继电器 2 J695）

二、蓄电池管理器

为了能执行蓄电池自诊断，电能管理控制单元内的蓄电池管理器必须计算出蓄电池温度、蓄电池电压、蓄电池电流和蓄电池的工作时间，电能管理控制单元功能如图 8—1—5 所示。

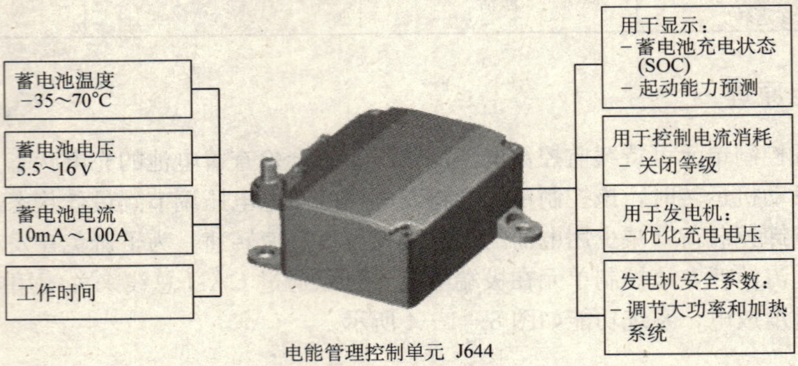

图 8—1—5 电能管理控制单元功能图

蓄电池电流和蓄电池电压在控制单元内测量，蓄电池温度是通过一种算法来折算的，而蓄电池电压是在正极接线柱上测量的。组合仪表上可显示出蓄电池的起动能力和当前的充电状态，如图 8—1—6 所示。这两个量是静态电流管理和动态管理的基础，发电机通过一个接口来提供最佳的充电电压。

图 8—1—6 蓄电池状态指示图

通过多功能显示器 MMI 上的 CAR 功能就可调出蓄电池的充电状态，该状态用方格图来显示，每格步长为 10%，如图 8—1—7 所示。充电状态值在 60%～80%之间时为正常。

在发动机停止转动后，如果有用电器在长时间工作，蓄电池就会消耗电能（放电），如果影响到发动机的起动，那么 MMI 上会提示起动发动机，从而可防止三分钟后系统自动关闭。充电指示灯位于组合仪表中的转速表内，如图 8—1—8 所示，与以前车型不同的是，该灯由电能管理控制单元来控制。

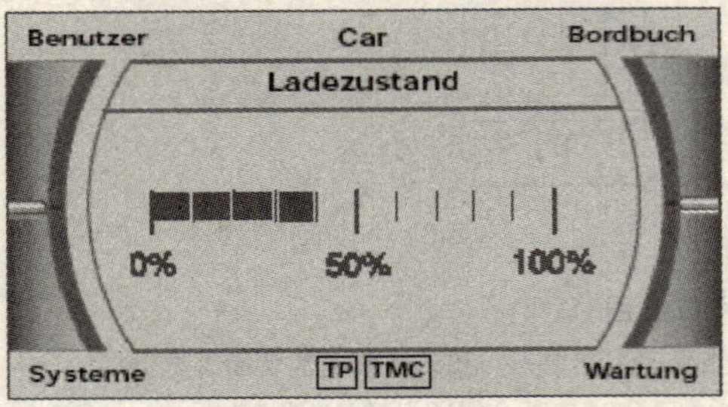

图 8—1—7 蓄电池充电状态指示图

图 8—1—8 充电指示灯位置图

三、蓄电池的维护与诊断

奥迪 A8 轿车需通过电能管理控制单元来对蓄电池进行检测，不必再对蓄电池进行负荷检测。通过故障导航可以调出“功能和部件选择”菜单，在菜单中可以进行蓄电池检测。控制单元将确定蓄电池充电状况（SOC）、蓄电池内阻和蓄电池供电能力，并根据这些信息来判定蓄电池是否正常以及是否应充电或更换。

蓄电池充电器通过外接起动簧片式接头接在蓄电池的正极接线柱上，通过外接起动销子连接在蓄电池负极接线柱上。蓄电池充电必须在车上来进行，因此电能管理控制单元在计算蓄电池值时就可以考虑到充电电流。

当车辆处于 15 号接线柱接通且发动机关闭的状态时，必须接通蓄电池充电器，否则会由于电流消耗过大而出现功能关闭。所用的充电器必须能提供至少 30 A 的稳定充电。

不得在车上对蓄电池进行快速充电。在对蓄电池充电时，一定要注意蓄电池和充电器的各种规定，还要注意蓄电池上的说明。更换蓄电池时，必须通过诊断仪对新蓄电池进行适配。在故障导航中，对于自诊断能力的系统，蓄电池管理器中会有“蓄电池管理器编码”这个菜单项。在编制代码时，需要输入蓄电池的序列号，这个序列号标在蓄电池上。在进行外接起动时，起动机电缆的搭铁接在外接起动销子上，起动机电缆的正极接在外接起动簧片式接头上。

第八章 电源管理系统

第二节 静态电流管理

电能管理控制单元 J644 内的静态电流管理器在必要时会请求控制单元关闭用电器。静态电流管理器在 15 号接线柱关闭和 15 号接线柱接通/发动机关闭时才工作。

当车已停止时，必须尽可能地减小静电流，以降低蓄电池的放电量，从而保证在长时间停车后仍能起动车辆。当蓄电池电量不足以给所有驻车用电器供电时，舒适用电器和信息娱乐用电器的功能就会被关闭。控制单元关闭哪个用电器由关闭等级来决定的。在“车辆信息”下的故障导航中可显示出控制单元可关闭哪些用电器或功能。

用电器关闭分为六个等级来工作，蓄电池的充电量越少，关闭等级就越高。所需要的关闭等级由电能管理控制单元经数据总线系统来提供。组合仪表会告知驾驶员哪些功能受限制。在诊断时应注意某些功能受到限制可能就是因为关闭等级已经启动。关闭等级已经启动会作为故障被存储在电能管理控制单元的故障存储器内。电能管理控制单元根据蓄电池的充电状态来启动各个关闭等级，各个关闭等级的作用见表 8—2—1。

表 8—2—1　　电器关闭等级表

关闭等级	关闭电器
关闭等级 1	舒适 CAN 总线上的用电器被关闭
关闭等级 2	舒适 CAN 总线上的其他用电器被关闭；另外，信息娱乐系统的某些功能受到限制
关闭等级 3	减小静态电流
关闭等级 4（运输模式）	这个关闭等级需通过诊断仪来启动，通过电能管理控制单元是无法启动的，这个模式的作用是在车辆长时间停放或长途运输过程中大大降低蓄电池放电，这在车辆出口运输中尤其有用
关闭等级 5	驻车加热被关闭
关闭等级 6	总线系统的唤醒动作被减弱，只有当 15 号接线柱接通和进入车内时，总线上的控制单元才能够被唤醒；总线系统的其他唤醒源均被抑制；由于在关闭等级 6 的状态时，还要保持起动能力，所以为了节省电能，就不能再让每个唤醒源都可以唤醒控制单元；这种状态也会影响到信息娱乐部件

电能管理控制单元 J644 在必要时会将所需要的关闭等级发送到数据总线上。连接在总线系统上的控制单元在读入这些信息后，就会关闭与各个关闭等级相关的用电器。因此，在每个控制单元内都存储有关闭等级将要关闭的用电器的信息。如图 8—2—1 所示，电能管理控制单元将“关闭等级 2”发送到舒适 CAN 总线上。于是舒适 CAN 总线上的控制单元就关闭与“关闭等级 2”相对应的用电器或功能，这个对应的关系存储在相应控制单元的软件内。例如为了节能，轮胎压力监控控制单元 J502 关闭了天线接收器。数据总线诊断接口 J533 会将“关闭等级 2”这个信息分配到其他的总线系统上，于是其他总线系统上的所有控制单元也作出反应，即关闭与“关闭等级 2”相关的用电器。连接在组合仪表 CAN 总线上的控制单元 J285 会关闭无线电时钟的接收器（为节能），或者连接在 MOST 总线上的数字音响包控制单元 J525 关闭音频放大器。

当接通降低静态电流的各个等级时，车辆停放的时间就可延长，因为“关闭等级”越高，静态电流就越小。但是车辆无法计算停放的时间可延长多长。

一般在驾驶员上车后，所有功能立即恢复，但“关闭等级 4”不同，它不能由车本身来执行，必须借助于诊断仪来完成，如图 8—2—2 所示。当车辆停放时间超过三小时，若此时

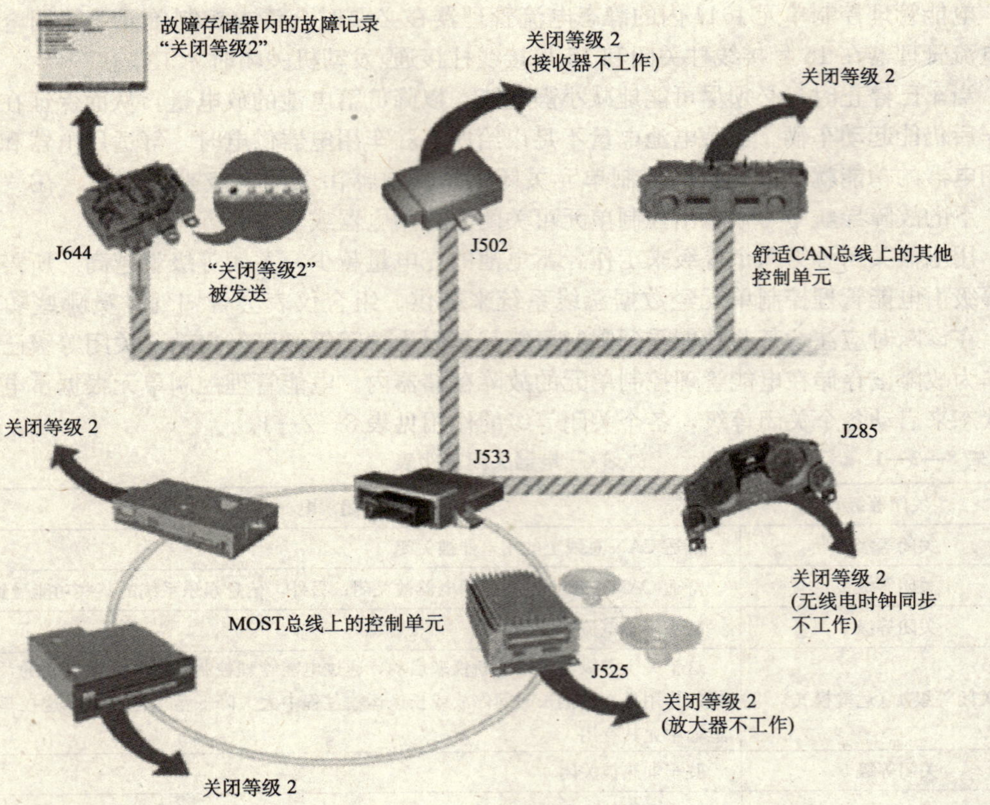

图 8—2—1　关闭等级 2 的工作原理图

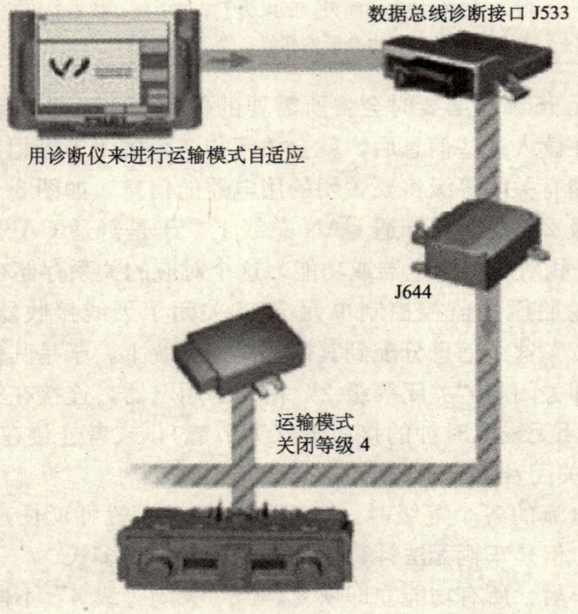

图 8—2—2　关闭等级 4 需要借助仪器完成示意图

静态电流大于 50 mA，“关闭等级 2”会立即起动。

发动机起动后，所有原来正在工作的“关闭等级”都被复位（撤销）。将充电器接到车上的蓄电池上时，也会关闭所有的“关闭等级”。但这些功能不适用于“关闭等级 4”。“关闭等级”的优先顺序是 1—2—5—3—6，如图 8—2—3 所示，这在开发系统时就已设定好。

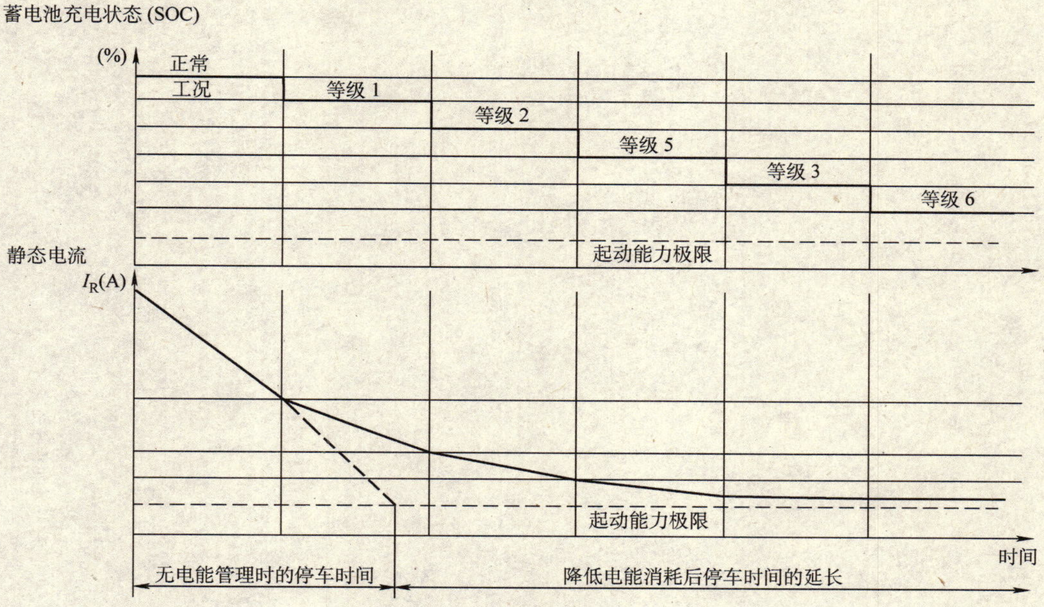

图 8—2—3　关闭等级优先顺序图

通过电能管理控制单元内的静态电流管理器模块来关闭用电器，涉及以下这些系统：MOST 总线、前部信息显示和操纵控制单元单元、CD－ROM 播放机、CD 换碟机、电视调谐器、数字式收音机、收音机、导航系统控制单元、数字音响包控制单元、电话控制单元、天线、芯片卡阅读器。故障导航中的“车辆信息”下的“功能和部件选择”中会显示哪些用电器或功能被关闭。这些电器包括：车顶电气控制单元 J528、带记忆功能的坐椅调节控制单元 J136、副驾驶员带记忆功能的坐椅调节控制单元 J521、后部带记忆功能的坐椅调节控制单元 J522、自动空调控制单元 J255、辅助加热控制单元 J364、舒适系统中央控制单元 J393、供电控制单元 J519、供电控制单元 2 J520、车门控制单元 J386、车门控制单元 J387、车门控制单元 J388、车门控制单元 J389、使用和起动授权控制单元 J518、轮胎压力监控控制单元 J502、组合仪表内带显示屏的控制单元 J285、驾驶员识别控制单元 J589、发电机。

第八章 电源管理系统

第三节
动态电流管理

动态电流管理将产生的电能按实际需要分配给各个系统，并给蓄电池提供足够的充电电流。发动机运转时动态管理才工作，具体任务包括蓄电池电压调节、减少负载、大功率加热系统调节、怠速转速提升、接通发电机、发电机动态调节。

动态电能管理系统通过测量电气系统电压、蓄电池电流和发电机的负载情况来监控电气系统的负载情况。为了保证供电稳定，在电气系统内是按实际需要来分配电能的。一共有三个调节级可供使用，三个级别状态见表 8—3—1 和 8—3—2。动态电流管理工作过程见表 8—3—3。

表 8—3—1　　　　动态电能管理调节级别工作表

调节级		加热系统调节条件
1	连续功率调节	因发电机满负荷工作且蓄电池电压降至规定值以下而导致电气系统超载
2a	部分系统紧急关闭	在出现故障时（或时间＜10 s，无故障记录）： 一 永久功率过载（＞10 s），在蓄电池已充满电时，通过加热系统连续调节中的简单调节不能保证稳定供电（起动危险） 一 发电机有故障（故障存储器内记录 02252） 一 发电机高温调节（故障存储器内记录 02253） 一 通过发动机控制单元来减少负载（例如当发动机转速波动时降低发电机的高负荷）
2b	全部系统紧急关闭	在出现故障时（或时间＜15 s，无故障记录）： 一 电气系统电压严重不足 说明：在车辆起动后，全部系统紧急关闭（指起动时）；根据发动机控制单元的命令也被设为 15 s 以下；在这种情况下故障存储器内无故障记录，这是因为全部系统紧急关闭作用的时间有限，故无法记录

表 8—3—2　　　　动态电能管理调节级别工作表

		调节级		
		1 连续功率调节	2a 部分系统紧急关闭	2b 全部系统紧急关闭
加热系统	最大功率	最小功率	最小功率	最小功率
后风窗加热	约 320 W	0 W	0 W	0 W
前风挡加热	1 000 W	250 W	250 W	0 W
坐椅加热	前：2×100 W 后：2×80 W	前：2×25 W 后：2×20 W	前：2×25 W 后：2×20 W	0 W
后部辅助加热	2×250 W	2×50 W	2×50 W	0 W
方向盘加热	约 100 W	无限制	0 W	0 W
清洗喷嘴和清洗液软管	约 100 W	无限制	0 W	0 W
后视镜加热	2×30 W	无限制	0 W	0 W

表 8—3—3　　动态电流管理工作过程表

调节功能	控制过程	图　示
蓄电池电压调节	电能管理控制单元 J644 通过数据总线（位同步接口）将所需要的发电机规定电压告知发电机；随后该电压值由发电机来校准；蓄电池管理器（功能模块 1）根据蓄电池温度和蓄电池充电状态来确定电压规定值 控制单元将已经确定出的电压规定值传给动态管理（功能模块 3），后者再将该值传给发电机 故障导航中包含有用于检查发电机电压规定值和通过数据总线通信的测量数据块；在执行元件诊断中为了能进行诊断，可以改变发电机规定电压值	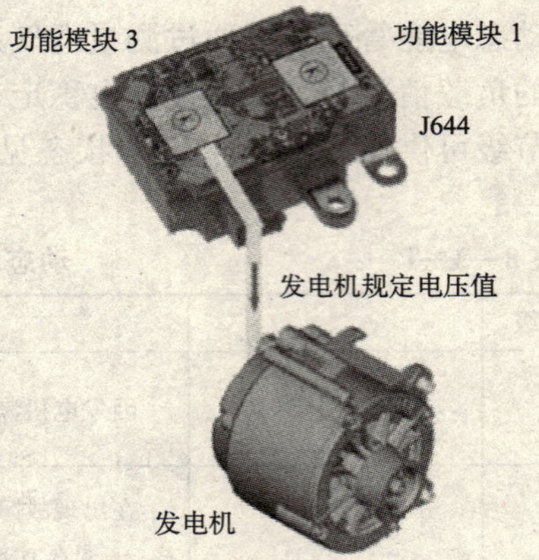
减少负荷	电能管理控制单元可以根据发动机控制单元的要求来减少发动机负荷（例如在加速时） 如果发动机控制单元提出了减少负荷的要求，那么电能管理系统第一步将减少大功率用电器的数目，第二步将降低发电机电压，这样就可以降低发电机消耗的功率 然后电能管理控制单元通过舒适 CAN 总线给自动空调控制单元 J255 发送一个请求，后者会调节各种加热系统，如前风挡玻璃加热、坐椅加热、后风窗加热和 PTC 辅助加热	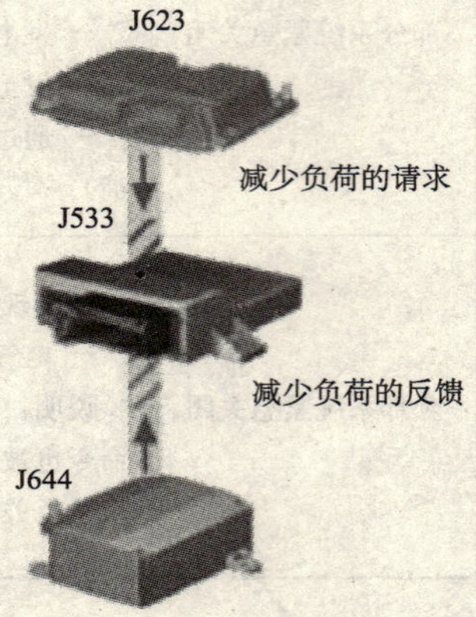
大功率加热系统的调节	电能管理控制单元 J644 通过自动空调控制单元 J255 来对下述装置的加热功率进行无级调节： 一 前风挡玻璃 一 后风窗玻璃 一 后部辅助加热 一 坐椅加热 这个调节过程就确定了可以使用的最大加热功率	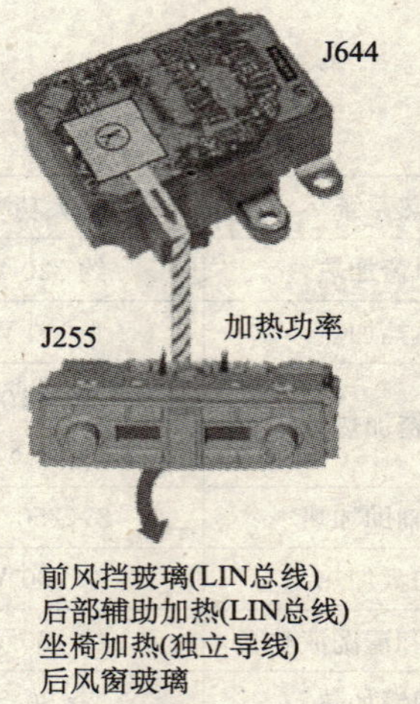

续表

调节功能	控制过程	图　示
怠速转速提升	为了优化电气系统的供电和蓄电池的充电状况，电能管理系统可以请求发动机控制单元分步提升怠速转速（7%和12%）	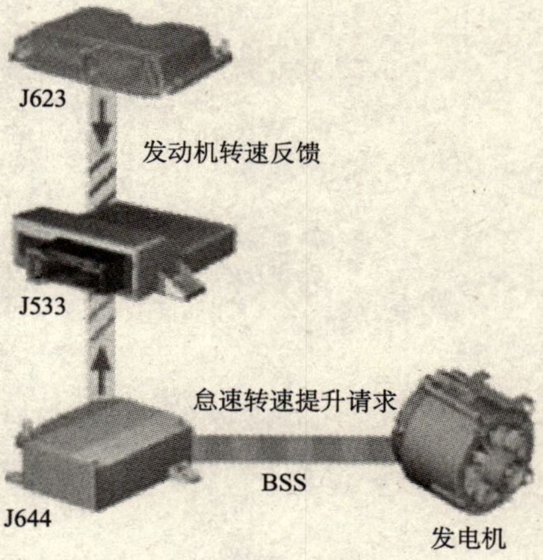
接通发电机	在发动机起动过程中，发电机所消耗的功率被减至最小状态，以便优化内燃机的起动性能	
发电机动态调节	当驾驶员接通后风窗加热时，发电机的电压并不是一下子就被调高，而是根据发动机的转速和温度在3.6 s或9 s内才调节完毕；而发电机扭矩就是连续无级变化的，因而发动机所受的负荷就是均匀的	

第九章 ESP电子稳定程序制动系统

第一节

ESP 的组成、工作原理与油路控制

一、ESP 概述

ESP 是 Electronic Stability Programme 的缩写，即电子稳定程序，在大众、奥迪车型上使用此简称。在其他车型上，相近功用的系统采用了不同的名字，如宝马的 DSC（Dynamic Stability Control）系统，丰田的 VSC（Vehicle Stability Control）系统，本田的 VSA（Vehicle Stability Assist）系统等。

当车辆行驶中出现险情，ESP 系统能够帮助驾驶者避免车辆出现不稳定状态。但是，ESP 提供的主动安全性是有限的，不能利用其进行冒险驾驶。

1. ESP 优点

电子稳定程序属于车辆的主动安全系统，可称之为动态驾驶控制系统，简单地说它是一个防侧滑系统。ESP 能够识别车辆不稳定状态，并通过对制动系统、发动机管理系统和变速器管理系统实施控制，从而有针对性地弥补车辆行驶滑动。

ABS/TCS 系统是防止在车辆加速或制动时出现纵向滑移，而 ESP 则是要控制横向滑移。它是各种工况下的一个主动安全系统，处理各种异常情况，减轻驾驶员的精神紧张及身体疲劳。只要 ESP 识别出驾驶员的输入与车辆的实际运动不一致，它就马上通过有选择的制动和发动机干预来稳定车辆。

ESP 主动安全性可以防止车辆侧滑发生意外事故，ESP 被动安全性可以在事故中减少侧面碰撞发生概率。在目前交通事故中，由于侧面碰撞导致交通事故的占 11%，而由于侧面碰撞导致的伤亡占总碰撞伤亡的 47%左右，所以车辆侧面碰撞引起的交通事故危险性是比较高的。如图 9—1—1、图 9—1—2 所示。

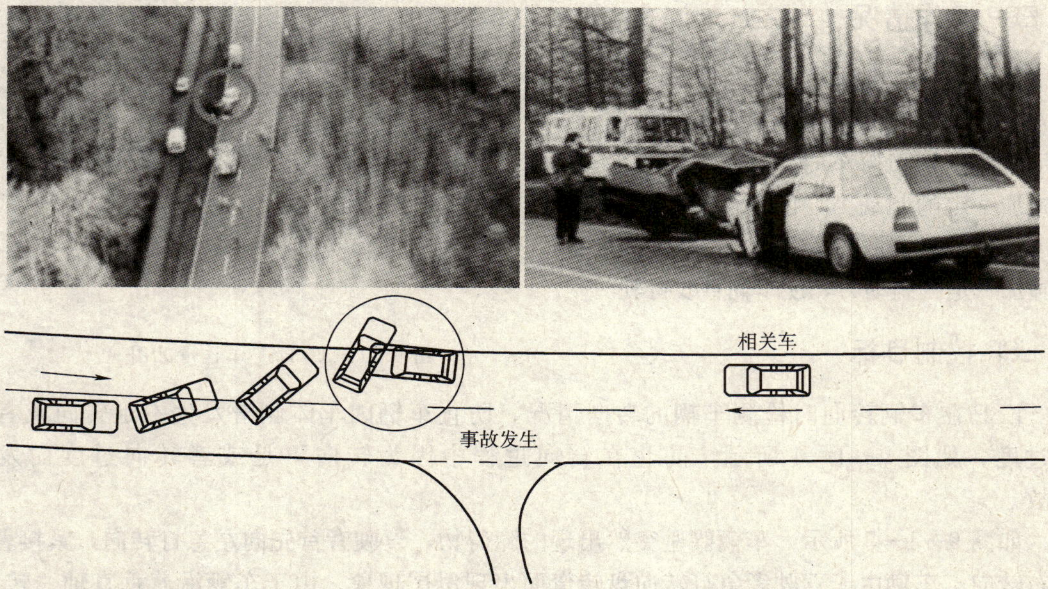

图 9—1—1　车辆侧滑导致事故发生示意图

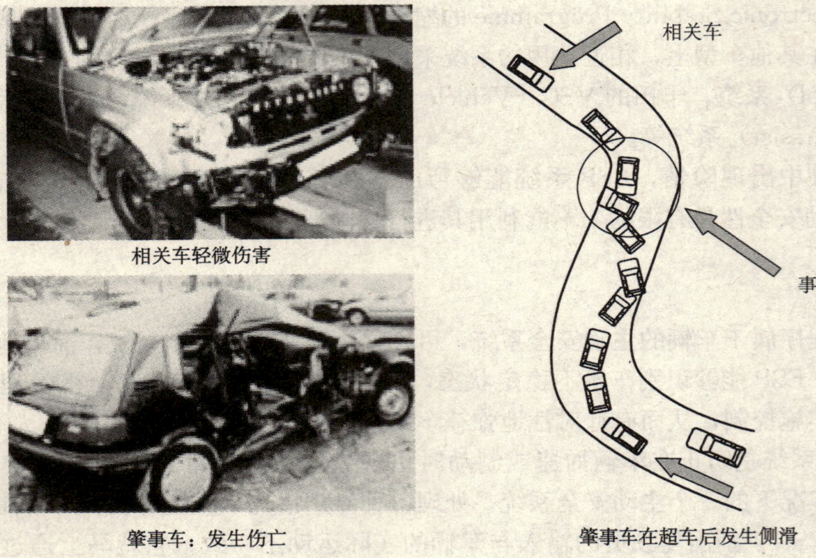

图 9—1—2　侧面碰撞事故示意图

2. ESP 工作情况

如图 9—1—3 所示，直行车辆发现前方障碍车辆转向，由于实际车辆转向不足就要撞到障碍车时，ESP 会对左后轮施加一定的制动力，使车辆能够正常绕过障碍物，当脱离障碍物后，对左前轮施加一定的制动力，使车辆直线行驶。

图 9—1—3　ESP 工作情况图

3. ESP 控制目标

ESP 在车辆转向时检测车辆的转向情况，防止车辆因车体侧滑发生不足转向或者转向过度，如图 9—1—4 所示，防止在转向过程中因为转向不足或者转向过度而发生事故。

如图 9—1—5 所示，车辆躲避突然出现的障碍物，驾驶者首先向左急打转向，紧接着又向右转向。车辆由于驾驶者急打转向盘转弯而出现甩尾现象。由于车辆沿着垂直轴线转动，出现失控状态。ESP 车轮制动调整对照表见表 9—1—1。

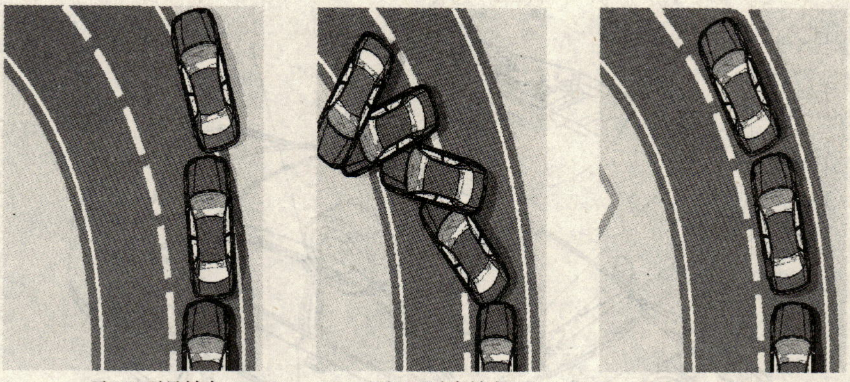

无ESP不足转向　　无ESP过度转向　　有ESP正常转向

图 9—1—4　ESP 工作示意图

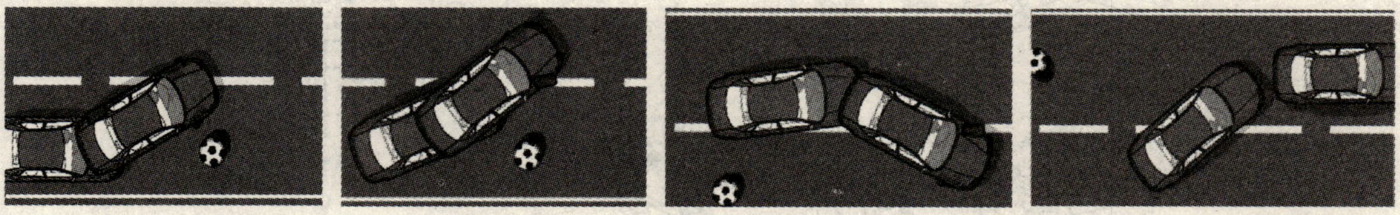

图 9—1—5　ESP 工作示意图 2

表 9—1—1　　ESP 车轮制动调整对照表

工作过程	车辆转向	行驶状态	受制动车轮	目的
第一阶段	制动/向左	不足转向	左后轮	前轮保留侧向力，有效保证车辆的转向
第二阶段	向右	不足转向	右前轮	保证后轴的最佳侧向力，后轴车轮自动转动
第三阶段	向左	过度转向	左前轮	为阻止车辆出现甩尾，为限制前轴侧向力的建立，在特殊危险情形下这个车轮将强烈制动
第四阶段	中间	稳定	无	不稳定行驶状态被校正后，ESP 结束工作

二、ESP 组成

1. ESP 元件位置

奥迪 A4 轿车 ESP 元件位置如图 9—1—6 所示。

2. ESP 系统的组成

ESP 系统的组成如图 9—1—7 所示。

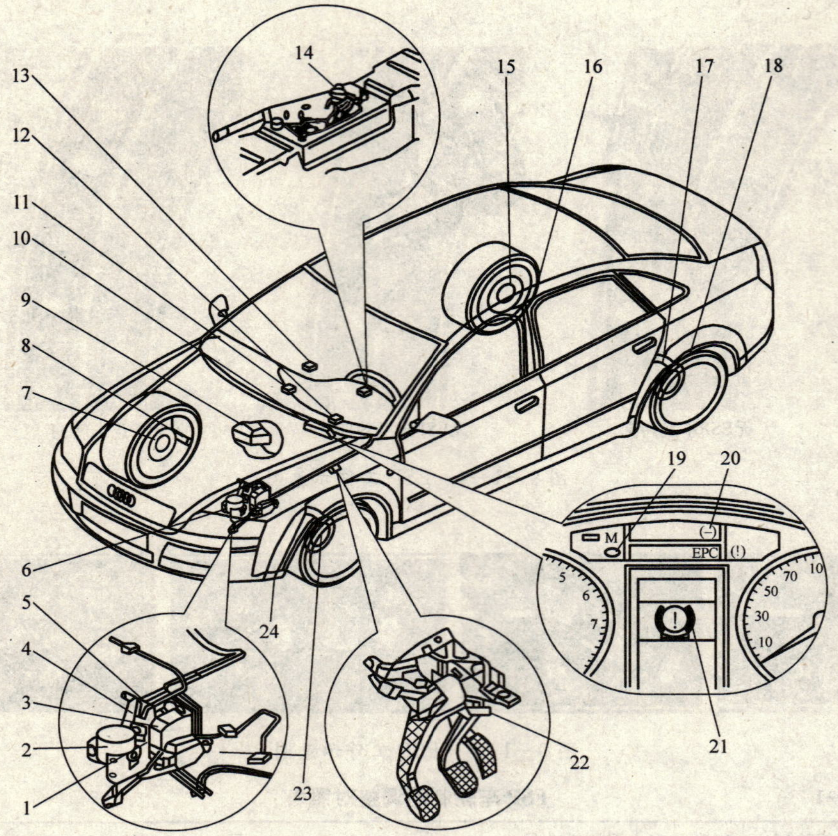

图 9—1—6　奥迪 A4 轿车 ESP 元件位置图

1—液压单元安装支架　2—电子真空泵　3—ABS 控制单元　4—液压单元　5—制动压力传感器
6—液压单元　7—右前车轮转速传感器齿圈　8—右前车轮转速传感器　9—制动液面报警触点开关
10—仪表台　11—ESP 按钮开关　12—转向盘转向角度传感器
13—横向加速度传感器；偏转率传感器　14—手制动警报开关　15—右后车轮转速传感器齿圈
16—右后车轮转速传感器　17—左后车轮转速传感器　18—左后车轮转速传感器齿圈
19—ASR/ESP 警报灯　20—ABS 警报灯　21—制动系统警报灯　22—制动灯开关
23—左前车轮转速传感器齿圈　24—左前车轮转速传感器

三、ESP 工作原理

1. 计算机控制原理

ESP 控制原理如图 9—1—8 所示。

2. 系统工作原理

如图 9—1—9 和图 9—1—10 所示，计算机根据方向盘转角传感器和轮速传感器判断驾

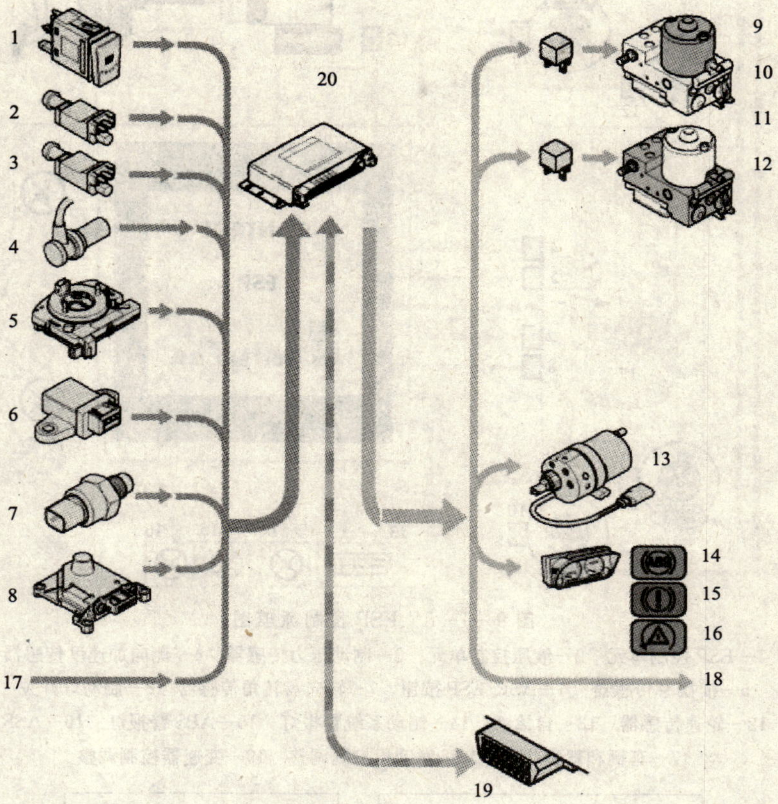

图 9—1—7　ESP 组成系统图

1—ASR/ESP 按钮　2—制动灯开关　3—制动踏板开关　4—转速传感器
5—转向盘角度传感器　6—侧向加速度传感器　7—制动压力传感器
8—横摆率传感器　9—回油泵继电器　10—回油泵　11—电磁阀继电器
12—进油阀/出油阀　13—动态控制液压泵　14—ABS 警报灯　15—制动系统警报灯
16—ASR/ESP 警报灯　17—附加信号：发动机管理、变速器管理
18—附加信号：发动机管理、变速器管理、导航管理　19—自诊断　20—控制单元

驶员想往什么方向行驶，同时计算机根据横摆率传感器和侧向加速传感器判断车辆实际行驶方向，如果车辆实际行驶方向与驾驶员的想法相同，则计算机不控制 ESP 系统工作，如果车辆发生侧滑或偏摆导致车辆实际行驶方向与驾驶员方向不同时，计算机会控制 ESP 系统调节车辆实际行驶方向防止事故的发生。当车辆出现不足转向，通过对内弧线后部车轮施加相应的制动，并对发动机和变速器管理系统施加控制，ESP 可以阻止车辆向外驶出弯道。当车辆出现过度转向，通过对外弧线前部车轮施加相应的制动，并对发动机和变速器管理系统施加控制，ESP 可以阻止车辆向内滑移。

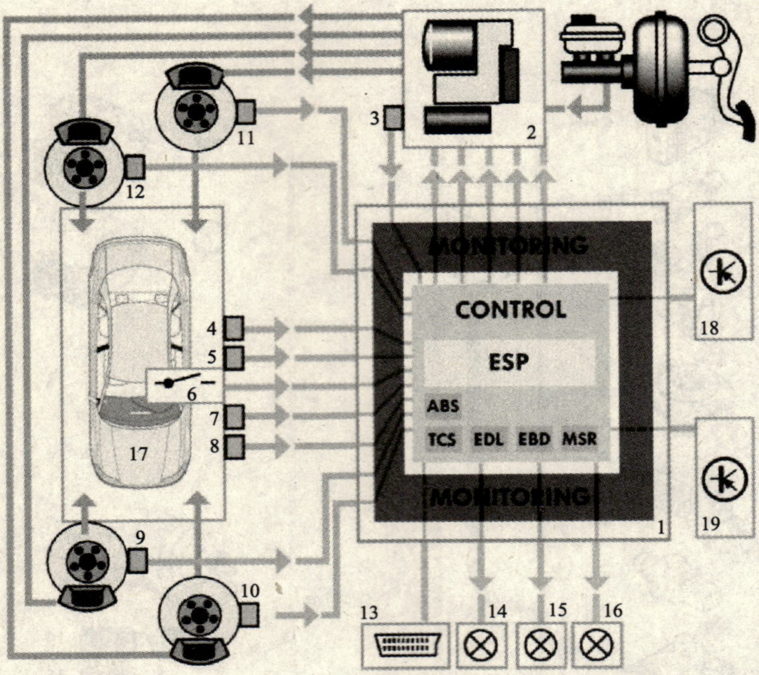

图 9—1—8　ESP 控制原理图

1—ESP 控制单元　2—液压控制单元　3—制动压力传感器　4—侧向加速度传感器
5—横摆率传感器　6—ASR/ESP 按钮　7—转向盘转角传感器　8—制动灯开关
9，10，11，12—轮速传感器　13—自诊断　14—制动系统警报灯　15—ABS 警报灯　16—ASR/ESP 警报灯
17—车辆和驾驶状态　18—发动机控制调整　19—变速器控制调整

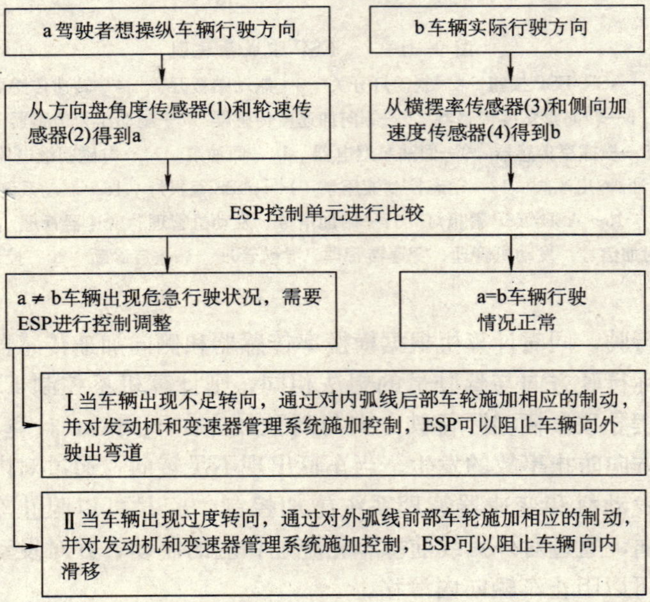

图 9—1—9　ESP 工作原理框图

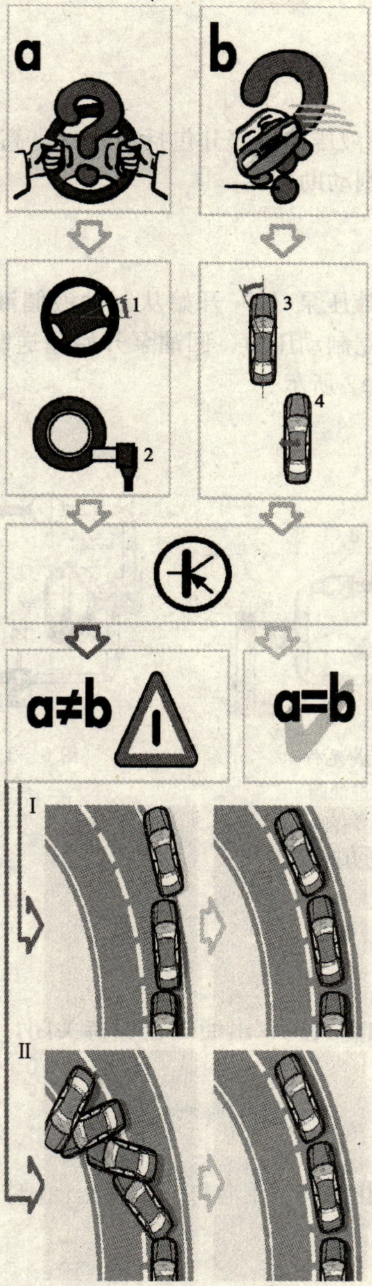

图 9—1—10　ESP 工作过程分解图

四、ESP 油路控制

1. 部件组成

如图 9—1—11 所示，ESP 液压控制部分包括控制阀、高压阀、进油阀、出油阀、制动轮缸、回油泵、动态液压泵、制动助力器。

2. 建压

ESP 进行控制调整，动态液压泵（g）开始从制动液储液罐中向制动管路输送制动液。在制动轮缸和回油泵内很快建立制动压力，回油泵开始输送制动液使制动压力进一步提高。ESP 油压建立示意如图 9—1—12 所示。

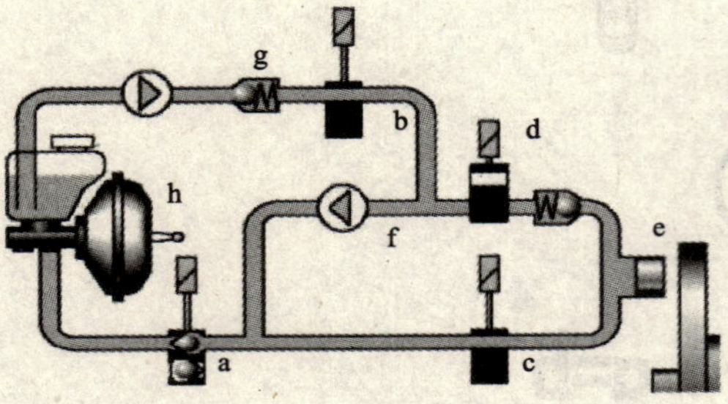

图 9—1—11　液压系统组成元件

a—控制阀　b—高压阀　c—进油阀

d—出油阀　e—制动轮缸　f—回油泵

g—动态液压泵　h—制动助力器

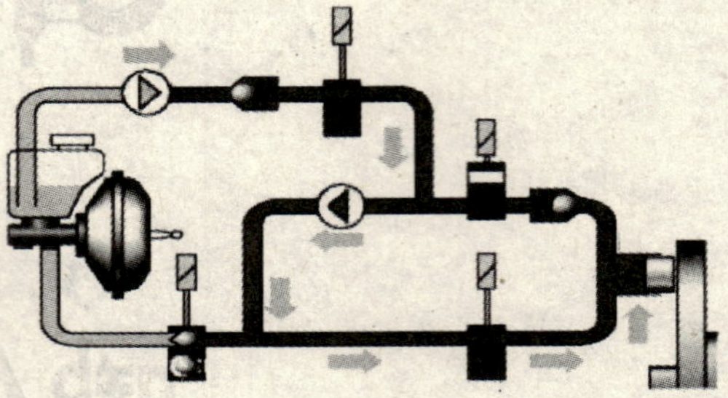

图 9—1—12　ESP 油压建立示意图

3. 保压

如图 9—1—13 所示，进油阀关闭，出油阀也保持关闭，制动压力不能卸压，回油泵停止工作，高压阀（b）关闭。

4. 卸压

如图 9—1—14 所示，控制阀（a）反向打开。在出油阀打开时，进油阀保持关闭，制动液通过制动主缸返回储液罐。

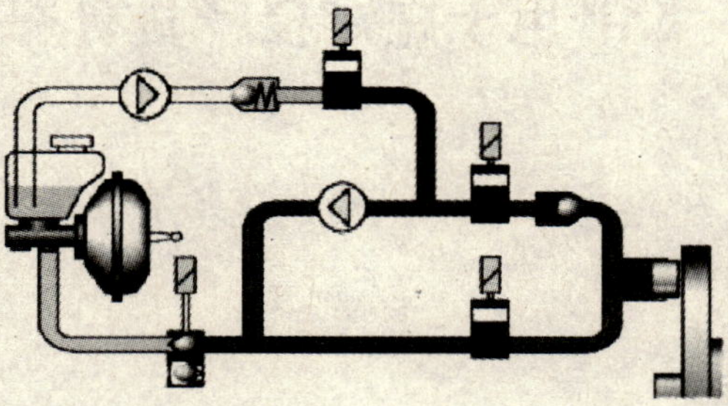

图 9—1—13　ESP 保持压力示意图

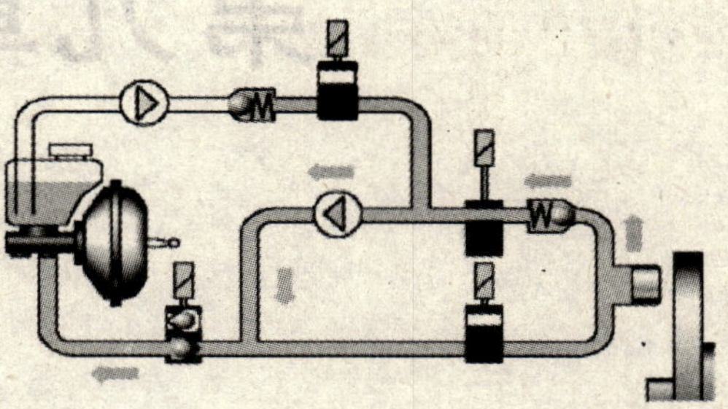

图 9—1—14　ESP 减小压力示意图

第九章 ESP电子稳定程序制动系统

第二节

元器件结构、原理、测试与电路控制图

一、横向加速度传感器和摆动传感器

横向加速度传感器和摆动传感器安装在一个传感器总成内，如图 9—2—1 所示，传感器总成安装在中央副仪表台的通道内，通过专用的 CAN 总线来与控制单元进行通信。

专用 CAN 总线是高速总线，它具有实时传送数据的能力，因此，其传送速率与驱动 CAN 总线相同 (500 kb/s)。由于专用 CAN 总线与驱动 CAN 总线在物理上是断开的，因此，这两种线虽然名义上传送速率相同，但传感器总成与 ESP 控制单元间的数据传递还是要快一些的。

专用 CAN 总线可以减少车上网络的影响，驱动 CAN 总线出现故障时，专用 CAN 总线仍能工作。它通过测量数据块 21 来显示传感器总成的硬、软件版本状态，扩大了诊断范围。专用 CAN 总线的插头上有 5 个针脚：正极、负极、CAN－High 线、CAN－Low 线和屏蔽线（奥迪轿车未使用）。

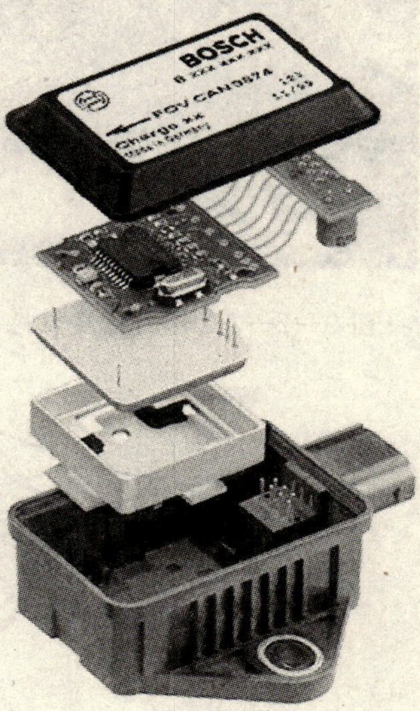

图 9—2—1　横向加速度传感器和摆动传感器总成

二、转向角度传感器

1. 作用

检测方向盘转动的速度和角度，判断驾驶员的想法，为 ESP 系统调节功能提供信号依据。测量的角度为±540°或±720°，对应转向盘转 3～4 圈。测量精度为 1.5°，分辨速度为 2 000°/s。

转向角度传感器是 ESP 系统中直接通过 CAN 总线向控制单元传递信号的传感器。打开点火开关后，方向盘被转动 4.5°（相当于 1.5 cm）时，传感器进行初始化。

2. 安装位置

如图 9—2—2 所示的为转向角度传感器实物图。转向角度传感器在有些车型中位于组合开关总成内或安装在组合开关下面，奥迪 A4 轿车安装与安全气囊时钟弹簧集成为一体，如图 9—2—3 所示，而在有些车型中安装在转向管柱旁边，向控制单元传送转向盘转动角度。

3. 结构和原理

如图 9—2—4 所示，转向角度传感器由一个信号盘（有缝圆盘）和两个遮光器组成。每个遮光器有一个发光二极管和光敏晶体管，两者相互对置，并固定在转向柱管上，信号盘沿圆周开有 20 条光缝，它被固定在转向盘主轴上，随主轴转动而转动。

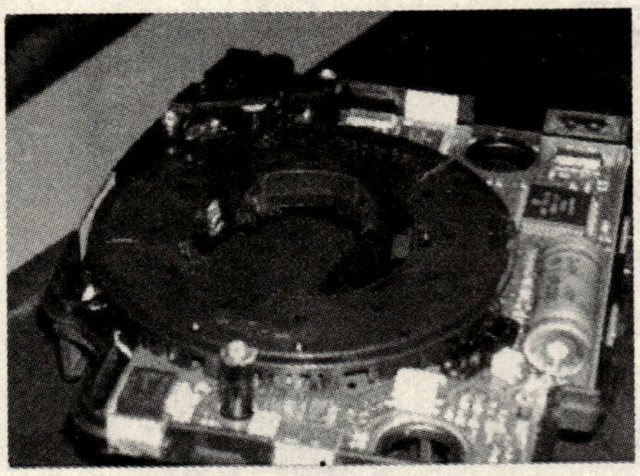

图 9—2—2 转向角度传感器实物图

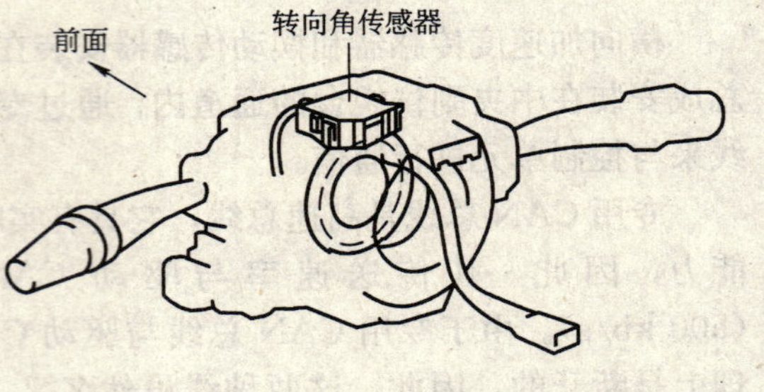

图 9—2—3 转向角度传感器位置图

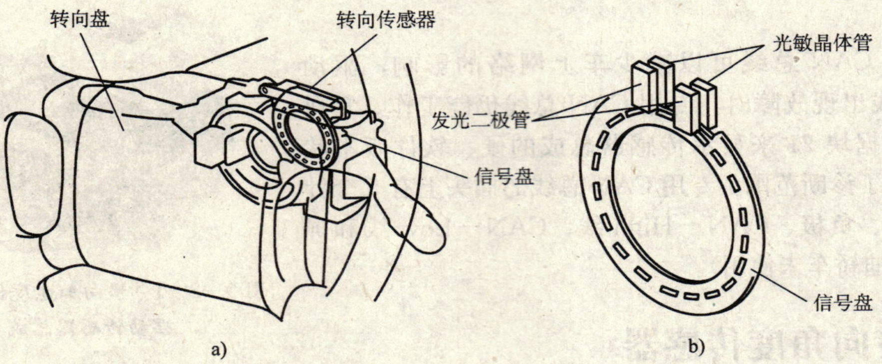

图 9—2—4 转向角度传感器结构图

a）结构图 b）遮光器

当汽车转弯时，转向盘转动，信号盘也随之转动。从 ECU－IG 熔丝供给的电流使两个发光二极管发光，当信号盘在两个发光二极管和光敏晶体管之间通过时，从发光二极管发出的光线被交替切断和通过，光敏晶体管也就被这光线交替接通和切断。这样，三极管 VT1 和 VT2 就按照来自光敏晶体管的信号而发出通信信号。电流按照来自光敏晶体管的通/断信号从悬架 ECU 的 SS_1 和 SS_2 端子流至三极管 VT1 和 VT2。若电流流动时信号为 1，电流不流过时信号为 0，则合成信号如图 9—2—5 所示。悬架 ECU 就根据这些信号的变化来检测转弯的方向和转弯的角度。

4. 损坏后的影响

无该信号车辆无法识别车辆的实际行驶方向，ESP 功能失效，ESP 系统故障灯会点亮。

5. 初始化设定

传感器发生电路断电（如拔过插头）更换转向角度传感器或者更换控制 ECU 以后，都需要对该传感器进行初始化设定，在奥迪车型中进行完初始化设定后还要对控制单元进行编码才可。初始化设定操作，有多种方法，很多车型通过 20～30 km 的路试即可以完成初始

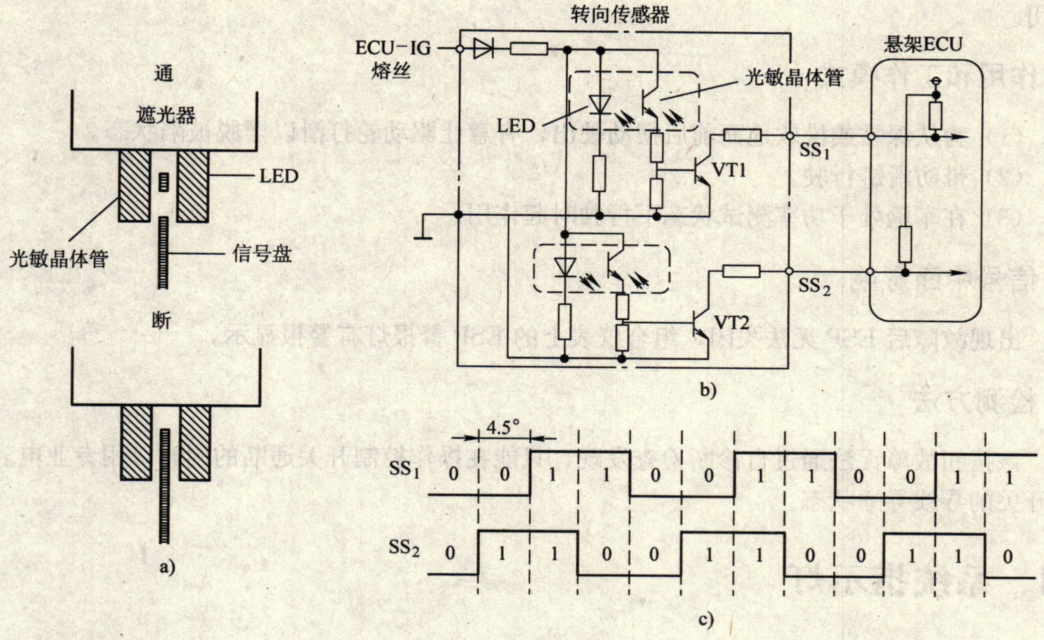

图 9—2—5　转向传感器电路原理图

化过程，路试要求行驶路面有一定的弯路，进行多次转向；把点火开关打到 ON 位置，把方向盘从锁止位置打至另一向锁止位置，反复转 10 次左右，也可以完成设定。

三、ESP 按钮开关

1. 元件识别

ESP 开关外形图如图 9—2—6 所示。

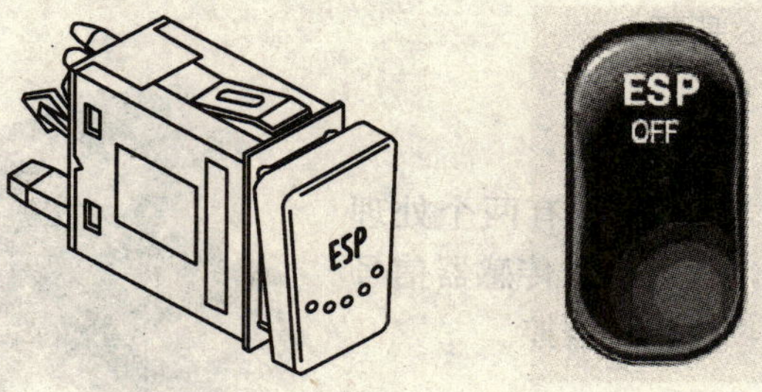

图 9—2—6　ESP OFF 开关外形图

2. 功能

按下该按钮，ESP 功能关闭。再次按该按钮，ESP 功能重新激活。重新起动发动机该系统也可自动激活。当 ESP 调整工作正在进行或在超过一定的车速，系统将不能被关闭。

3. 作用和工作模式

（1）为从深雪或松软地面前后摆动驶出，有意让驱动轮打滑以摆脱被陷状态。

（2）带防滑链行驶。

（3）在车辆处于功率测试状态下行驶时起作用。

4. 信号中断影响

出现故障后 ESP 无法关闭，组合仪表上的 ESP 警报灯有警报显示。

5. 检测方法

该按钮故障无法通过自诊断检查发现，只能在操作控制开关通断的同时，用专业电表测量开关的导线导通状态。

四、系统指示灯

制动系统指示灯如图 9—2—7 所示。

图 9—2—7　制动系统指示灯图

五、电控单元（ECU）

1. 安装位置

安装位置如图 9—2—8 所示。

图 9—2—8　控制单元位置图

2. 结构和功能

为保证系统安全，ECU 中安装有两个处理器，两个处理器同时工作，同时接收传感器信号并用同样的软件处理数据，并相互监控。

3. 信号中断影响

控制单元出现故障后，制动系统保持常规制动，但 ABS/ASR/ESP 功能均失效。

六、液压控制单元

1. 外形、结构和功能

液压单元外形如图 9—2—9 所示。制动轮缸通过液压控制单元的电磁阀控制，通过制动轮缸的进油阀和出油阀的控制，建立了三个工作状态：建压、保压、卸压。

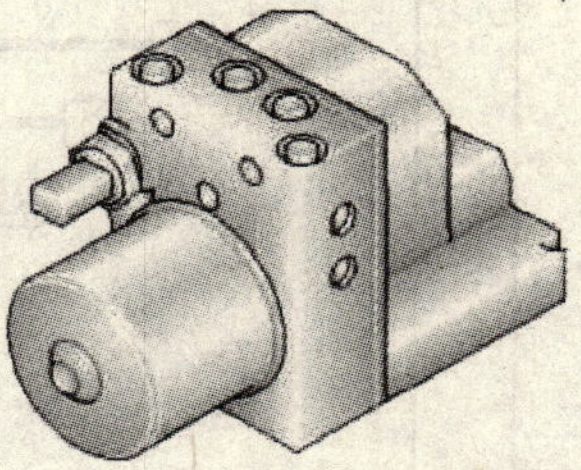

图 9—2—9　液压单元外形图

2. 损坏后的影响

当电磁阀功能出现不可靠故障，整体系统关闭，ESP 功能失效。ESP 8.0 液压调节器内部结构如图 9—2—10 所示。

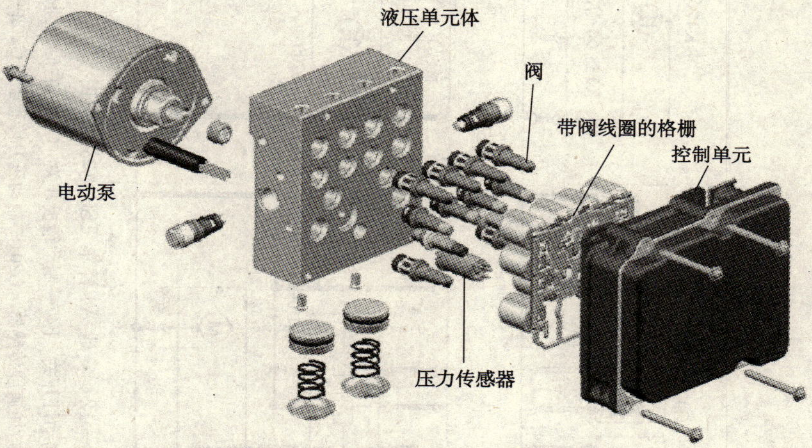

图 9—2—10　ESP 8.0 液压调节器结构图

3. 电路控制

液压单元电路结构如图 9—2—11 所示。

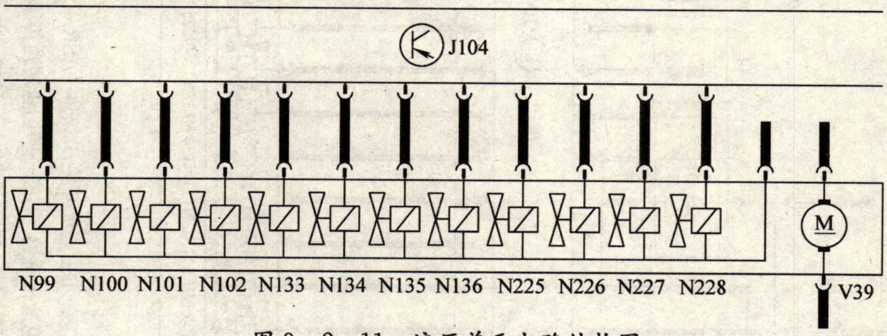

图 9—2—11　液压单元电路结构图

七、ESP 电路控制图

电路图如图 9—2—12 所示。

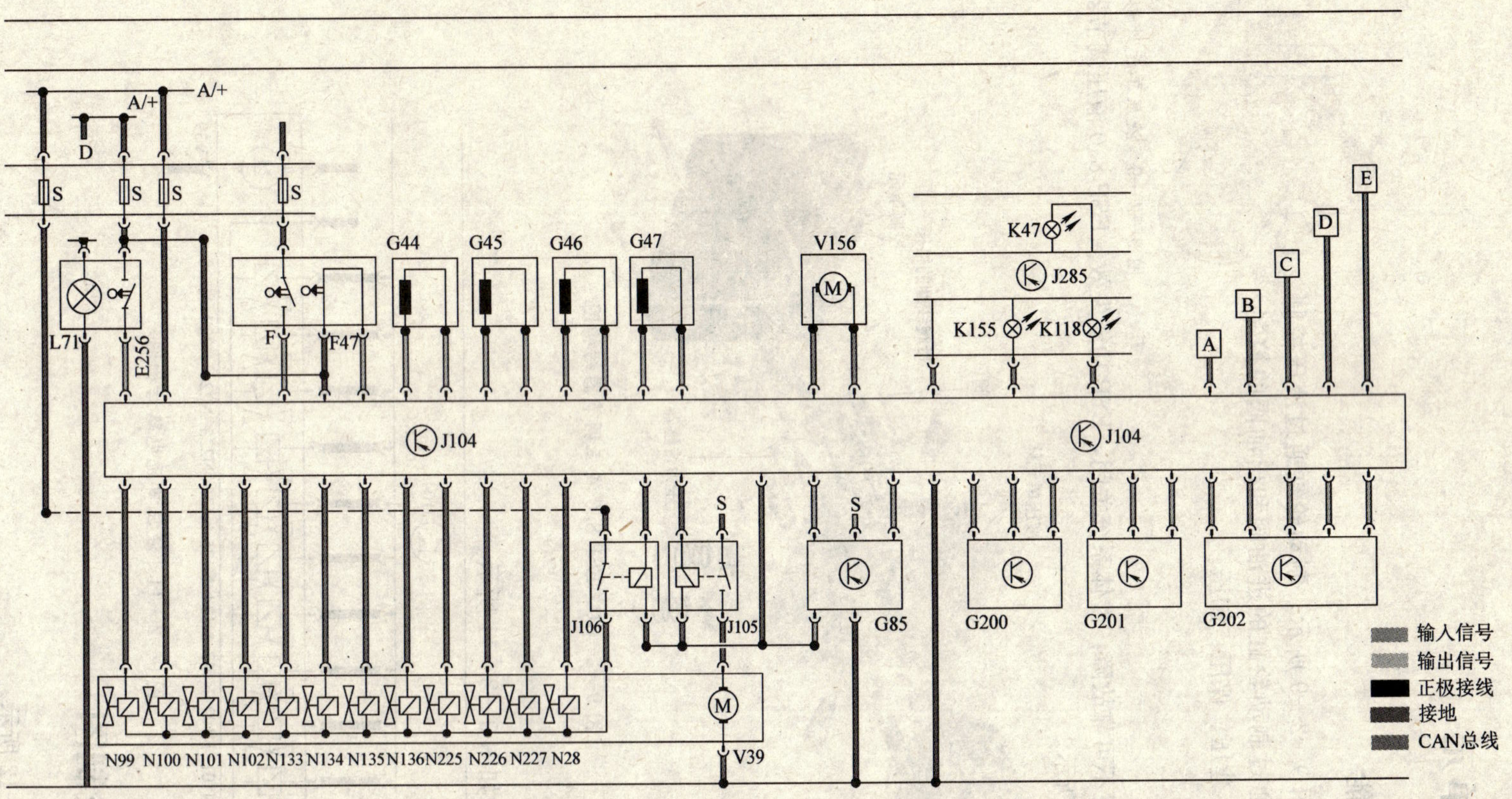

图 9—2—12　奥迪 A4 轿车 ESP 电路控制图

A/+—正极连接　D—点火开关　E256—ASR/ESP 按钮　F—制动灯开关　F47—制动踏板开关　G44—右后轮速传感器　G45—右前轮速传感器　G46—左后轮速传感器　G47—左前轮速传感器　G85—转向盘转角传感器　G200—侧向加速度传感器　G201—制动压力传感器　G202—横摆率传感器　J104—带有 EDS/ASR/ESP 的 ABS 控制单元　J105—回油泵（ABS）继电器　J106—电磁阀（ABS）继电器　J285—组合仪表显示控制单元　K47—ABS 警报灯　K118—制动系统警报灯　K155—ASR/ESP 警报灯　N99—右前 ABS 进油阀　N100—右前 ABS 出油阀　N101—左前 ABS 进油阀　N102—左前 ABS 出油阀　N133— 右后 ABS 进油阀　N134—左后 ABS 进油阀　N135—右后 ABS 出油阀　N136—左后 ABS 出油阀　N225—动态调节－控制阀 1　N226—动态调节－控制阀 2　N227—动态调节－高压阀 1　N228—动态调节－高压阀 2　S—保险　V39—ABS 回油泵　V156—动态调节液压泵　A—连接手制动警报灯　B—导航系统　C—转矩控制　D—变速器控制（自动变速器）　E—自诊断

第九章 ESP 电子稳定程序制动系统

第三节 系统设定与诊断

一、制动系统报警灯控制

制动系统报警灯控制工作情况见表 9—3—1。

表 9—3—1　　制动系统报警灯控制工作情况表

状　态	制动系统警报灯 K118	ABS 警报灯 K47	ASR/ESP 警报灯 K155
点火开关打开			
系统正常			
ASR/ESP 正在工作			
ASR/ESP 按钮关闭，ABS 有效，在加速和正常行驶中 ESP 关闭，但是在 ABS 工作时 ESP 激活			
ASR/ESP 失效，ABS 失效（EBV 正常）			
ABS 失效，所有系统都关闭			

二、ESP 系统设定与编码操作

ESP 系统设定与编码操作见表 9—3—2。

表 9—3—2　　ESP 系统设定与编码操作表

项　目	转向盘角度传感器 G85 初始化标定	ESP 路试和系统测试	控制单元编码
转向盘角度传感器 G85——断电	●		
转向盘角度传感器 G85——拆卸或更换	●	●	●
侧向加速度传感器 G200——拆卸或更换		●	
横摆率传感器 G202——拆卸或更换		●	
制动压力传感器 G201——拆卸或更换		●	
ABS 控制单元 J104——更换	●	●	●

ESP 路试和系统测试：为维修后对系统功能是否正常做一次全面检查，排除潜在隐患。仪表没有故障显示提示要求去做，但是如果在进行 ESP 路试和系统测试过程中出现中断，则仪表出现 ABS 和 ESP 警报灯报警。

转向盘角度传感器 G85 初始化标定：必须做，仪表有 ESP 故障显示提示。

三、转向盘角度传感器初始化标定

如果转向盘角度传感器 G85 断电或车辆的电压值不正常，传感器的标定会丢失，需重新做初始化标定。

初始化 1——路试。通过短距离行驶，传感器 G85 会根据轮速传感器信息重新初始化。

初始化 2——自诊断。

步骤 1：打开点火开关，顺时针或逆时针转动转向盘至少 10°，然后，将前轮置于垂直向前方向（公差+/−5 度）。

步骤 2：进入功能码 11 输入 40168。

步骤 3：进入功能码 04 进入 1 显示组。

四、ESP 路试和系统测试

ESP 路试：检查 ESP 系统各个传感器的可靠性（侧向加速度传感器—G200，横摆率传感器—G202 和制动压力传感器—G201，转向盘角度传感器—G85）。

每次 ESP 系统的电气元件拆下或更换后，必须进行路试。

注意

> 对 ESP 系统的路试一旦开始，就不能中止，必须全部进行完毕。

测试过程：

步骤 1：选择基本设定（04），显示组号 03 来激活测试。ABS 与 ASR/ESP 灯点亮，故障 01486（系统进行动态测试）存储在故障存储中。

步骤 2：断开 VAS5051。

步骤 3：起动发动机。

步骤 4：用力踏下制动踏板（压力大约为 35 bar），直到 ASR/ESP 警报灯－K86 熄灭。

步骤 5：退出（标定完成）。

步骤 6：进行时间大约 5 s，横摆率至少在 10°/s，车速在 15～20 km/h，转弯半径在 10～12 m 曲线的路试。此时，ABS、EDS、ASR、ESP 都不工作。

测试评价：

1. 路试完成后，ABS 与 ASR/ESP 灯熄灭，测试通过，系统正常。
2. 如果 ABS 与 ASR/ESP 灯没有熄灭，读取故障存储，并排除故障。
3. 如果路试中止，ABS 与 ASR/ESP 灯依然点亮。

五、控制单元编码

更换 ESP 控制单元 J104 或转向盘角度传感器 G85 后，必须对 ESP 系统重新进行编码。

步骤 1：系统码 11——登录表见表 9—3—3。

表 9—3—3 系统登录表

位　数	项　目	型　号	编　码	备　注
第一位			0	
第二位		奥迪 A4	9	
第三位	制动	非标准	1	
		Bremsbo 17 inch	2	1LJ
		FN3 16 inch	3	1LT
		HP2 16 inch	4	1LX
		FNR 16 inch	4	1LG
		FN3 15 inch	5	1LB
		C54	6	1LZ
第四位	发动机	4/6 缸柴油机	5	
		4/5 缸汽油机	7	
		6/8 缸汽油机	9	
第五位	变速器	手动	5	
		自动	7	
		无级 CVT	9	

登录码为：09397

步骤 2：功能码 07——编码表见表 9—3—4。

表 9—3—4 编码表

位　数	项　目	型　号	编　码	备　注
第一位			0	
第二位		奥迪 A4	4	
第三位	制动	C54	1	1LZ
		FN3 15 inch	2	1LB
		HP2 16 inch	3	1LX
		FNR 16 inch	3	1LG
		FN3 16 inch	4	1LT
		Brembo 17 inch	5	1LJ
		非标准	6	
第四位	发动机	4/6 缸柴油机	5	
		4/5 缸汽油机	7	
		6/8 缸汽油机	9	
第五位	变速器	手动	5	
		自动	7	
		无级 CVT	9	

步骤 3：对转向盘角度传感器进行初始化标定，对 ESP 进行路试和系统测试。

六、ESP 数据流

ESP 数据流见表 9—3—5。

表 9—3—5 **ESP 数据流表**

测量数据块	001	
显示区	项目	备　注
1	左前轮车速	最低显示值是 1，例如 V＝0 时，测试仪显示 1 km/h；最高显示值是 20 km/h，在达到 20 km/h 时，ESP5.7 诊断中止
2	右前轮车速	
3	左后轮车速	
4	右后轮车速	
测量数据块	002	
1	制动测试开关	如果这些开关或按钮中的一个被按下，检测仪显示实际状态；如果没有压下，检测仪没有显示
2	制动灯开关	
3	手制动	
4	ESP 按钮（中控台）	
测量数据块	003	
1	发动机转速（rpm）	这些数据需要 ABS/ESP 控制单元－J104 进行计算
2	转矩（Nm）	
3	转矩损失（Nm）	
4	节气门角度（%）	
测量数据块	004	
1	停车时间	（显示范围 0.0～255：59 h）停止时间是指点火开关关闭到打开的时间；如果仪表中没有信息显示，则显示：错误 错误状态—停止时间：不可用 停止时间由仪表传送给控制单元－J104，它需要计算制动冷却时间
2	EDS 关闭	可能读出关闭/打开，如果关闭则正确，例如：EDS 系统准备就绪；如果打开则错误，例如：EDS 系统由于过热关闭
3	空	
4	空	
测量数据块	005	
1	转向角度	以角度读出，最小－720°，最大＋720°，此时前轮垂直向前，公差范围±5°
2	横摆率	每秒角度，最小－69°，最大＋69°
3	制动压力	以 bar 来显示，最小 0，最大 292，如果出现电器故障，例如：对地短路会显示－41 bar，对正极短路会显示＋292 bar
4	侧向加速	会以 m/s 的平方来显示，最小－25 m/s，最大＋25 m/s

续表

测量数据块	006	
1	端子 15 电压供应	ABS/ESP 控制单元—J104 的端子 15 电压供应（正常 9.8～17.4 V）
2	阀继电器	关闭/打开，正常：打开，故障：关闭
3	回流泵工作	OFF/ON
4	维修站编码	服务站编码，相关服务站的测试仪器编码
测量数据块	007	
1	左前安装位置	显示范围不可用/正常/故障；当车辆停车后，读出为不可用；如果读出故障，首先检查制动温度（只能在室温下检测） —检查传感器的安装（完全嵌入，螺栓紧固） —检查车轮轴承 —检查车轴公差
2	右前安装位置	
3	左后安装位置	
4	右后安装位置	
测量数据块	008	
1	左前旋转方向	显示范围不可用/向前/向后；当车辆停止时，读出不可用
2	右前旋转方向	
3	左后旋转方向	
4	右后旋转方向	
测量数据块	009	
1	制动测试开关	
2	制动灯开关	
3	制动压力	
4	空	
测量数据块	080	
1	生产商编号与识别号	Bosch Ansbach 公司的生产商编号是 BPA；编码 KKK 则用于单独跟踪一个生产商（第二生产商），但也可以自由选择，例如：可以输入 000 生产商序列号是一个 4 位码，为控制单元提供单独的识别码
2	生产日期	
3	生产商修改状况	
4	生产商测试编号	
5	生产商序列号	
测量数据块	081	
1	底盘号码	
2	序列号	
3	测试号码类型	
4	空白	
测量数据块	125	
1	转向角度传感器的 CAN 信息	读出值为：1 或 0；如果是 1 表示正常；如果是 0 表示错误；如果显示 1，表明相关控制单元传送了一个 CAN 信息 如果检测仪显示 0，表示 CAN 总线信息中断

续表

测量数据块	125	
2	变速器控制单元的 CAN 信息	
3	发动机控制单元的 CAN 信息	
4	组合仪表的 CAN 信息	
测量数据块	126	
1	距离控制系统（ACC）的 CAN 信息	读出值为：1 或 0；如果是 1 表示正常；如果是 0 表示错误；如果显示 1，表明相关控制单元传送了一个 CAN 信息 如果检测仪显示 0，表示 CAN 总线信息中断
2	网关（Gateway）的 CAN 信息	
3	电子停车制动（EPB）的 CAN 信息	
4	自水平悬架的 CAN 信息	

第十章 多路传输系统 CAN 总线

第一节

CAN 总线在大众奥迪车系中的发展

一、CAN 总线在大众车系中的应用

由于现代汽车的技术水平大幅提高，要求能对更多的汽车运行参数进行控制，因而汽车控制单元的数量在不断地上升，控制单元的增多，给汽车业的发展提出了新的课题——如何在有限的车辆空间中增多控制单元与连接线路，如何使控制单元之间通信更加方便快捷准确。为此德国 BOSCH 公司开发了一种设计先进的解决方案 CAN 数据总线，提供一种特殊的局域网来为汽车的控制器之间进行数据交换，见表 10—1—1。

表 10—1—1　　控制单元与线路变化过程

序号	文字描述	图示
1	早期车型整车安装的控制单元较少，车上线束较少，控制过程比较简单	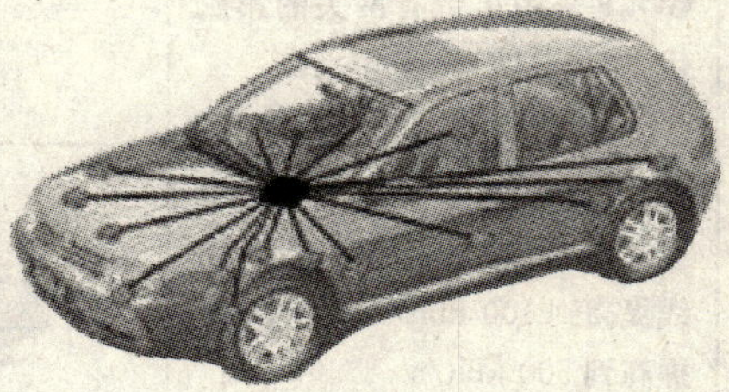
2	随着大众车型舒适系统、安全系统的不断升级，安装的电控单元数量不断增加；同时，车上的传感器、执行器不断增加，线束也不断增加，车辆的控制过程越来越复杂，线束的故障率随之升高	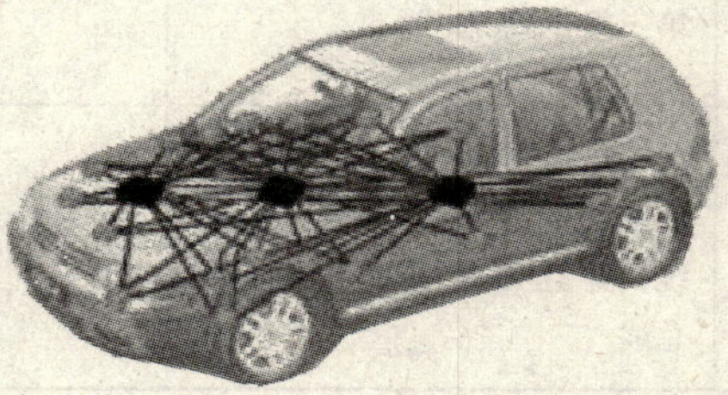
3	CAN 总线的出现主要是为了解决上述矛盾，增加控制单元的同时，减少线束的数量，使控制过程简单化	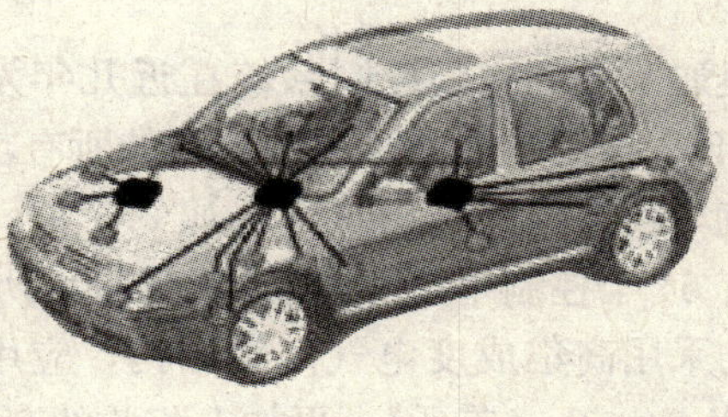

大众车系采用 CAN 总线的过程见表 10—1—2。

表 10—1—2　　大众车系安装 CAN 总线过程

年份	CAN 总线的使用情况	车　型　图　示
1997 年	PASSAT 的舒适系统上采用了传送速率为 62.5 kbit/s 的 CAN 总线	
1998 年	PASSAT 和 GOLF 的驱动系统上增加了 CAN 总线，传送速率为 500 kbit/s	
2000 年	大众公司在 PASSAT 和 GOLF 采用了带有网关的第二代 CAN 总线	
2001 年	大众公司提高了 CAN 总线的设计标准，将舒适系统 CAN 总线提高到 100 kbit/s，驱动系统提高到 500 kbit/s	
2002 年	大众集团在新 PQ24 平台上使用带有车载网络控制单元的第三代 CAN 总线	
2003 年	大众集团在新 PQ35 平台上使用五重结构的 CAN 总线系统，并且出现了单线的 LIN 总线	

二、CAN 总线在奥迪车系的应用现状

奥迪车系的电脑控制系统在近几年发展非常迅速，在 1994 年第一代奥迪 A8 轿车上，只有 15 个控制单元就可控制该车的所有功能，而 2003 年款的奥迪 A8 轿车使用的控制单元数目就增长了四倍。1999 年奥迪 A6 轿车整车共有 15 个控制单元，2005 年的新奥迪 A6 轿车共有 64 个控制单元。由于控制单元的增加，奥迪的多路传输系统也发展很快，新款奥迪车系均采用高集成度电气网络结构，应用了最先进的网络系统，包括 CAN、LIN、MOST 以及 Bluetooth（蓝牙），再加上相关的车辆分配功能，这一切标志着这个级别的车使用了新一代的汽车电子技术。奥迪 A6 轿车电控单元位置图如图 10—1—1 所示。奥迪 A6 轿车车载网络拓扑结构如图 10—1—2 所示。

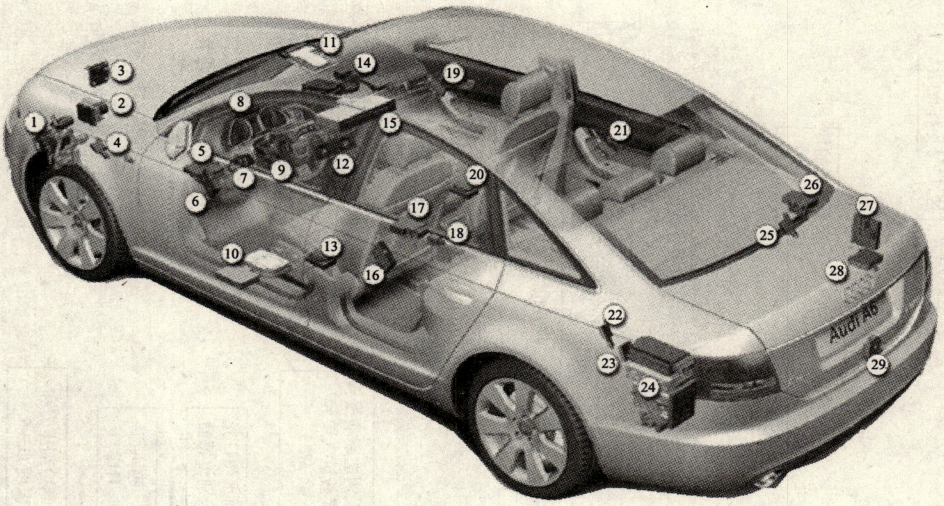

图 10—1—1　奥迪 A6 电控单元位置图

1—辅助加热控制单元 J364　2—带 EDS 的 ABS 控制单元 J104　3—车距调节控制单元 J428　4—左前轮轮胎压力监控发射元件 G431，在车轮拱形板内　5—供电控制单元 J519　6—驾驶员车门控制单元 J386　7—使用和起动授权控制单元 J518　8—组合仪表内控制单元 J285　9—转向柱电气控制单元 J527　10—电话控制单元 J526　电话发送和接收器 R36　11—发动机控制单元 J623　12—全自动空调控制单元 J255　13—有记忆功能的坐椅调节/转向柱调节控制单元 J136　14—水平调节控制单元 J197　大灯照程调节控制单元 J431　轮胎压力监控控制单元 J502　供电控制单元 2J520　前部信息系统显示和操纵控制单元 J523　数据总线诊断接口 J533　无钥匙式起动授权天线读入单元 J723　15—CD 换碟机 R41　CD 播放机 R92　16—左后车门控制单元 J388　17—安全气囊控制单元 J234　18—车身转动速率传感器 G202　19—副驾驶员车门控制单元 J387　20—副驾驶员带记忆功能的坐椅调节控制单元 J521　21—右后车门控制单元 J389　22—左后轮轮胎压力监控发射元件 G433　23—驻车加热无线电接收器 R64　24—带有 CD 播放机的导航控制单元 J401　25—右后轮轮胎压力监控发射元件 G434　26—停车辅助系统控制单元 J446　挂车识别控制单元 J345　27—舒适系统中央控制单元 J393　28—电动驻车/手制动器空控制单元 J540　29—电能管理控制单元 J644

三、CAN Bus 的含义

1. CAN 的含义

CAN 是 Controller Area Network 的缩写，称为控制单元的局域网，它是车用控制单元传输信息的一种传送形式。车上的布线空间有限，CAN 总线系统的控制单元连接方式采用铜缆串行方式。由于控制器采用串行合用方式，因此，不同控制器之间的信息传送方式是广播式传输。也就是说每个控制单元不指定接收者，把所有的信息都往外发送，由接收控制器自主选择是否需要接收这些信息。CAN 是一种世界标准的串行通信协议，为数据高速公路确定统一的“交通”规则。

2. Bus 的概念

Bus 即总线，和导线的信息传输相比，Bus 组成的网络系统能够快速、准确、大量地传输信息。

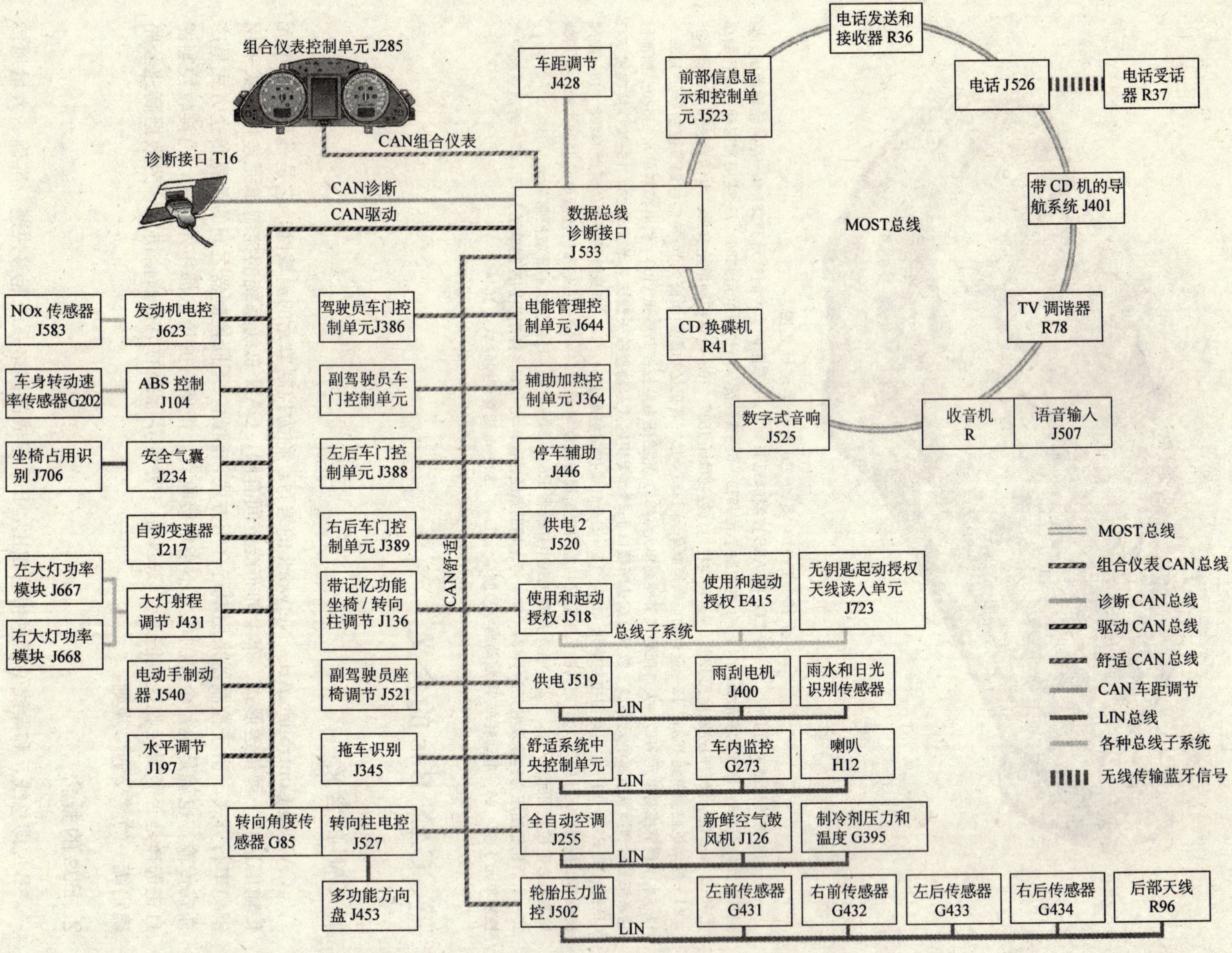

图 10—1—2　奥迪 A6 轿车车载网络拓扑结构图

第十章 多路传输系统 CAN 总线

第二节

CAN 总线网络系统组成

一、奥迪 A6 轿车 CAN 总线系统总览

奥迪 A6 轿车 CAN 总线系统包括动力 CAN 总线、舒适 CAN 总线、信息 CAN 总线、诊断 CAN 总线等系统，每个 CAN 总线子系统中都有很多控制单元，如图 10—2—1 所示。奥迪 A6 车型（C5）网络有 21 个被联网的控制单元，3 个总线系统，通过 K 线和 L 线诊断；奥迪 A6 轿车网络最多有 81 个控制单元，18 个总线系统，通过 CAN 总线进行诊断。

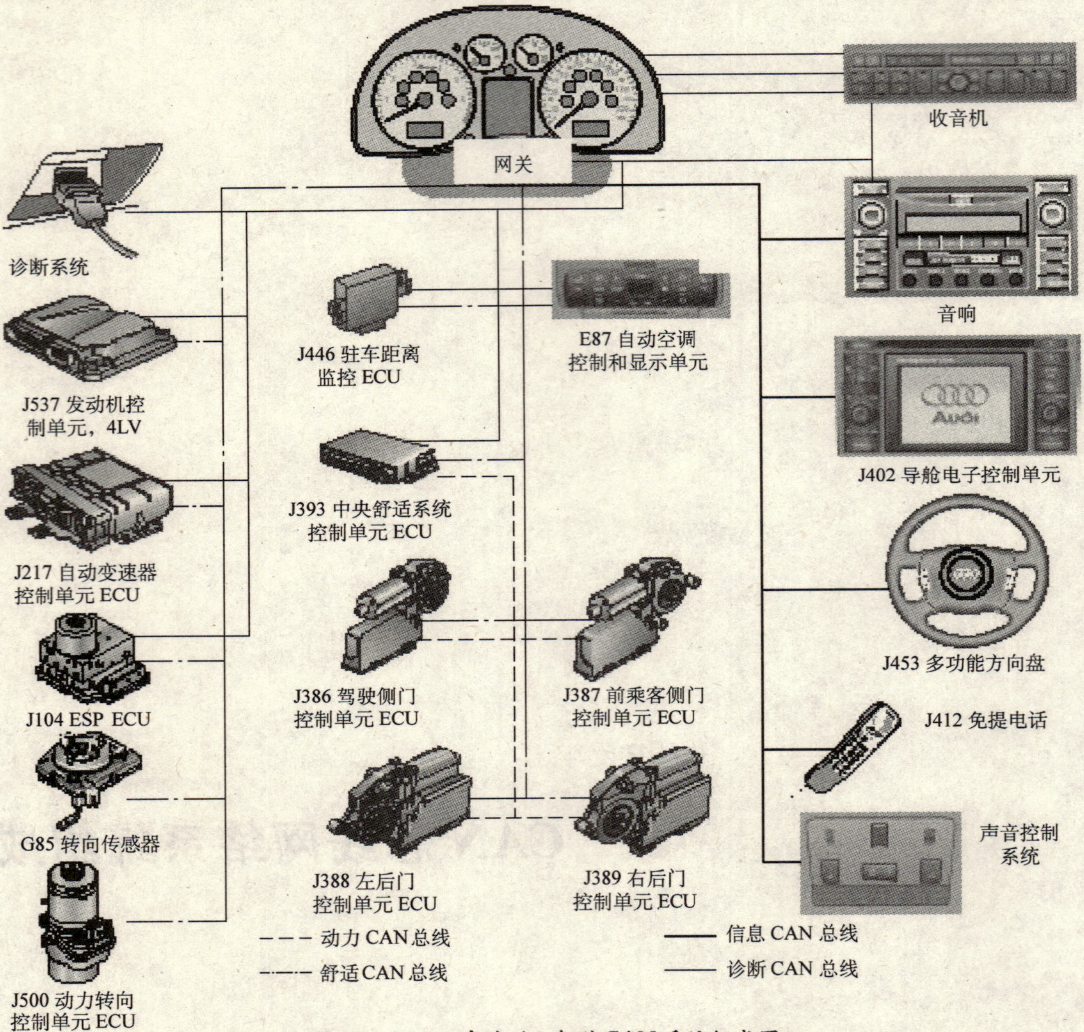

图 10—2—1　奥迪 A6 车型 CAN 系统组成图

二、奥迪 A4 轿车 CAN 系统总览

奥迪 A4 轿车 CAN 总线系统包括驱动 CAN 总线、舒适 CAN 总线、信息显示 CAN 总线、诊断 K 线和诊断 L 线，如图 10—2—2 所示。奥迪 A4 轿车电控单元位置如图 10—2—3 和图 10—2—4 所示。

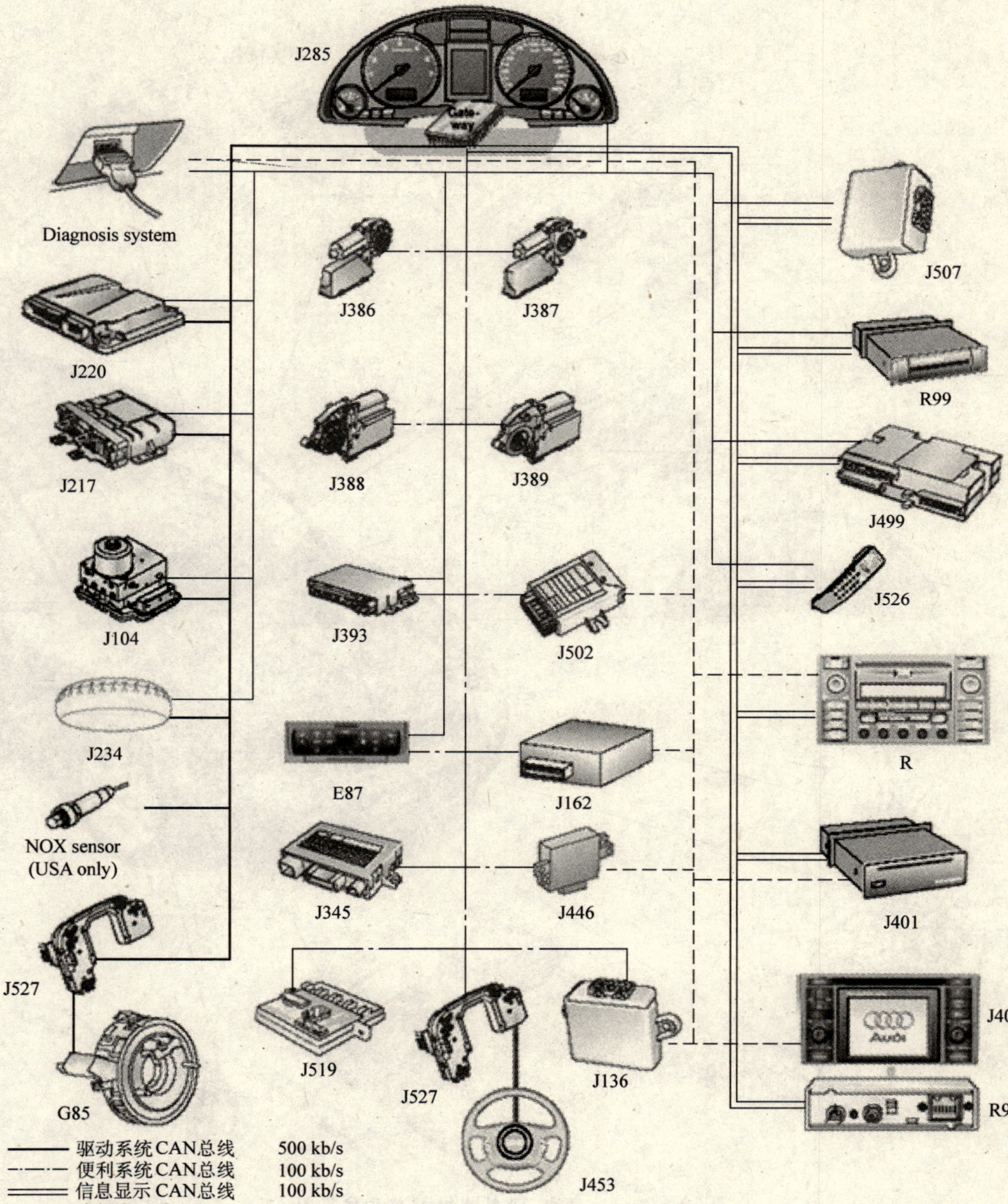

图 10—2—2 奥迪 A4 车型局域网络传输系统图

G85—转向角度传感器 E87—空调控制和显示单元 J104—ESP 控制单元 J136—坐椅调节和记忆控制单元 J162—辅助加热器控制单元 J217—自动变速器控制单元 J220—发动机控制单元 J234—气囊控制单元 J285—仪表控制和显示单元 J345—拖车识别控制单元 J386—驾驶侧门控单元 J387—乘客侧门控单元 J388—左后门控单元 J389—右后门控单元 J393—便利系统中央控制单元 J401—导航系统控制单元 J402—电子导航控制和显示单元 J446—停车辅助控制单元 J453—多功能方向盘控制单元 J499—信息通信控制单元 J502 轮胎压力监控控制单元 J507—语音进入控制单元 J519—车身电子系统控制单元 J526—移动电话控制单元 J527—转向柱控制单元 R—收音机 R94—导航接触界面 R99—读卡器

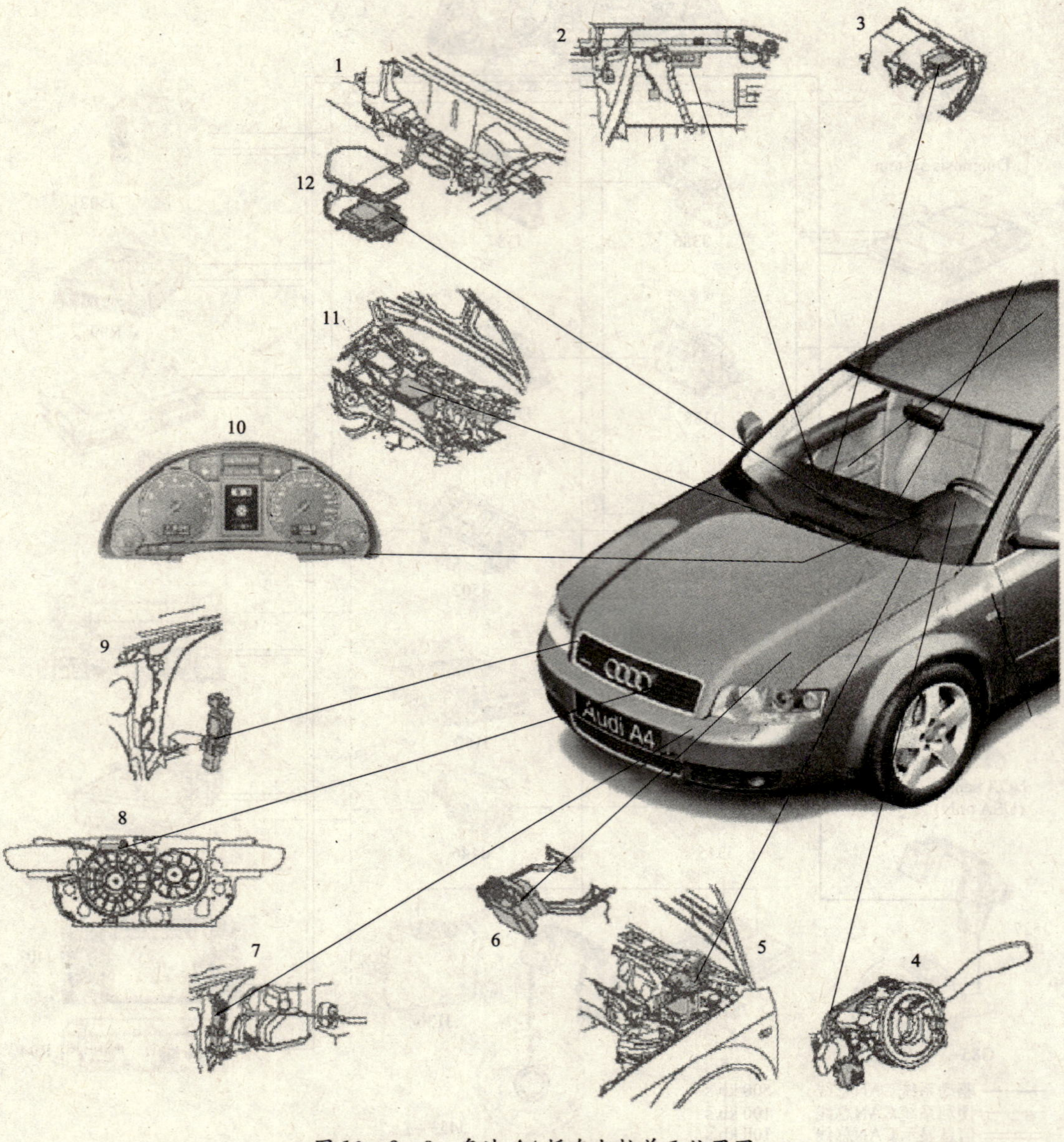

图 10—2—3　奥迪 A4 轿车电控单元位置图

1—信息通信控制单元 J499　2—大灯范围射程控制单元 J431　3—晶片阅读器 R99
4—转向柱开关单元 J527　5—发动机 J220 和变速器 J217 控制单元　6—ESP 控制单元 J104
7—驾驶侧前气囊碰撞传感器 G283　8—冷却风扇控制单元 J293　9—乘客侧前气囊碰撞传感器 G284
10—显示和仪表控制单元 J285　11—蓄电池　12—移动电话控制单元 J412

连接 K 线的控制单元包括：发动机、自动变速箱、制动系统、安全气囊、紧急呼叫急救系统、舒适系统中央控制单元、组合仪表、语音服务系统、电话、空调。

连接 L 线的控制单元包括：收放机、内部监控、轮胎压力监控、坐椅记忆、停车辅助、导航、电视调频器、驻车加热。

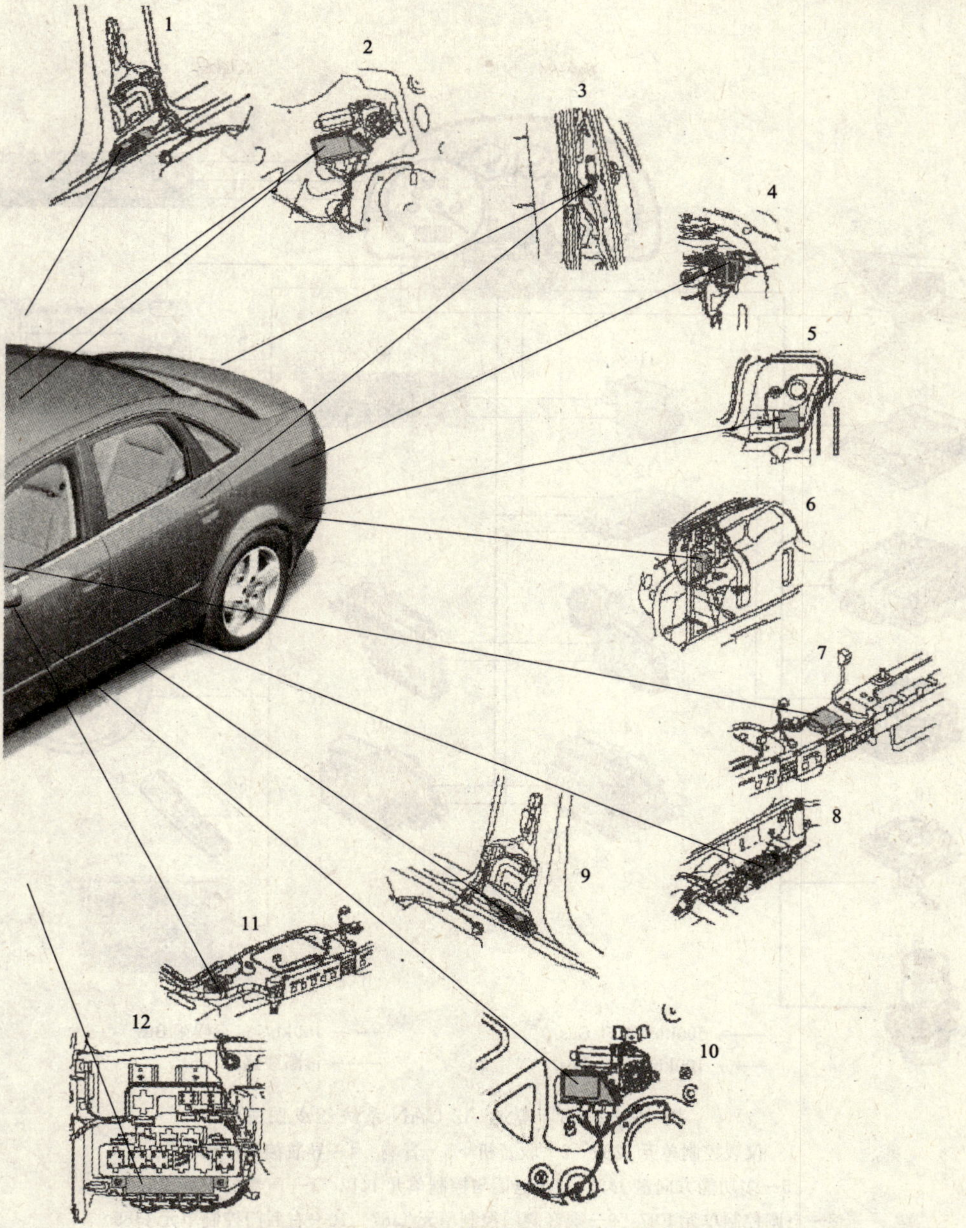

图 10—2—4 奥迪 A4 轿车电控单元位置图

1—乘客侧侧气囊碰撞传感器 G180 2—乘客侧门 J387 和右后门控制单元 J389 3—驾驶侧后和乘客侧后碰撞传感器 4—拖车识别控制单元 J345 5—停车辅助控制单元 J446 6—轮胎压力监控控制单元 J502 7—气囊控制单元 J234 8—便利系统中央控制单元 J393 9—驾驶侧侧气囊碰撞传感器 G179 10—驾驶侧门控制单元 J386 11—ESP 传感器 12—车辆电控系统控制单元 J519

三、奥迪 A2 轿车 CAN 总线系统总览

奥迪 A2 轿车 CAN 总线系统包括驱动 CAN 总线、舒适 CAN 总线、信息娱乐 CAN 总线和诊断线路等，如图 10—2—5 所示。

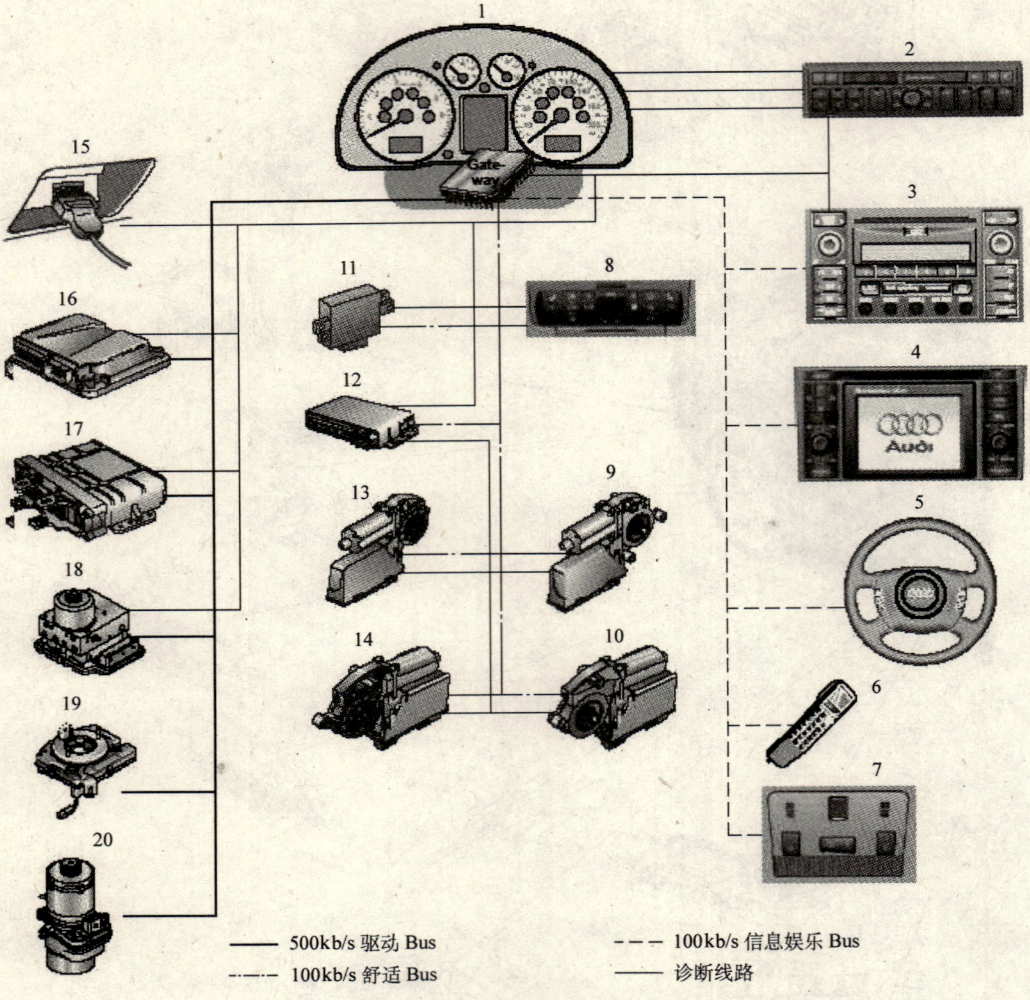

图 10—2—5　奥迪 A2 CAN 系统组成图

1—仪表控制单元 J285　2—收音机　3—音响　4—导航控制单元 J402
5—多功能方向盘 J453　6—电话与控制单元 J412　7—声音控制系统
8—空调控制单元 E87　9—乘客侧门控制单元 J387　10—右后门控制单元 J389
11—辅助停车控制单元 J446　12—舒适系统中央控制单元 J393
13—驾驶侧门控制单元 J386　14—左后门控制单元 J388　15—诊断座
16—4LV 发动机控制单元 J537　17—自动变速器控制单元 J217　18—ESP 控制单元 J104
19—转向角度传感器 G85　20—动力转向控制单元 J500

四、大众帕萨特轿车 CAN 总线系统总览

大众 2003 款帕萨特轿车的 CAN 总线系统如图 10—2—6 所示。

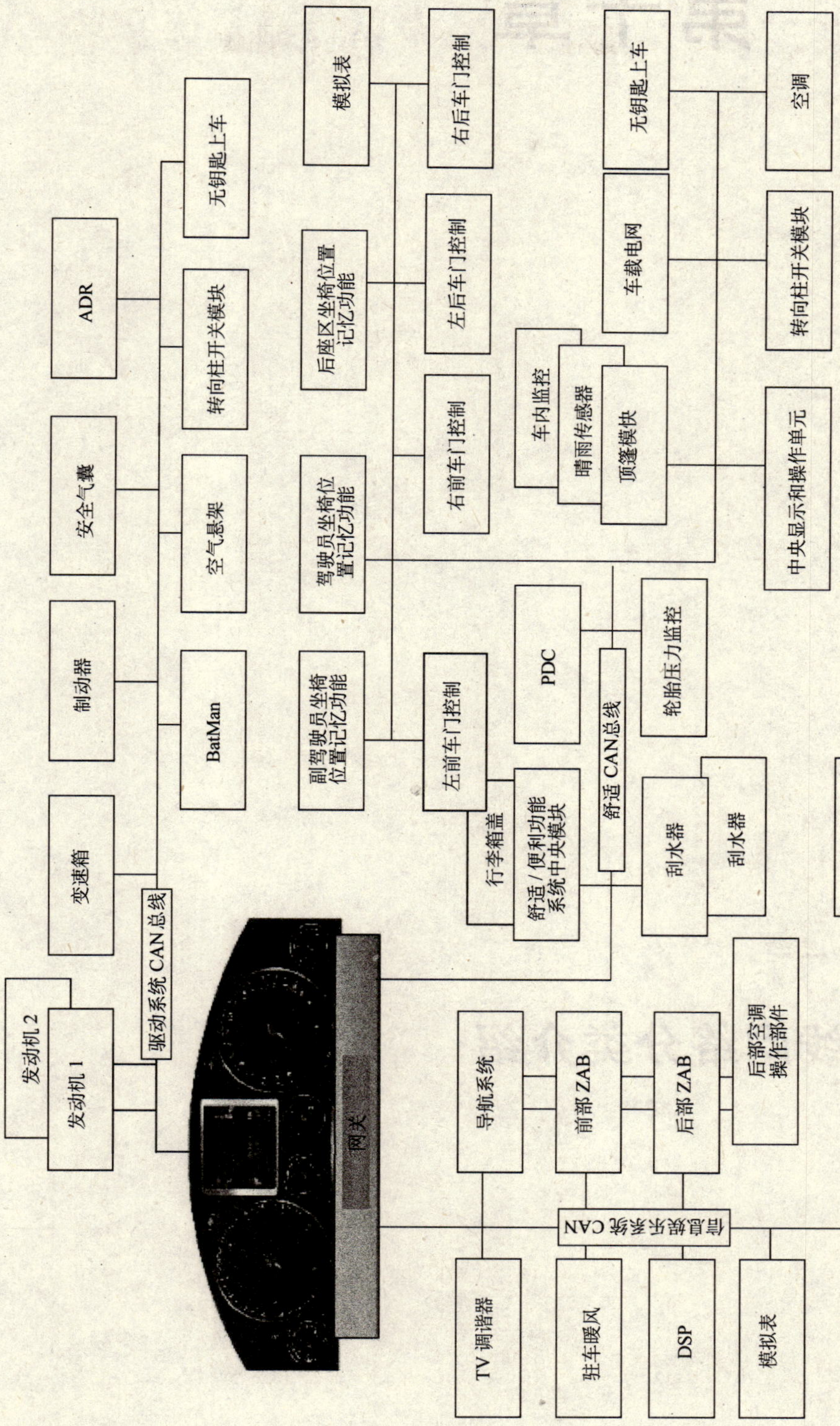

图 10—2—6　大众帕萨特 CAN 总线网络组成图

第十章 多路传输系统 CAN 总线

第三节

CAN 总线网络分类介绍

一、CAN 总线网络的类型

由于汽车不同控制器对 CAN 总线的性能要求不同，因此大众车系最新版本的 CAN 总线系统认为设定为 5 个不同的区域，分别为驱动系统、舒适系统、信息系统、多功能仪表、诊断总线等 5 个局域网，如图 10—3—1 所示，CAN 总线网络具体组成如图 10—3—2 所示。5 个子局域网的速率见表 10—3—1。LIN 采用 20 kbit/s，整个系统最多可承载 1 000 kbit/s。

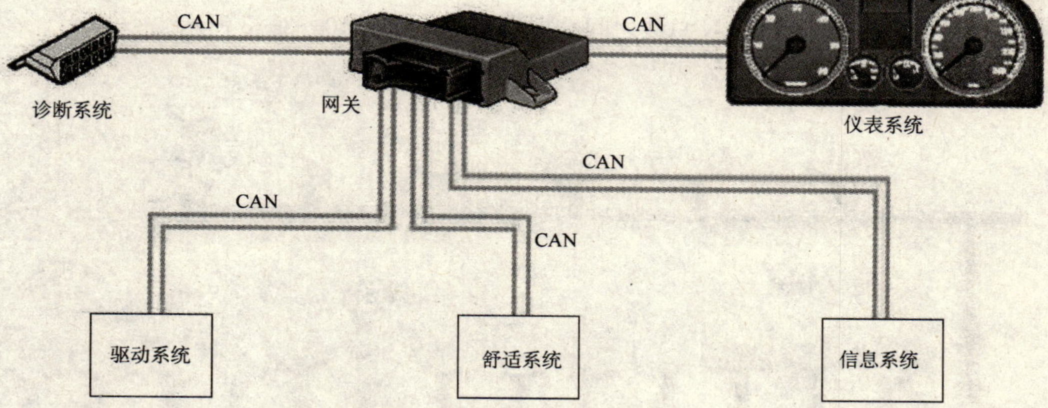

图 10—3—1 CAN 总线系统的五个子系统

图 10—3—2 CAN 总线网络具体组成示意图

CAN 总线是在控制单元之间的数据传送的一种形式，它连接单一的控制单元形成一个整体系统。一个控制单元关于整体系统状态的信息越多，它越能够更好地控制确定一项功能。如图 10—3—2 所示为 2001 款奥迪 A4 车型安装的 CAN 总线网络控制系统，其包含三个 CAN 总线系统，包括驱动或动力 CAN 总线、舒适 CAN 总线及信息娱乐 CAN 总线。信息娱乐 CAN 总线在新款车型中改为 MOST 总线。

表 10—3—1　　子局域网传输速度表

序号	子局域网名称	电源提供	速率（kbit/s）
1	驱动系统	15 号线	500
2	舒适系统	30 号线	100
3	信息系统	30 号线	100
4	诊断系统	30 号	500
5	仪表系统	15 号	100

在 2001 款奥迪 A4 车系中动力 CAN 总线、舒适 CAN 总线及信息娱乐 CAN 总线之间由仪表作为网关，控制各 CAN 总线之间数据的交换，如图 10—3—3 所示。

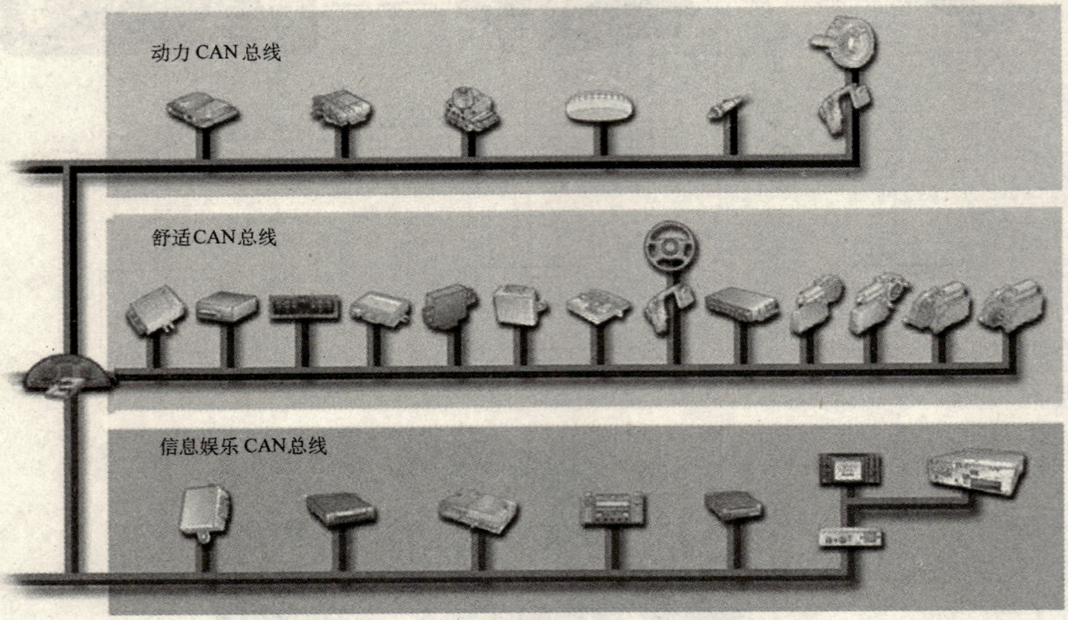

图 10—3—3　仪表网关作用示意图

二、驱动 CAN 总线

1. 驱动 CAN 总线组成

如图 10—3—4 所示为奥迪车系中的驱动 CAN 总线元件布置，驱动 CAN 总线连接发动机控制单元、变速箱控制单元、制动 ESP 控制单元、安全气囊控制单元、电子驻车制动控制单元、大灯照程调节系统控制单元。由于其连接了发动机和变速箱等系统故称为驱动 CAN 总线。

点火开关关闭后 CAN 总线通信一直有效，通信断路时（如拔下插头或某一控制单元供电断路）会产生故障记忆，在重新连接正常后必须删除所有控制单元的故障存储才可以正常运行。

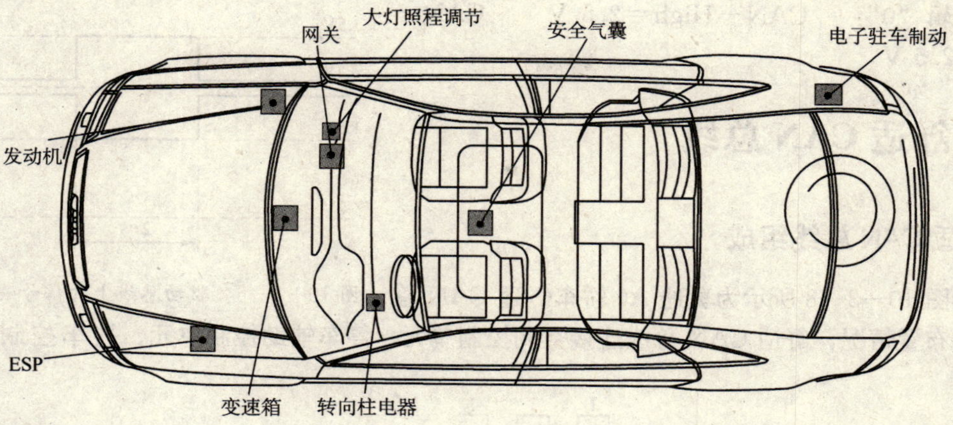

图 10—3—4 驱动 CAN 总线系统组成图

2. 驱动 CAN 总线特点

1）500 kbit/s 高速传输。

2）级别 CAN/C。

3）双绞线：CAN－High 为橙/黑色，CAN－Low 为橙/棕色。

4）在一根线断路/短路时所有功能都会停止。

3. 电路控制与信号

如图 10—3—5 所示为大众车系驱动 CAN 总线的电路简图，驱动 CAN 总线由 15 号线激活，速率是所有 CAN 总线中最高的，达到 500 kbit/s，采用终端电阻结构，其中心电阻为 66 Ω（发动机电阻）；并且高低 CAN 总线线为环状结构，即任一根 CAN 总线线断路，CAN 总线都无法工作。驱动总线上的信号波形如图 10—3—6 所示。从双线信号中获得信号电平，如图 10—3—7 所示。

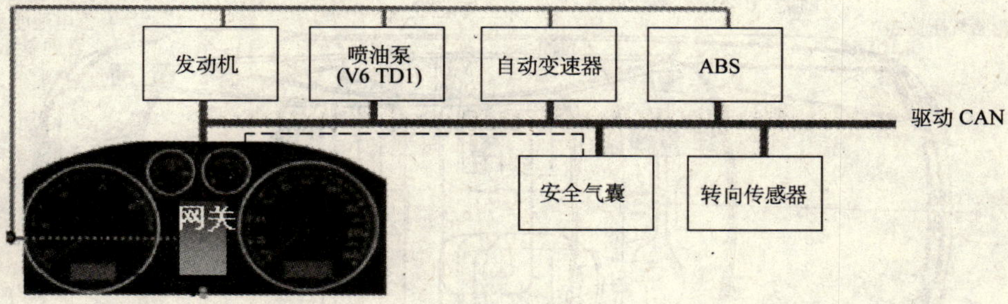

图 10—3—5 驱动 CAN 总线的电路简图（大众）

驱动系统的 CAN 总线信号和逻辑信号：

CAN—High 的高电平为：3.5 V　　CAN－High 的低电平为：2.5 V

CAN—Low 的高电平为：2.5 V　　CAN－Low 的低电平为：1.5 V

逻辑“1”：　CAN－High＝3.5 V　　CAN－Low＝1.5 V

逻辑“0”： CAN－High＝2.5 V CAN－Low＝2.5 V

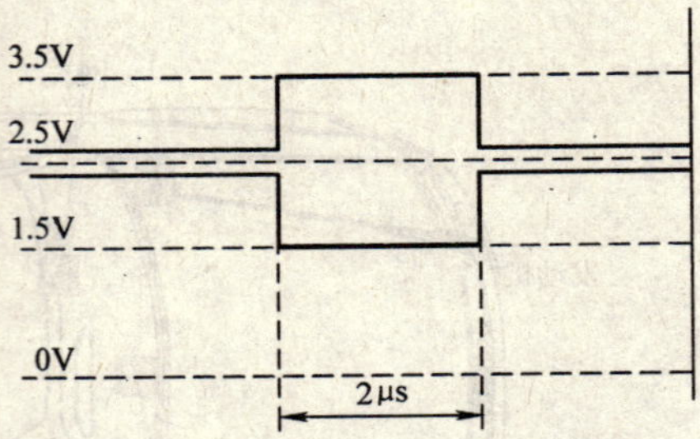

图 10—3—6 驱动总线上的信号波形图

三、舒适 CAN 总线

1. 舒适 CAN 总线组成

如图 10—3—8 所示为奥迪 A6 轿车舒适 CAN 总线元件布置情况，舒适 CAN 总线连接空调控制单元、停车辅助控制单元、挂车控制单元、

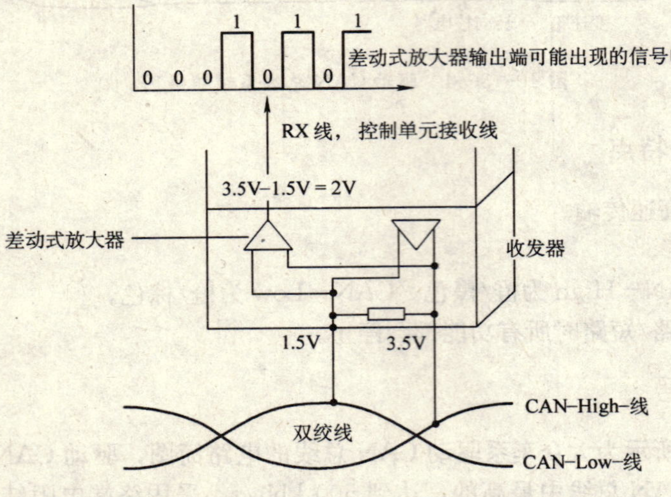

图 10—3—7 双线信号中获得信号电平波形图

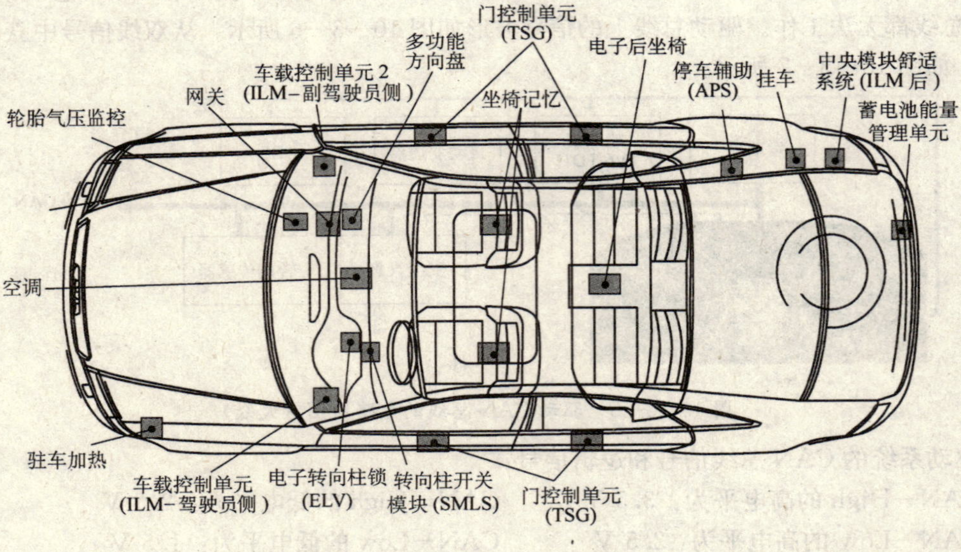

图 10—3—8 舒适 CAN 总线系统组成图

蓄电池能量管理单元、车门控制单元、电子转向柱锁控制单元、驻车加热控制单元、轮胎气压监控控制单元多功能方向盘、电子坐椅等控制单元。点火开关关闭后 CAN 总线通信一直有效，通信断路时（如拔下插头或某一控制单元供电断路）会产生故障记忆，在重新连接正常后必须删除所有控制单元的故障存储才可以正常运行。97 款大众帕萨特轿车舒适便利 CAN 总线元件位置如图 10—3—9 所示。

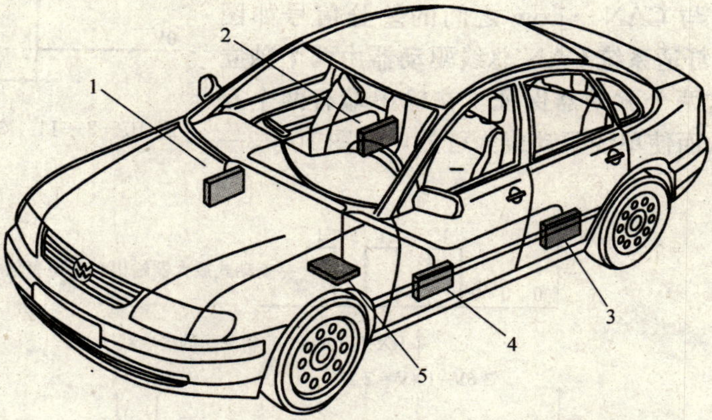

图 10—3—9 舒适 CAN 总线元件位置图

1—副驾驶员侧车门控制单元 2—右后车门控制单元 3—左后车门控制单元
4—驾驶员侧车门控制单元 5—舒适/便利功能系统控制单元

2. 舒适 CAN 总线特点

1）传输速率 100 kb/s。
2）级别 CAN/B。
3）双绞线：CAN－High 为橙/绿色，CAN－Low 为橙/棕色。

3. 电路信号

舒适 CAN 总线组成如图 10—3—10 所示。舒适 CAN 总线由 30 号线激活，速率达到

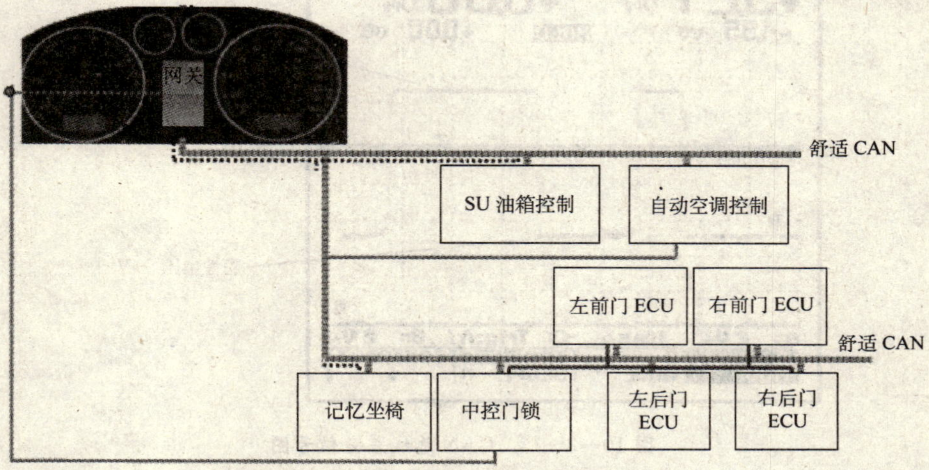

图 10—3—10 舒适 CAN 总线组成图

100 kbit/s，没有终端电阻，且高低 CAN 总线分离，即任一根 CAN 总线断路，CAN 总线工作不受影响。

舒适 CAN 总线网络的波形信号如图 10—3—11 所示，舒适 CAN 总线中收发器的结构如图 10—3—12 所示，舒适系统的 CAN 总线信号和驱动系统有很大区别。

CAN－High 与 CAN－Low 之间的差分信号如图 10—3—13 所示，舒适系统 CAN 总线驱动器由两个独立的驱动器组成，这两个驱动器保证了在输出端有两个互不相关的电压，从而使单线驱动成为可能，如图 10—3—14 所示。

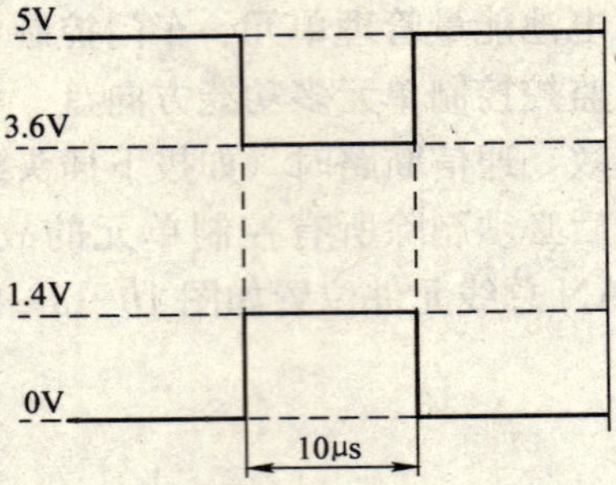

图 10—3—11 舒适系统的信号图

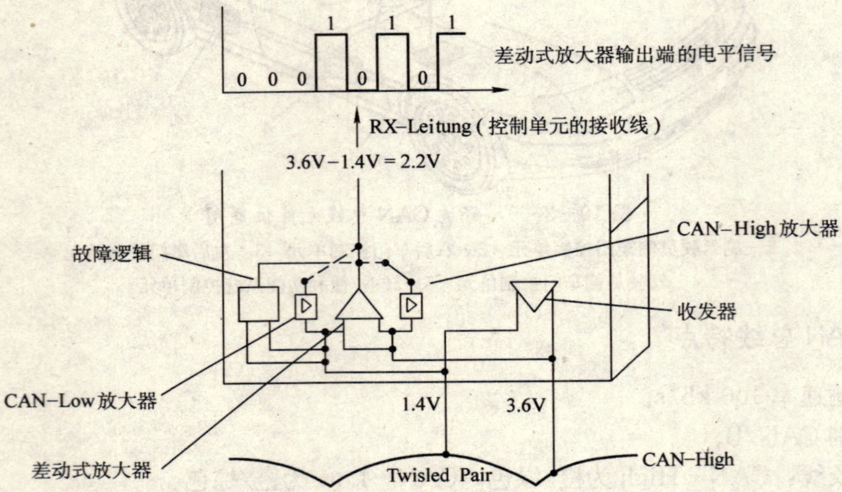

图 10—3—12 舒适 CAN 总线中收发器的结构图

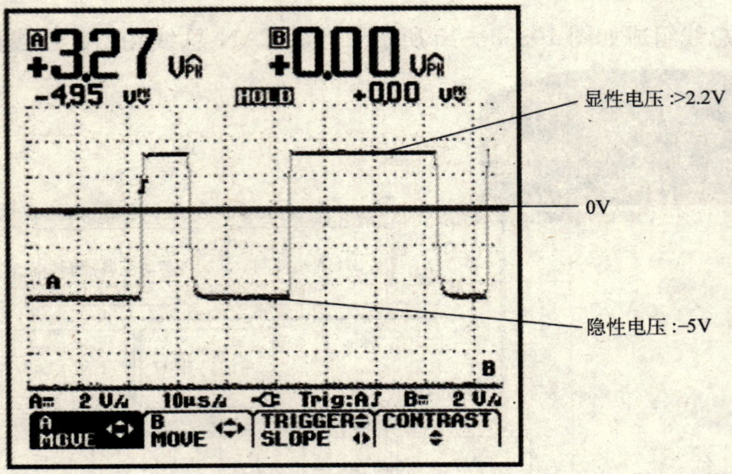

图 10—3—13 CAN 总线差分信号图

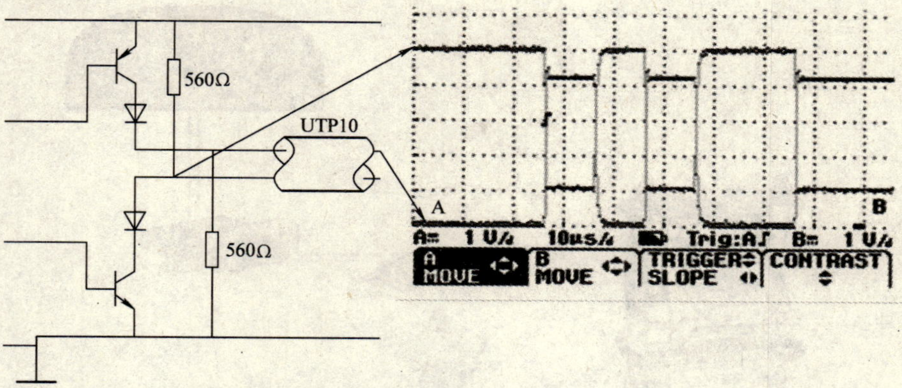

图 10—3—14　舒适 CAN 总线系统双驱动器电路

四、诊断总线

在大众车系新型多路传输 CAN 总线中设置了诊断总线，诊断总线是用于诊断仪器和相应控制单元之间的信息交换，它被用来代替原来的 K 线或者 L 线的功能（废气处理控制器除外）。当车辆使用诊断 CAN 总线结构后，VAS5051 等诊断仪器必须使用相对应的新型诊断线（VAS5051/5 A 或 VAS5051/6 A)，否则无法读出相应的诊断信息。诊断总线目前只能在 VAS5051 和 VAS5052 下工作，而不能适用于原来的诊断工具（如 1552 等)，如图 10—3—15 所示。注：5051 仪器的版本号必须大于 3.0 以上才能使用诊断 Can 总线。

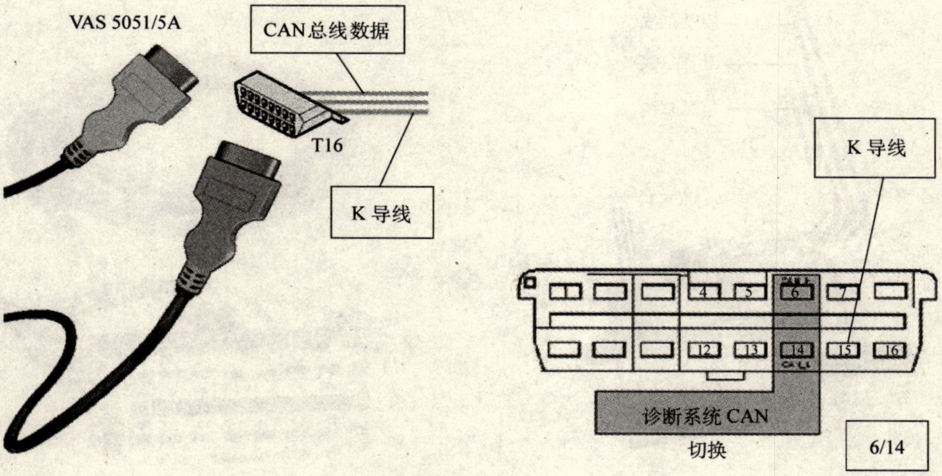

图 10—3—15　网关诊断插头图

诊断总线通过网关转接到相应的 CAN 总线上，然后再连接相应的控制器进行数据交换，如图 10—3—16 所示。

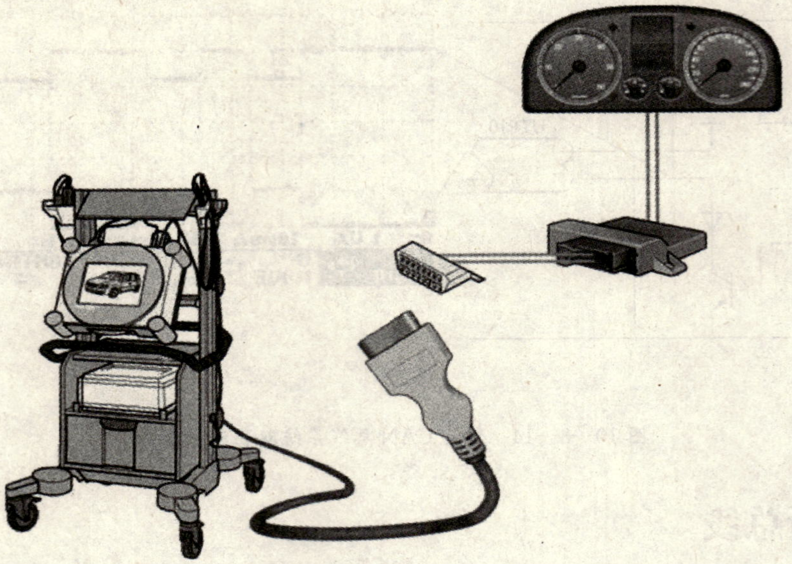

图 10—3—16 诊断总线通过网关连接各控制器

随着诊断总线的使用，大众车系将逐步淘汰控制器上的 K 线存储器，而采用 CAN 总线作为诊断仪器和控制器之间的信息连接线，该线被称为虚拟 K 线，如图 10—3—17 所示。

车上的诊断接口也作出了相应的改动，如图 10—3—18 所示，诊断接口排列具体信息见表 10—3—2。新型诊断线能够适用于旧型诊断接口。

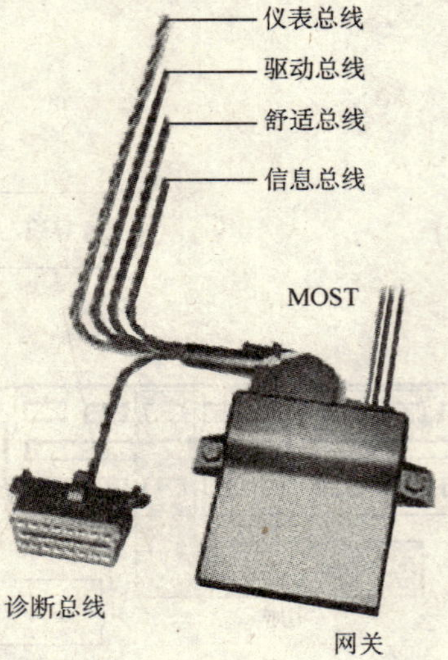

图 10—3—17 诊断总线（虚拟 K 线）示意图

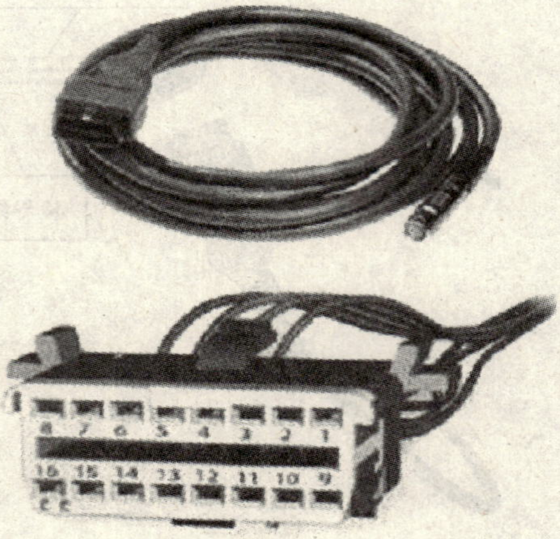

图 10—3—18 诊断接口布置图

表 10—3—2　　　诊断接口端子含义

针 脚 号	对 应 的 线 束
1	15 号线
4	接地
5	接地
6	CAN—High
7	K 线
14	CAN—LoW
15	L 线
16	30 号线

注：未标明的针脚号暂未使用。

第十章 多路传输系统 CAN 总线

第四节

系统元件

一、网关的作用

网关（Gateway）安装在手套箱后面的模块架上或集成在仪表内，如图 10—4—1 所示。

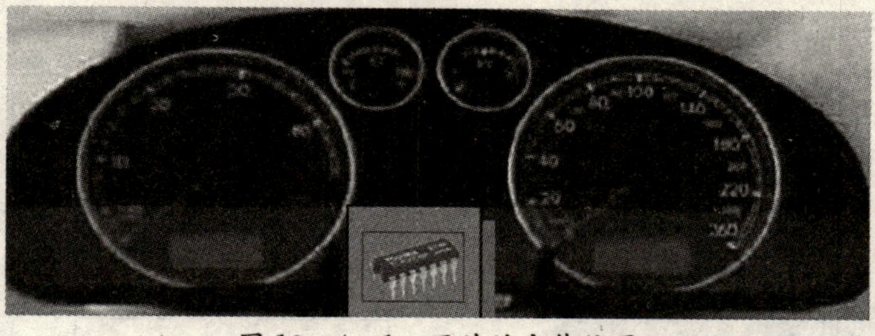

图 10—4—1　网关的安装位置

网关是整车不同总线间的接口，以及诊断仪和在总线系统相连的控制单元间的接口，使所有连接在 CAN 总线上的控制单元实现数据交换。驱动 CAN 总线、舒适 CAN 总线和显示 CAN 总线（信息娱乐 CAN 总线）的传输速率是不同的，所以不能直接进行数据交换。驱动 CAN 总线的速率为500 kb/s，舒适 CAN 总线的速率为 100 kb/s，信息娱乐 CAN 总线（奥迪）100 kb/s，几种不同的总线系统必须以一个中间速率进行数据交换。作为诊断网关，在不改变数据的情况下，将驱动 CAN 总线、舒适 CAN 总线、信息娱乐总线的诊断信息传递到 K 线。作为数据网关，使连接在不同的数据总线上的控制单元能够交换数据，如图 10—4—2 所示。

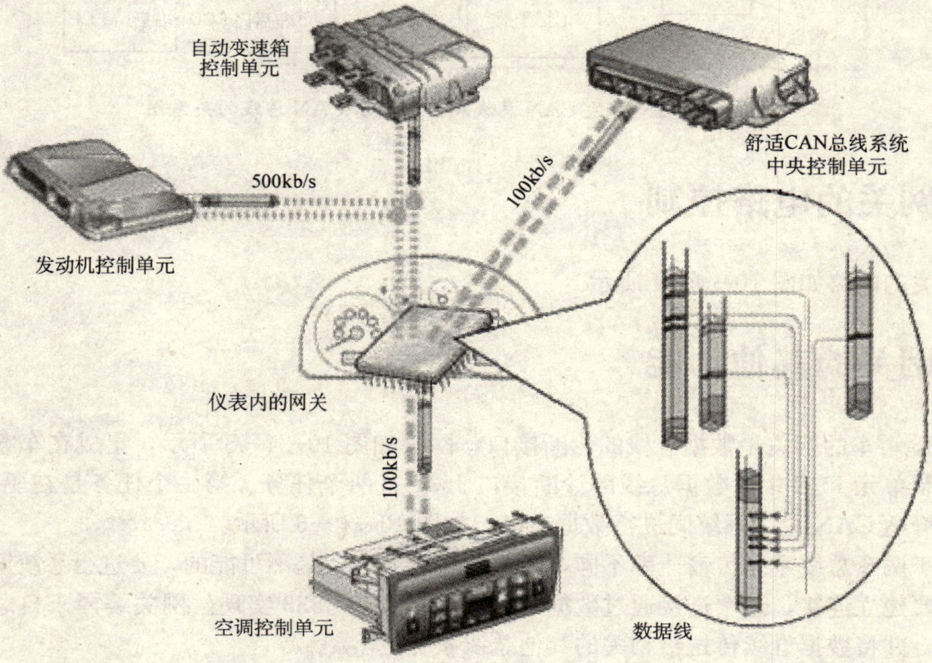

图 10—4—2　网关的作用

由于不同区域 CAN 总线的速率和识别代号不同，因此，一个信号要从一个总线进入到另一个总线区域，必须把它的识别信号和速率进行改变，这个任务由网关（Gateway）来完成。另外，网关还具有改变信息优先级的功能。如车辆发生相撞事故，气囊控制单元会发出负加速度传感器的信号，这个信号的优先级在驱动 CAN 总线系统非常高，但传到舒适 CAN 总线系统后，网关调低了它的优先级，因为它在舒适 CAN 总线系统的功能只是打开门和灯。

对于大众车系而言，舒适 CAN 总线和信息娱乐 CAN 总线在物理上是一个总线系统，但是它们在软件和硬件上是分开的，如图 10—4—3 所示。

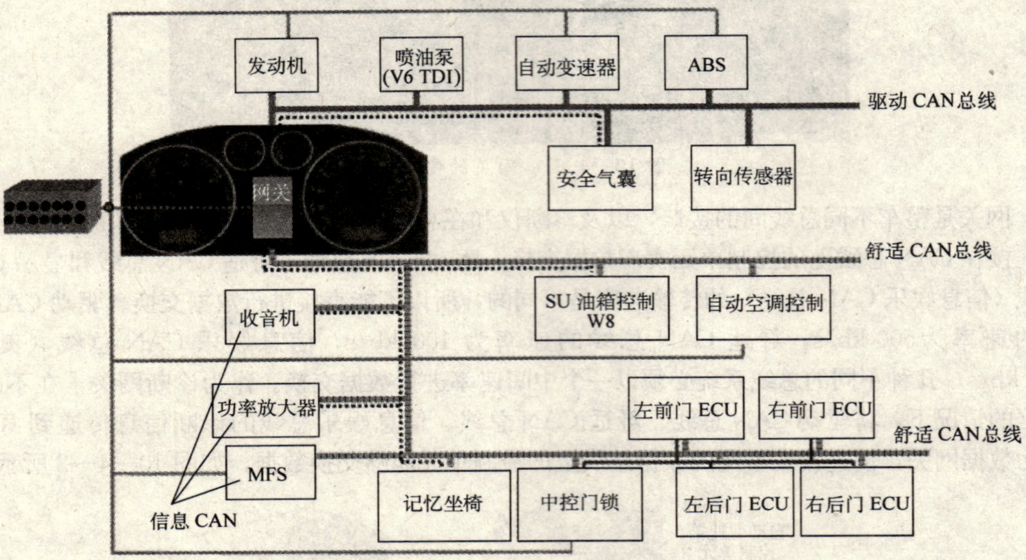

图 10—4—3 舒适 CAN 总线和信息娱乐 CAN 总线的关系图

二、网关的电路控制

网关的电路如图 10—4—4 所示。

三、网关的其他功能

Polo 轿车的网关是数据总线的诊断接口，网关如图 10—4—5 所示，集成在车载网络系统的控制单元 J519 中，数据总线的诊断接口 J533 有两个任务。第一个任务是在驱动 CAN 总线与舒适 CAN 总线系统间进行数据交换，如图 10—4—6 所示。

由于两个总线系统传输速率不同，要进行直接的通信是不可能的，要进行系统间的信息交换需要建立连接，这个连接通过数据总线的诊断接口 J533 实现。网关编译来自总线系统的数据，并将数据继续传送给相关的其他总线系统。

CAN 数据总线系统间的数据交换举例。通过 CAN 总线对不同系统的信息进行多重使用是现代化车辆电气系统的一个特点。

如图 10—4—7 所示，从驱动 CAN 总线到舒适 CAN 总线的信息传送过程。车外温度由

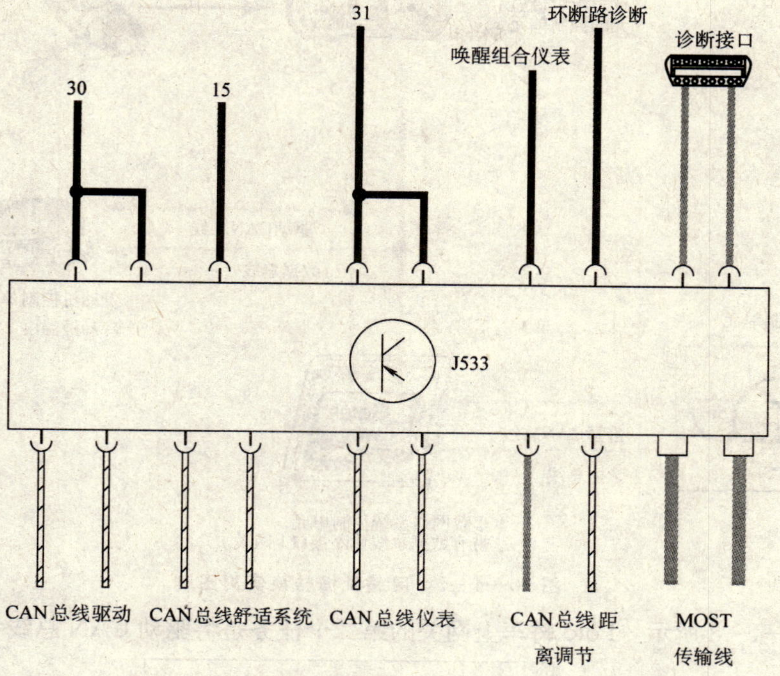

图 10—4—4 网关电路图

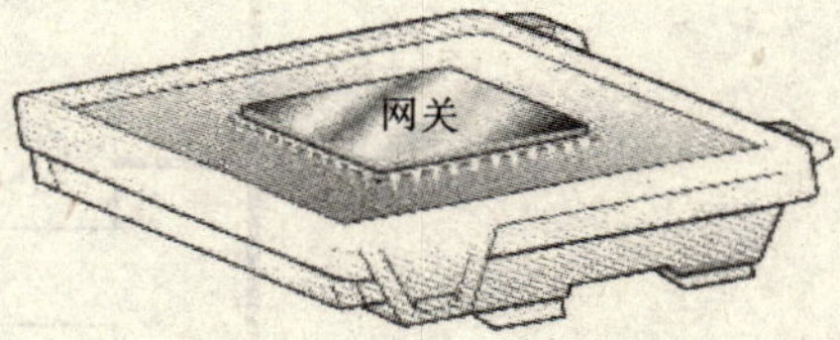

图 10—4—5 网关实物图

保险杠内的温度传感器测得，并向仪表板内带显示单元的控制单元传送。仪表控制单元与驱动 CAN 总线连接。发动机专用数据例如冷却液温度、发动机转速，由发动机控制单元测量并提供给驱动 CAN 总线。在数据总线的诊断接口（网关）中驱动 CAN 总线的信息被转换到舒适 CAN 总线上，空调控制单元现在可以读取这些信息并将其用于空调的调节。

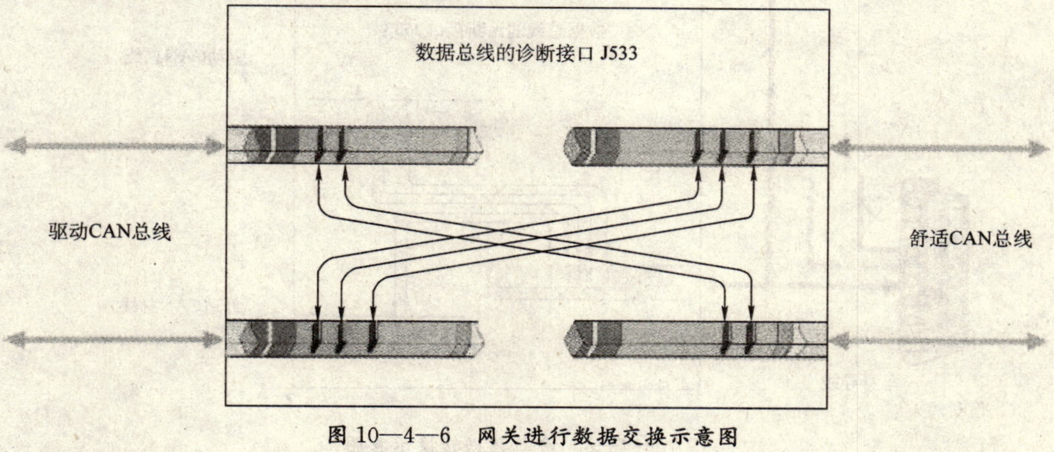

图 10—4—6 网关进行数据交换示意图

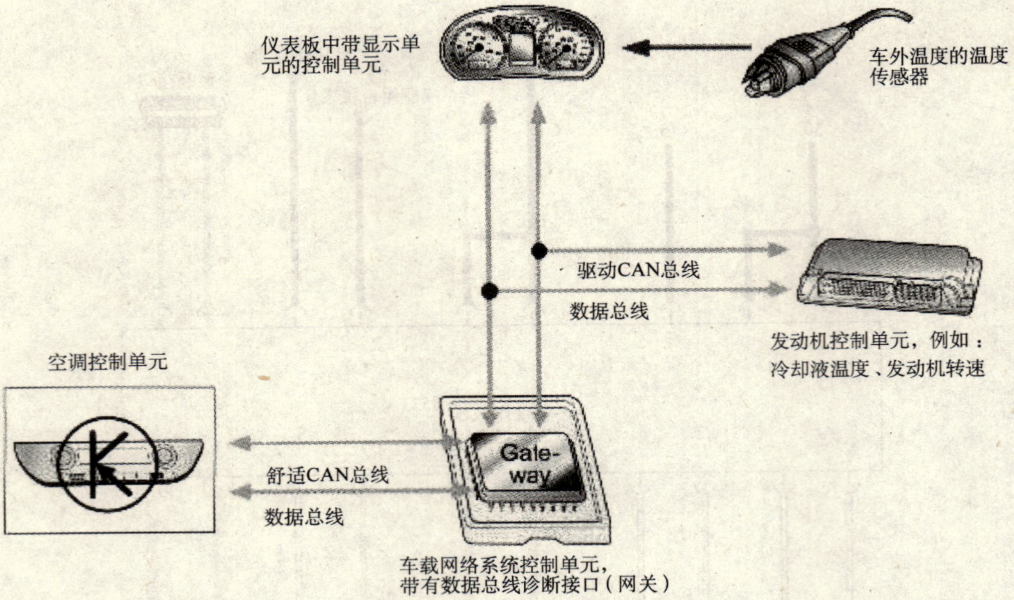

图 10—4—7 网关数据转换实例图

如图 10—4—8 所示，Polo 轿车上网关的第二个任务是将驱动 CAN 总线和舒适 CAN 总

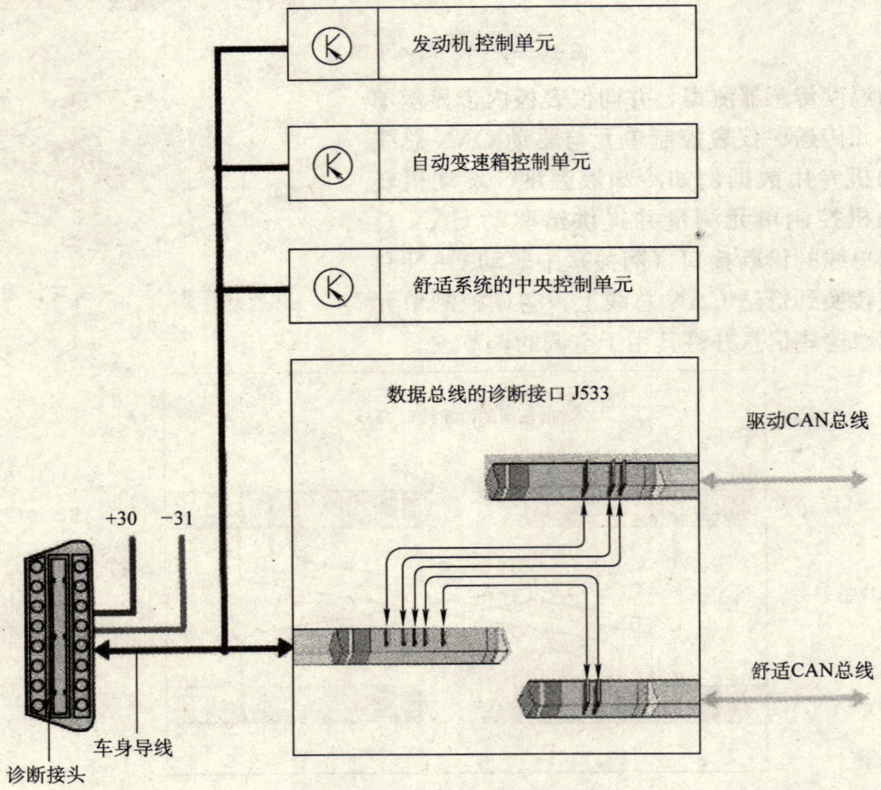

图 10—4—8 诊断数据转换示意图

线上的诊断数据转换到车身导线上，反之亦然。这样就能将车辆、测量和信息系统 VAS 5051 的数据用于自诊断。发动机控制单元、自动变速箱控制单元和舒适系统的中央控制单元有一根单独的车身导线。

如图 10—4—9 所示是从驱动 CAN 总线到车身导线的信息传送过程的举例，由于导线连接中有一个故障，制动信号灯开关未向 ABS 控制单元提供信息。ABS 控制单元连接在驱动 CAN 总线上，因而在它的故障代码存储器中存储了一个故障。

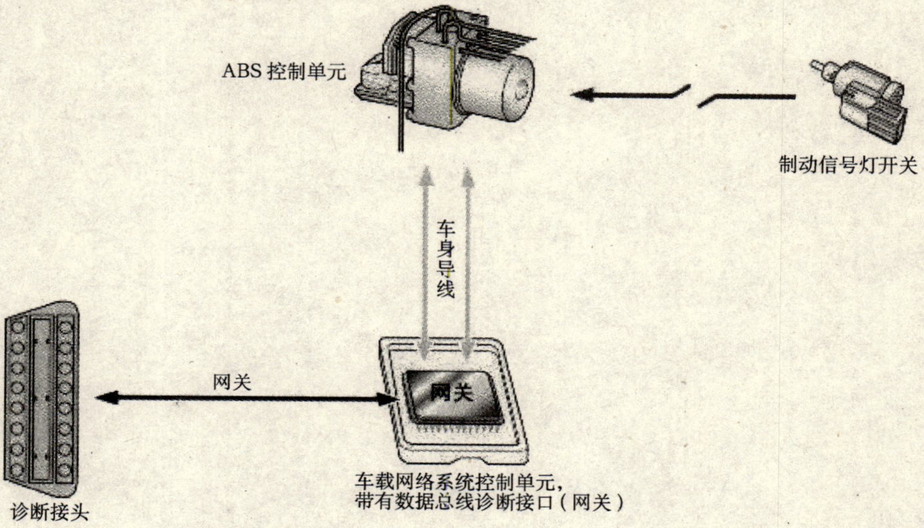

图 10—4—9　诊断数据转换实例图

为了使车辆、测量和信息系统 VAS 5051 能处理这些诊断数据，车载网络系统控制单元内的数据总线诊断接口将诊断信息从驱动 CAN 总线转换到车身导线上，这时数据并没有发生变化，也就是说车身导线上的信息内容与 CAN 总线上的是相同的。

第十章 多路传输系统 CAN 总线

第五节
数据传输过程

一、网络管理指令组成

数据指令结构如图 10—5—1 所示，结构上分为基准地址、控制单元编号、发送数据权限顺序码、环形模块等。

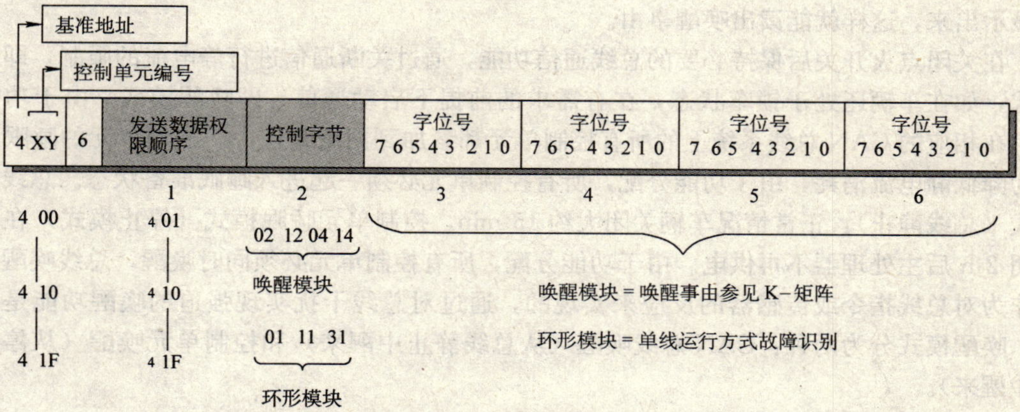

图 10—5—1　数据指令结构图

基准地址：基准地址用于控制单元排序。如：401＝中央舒适电气系统，参见车辆地址码分配表。

指令长度：网络管理指令长度始终为 6 个字节。

逻辑顺序：下一个拥有发送数据权限的控制单元地址码（形成逻辑环），如 02＝402。

控制字节：控制字节描述环形模块和唤醒理由，环形模块和唤醒模块显示方式不同。

环形模块：

01＝环形建立；

11＝环形模块建立和控制单元睡眠准备；

31＝环形搭建，控制单元睡眠准备和睡眠指令（环形上最后一个控制单元发送睡眠指令，然后该控制单元将最后一个进入睡眠准备）。

唤醒模块：这个唤醒模式是控制单元特定的命令，02、12、04 并在 K－矩阵中有描述。

示例　指令＝401　6　02　11　00　00　00　00

基准地址	指令长度	逻辑顺序	控制字节	唤醒原因 故障识别	唤醒原因 故障识别	唤醒原因 故障识别	唤醒原因 故障识别
401	6	02	11	00	00	00	00
		Byte 1	Byte 2	Byte 3	Byte 4	Byte 5	Byte 6

二、逻辑环结构

当正在形成一个逻辑环时，每一个控制单元向其逻辑地址的下一个控制单元发送网络管理指令，最高逻辑地址的控制单元再将指令发送回到最低逻辑地址的控制单元。

三、网络管理指令信息含义

在网络管理指令中包括单线诊断、唤醒事由、睡眠状况（环行模块），借助诸如 Multi-Vis 或 CANoe 之类的工具软件，能够把 CAN 总线上的信息录制下来。唤醒期间在总线上能够显示出来，这样就能读出唤醒事由。

在关闭点火开关后保持必要的总线通信功能，通过关断通信进行静电流的限制，即睡眠模式，如在车辆还处于锁车状态，在有需求的前提下启动通信，即唤醒模式。由于功能分配，在相应的 CAN 总线系统上的所有控制单元都参加到网络管理中。控制单元的睡眠状态是为降低静电流消耗，由于功能分配，所有控制单元必须一起进入睡眠准备状态。总线睡眠模式（总线静止）：正常情况车辆关闭大约 15 min，控制单元睡眠模式（停止模式）在车辆关闭 2 h 后主处理器不再供电。由于功能分配，所有控制单元必须同时唤醒，总线唤醒功能是作为对总线指令或传感器的反应来实现的，通过对总线干扰实现强迫的唤醒功能是可能的，唤醒模式分为两种：CAN 总线唤醒（从总线静止中醒来）和控制单元唤醒（从停止模式中醒来）。

四、单线运行故障识别

如图 10—5—2 所示，在 ZKE 和星形节点之间的 CAN 总线断路，控制单元识别出 ZKE 处于单线运行模式，控制单元在网络管理指令中发送此信息，在诊断接口中，可以通过读取数据块读出单线运行方式的信息。

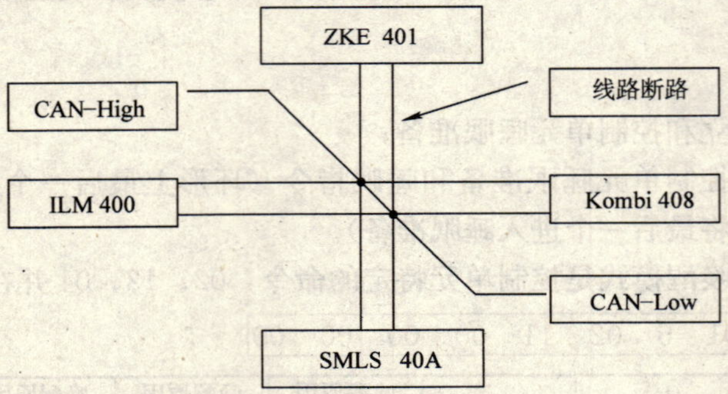

图 10—5—2 单线运行故障识别

第十章 多路传输系统 CAN 总线

第六节 LIN 局域互联网与多路传输

一、LIN 总线含义

LIN 是 Local Interconnect Network 的缩写，其含义是局域互联网络，表示所有的控制单元都装在一个有限的空间内（如车顶），所以它也被称为“局域子系统”。车上各个 LIN 总线系统之间的数据交换是由控制单元通过 CAN 数据总线实现的。

汽车中的局域互联网络是指所有的控制单元都在一个系统总成内，如发动机系统、自动变速器系统、空调系统。

LIN 总线系统是单线式总线，底色是紫色，有标志色。该线的横截面面积为0.35 mm^2，无须屏蔽。

LIN 总线系统有主控制器和子控制器之分，整个总成内的主控制器和子控制器、子控制器和子控制器间的信息都由 Lin 总线相连，然后由主控制器通过 CAN 总线与外界相连，如图 10—6—1 所示。

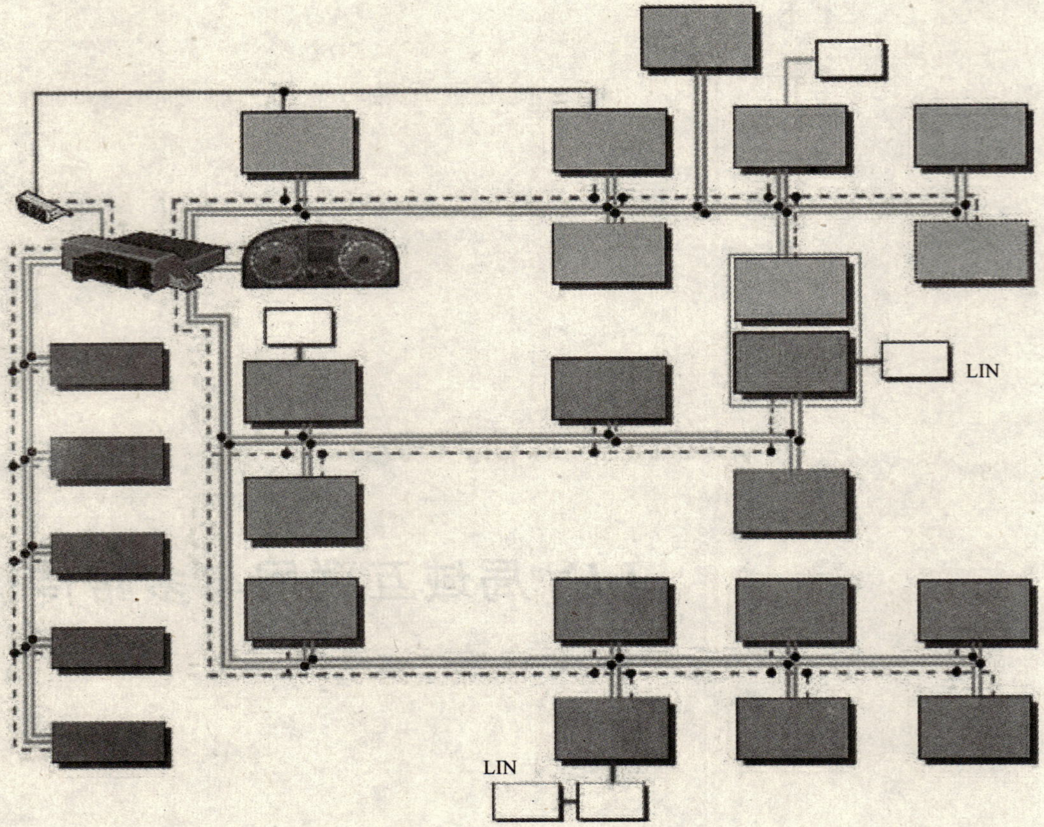

图 10—6—1　CAN 与 LIN 关系图

LIN 总线是 CAN 总线的子网，连接在 CAN 总线上的控制单元执行局域互联网（LIN）的主功能。所连接的局域互联网（LIN）副控制单元的诊断通过局域互联网（LIN）主控制单元进行，如图 10—6—2 所示。

图 10—6—2　LIN 主、副控制单元的关系图

二、LIN 总线传输特征

（1）最大传输率 19.2 kbit/s。

（2）单线，基本色：紫色＋标志色。

（3）使用主控制器的地址来进行诊断。

三、LIN 总线主控制单元

LIN 总线主控制单元连接在 CAN 数据总线上，它执行 LIN 的主功能。LIN 总线主控制单元监控制数据传递和数据传递的速率，发送信息标题。主控制单元的软件内已经设定了一个周期，这个周期用于决定何时将哪些信息发送到 LIN 数据总线上以及发送多少次。该控制单元在 LIN 数据总线系统的 LIN 控制单元与 CAN 总线之间起“翻译”作用，它是 LIN 总线系统中唯一与 CAN 数据总线相连的控制单元。通过 LIN 主控制单元进行与之相连的 LIN 从控制单元的自诊断。

如图 10—6—3 所示，空调控制单元和天窗控制单元就是两个 LIN 主控制单元，前风窗加热器、鼓风机和两个温度传感器是空调 LIN 中的从控制单元；天窗控制电动机则是天窗 LIN 中的从控制单元。

四、LIN 总线从控制器

每个 LIN 总线中最多可以连接 16 个从控制器，从控制器主要是接收或传送与主控制器的查询或指定有关的数据，如图 10—6—4 所示。

从控制器诊断的内容（测量数据块、执行元件测试、设定、故障存储器查询）在主控制器地址的帮助下被读出或激活。在几次通信无效的尝试后，主控制器的故障存储器里会产生一个故障记忆“控制单元 XY 无信号/通信”。LIN 总线通信在通信断开时（拔下插头，通信参与者的供电断路），主控制单元里产生一个故障存储。

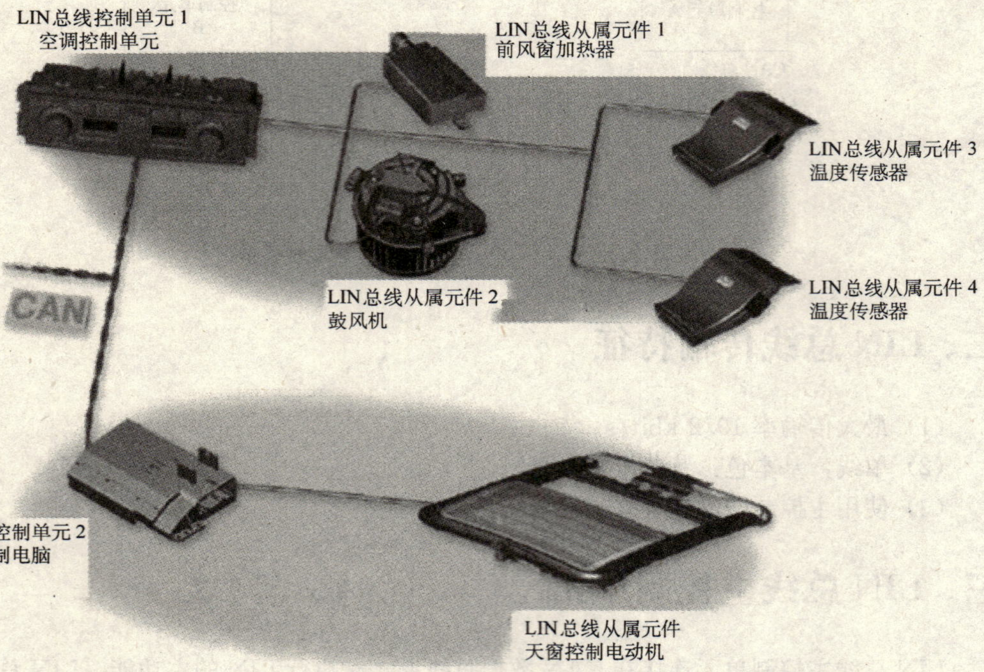

图 10—6—3　LIN 总线内部组成示意图

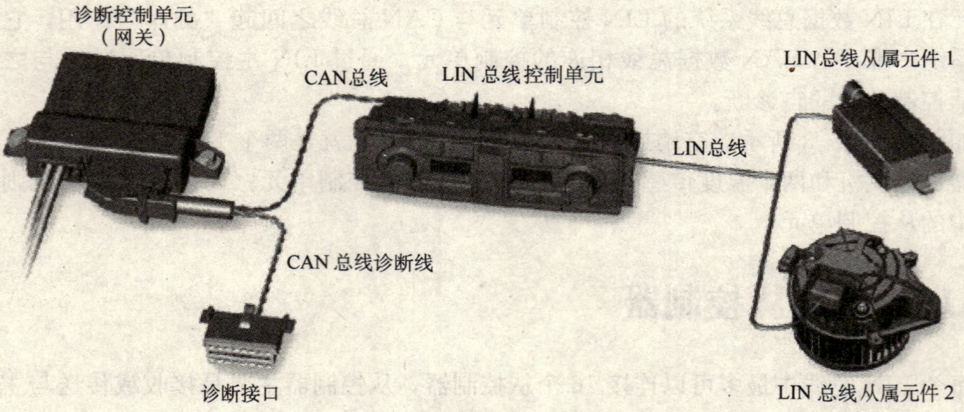

图 10—6—4　CAN、LIN 与从控制器示意图

五、LIN 总线的组成

如图 10—6—5 所示为奥迪车系 CAN 总线与 LIN 总线总成组成图。

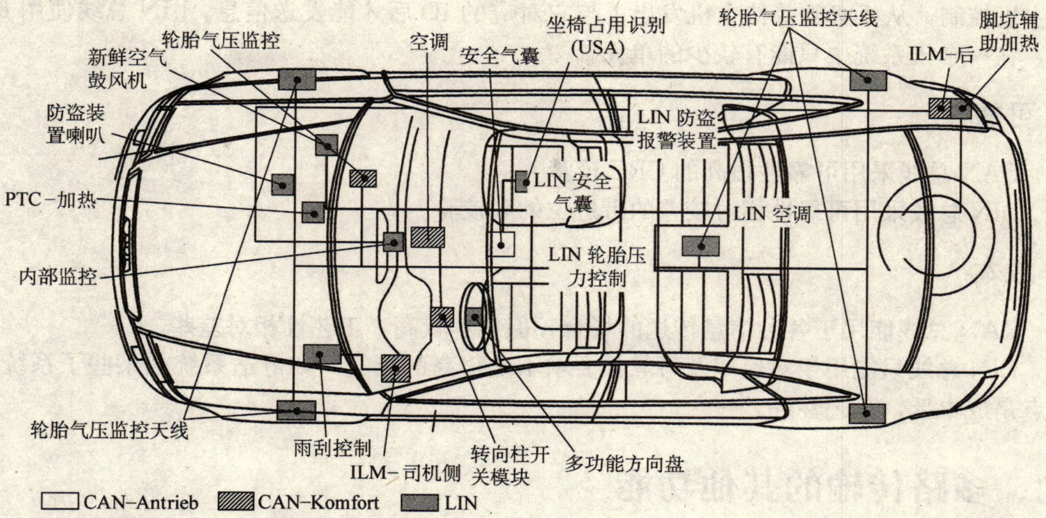

图 10—6—5　奥迪车系 CAN 总线与 LIN 总线组成示意图

六、CAN 总线与 LIN 总线的差别

1. 信号线及信号

CAN 总线以 CAN－High 和 CAN－Low 两条信号线（双绞线）工作，舒适 CAN 总线两条线的电平分别约为 0 V 和 5 V（隐性时）。

LIN 总线只以一条相当于 CAN－Low 的信号线工作，隐性时电平接近电瓶电压，并随之浮动；显性时电平接近地电平。使用 0.35 mm^2 导线，颜色为紫底白线。

2. 组件

CAN 总线工作时，电子单元中除了需要相对复杂的收发器外，通常还需要用专门的协议控制器。LIN 总线单元中的收发器较简单，而且由于协议简单，通常不需要专门的协议控制器。

3. 传输速率

CAN 总线的位速率较高，在汽车中使用时通常为 500 kb/s，最低的也达到 100 kb/s。

LIN 总线的最高位速率为 20 kb/s，通常使用 19 200 b/s 或 9 600 b/s 的速率。

4. 系统结构

CAN 总线为多主机系统，即接入总线的任一电子单元都可通过总线仲裁来获取总线控制权，并向总线系统中发送信息，单元在发出完整的 ID 时即为主机。CAN 总线使用 11 位 ID（甚至更多），在一个子系统中可有较多的单元。

LIN 总线为单主机多从机系统，每一子系统中有且只有一个主机，所有的信息传送都由主机控制，从机必须等待主机发出了与它对应的 ID 后才能发送信息。LIN 总线使用 6 位 ID，在一个子系统中只能有较少的单元。

5. 可靠性

CAN 总线采用可靠性很高的 CRC 校验。

LIN 总线采用可靠性相对较差的带进位的和校验。

6. 成本

CAN 总线能用于各种信息传送的场合，但成本较高，工艺性相对差些。

LIN 总线只能用于对速率及可靠性要求不是很高的场合，如舒适系统或某些子系统等，优点是成本低，工艺性好。

七、多路传输的其他功能

1. 碰撞时的特殊功能

Polo 轿车的安全系统有用于碰撞情况的自动电路，这些电路能缓解紧急状态，动作电路包括中控门锁解除联锁、车内灯被打开、闪烁报警装置被接通、燃油输入被中断。

如果在碰撞时安全气囊被触发，安全气囊控制单元会同时在驱动 CAN 总线上给出一个“碰撞信号”，由于此信号，发动机控制单元通过燃油泵继电器切断燃油输入。

碰撞信号通过数据总线的诊断接口（网关）被继续向舒适 CAN 总线传送，舒适系统的中央控制单元将所有车门解除联锁，此外，车载网络系统控制单元接通车内灯（如果开关在车门触点位置）和闪烁报警位置。车载网络系统控制单元，内有数据总线的诊断接口（网关）。

2. 能源节约功能

（1）睡眠模式（sleep－modus）。在点火开关关闭的情况下为了降低耗电，连接在数据 CAN 总线上的控制单元被置于睡眠模式，在驱动 CAN 总线内，关闭点火开关后才能进入睡眠模式，因为在驱动 CAN 总线内的数据传输只有在点火开关接通情况下才能进行。在舒适 CAN 总线中只有关闭点火开关且下列条件满足的情况下才能进入睡眠模式：闪烁报警装置关闭、功能保持结束、无诊断数据传输、外部照明关闭。

（2）唤醒（wake－up－modus）。一个控制单元通过下面所述动作中的一个动作识别到了唤醒命令，并将其继续传送给其他控制单元，从而将这些控制单元也激活。

在驱动 CAN 总线中通常总是在点火开关打开后被唤醒。在舒适 CAN 总线中，在下列动作后唤醒：打开点火开关、激活闪烁报警装置、车门、后行李箱盖、车前盖和点火钥匙的状态发生变化、接通车外照明。

仪表板内有显示的控制单元是与驱动 CAN 总线连接的，即使电源中断（点火开关关闭）也需要从舒适 CAN 总线系统获得数据。因此需要与舒适 CAN 总线有一个直接的连接，或与车载网络系统控制单元有导线连接（唤醒导线），而这取决于仪表板的装备情况。

第十一章 光纤通信技术与多媒体 MOST总线应用

第一节 光纤通信应用情况

车载网络技术发展到今天，已经开始大量采用光纤通信技术，对于汽车维修人员来讲，光纤通信是一个全新的课题，但是光纤通信网络将是今后车载网络技术的一个重要发展方向，也是作为一个优秀的维修人员，应该掌握应用到汽车领域的新技术。

一、MOST 总线含义

MOST 为 Media Oriented Systems Transport 的缩写，其含义为面向媒体的网络传输系统，可称为媒体定向传输。

二、光纤通信的优点

1. 与电缆或微波等电通信方式相比

（1）传输频带极宽，通信容量很大。
（2）由于光纤衰减小，无中继设备，故传输距离远。
（3）串扰小，信号传输质量高。
（4）光纤抗电磁干扰，保密性好。
（5）光纤尺寸小，重量轻，便于传输和铺设。
（6）耐化学腐蚀。
（7）光纤是石英玻璃拉制成型，原材料来源丰富，并节约了大量有色金属。
（8）传输速度快。

2. 光纤通信同时具有以下缺点

（1）光纤弯曲半径不宜过小。
（2）光纤的切断和连接操作技术复杂。
（3）分路、耦合麻烦。

由于光纤具备一系列优点，所以广泛应用于公用通信，有线电视图像传输，计算机、航空、航天、船舰、车载网络内的通信控制，电力及铁道通信交通控制信号，核电站通信，油田、炼油厂、矿井等区域内的通信。

三、光纤传输原理

首先将拟传递的信息设法加载（或调制）到某种载体上，然后再将被调制的载体传送到目的地后，将信息从载体上解调出来。光纤通信系统终点端机的作用是对来自信息源的信号进行处理，例如模拟/数字转换多路复用等；发送端光端机的作用则是将光源（ 如激光器或发光二极管 ）通过电信号调制成光信号，输入光纤传输至远方；接收端的光端机内有光检测器（ 如光电二极管）将来自光纤的光信号还原成电信号，经放大、整形、再生恢复原形后，输至电端机的接收端。

汽车领域中所应用光纤数据传输的只是一个特定要求的网络系统，目前应用的主要集中在多媒体和舒适系统网络的数据传输当中。比如2003款奥迪A8轿车就在其MOST多媒体系统中采用了光纤数据传输技术。

四、光纤的分类

根据折射率在横截面上的分布形状，光纤有阶跃型光纤和渐变型（梯度型）两种。按照传输模式分为单模和多模光纤，如图11—1—1所示。

（1）阶跃型光纤：阶跃型光纤在纤芯和包层交界处的折射率呈阶梯形突变，纤芯的折射率n1和包层的折射率n2是均匀常数。

（2）渐变型光纤：渐变型光纤纤芯的折射率n1随着半径的增加而按一定规律逐渐减少，到纤芯与包层交界处为包层折射率n2，纤芯的折射率不是均匀常数。

（3）单模光纤：单模光纤只传输一种模式，纤芯直径较细，通常在4～10 μm范围内。

（4）多模光纤：多模光纤可传输多种模式，纤芯直径较粗，典型尺寸为50 μm左右。

阶跃型光纤在纤芯和包层交界处的折射率呈阶梯形突变，纤芯的折射率n1和包层的折射率n2是均匀常数。渐变型光纤纤芯的折射率n1随着半径的增加而按一定规律（如平方律、双正割曲线等）逐渐减少，到纤芯与包层交界处为包层折射率n2，纤芯的折射率不是均匀常数。

根据光纤中传输模式的多少，可分为单模光纤和多模光纤两类。单模光纤只传输一种模式，纤芯直径较细，通常在4～10 μm范围内。而多模光纤可传输多种模式，纤芯直径较粗，典型尺寸为50 μm左右。

按制造光纤所使用的材料，可分为石英系列、塑料包层石英纤芯、多组分玻璃纤维、全塑光纤四种。光通信中主要用石英光纤，以后所说的光纤也主要是指石英光纤。另外，若按工作波长来分，还可分为短波长光纤和长波长光纤。多模光纤可以采用阶跃折射率分布，也可以采用渐变折射率分布；单模光纤多采用阶跃折射率分布。因此，石英光纤大体可以分为多模阶跃折射率光纤、多模渐变折射率光纤和单模阶跃折射率光纤等几种。它们的结构、尺寸、折射率分布及光传输的示意图如图11—1—1所示。

五、光纤通信与多媒体MOST的应用

多媒体应用需求的网络特征，与其他应用相比有许多相同的特性，也有不少特有的特征：

- 要求连续媒体信息（音频和视频）进行实时传送。
- 对连续媒体信息的编码使得被交换的数据容量大而且非常重要。
- 大多数应用是面向分布的，特别是当服务于常驻用户时。

基于这样的观察，以下选择4个能用数量表示并且应用于通信子网的性能规则以及两个应用于大型网络的关键特征。4个关键的通信子网的性能规则如下：

（1）吞吐量：多媒体通信要求的吞吐量很大。

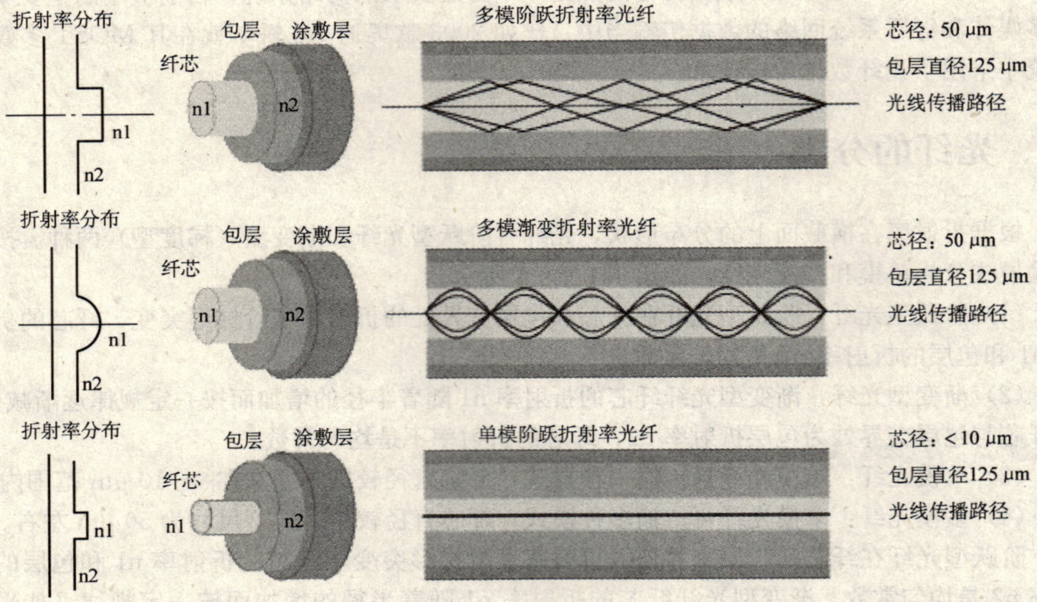

图 11—1—1　光纤的分类

（2）传输延迟：多媒体通信要求的传输延迟很小。

（3）延迟变化：多媒体通信要求的传输延迟波动很小。

（4）差错率：多媒体通信要求的传输误码率很低。

这些参数与支持连续媒体的实时传送密切相关。大型网络的最关键的特性是多点播送和广播能力、文件缓存能力。这些特征与支持基于下载的分布和检索的应用密切相关。

从前面的分析可以看出，光纤通信具备许多优点，能够满足多媒体通信的各种要求。因此，光纤必将是多媒体通信传输介质的最佳方案。在大众奥迪车系中采用的 MOST 系统中已经是经历了发展和完善的光纤系统。此数据总线系统的标志来自于“媒体系统系统交换（MOST）标准组织”。许多不同的汽车生产商及其供应商和软件公司集合在这一组织下，以实现一个用于进行数据快速传输的单元系统。

“媒体系统数据交换”代表着带有 MOST（媒体系统数据交换）的网络。这意味着与 CAN 总线（电脑数据区域控制网络数据总线）交换相反地址导向的信息将被传输到一个特定的接收器。此技术在奥迪车系中被运用在信息娱乐系统中的数据传输。

到目前为止所采用的 CAN 总线（电脑数据区域控制网络数据总线）系统无法提供足够快的数据传输，以及所需的相应输送量。借助于光纤 MOST 总线（媒体系统数据交换总线），部件间的数据传输以数字方式进行。借助于光波，在显著提高传输速率的同时，仅需要较少的缆线并可实现较轻的质量。与无线电波相比，光波的波长十分短，不会产生电磁干扰波，而且对电磁干扰波不敏感。这种相互联系使光波具有较高的传输速率和抗干扰安全性。如图 11—1—2 所示为 2004 款奥迪 A6 轿车中的 MOST 总线网络系统的典型应用。采用光纤传输的传输速率达 21.2 Mb/s，可实现声音和图像数据的同时传输。

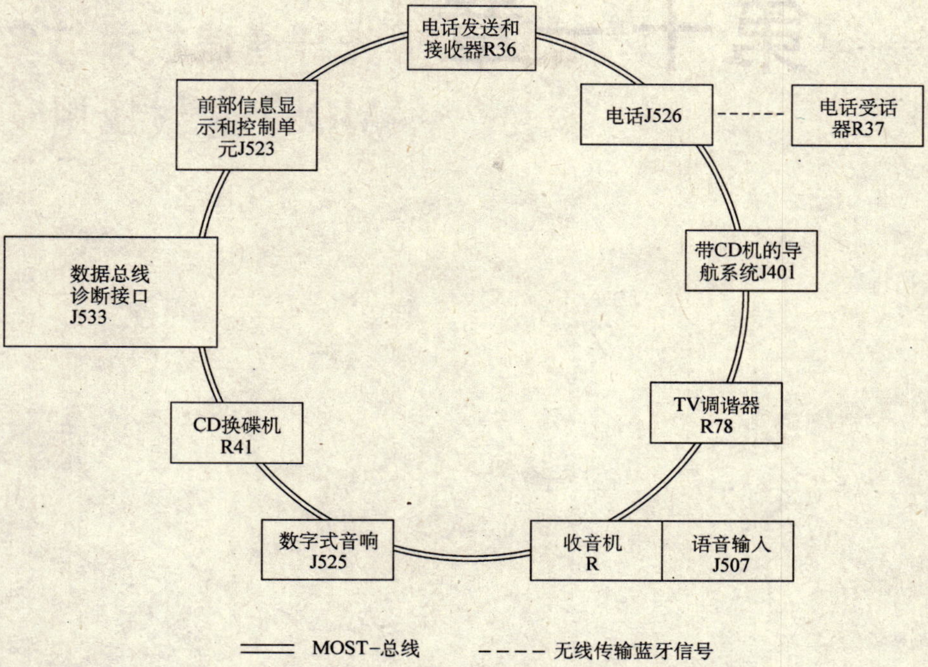

图 11—1—2　MOST 总线的环形结构图

第十一章 光纤通信技术与多媒体MOST总线应用

第二节

光纤通信系统组成与工作过程

一、光纤通信系统与 MOST 总线的组成

1. 光纤通信的组成

如图 11—2—1 所示，光纤通信系统由以下五个部分组成。

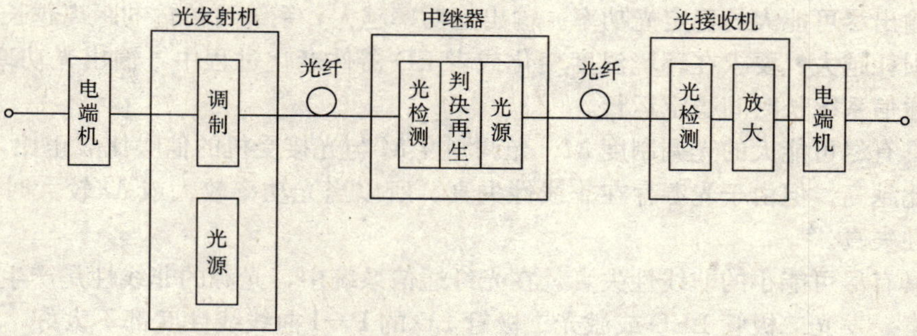

图 11—2—1　光纤通信系统的组成

(1) 光发射机：光发射机是实现电/光转换的光端机。它由光源、驱动器和调制器组成，其功能是将来自于电端机的电信号对光源发出的光波进行调制，成为已调光波，然后再将已调的光信号耦合到光纤或光缆去传输。电端机就是常规的电子通信设备。

(2) 光接收机：光接收机是实现光/电转换的光端机。它由光检测器和光放大器组成，其功能是将光纤或光缆传输来的光信号，经光检测器转变为电信号，然后再将这微弱的电信号经放大电路放大到足够的电压，送到接收端的电端机。

(3) 光纤或光缆：光纤或光缆构成光的传输通路。其功能是将发信端发出的已调光信号，经过光纤或光缆的远距离传输后，耦合到收信端的光检测器上去，完成传送信息任务。

(4) 中继器：中继器由光检测器、光源和判决再生电路组成。它的作用有两个：一是补偿光信号在光纤中传输时受到的衰减；二是对波形失真的脉冲进行整形。

(5) 光纤连接器、耦合器等无源器件：由于光纤或光缆的长度受光纤拉制工艺和光缆施工条件的限制，且光纤的拉制长度也是有限度的（如 1 km）。因此，一条光纤线路可能存在多根光纤相连接的问题。于是，光纤间的连接、光纤与光端机的连接及耦合，对光纤连接器、耦合器等无源器件的使用是必不可少的。但是在实际的汽车网络系统中，由于网络的损耗不大，所以不需要中继器。

目前实用的光纤通信系统都采用直接检波系统。直接检波系统就是在发送端直接把信号调制到光波上，而在接收端用光电检波管直接把被调制的光波检波为原信号的系统。电端机就是一般电信号设备，例如载波机或电视图像发送与接收设备等。光端机则是把电信号转变为光信号（发送光端机），或把光信号转变为电信号（接收光端机）的设备。发送光端机的作用是将发送的电信号进行处理，加在半导体激光器上，使电信号调制光波，然后将此已调制光波送入光导纤维。已调制光波经光导纤维传送至接收光端机的半导体光电管上检波。检

波后得到的电信号经过适当处理再送接受电端机，然后按一般电信号处理。这就是整个光纤通信的过程。这个过程和一般无线电通信过程是十分相似的。当然光线通信的空间传输手段是光导纤维，这与一般无线电通信在空间传输电波的情况是不同的。

2. 光发射机

光发射机（或称发送光端机）是将电端机来的信号经过处理后对光源进行强度调制，把电信号转换为光信号，对光发射机的主要技术要求是：

（1）输出尽可能大的稳定光功率。输出光功率越大，系统可传输的距离越长，或者系统所允许的损耗越大。要求在环境温度变化或者 LD 器件老化过程中，输出光功率保持不变，可使光纤通信系统长时间稳定运行。

（2）具有尽可能大的光调制度 M。光调制度 M 与光接受机的信噪比成正比，所以 M 越大，信噪比越高。但由于光源存在非线性失真，所以当光功率较大或 M 较大时，会产生严重的非线性失真。

（3）具有尽可能小的非线性失真。在光纤通信系统中，光源的非线性是产生非线性失真的主要因素。发光二极管 LED 或激光二极管 LD 的 P—I 曲线线性度都不太好，为了获得良好的线性，需要进行非线性补偿。常用的补偿方法有负反馈法、预失真法、相移调制法等。其中，预失真法比较简单适用，被广泛采用。

光发射机组成框图如图 11—2—2 所示，光源采用发光二极管 LED，发光二极管的优点是输出光功率与注入电流的关系线性较好，驱动电路简单，寿命长，受环境温度影响较小，价格便宜等；缺点是输出光功率小，发散角大，与光纤耦合效率低，因而广泛应用于中短距离、中小容量的光纤通信系统中。

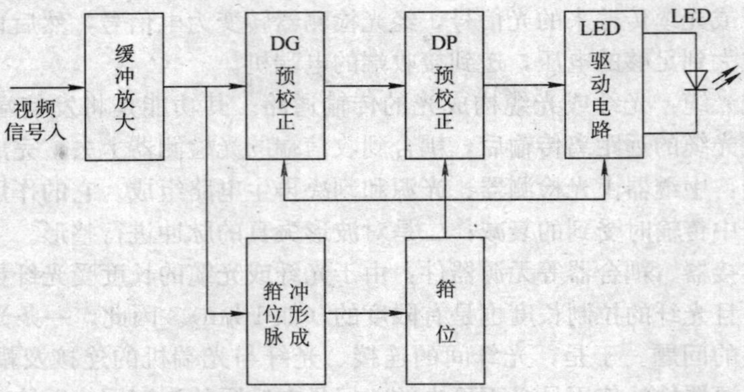

图 11—2—2　光发射机组成框图

视频信号经缓冲放大后，一路送至 DG、DP 预失真校正电路，另一路送至箝位脉冲形成电路，利用视频信号的行同步脉冲，或者由于行同步脉冲形成的箝位脉冲，通过箝位电路控制送到预失真校正级和驱动级的视频信号。这是因为视频信号在传输过程中，由于级间耦合电路时间常数不够等原因，往往会丢失信号中的低频成分和直流分量。因而通过箝位电路恢复直流分量，以消除低频干扰，保持一定的动态范围，使预失真校正电路不会因信号平均电压变化而超出校正范围，使发光二极管 LED 工作在 P—I 曲线线性校正范围内。

3. 光接收机

光接收机是光纤通信系统的重要组成部分，它的作用是将由光纤传来的微弱光信号转换为电信号，经放大、处理后恢复原信号。光接收机的性能对整个系统的通信质量有很大的影响，光接收机主要性能指标是：

（1）光接收机灵敏度。光接收机的灵敏度是指满足给定信噪比指标的条件下，光接收机所需要的最小接收光功率。所需要的最小接收光功率越小，光接收机灵敏度越高，接收弱信号的能力越强。影响光接收机灵敏度的主要因素是光检测器的响应度及光接收机的噪声，由于噪声存在，限制了光接收机接收弱信号的能力，因此如何降低光接收机的噪声已成为光纤通信系统中的一个重要研究课题。

（2）光接收机的动态范围。光接收机的动态范围是指光接收机灵敏度与最大可允许输入光功率的电压差。输入光功率过大，超过最大可允许的输入光功率，接收机会出现饱和或过载，使输出信号产生失真，因此希望光接收机有大的动态范围。

4. MOST 总线的组成

在奥迪 A6 轿车上 MOST 系统总线组成如图 11—2—3 所示，MOST 控制单元结构如图 11—2—4 所示。

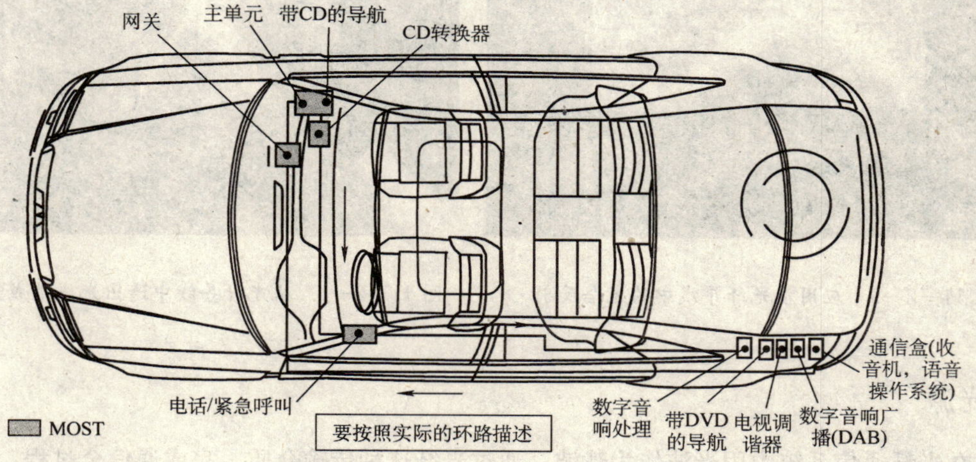

图 11—2—3　MOST 系统总线组成示意图

二、MOST 数据传输过程

1. 光纤导线工作原理

应用在光纤导线中的光会反射，如图 11—2—5 所示。从光纤导线中透出光线造成光的损失，如图 11—2—6 所示。可能的原因为光纤射入角度不对（插头失效），或是弯曲半径不足。

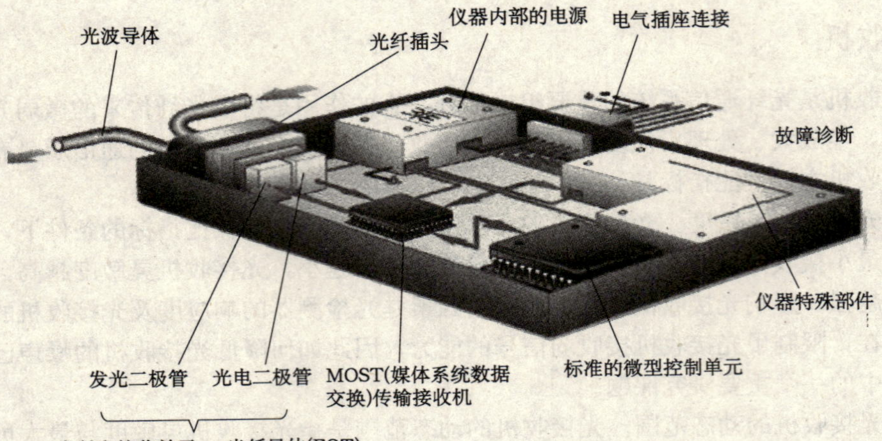

图 11—2—4 MOST 控制单元结构图

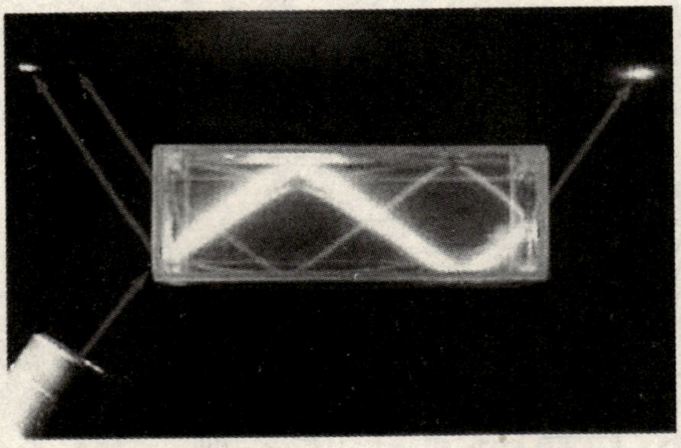

图 11—2—5 应用在光纤导线中的光全反射

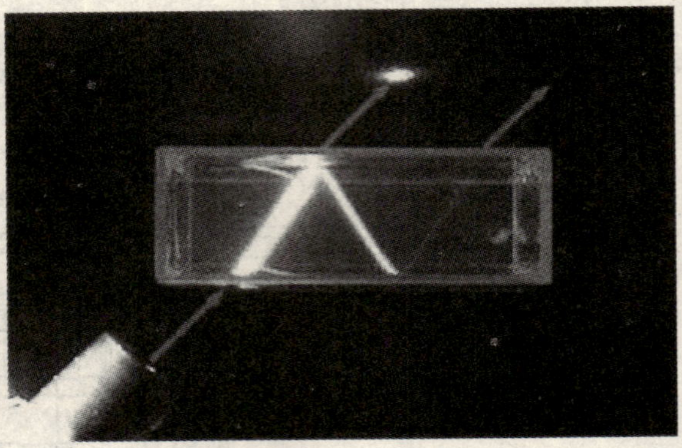

图 11—2—6 从光纤导线中透出光线造成光的损失

2. 光源

在光纤通信系统中用光波作为载波，通过光纤这种传输介质，完成通信全过程。但目前各种终端设备多为电子设备，这就需要在输入端先将电信号变成光信号，也就是用电信号调制光源。光源的作用是将信号电流变换为光信号功率，即实现电—光的转换。目前光纤通信系统中常用的光源主要有半导体激光器 LD、半导体发光二极管 LED、半导体分布反馈激光器 DFB 等。半导体激光器体积小、价格低、调制方便，只要简单地改变通过器件的电流，就能将光进行高速调制，因而已发展成为光通信系统中最重要的器件。汽车领域中实际应用的光电器件如图 11—2—7 所示。

光与数据的传播过程如图 11—2—8 所示。光电二极管的任务是将光波转化为电压信号。光电二极管包含有一个 PN 过渡层，它能被光线射透。隔离层位于被强烈掺质的 P 层下并几乎融入 N 层中。在 P 层上有一个接触环阳极。N 层安置在金属底板上阴极。

光线或红外线渗入到 PN 过渡层中，通过它的能量形成空闲电子和小孔。它们通过 PN 过渡层形成电流。这意味着照到光电二极管的光线越多，经过光电二极管的电流就越强。这个过程被称为内部光电效应。光电二极管将在反方向有序地依靠电阻进行切换。由于高光线照射流经光电二极管的电流升高，电阻的压降增大。这样光线信号转化为电压信号。

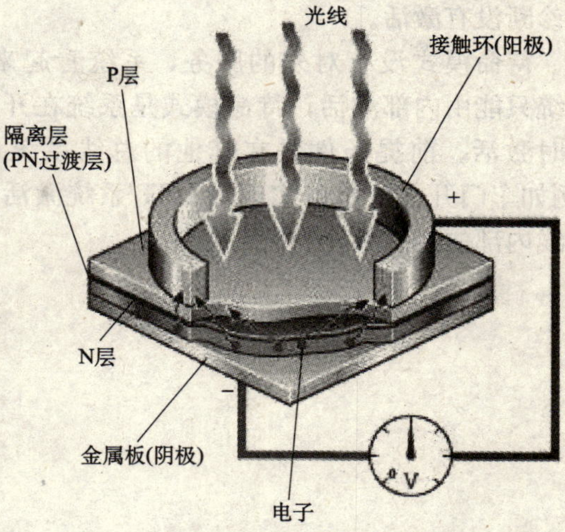

图 11—2—7　光电器件结构图

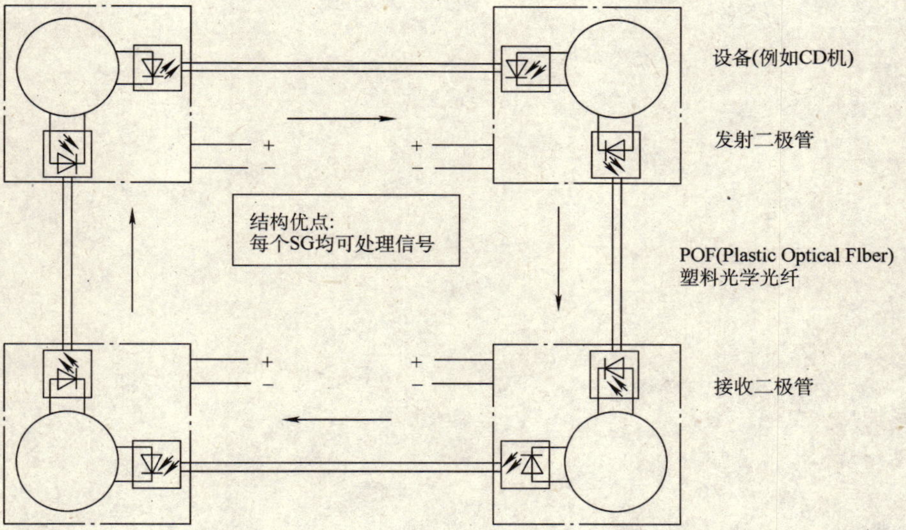

图 11—2—8　光与数据的传播过程

三、MOST 系统工作模式

MOST 处于待命状态下，在 MOST 总线上进行信息交换，实现系统全部功能。通过其他总线实现激活，使用者通过多媒体操纵单元交替选择各种功能可实现激活。其工作模式如图 11—2—9 所示。

在 MOST 总线上没有信息交换，所有设备都做好睡眠准备，系统管理者发起光学起始脉冲对总线通信的启动是必要的，静电流降到最小值。工作的前提条件是总线上所有控制单元都发出准备进入睡眠模式的信号，其他的总线系统没有通过网关向 MOST 提出请求，并且诊断没有激活。

待命模式没有对外的服务，系统看起来好像关闭，系统只能由内部激活，待命模式是系统在开始或空载运行时激活。前提条件是在其他的总线系统通过网关的（例如车门开关）信号实现 MOST 系统激活，可以通过总线内部的控制单元激活。

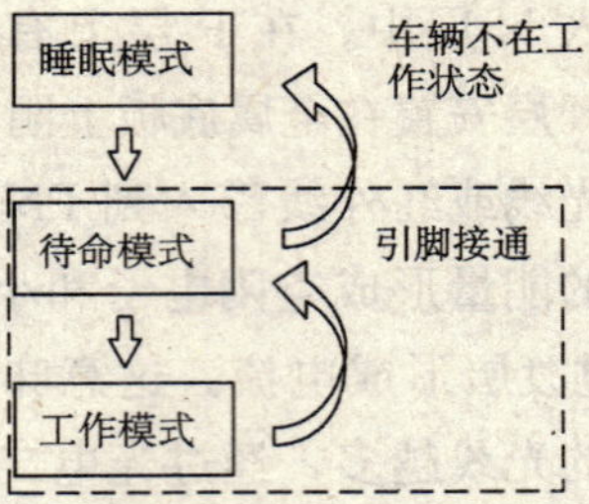

图 11—2—9 系统工作模式

第十一章 光纤通信技术与多媒体 MOST 总线应用

第三节 光纤导线与系统故障诊断

一、光纤导线（光缆）

光纤是传光的纤维波导或光导纤维的简称。其典型结构是多层同轴圆柱体，如图 11—3—1 所示，自内向外为纤芯、包层和涂覆层。

核心部分是纤芯和包层，其中纤芯由高度透明的材料制成，是光波的主要传输通道；包层的折射率略小于纤芯，使光的传输性能相对稳定。纤芯粗细、纤芯材料和包层材料的折射率，对光纤的特性起决定性影响。涂覆层包括一次涂覆、缓冲层和二次涂覆，主要作用是保护光纤不受水汽的侵蚀和机械的擦伤，增加光纤的柔韧性，延长光纤寿命。

目前，光纤通信用的光纤都经过了一次涂覆和二次涂覆的处理，经过涂覆后的光纤虽然已具有一定的抗张强度，但还是经不起施工中的弯折、扭曲和侧压等外力作用，为了使光纤能在各种环境中使用，必须把光纤与其他元件组合起来构成光缆，使其具有良好的传输性能以及抗拉强度、抗冲击强度、抗弯强度、抗扭曲强度等机械性能。如图 11—3—2 所示为光纤导线实物图。

图 11—3—1　光纤导线结构图

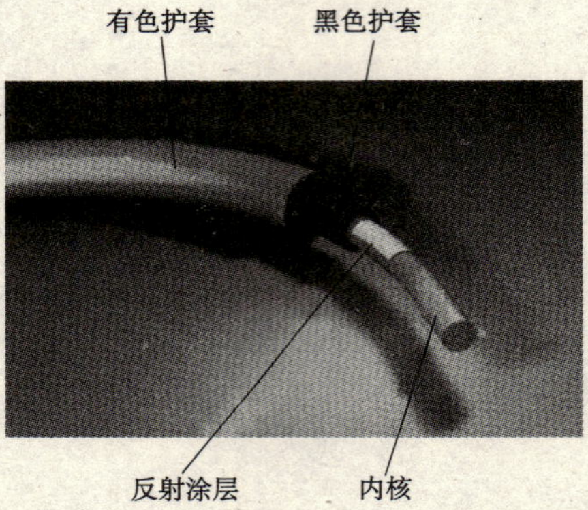

图 11—3—2　光纤导线实物图

1. 光纤的基本组成

目前光纤通信中使用各种不同类型的光纤，其结构形式多种多样，但无论何种结构形式的光纤，基本上都由缆芯、加强元件和护层三部分组成。

（1）缆芯。缆芯是由单根或多根光纤芯线组成，其作用是传输光波。

（2）加强元件。加强元件一般有金属丝和非金属纤维，其作用是增强光纤敷设时可承受的拉伸负荷。

（3）护层。光纤的护层主要是对已形成缆的光纤芯线起保护作用，避免其受外界的损伤。

2. 光缆的种类

光缆按成缆结构方式不同可分为层绞式、套管式和沟槽式。

（1）层绞式光缆。层绞式光缆是将若干根光纤芯线以加强元件为中心绞合在一起的一种结构，这种结构适用于芯线数较少的光缆。

（2）套管式光缆。套管式光缆是将数根一次涂覆的光纤放入同一根塑料管中，管中填冲油膏，光纤浮在油膏中。套管式光缆的结构合理、重量轻、体积小、价格便宜。

（3）沟槽式光缆。沟槽式光缆是将单根或多根光纤放入沟槽中，骨架中心是加强元件。这种结构的光缆抗侧压性能好，制造工艺复杂。

汽车领域应用的是一个派生结构系列，这三种光缆的基本结构如图 11－3－3 所示。

	层绞式	套管式	沟槽式
基本结构	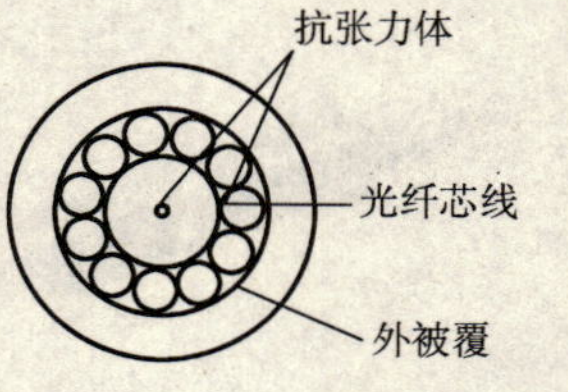	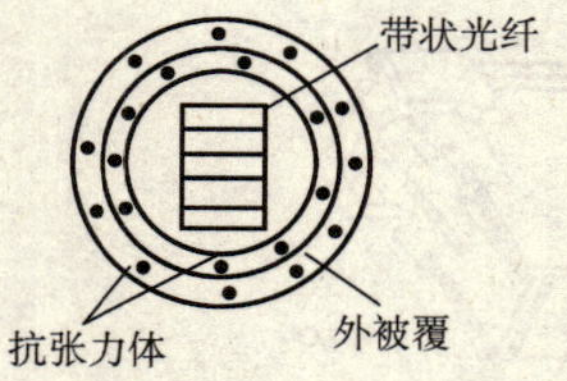	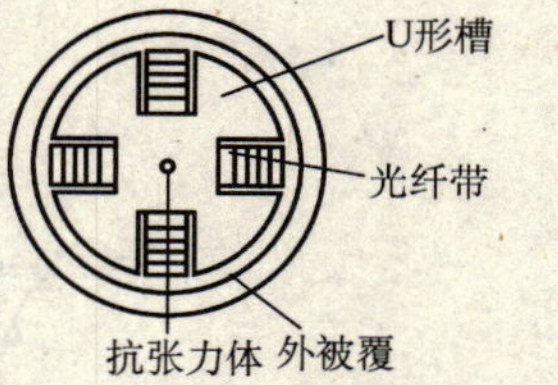
抗张力体	在中心或分散	埋在外护套里	在中心或分散
特征	1.结构简单 2.可以用和金属缆同样的制造方法	1.高密度外护 2.高强度	1.抗侧压等机械强度 2.高密度，多变化

图 11—3—3　三种光缆对比图

3. 光纤的连接

光纤与光纤的连接有两种形式，一种是永久性连接，另一种是活动连接。为了使光导体能连接到控制单元，应使用特殊的光纤线插头。在插座接头上有一个信号方向箭头，如图 11—3—4 和图 11—3—5 所示，显示了输入（到接收器）的情况，插头的外壳建立了到控制单元的连接。通过内核的正面实现了光线到控制单元内发射机/接收器的传输。在生产光纤时为了要在插头外壳上固定光纤，要在光纤尾端利用激光技术焊上塑料套管或者在尾端卡上黄铜质地的套管。

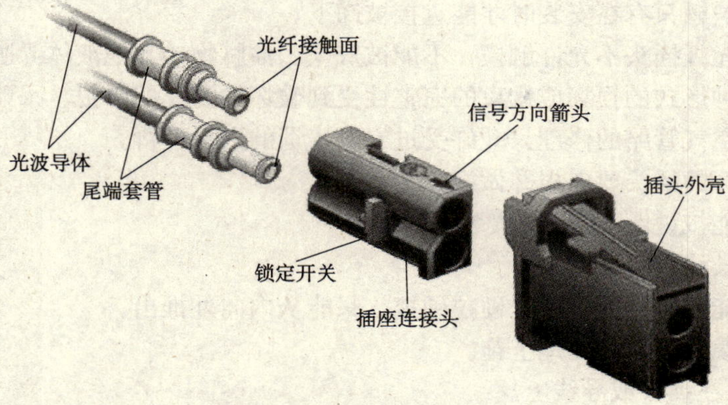

图 11—3—4　光纤的接头

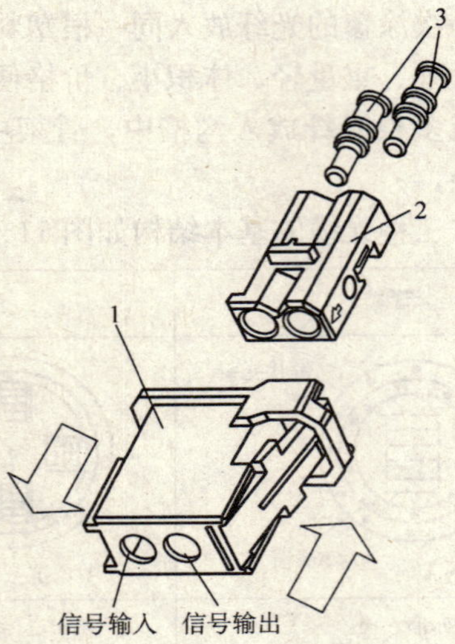

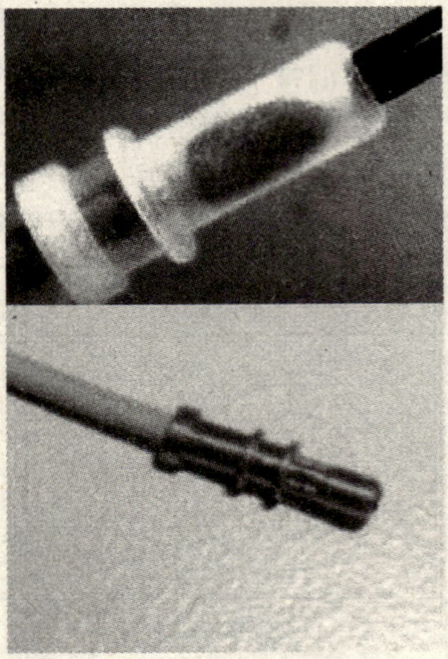

图 11—3—5　光纤的连接

1—外壳　2—基础模块　3—触点

如图 11—3—6 所示为实际光纤端面，为了保证尽可能地无损耗传输，光导体的正面必须平滑垂直且干净，这种要求只能通过专用的切割工具来实现。污染和划痕会提高光纤的损耗（衰耗）。

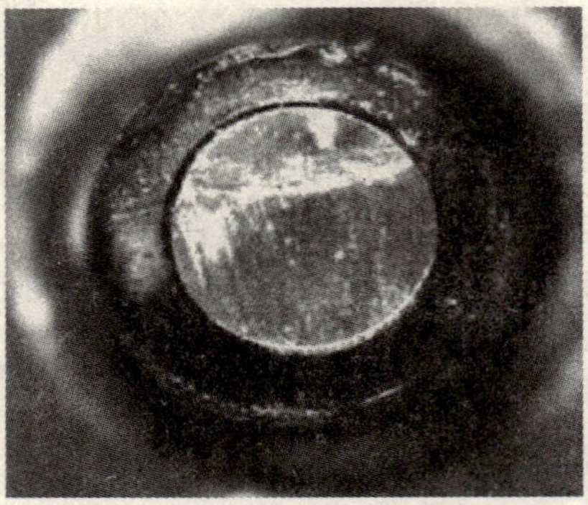

图 11—3—6　实际光纤端面图

二、光纤的故障诊断

1. MOST 与光纤应用的注意事项

（1）光纤保护帽只有在安装时才能直接被卸下。

（2）开口的光纤插头不允许触摸，不能被灰尘、油腻物或其他液体弄脏。

（3）无论哪种形式的损坏或线束的完整性受到破坏均需立即申报、采购，并进行更换。

（4）光纤或空气管路的修理只允许受过专业培训的人员进行。

（5）所有损坏的插头要申报并做好记录。

（6）线束只能按说明 PDM 图安装和连接。

（7）未装的长线束打上活结。

（8）线束不能从外部的破口处硬拉硬拽，只能从内向外推出。

（9）插头和缆线不允许在地上拖。

（10）不能踩在插头或导线上。

（11）线束任一位置不允许折叠。

（12）只有在确有必要的情况下才能断开控制单元插头和导线插头。

（13）在断开控制单元插头和导线插头前确保数据总线处于睡眠模式。重新连接时，一定要读出并删除所有控制单元故障存储器里的故障，如有必要进行调整。

2. 光纤导线常见故障

光纤导线常见故障如图 11—3—7 所示。

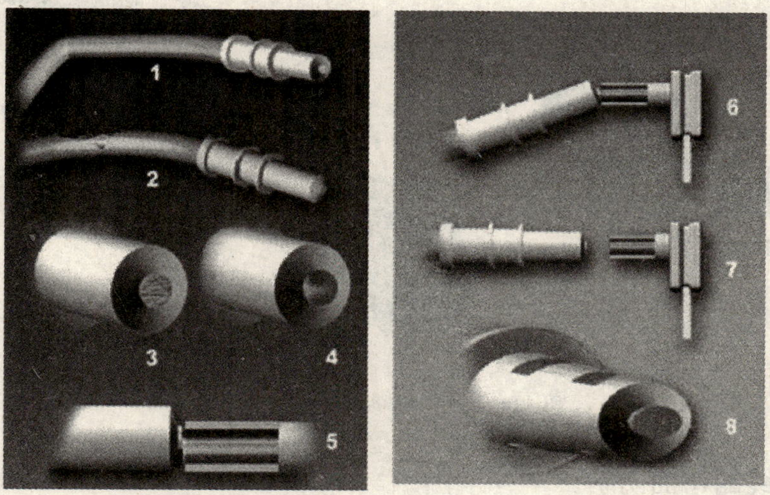

图 11—3—7　光纤导线常见故障图

1—弯曲半径不足　2—外壳破坏　3—端面破损　4—端面脏
5—端面错位　6—角度问题　7—两条光纤导线间漏光　8—端口问题

3. MOST 总线的诊断

断环诊断通过网关导入，诊断检测仪的断环诊断被激发，因为光环断路，断环检测必须由星形连接的点检测实现，用断环诊断进行分析，判断总线上的所有控制单元的电路和光路是否正常。

系统出现故障原因主要有以下几点。

（1）环断（光纤压坏、剪断或者插头没插）。

（2）控制单元没有电。

（3）光纤变形。

（4）发射、接收二极管有故障。

为分析出断环出现的位置，零件清单、断环诊断应答等信息非常必要，如图 11—3—8 所示。环路断路诊断可以通过以下方式进行：激活诊断接口的执行元件测试、从诊断接口发一个电脉冲到诊断线上、所有控制单元发送光信号、所有控制单元检查电器功能、所有控制单元检查环路上运行的光信号是否到达入口、控制单元通过诊断线回答、通过环路顺序检查（附加电路图）指出环路的断路位置。

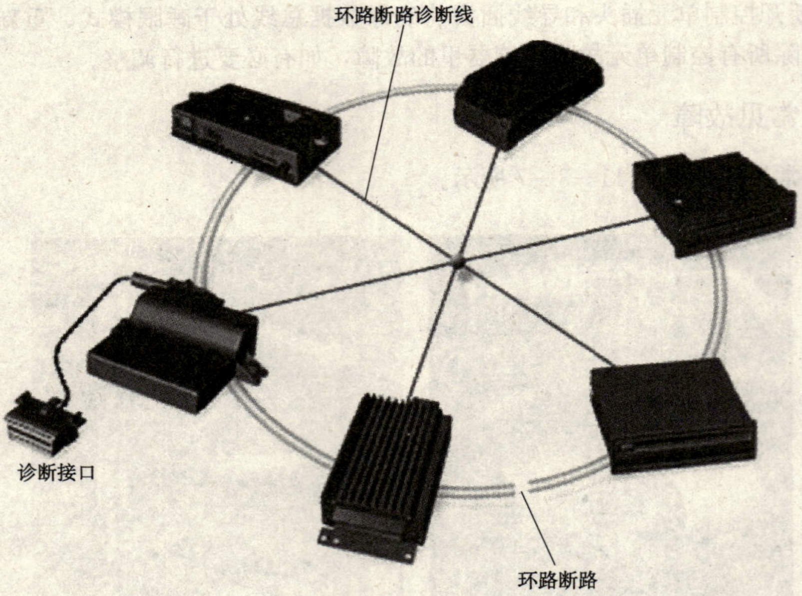

图 11—3—8　环路断路诊断示意图

4. MOST 导线的弯曲防护

波纹管弯曲应避免半径不足，如图 11—3—9 所示，最小弯曲半径要大于 25 mm，在 10～20 mm 之间会损害功能，小于 5 mm 为破坏半径。

图 11—3—9　波纹管弯曲应避免半径不足

第十二章 随速助力转向系统

在大众奥迪车系中，可以选择机械式或电动式转向柱调节，还可以选择助力转向系统和随速助力转向系统（Servotronic）。新款奥迪车型转向系统新增转向柱电动锁、螺杆驱动式转向柱倾斜调节、刚性横拉杆、可变转向传动比等功能。

一、系统组成

奥迪 A6 轿车动力转向系统组成如图 12—1—1 所示。

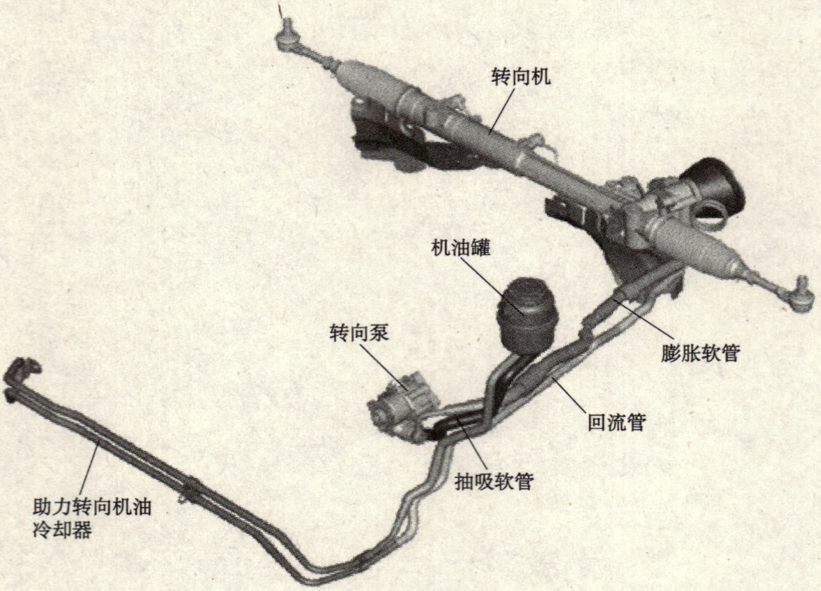

图 12—1—1　奥迪 A6 轿车动力转向系统组成图

二、系统优点

在一些中高档大众与奥迪车型中，随速助力转向装置（Servotronic）已成为标准装备，有些车型已经使用第二代随速助力转向装置。不同的车型中使用不同的转向机，它们的变速比是不同的，分别用于 V8 发动机和基本型发动机的车型。

车速越高，司机在转向时转动方向盘所需要使用的力也就越小，所有的转向系统均如此（无论有无助力转向）。因此，在设计转向机构时就需要进行综合考虑。必须防止在车速较高时，转向过于轻松，这正是随速助力转向所应完成的功能。随速助力转向可以根据车速来调节作用在方向盘上的操纵扭矩大小。最大转向助力发生在车静止或非常慢时（如在驻车时），如图 12—1—2 所示。

方向盘转至止点位置时有机油温度限制，在调节过程中会考虑到方向盘转角。使用了带有精细过滤系统的机油罐。球头经过优化，磨损特性得到了改进。采用新的制造方法，使得转向阀的公差非常小。

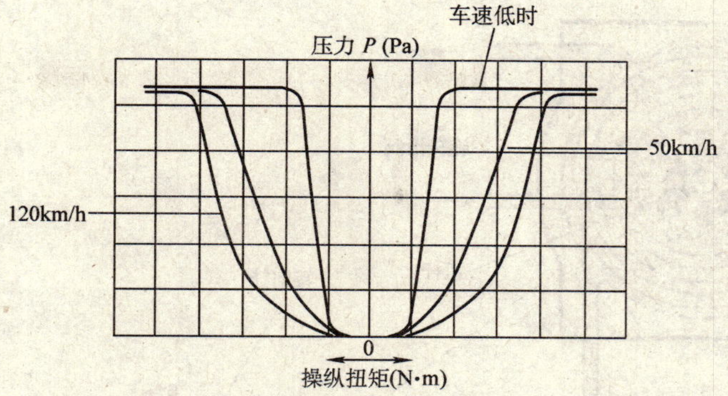

图 12—1—2　车速与方向盘扭矩曲线图

除了本来的功能外，Servotronic Ⅱ的工作原理还有两个优点，滚珠的截球形导轨会加强中心定位的能力，因此，车辆的直线行驶稳定性（尤其在车速很高时）得到提高；机油压力和流量都不会降低，就可随时应对紧急情况（如在不可预见的情况下突然进行转向校正）。

三、系统工作过程

1. 助力转向的工作过程

转动滑阀内的扭杆通过一个万向节直接与转向柱轴相连，扭杆的上端通过销子与转动滑阀刚性相连，扭杆的下端用销子连在齿条小齿轮和导向衬套上。驾驶员作出的转向动作会在扭杆上产生作用力，扭杆发生扭转，这种扭转与稳定杆在悬架受单侧力时发生的扭转是一样的。转动滑阀与扭杆一同相对于导向衬套转动。这就会使得转动滑阀和导向衬套上的槽和过渡孔的相对位置发生变化。因此，某些机油道打开，某些机油道关闭，这取决于转动滑阀和导向衬套之间的转角变化，如图 12—1—3 所示。

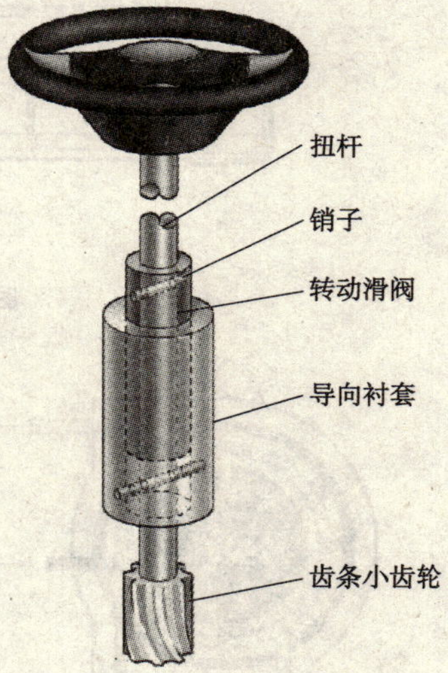

图 12—1—3　转动滑阀结构图

方向盘在中间位置时，如果方向盘上没有作用力，那么工作缸和压力管是与机油罐相连的，系统内没有建立起压力，如图 12—1—4 所示。

车轮左转时，如果驾驶员向左转动方向盘，那么扭杆和转动滑阀就会跟着扭转。发生扭转的原因是轮胎和路面会对车轮转动形成阻力。由于这个扭转，从压力管到右工作缸的一个机油道就会打开。左工作缸与通往机油罐的回油管相连，活塞上作用有车轮左转的力。转动滑阀的扭转运动一直在进行着，直至活塞力和司机的转向力之和增大到足以转动车轮为止。伴随着齿条小齿轮的运动，扭杆的下端也会与导向衬套一起转动。这个运动一直在进行着，直至扭杆的扭转以及转动滑阀与导向衬套之间的相对扭转均停止为止（中间位置）。接机油罐的回油管再次与工作缸和压力管相连，系统又回到几乎无压力的状态。每次方向盘上有作用力时，扭杆就会扭转，上面所述过程又重新开始进行，如图 12—1—5 所示。

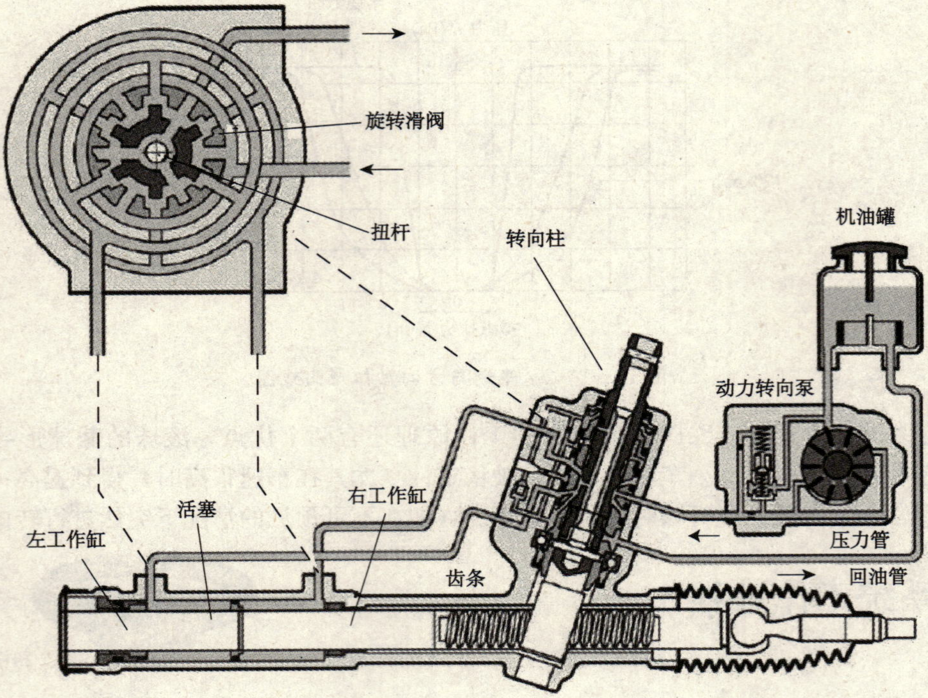

图 12—1—4　方向盘在中间位置时系统图

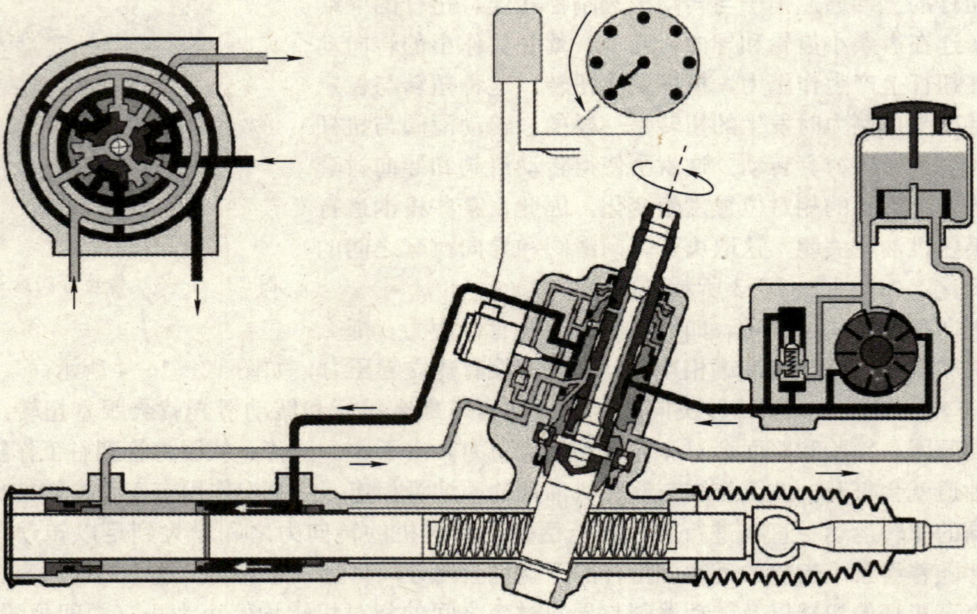

图 12—1—5　车轮左转时系统工作过程图

如果有一个反向作用力（比如因路面不平而产生的），那么助力转向装置能起减振作用。于是扭杆会发生扭转，其原因是齿条的力作用到小齿轮和扭杆上。转动滑阀和导向衬套相继发生扭转而偏离零位，于是压力机油就到达工作缸油腔内，从而克服齿条运动产生的力。

如路面不平产生一个 F_A 力，该力作用在前车轮上，并使前轮绕旋转中心 D 转动。由此产生作用在齿条上的作用力 F_Z，该力导致小齿轮和扭杆发生扭转，于是通往工作缸右侧的机油供油口被打开，工作缸左侧与回油口相接。活塞和齿条上的反作用力 F_R 会平衡掉 F_Z，从而可防止方向盘转动，如图 12—1—6 所示。

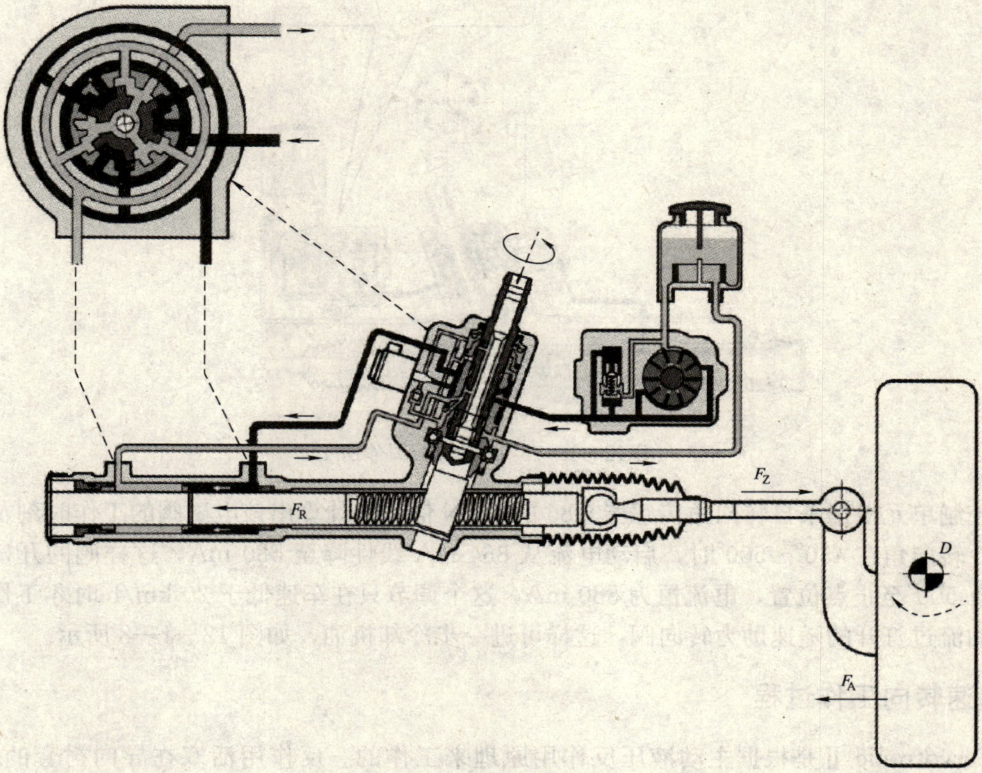

图 12—1—6　助力装置减振作用工作过程图

2. 温度限制工作过程

随速助力转向装置方向盘转至止点位置时限制有机油温度。在这种情况下，控制单元会增大电磁阀的工作电流，于是该阀开口会变得比实际车速要求的还要大，就会有多余的机油经打开的压力限制阀流回机油罐，如图 12—1—7 所示，因而该阀变得非常热。在这个流动过程中，机油会向环境释放热量，因而系统内机油温度会降低。

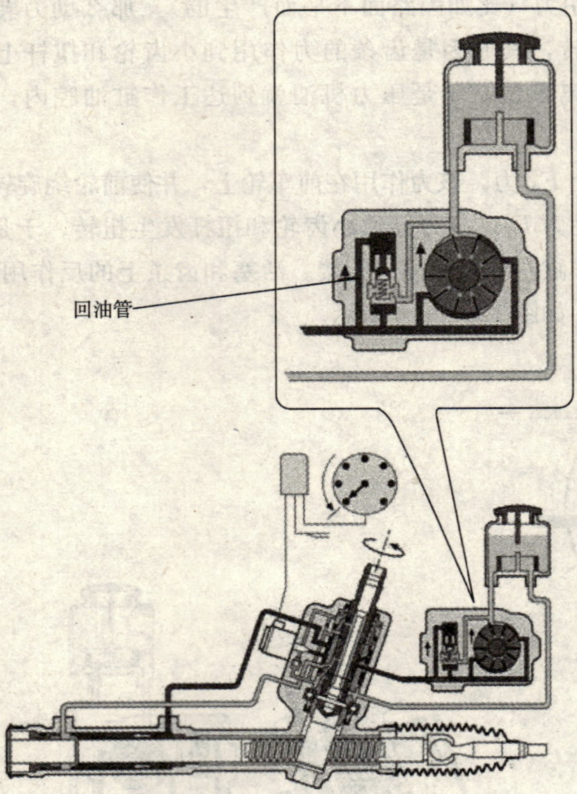

图 12—1—7　温度限制工作图 1

控制单元根据来自转向角传感器 G85 的 CAN 信号来计算出该电磁阀的工作时刻及电流大小。转向角在 450°～500°时，启动电流从 864 mA 线性降至 580 mA，这样阀的开口就变大。自 500°至止点位置，电流恒为 580 mA，这个调节只在车速低于 20 km/h 时才工作。部分机油流过打开的随速助力转向阀，这样可进一步冷却机油，如图 12—1—8 所示。

3. 随速转向工作过程

Servotronic Ⅱ是根据主动液压反作用原理来工作的。反作用活塞在导向衬套的上面，该活塞与转动滑阀相连，从而也就与扭杆连在一起，该活塞通过滚珠支承在与导向衬套相连的定心件上。在未操纵方向盘（也就是扭杆没有发生扭转）时，这些滚珠都在一个截球形导轨内，这时机油会注入反作用活塞上部的腔内。根据机油压力的大小不同，反作用活塞作用在滚珠上（也就是导向衬套上）的力也在改变。机油压力越大，作用力就越大，驾驶员操纵方向盘所需要的操纵扭矩就越大。调节这个压力大小的执行元件就是随速助力转向电磁阀 N119。该电磁阀是由供电控制单元 2—J520 来控制的。J520 的输入信号是来自 ESP 控制单元的车速信号。该电磁阀的开口横截面越大，阀上的压降就越小，那么反作用活塞上部腔内的压力就越大。这样就可以根据车速来采用不同的特性曲线去控制方向盘上的操纵扭矩和转向系统内的压力，如图 12—1—9 所示。

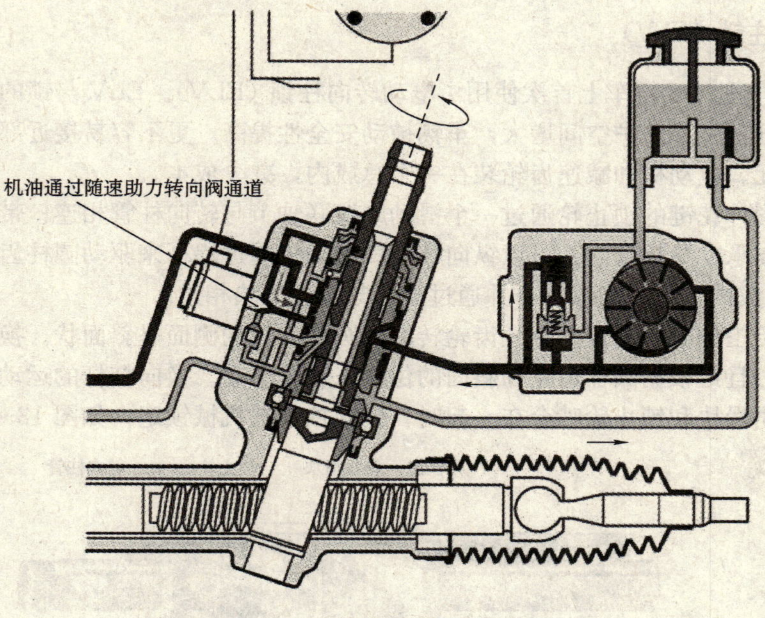

图 12—1—8　温度限制工作图 2

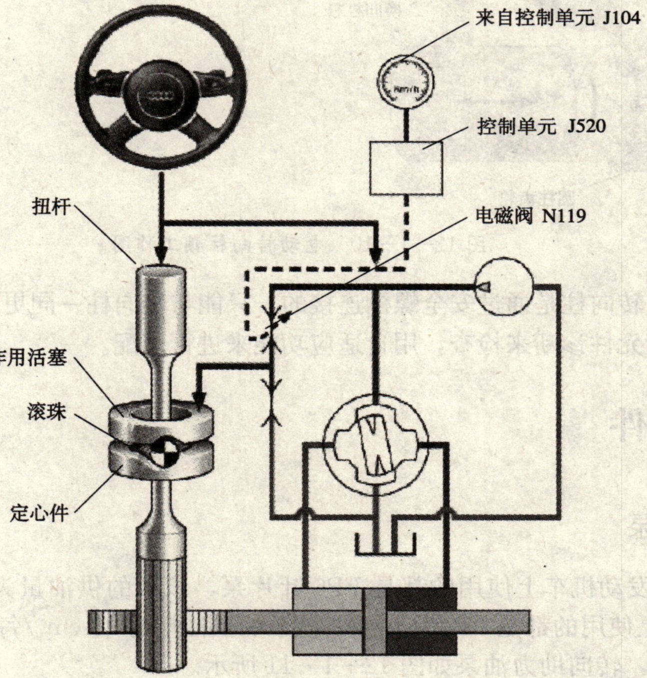

图 12—1—9　随速转向工作过程图

4. 电动转向柱锁（ELV）

在 2003 款奥迪 A8 轿车上首次使用了电动转向柱锁（ELV）。ELV 与锁的机械部分分开安装有如下好处：膝部防护空间增大，车辆被动安全性提高；更不容易接近部件，防盗性能提高；控制单元、电动机和减速齿轮装在一个总成内，减少成本。

带有圆锥形外花键的锁止轮通过一个滑动摩擦联轴节与转向柱管相连；带有圆锥形内花键的锁止滑块支承在导板盒内，可以纵向移动。电动机通过蜗杆来驱动圆柱齿轮。换向杠杆支承在 ELV 总成内，可纵向移动，并通过拉杆与锁止滑块相连。

电动机开始工作时就会带动圆柱齿轮转动，圆柱齿轮的侧面呈斜面状。换向杠杆就在这个斜面上运动，且可根据圆柱齿轮和斜面的位置来纵向移动。换向杠杆的运动会直接传给锁止滑块。当锁止滑块和锁止轮啮合在一起时，转向柱就被机械锁定，如图 12—1—10 所示。

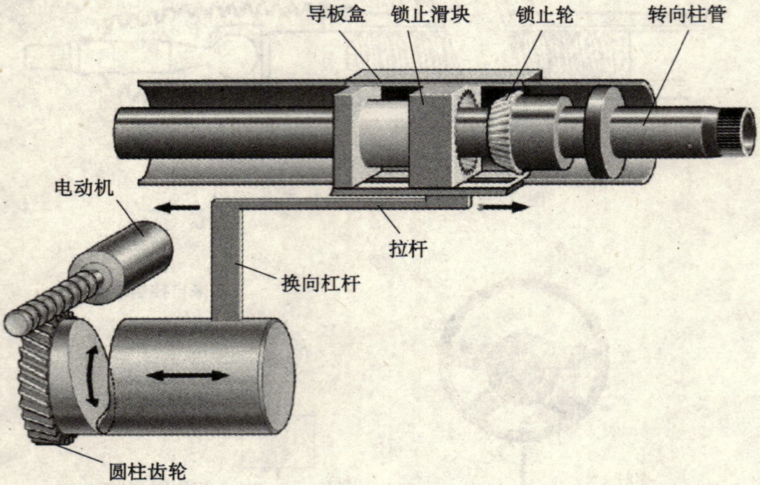

图 12—1—10　电动转向柱锁工作图

ELV 总成与转向柱是通过安全螺栓连接的，只能与转向柱一同更换。ELV 功能可通过 VAS 5051 的执行元件诊断来检查，用自适应功能来进行适配。

四、系统部件

1. 转向助力油泵

所有的汽油发动机车上使用的都是 FP6 叶片泵，该泵的供油量为 15 cm^3/每转。所有的柴油发动机车上使用的都是 FP4 叶片泵，该泵的供油量为 11 cm^3/每转。系统最大工作压力为 125×10^5 Pa，转向助力油泵如图 12—1—11 所示。

2. 转向机

齿条齿轮式转向机主要由齿条、小齿轮和支承机构、活塞、转动滑阀构成，如图

12—1—12所示。

齿条的齿部是采用不同的模数和压力角来制造的，这样就可在将方向盘的旋转运动转换成为齿条的往复直线运动的过程中实现可变传动比。这种可变传动比在转向角度较大时，可以提供更直接的反应，如图 12—1—13 所示。

活塞直径从 43 mm 增大到 45 mm，这是由于车在装上了所有装备后，车桥负荷较大的缘故。转动滑阀现在有 10 个槽，而原来只有 6 个，因此转动滑阀的控制棱边也增加。这样就可以形成一个较大的横截面，便于液体流动，从而减小液体流动的噪声。

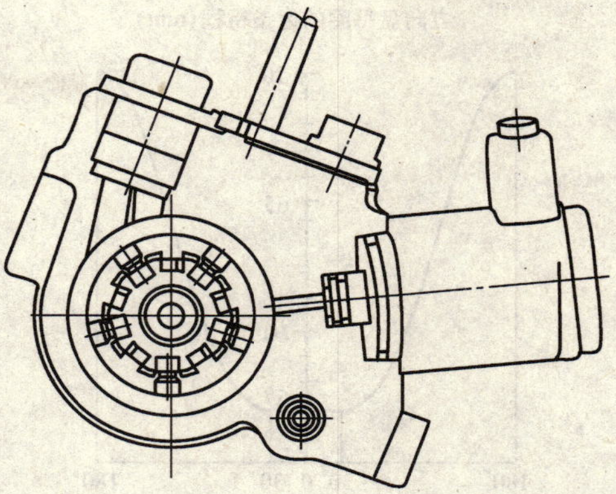

图 12—1—11　转向助力油泵图

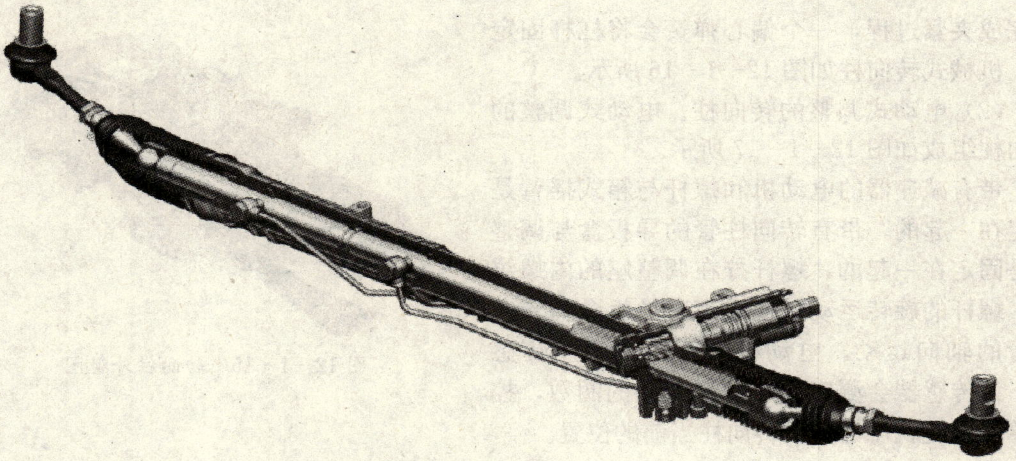

图 12—1—12　转向机外形图

3. 随速助力转向电磁阀

该电磁阀是一个电液转换器，用于实现随速助力转向（Servotronic）功能，实际它是一个比例阀。在没通电时，这个电磁阀是呈打开状态的。该电磁阀上的通电电流越强，阀上开口的横截面就越小。随速助力转向电磁阀实物如图 12—1—14 所示。

4. 转向柱

机械调节和电动调节转向柱的主要部件结构基本没什么区别，这两种转向柱都配有电动转向锁，转向柱外观如图 12—1—15 所示。

（1）机械式调整的转向柱。转向柱是通过两组金属薄片来固定的，每组各有 8 片钢片。每四个钢片均可进行轴向调节，钢片上用于调节的间隙是呈轴向布置的。每侧的另四个钢片是呈垂直方向布置的，用于完成转向柱的垂直调节。由两个辊子沿盘形凸轮的斜面向上运动

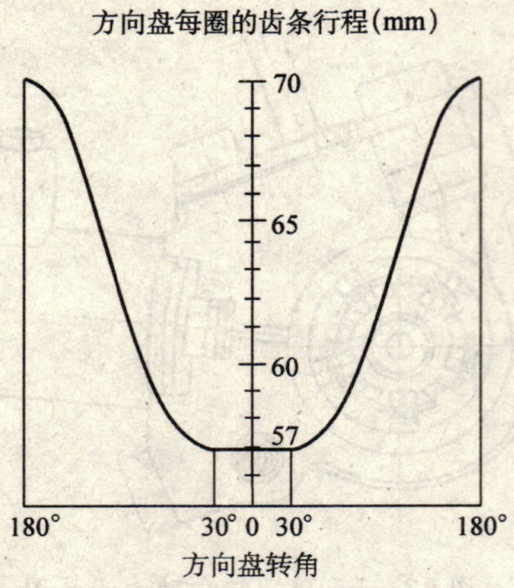

图 12—1—13 方向盘与齿条行程图

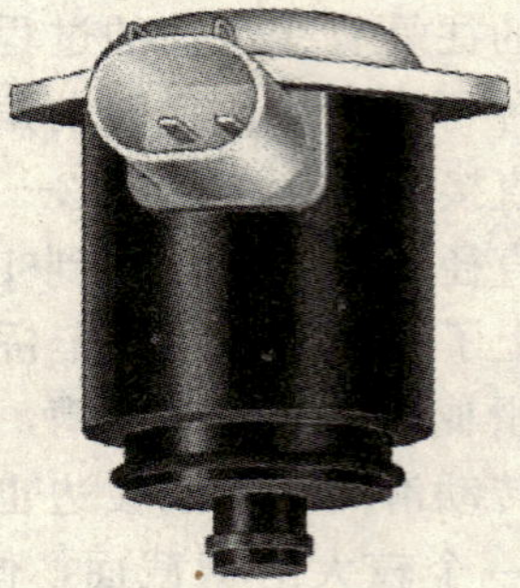

图 12—1—14 随速助力转向电磁阀外形图

来完成夹紧过程，一个偏心弹簧会将杠杆固定住。机械式转向柱如图 12—1—16 所示。

(2) 电动式调整的转向柱。电动式调整的转向柱组成如图 12—1—17 所示。

带有减速器的电动机和螺杆与箱式摇臂是固定在一起的，带有转向柱管的导板盒与调整座是固定在一起的，螺杆拧在调整座的内螺纹内。螺杆的旋转运动转换成带有导板盒和转向柱管的轴向运动。电动机内有一个霍尔传感器，该传感器会测定出电动机转动的圈数，控制单元由此就可计算出转向柱当前的位置。

图 12—1—15 转向柱外观图

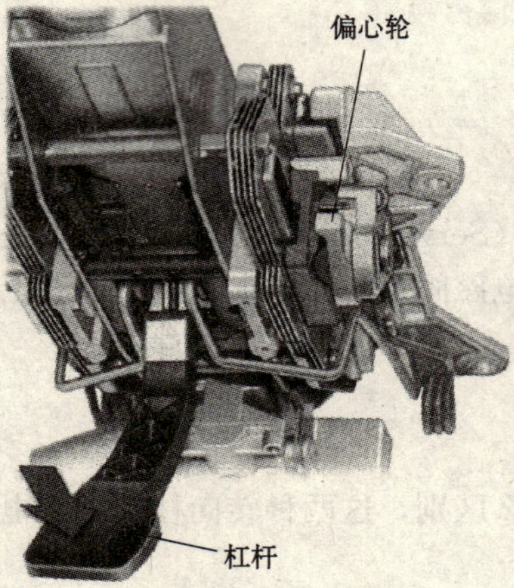

图 12—1—16 机械式转向柱

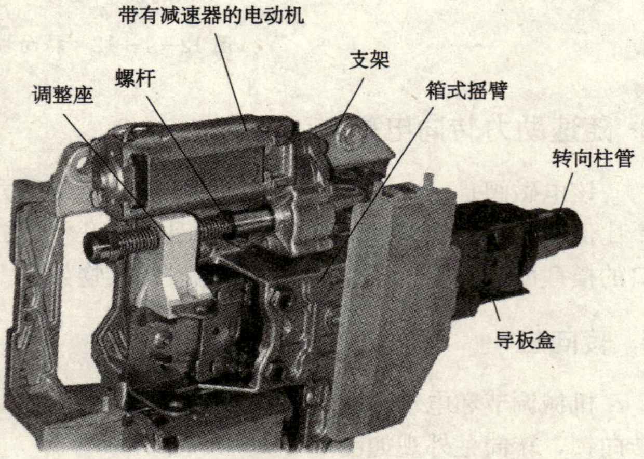

图 12—1—17 电动调整式转向柱结构图

带有导板盒和转向柱管的箱式摇臂是支承在支架内且可转动的。带有柔性轴、螺杆和减速器的电动机与箱式摇臂是固定在一起的。支架内装有一个螺纹套，螺杆就拧在该套内。螺杆的转动会使得螺纹套在垂直方向运动。带有导板盒和转向柱管的箱式摇臂就会绕共同的旋转中心转动。螺杆的另一端与一个圆柱齿轮固定在一起，这个转动通过一条齿形皮带传到转向柱另一面的一根螺杆上，在这面使用相同的部件来进行调整。这种两面支承可以大大提高转向柱的连接刚度。电动机内有一个霍尔传感器，该传感器会测定出电动机转动的圈数，控制单元由此就可计算出转向柱当前的位置，如图 12—1—18 和图 12—1—19 所示。

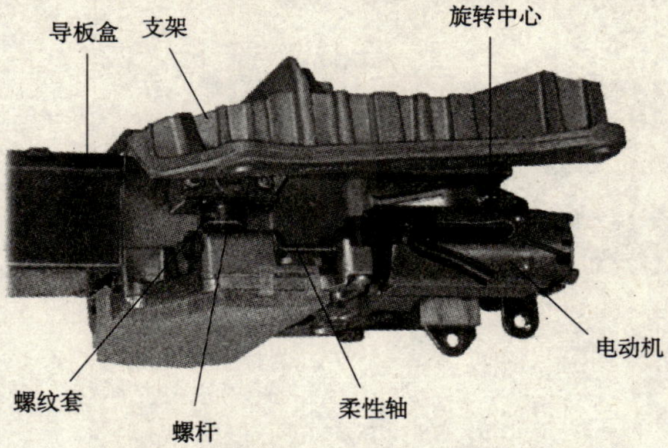

图 12—1—18　电动式调整转向柱工作图 1

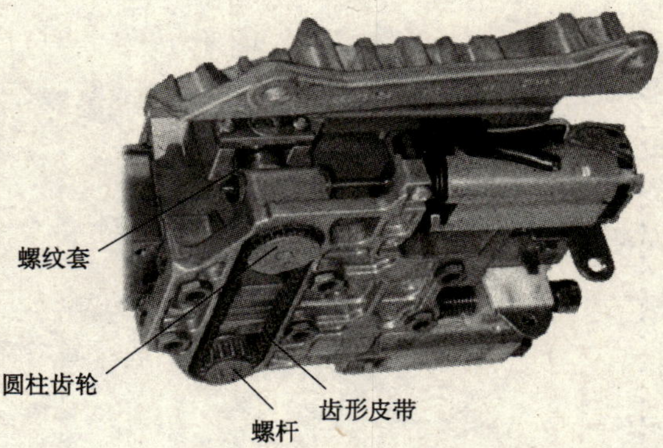

图 12—1—19　电动式调整转向柱工作图 2

转向柱在首次装配好后，就处于 Z 向终端位置（高度调节）和 X 向终端位置（纵向调节），这些值会被存入供电控制单元 J519 内。以后再进行调节时，霍尔传感器会测出相应调节电动机的转动圈数，控制单元 J519 根据转动的圈数值和存储的终端位置值就可计算出转向柱的当前实际位置，系统控制过程如图 12—1—20 所示。

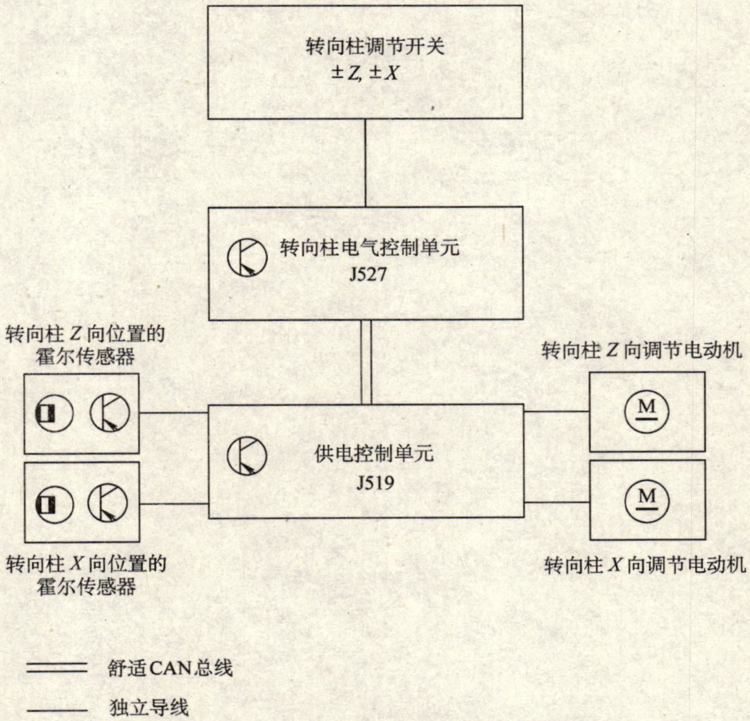

图 12—1—20　转向柱调节控制过程图

第十三章 分区域独立控制恒温自动空调系统

一、空调系统类型

1. 手动空调器

手动空调器控制面板一般采用旋转开关控制，三个开关分别是温度开关、风速开关和风向模式开关，如图 13—1—1 所示。

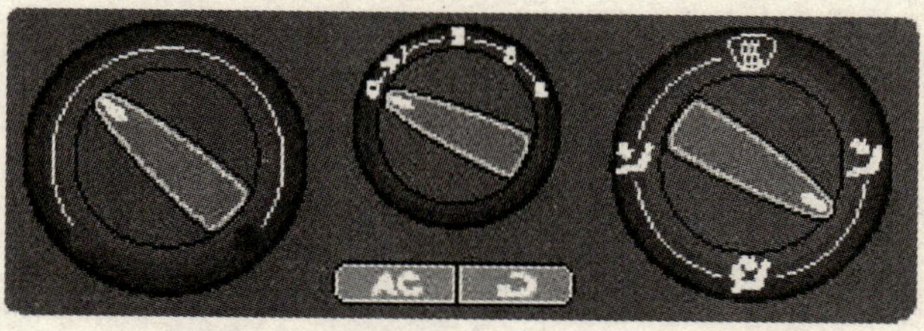

图 13—1—1　手动空调操作面板图

2. 自动空调系统

自动空调器一般采用按键式开关，带有数字显示器，在按键中设有“AUTO”按钮，如图 13—1—2 所示。

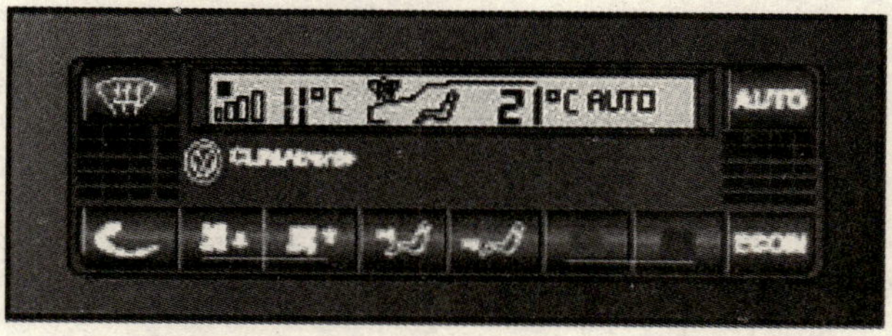

图 13—1—2　自动空调操作面板图

3. 分区独立控制自动空调系统

奥迪车系的新款车型中可以选装两区或四区独立控制式自动空调系统，这种空调器可以使得驾驶员和其他乘员各自选择适于自己的空调温度，彼此互不影响，如图 13—1—3 所示。

分区控制空调系统有以下两种：两区式控制空调和四区式前后控制空调，两区式即前部驾驶侧与乘客侧可以单独控制，带有 12 个伺服电动机，四区式即前后独立控制，装有 15 个伺服电动机，后部空调控制系统带有一个辅

图 13—1—3　四区独立控制自动空调示意图

助加热器（四区式），即左后脚坑加热元件以及右后脚坑加热元件。有些车型选装前、后坐椅加热和坐椅通风、加热式前风挡玻璃。这些元件相互配合与整个空调系统一起构成一个调节回路，可按需要对前、后区分别进行调节。

可以为每个空调控制区包括左前区和右前区（如果选装了四区空调，还有左后区和右后区）设定参数，包括左侧、右侧温度，空气流量，左、右空气分配，左、右坐椅加热，左、右坐椅通风，工作模式。分区独立控制恒温自动空调前部控制面板如图 13—1—4 所示，分区独立控制恒温自动空调后部控制面板如图 13—1—5 所示。

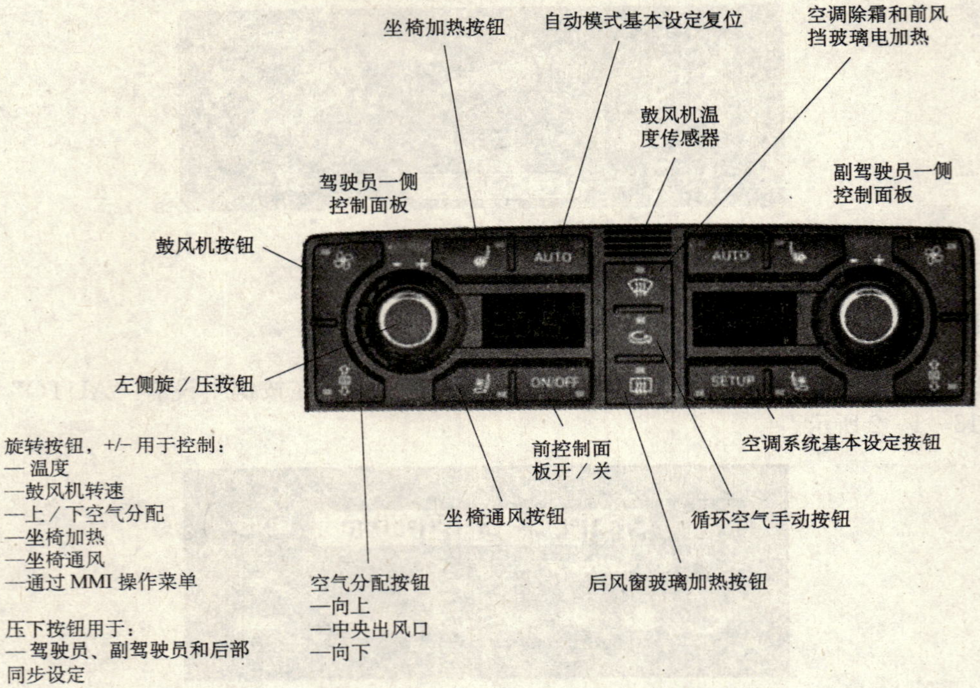

图 13—1—4　分区独立控制恒温自动空调前部控制面板图

前风挡玻璃加热可以通过空调的除霜按钮来接通，或者在满足某些条件时（前风挡玻璃除霜或冷起动自动工作模式），由空调控制单元自动接通。自动空调控制单元 J255 与前风挡玻璃加热控制单元 J505 之间的通信是通过 LIN 总线来完成的。自动空调控制单元通过 LIN 总线将前风挡玻璃加热功率的规定值发送给前风挡玻璃加热控制单元。

电加热式前风挡玻璃只是消耗现有电气系统所能提供的电量，不会使蓄电池。这个加热的供电过程由电能管理控制单元 J644 来监控。要想加热前风挡玻璃，必须在该玻璃中间的一层金属薄膜上施加电压。空调器压缩机是负荷可调式的，在外部是通过压缩机调节阀来控制的。自动空调控制单元 J255 接在舒适 CAN 总线上，诊断也是通过该总线来完成的。

接通点火开关后，自动空调控制单元 J255 就会接通空调，这时的空调是以上次关闭点火开关时的参数来工作的，这些参数包括温度、空气分配形式及新鲜空气鼓风机的转速等。

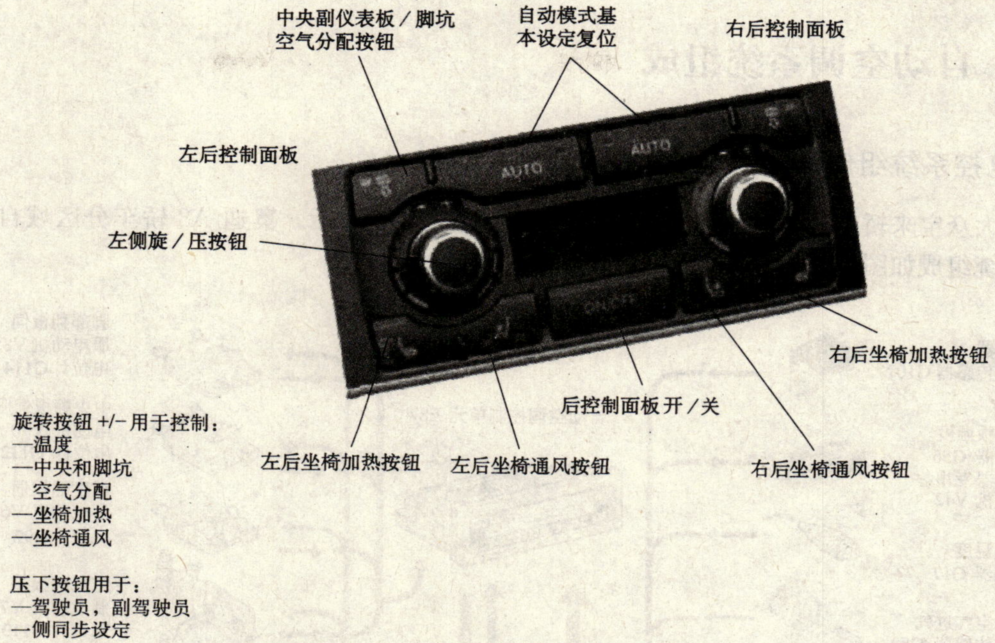

图 13—1—5　分区独立控制恒温自动空调后部控制面板图

钥匙识别是通过遥控器或钥匙脉冲收发器来完成的，在这个过程中，驾驶员识别控制单元会将相应的信息经 CAN 总线传给自动空调控制单元。四区域控制出风口位置如图 13—1—6 所示。

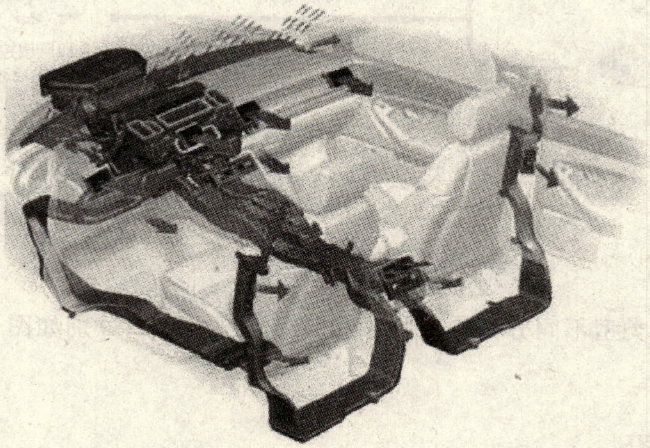

图 13—1—6　四区域控制出风口位置图

二、自动空调系统组成

1. 电控系统组成

大众宝来轿车自动空调电控系统组成如图 13—1—7 所示，奥迪 A8 轿车分区域自动空调系统组成如图 13—1—8 所示。

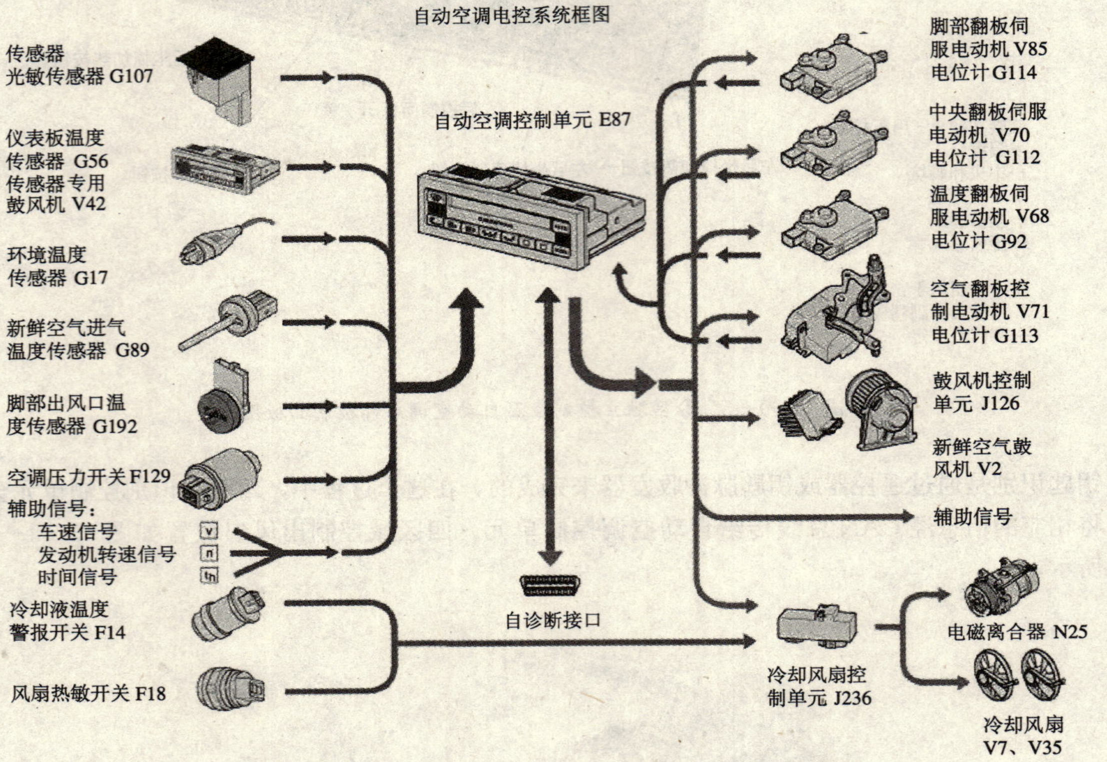

图 13—1—7　大众宝来轿车自动空调电控系统组成

2. 制冷系统组成

按照制冷系统类型不同分为膨胀阀式和节流管式两种，分别如图 13—1—9 和图 13—1—10 所示。

三、元件位置

自动空调制冷系统元件位置如图 13—1—11 所示，自动空调传感器位置如图 13—1—12 所示，自动空调执行器位置如图 13—1—13 所示。

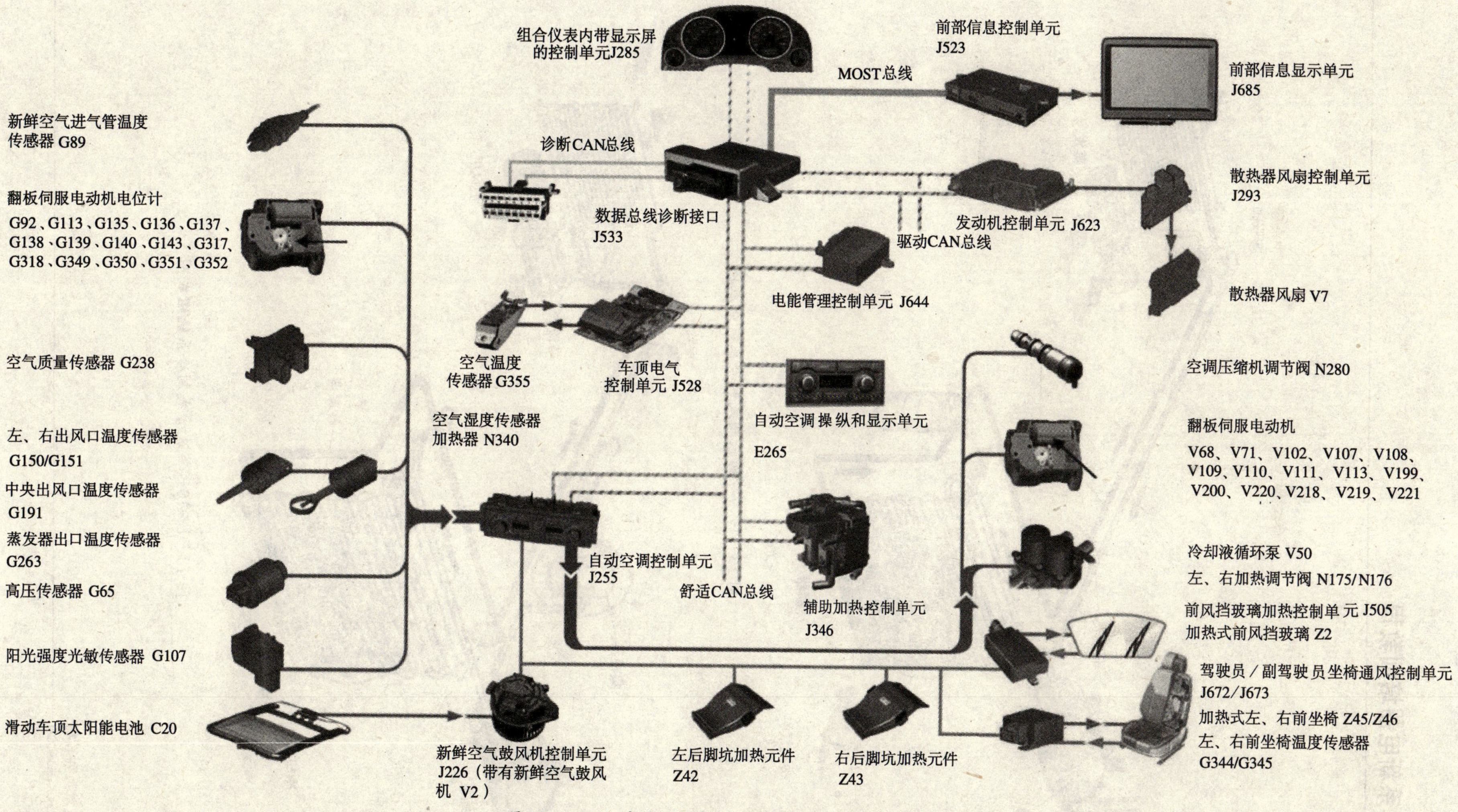

图 13—1—8　奥迪 A8 轿车分区域自动空调系统组成图

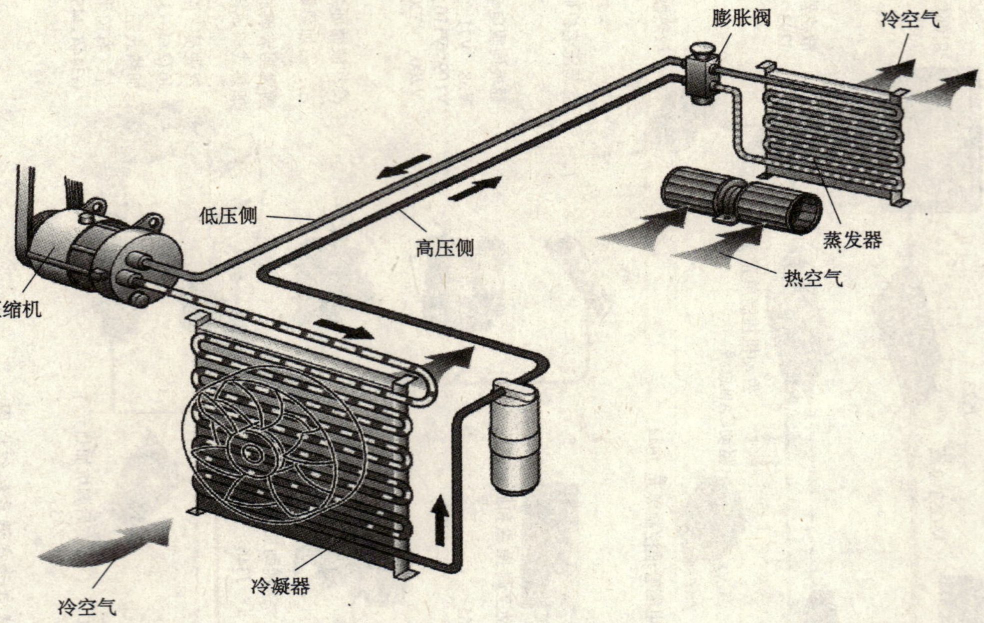

图 13—1—9 膨胀阀式制冷系统组成图

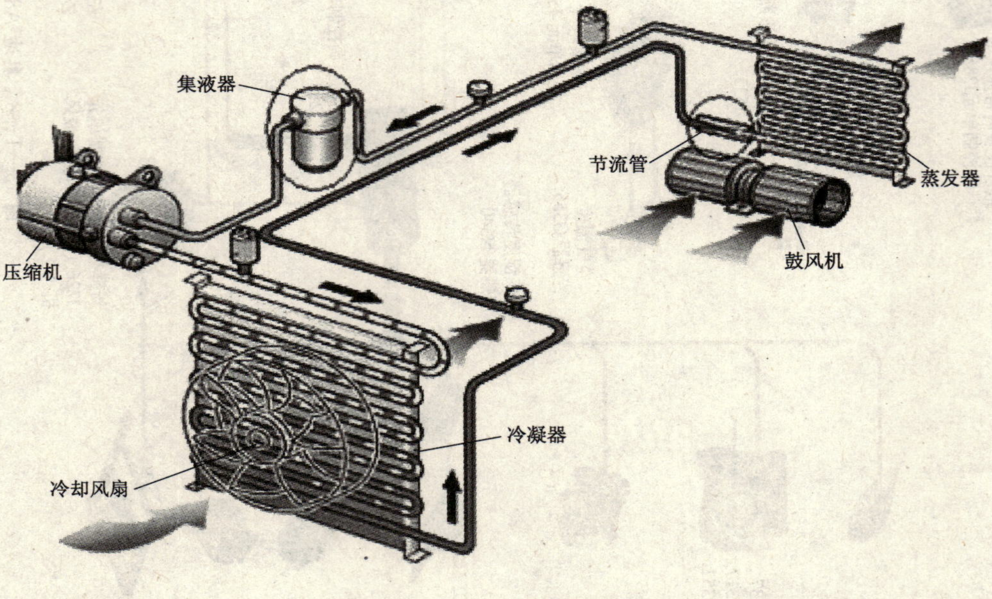

图 13—1—10 节流管式制冷系统组成图

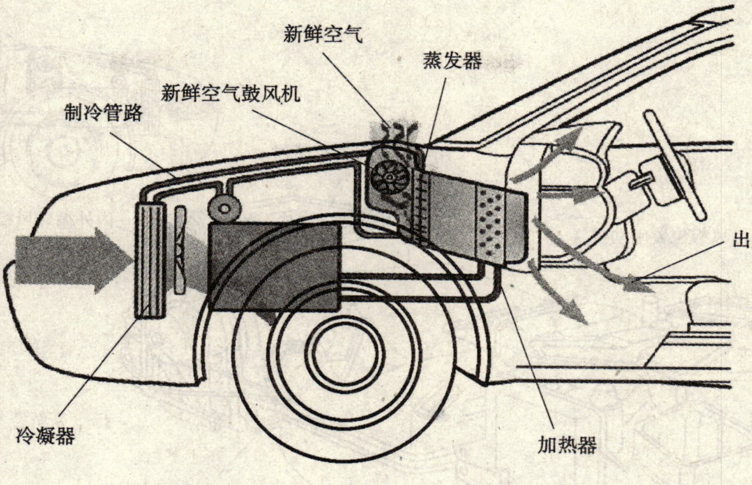

图 13—1—11　自动空调制冷系统元件位置图

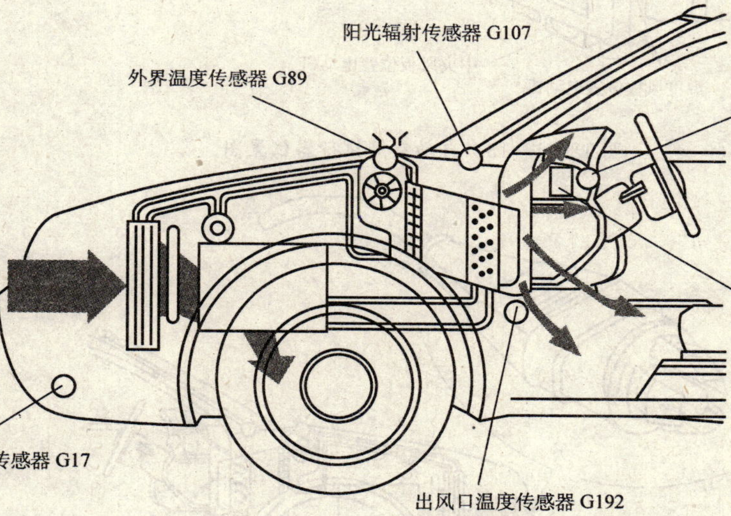

图 13—1—12　自动空调传感器位置图

四、传感器

1. 环境温度传感器 G17

（1）作用。该传感器感受的是真实的外界温度，空调控制器依据该温度信号控制温度风门和鼓风机，其位置如图 13—1—14 所示。

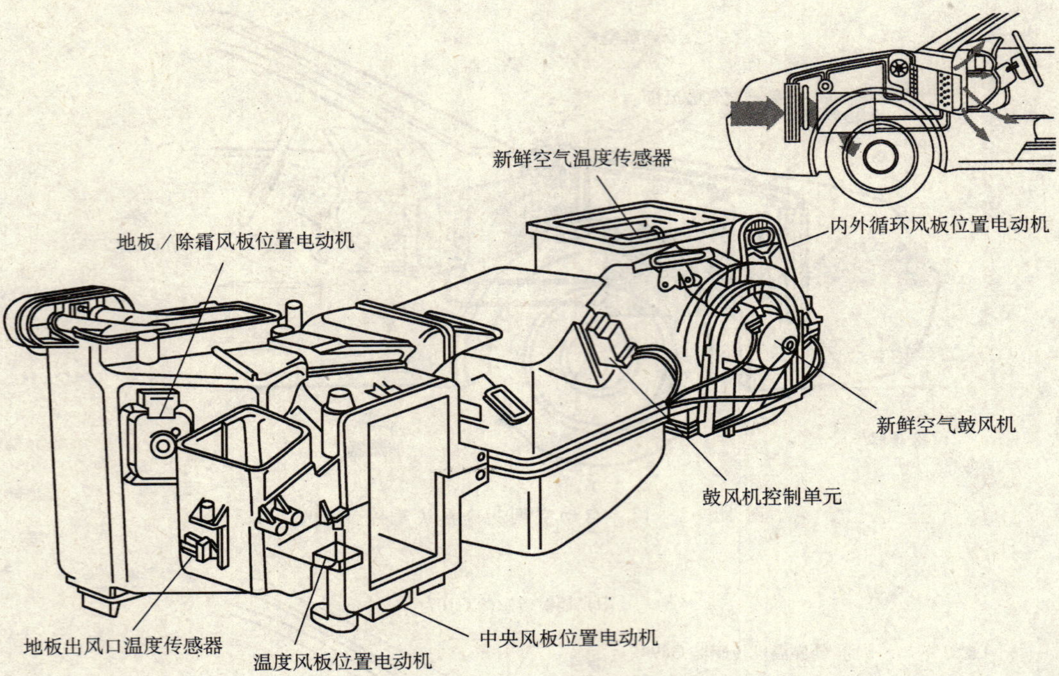

图 13—1—13　自动空调执行器位置图

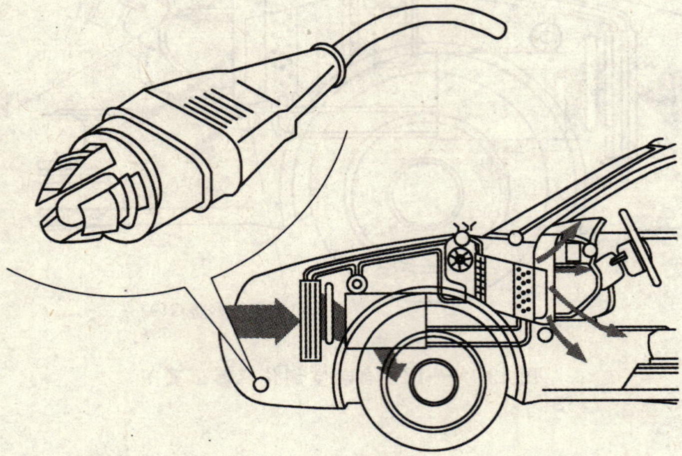

图 13—1—14　环境温度传感器 G17 位置图

（2）失效影响。采用在新鲜空气进口处的第 2 温度传感器 G89 的信号，当第 2 温度传感器也失灵时，则系统以假定的外界温度 10℃为依据继续工作。

2. 新鲜空气进气温度传感器 G89

（1）作用。该温度传感器是外界温度的第 2 个测点，它也是感受真实的外界温度，空调控制器依据该温度信号控制温度风门和鼓风机，其位置如图 13—1—15 所示。

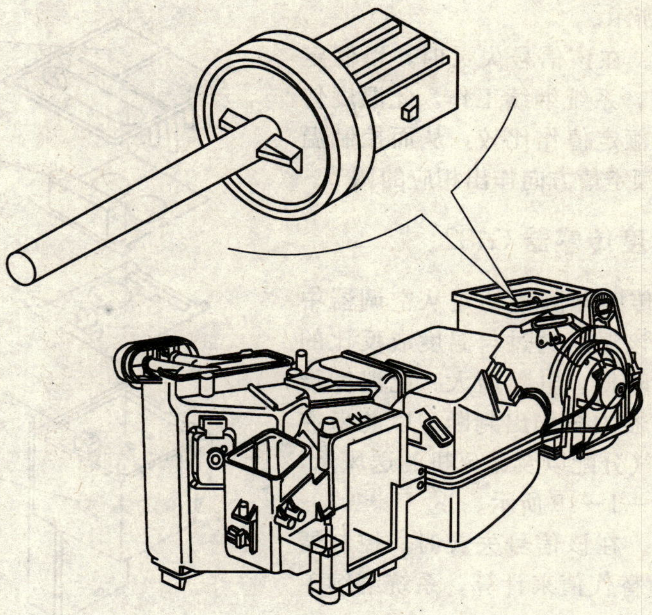

图 13—1—15　外界温度传感器 G89 位置图

(2) 失效影响。在该温度传感器失灵时，采用环境温度传感器 G17 的信号，当两个温度传感器都失灵时，则系统以假定的外界温度 10℃为依据继续工作。在两个温度传感器均正常时，系统以两个温度信号中的较低的一个为依据进行工作。

3. 光敏传感器 G107

(1) 作用。该传感器感受太阳光的辐射强度，根据强度的不同来调节风门开度和制冷量，其外形如图 13—1—16 所示。

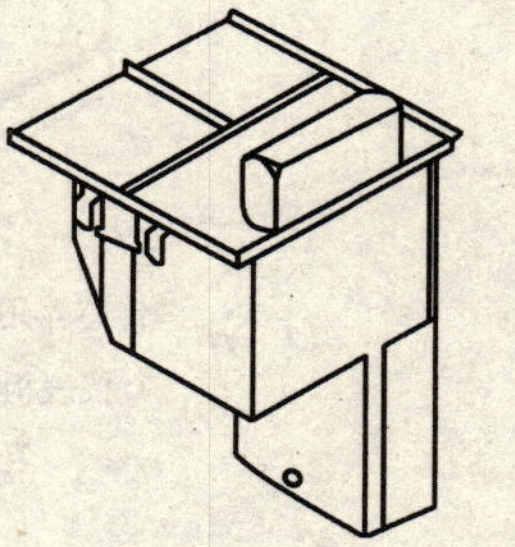

图 13—1—16　光敏传感器外形图

(2) 组成。光敏传感器由盖板、过滤器、光学元件、光学二极管和壳体组成，如图 13—1—17 所示。

(3) 原理。光学二极管是一光敏半导体元件。在没有光线射入时只有很小的电流通过二极管；在光线作用下电流升高，光的强度越强，电流越大。这样，空调控制器就可以通过流经二极管电流的大小来判断太阳辐射的强弱，从而调节温度风门的开度和鼓风机的风量来达到所需的车内温度。

(4) 失效影响。在该传感器失灵时，空调控制器按一预先假定的固定值工作。

4. 仪表板温度传感器 G56

(1) 作用。此温度传感器将真实的车内温度传递给空调控制器，它安放在鼓风机抽吸的气流中，鼓风机抽吸车内空气，以便传感器感受真实的车内温度，传感器及其专用鼓风机位置如图 13—1—18 所示。

(2) 失效影响。在该信号失灵时，以假定值 24℃作为替代值，系统继续工作。此温度传感器的信号用于与额定值作比较，从而控制温度风门和鼓风机向额定值方向作出相应的调节。

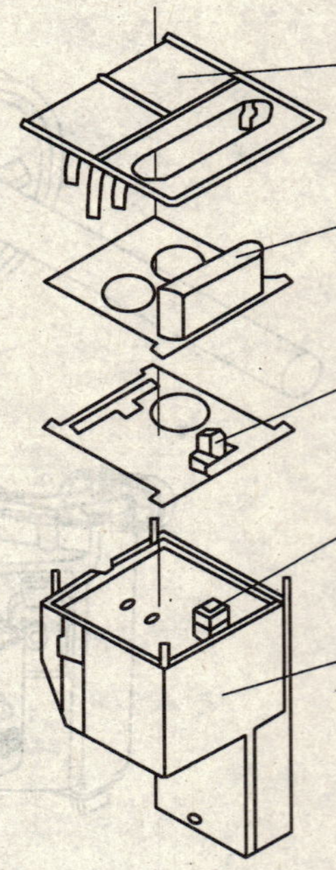

图 13—1—17 光敏传感器结构图

5. 脚部出风口温度传感器 G192

(1) 作用。此传感器测量的是从空调器中吹出空气的温度，该温度通过与温度成反比的电阻来反映，温度降低，电阻增大。此温度传感器的信号在控制器中被作出判断，以此来控制除霜和吹脚的空气分配以及鼓风机的送风量，其安装位置如图 13—1—19 所示。

(2) 失效影响。在该信号失灵时，控制器以假定值 80℃作为替代值来计算，系统继续工作。

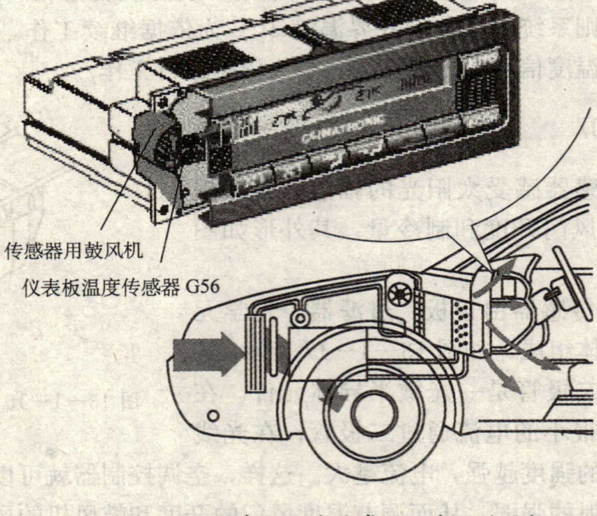

图 13—1—18 仪表板温度传感器及专用鼓风机

6. 高压传感器 G65

高压传感器有三个作用：高压保护、低压保护和高压调整。高压保护是指当系统压力表压大于 32 bar 时，通过控制器切断空调压缩机的电磁离合器，当压力降低到 24 bar 时，压缩机重新接通。低压保护是指当系统压力表压小于 2 bar 时，通过控制器切断空调压缩机的电磁离合器，当压力升到 2.4 bar 时，压缩机重新接通。高压调整是指当系统压力表压大于

16 bar 时，冷却风扇开始在 2 挡工作，以此来加强冷凝器的换热能力和水箱的换热能力。在压力降低到 12.5 bar 时，风扇又回到 1 挡工作。高压传感器位置如图 13—1—20 所示。

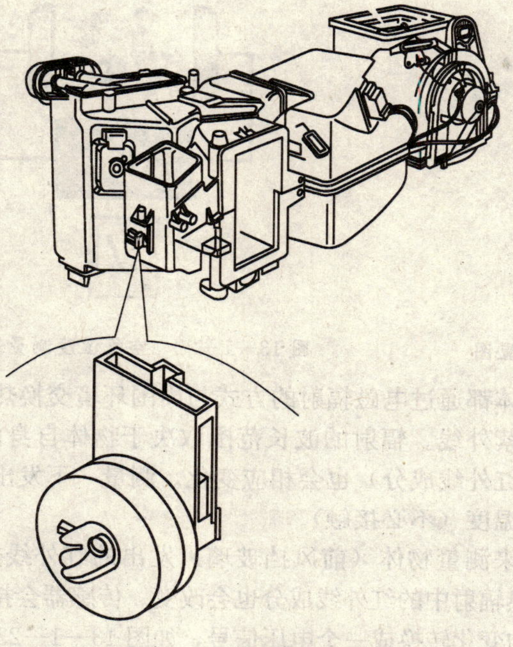

图 13—1—19 脚部出风口温度传感器

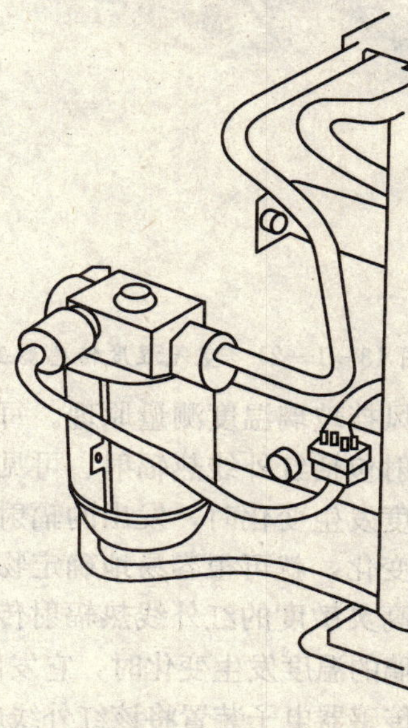

图 13—1—20 高压传感器位置图

7. 空气湿度传感器 G355

（1）位置。在外部温度很低时，前风挡玻璃是很凉的，这时该玻璃的上三分之一处极易结雾。为了掌握这种情况，在后视镜的底座前安装有空气湿度传感器 G355。空气湿度传感器位置如图 13—1—21 所示。

（2）功能。该传感器有三个功能：确定空气湿度、确定传感器周围温度、确定前风挡玻璃的温度。这三项功能都包括在传感器壳体内。

（3）空气湿度测量原理。测量空气湿度就是要确定车内空气中的水汽所占的比例。空气吸收水的能力取决于空气的温度，因此测量空气湿度时，也得确定知道相应的温度。空调装置通过该传感器数据就可提早发现前风挡玻璃上的结雾趋势。在车内空气中的水汽还没有凝结在玻璃上时，空调压缩机的输出功率和鼓风机转速都会自动提高，除霜翻板也会开启的更大。于是干燥的空气会经蒸发器和热交换器从打开的除霜出风口吹向前风挡玻璃和侧面玻璃。空气越热，它能吸收的水汽也就越多。吸收了水汽的空气再次冷却下来时，空气中的水就会冷凝析出，于是就形成了极小的水滴，这些水滴会附到风挡玻璃上。

（4）空气湿度测量过程。测量过程是通过一个能吸水汽的电容器来完成的。吸收的水会改变电容器的电学特性，从而也就改变电容的大小。因此，测量电容的变化就可确定空气湿度。传感器上的电子装置会将测得的电容值转换成电压信号，如图 13—1—22 所示。

图 13—1—21　空气湿度传感器安装位置图

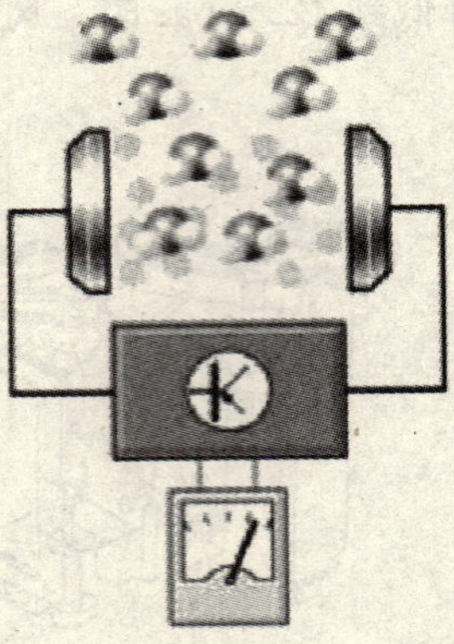

图 13—1—22　空气湿度测量过程图

（5）风挡玻璃温度测量原理。每个物体都通过电磁辐射的方式与周围环境交换热量。这种电磁辐射包括红外线热辐射、可见光及紫外线。辐射的波长范围取决于物体自身的温度。物体的温度发生变化时，发出的辐射（如红外线成分）也会相应变化。测量一下发出的红外线热辐射变化，就可很容易地确定物体的温度（不必接触）。

使用高灵敏度的红外线热辐射传感器来测量物体（前风挡玻璃）发出的红外线热辐射。前风挡玻璃的温度发生变化时，它发出的热辐射中的红外线成分也会改变。传感器会接收到这种变化，传感器电子装置将该红外线成分的变化转换成一个电压信号，如图 13—1—23 所示。

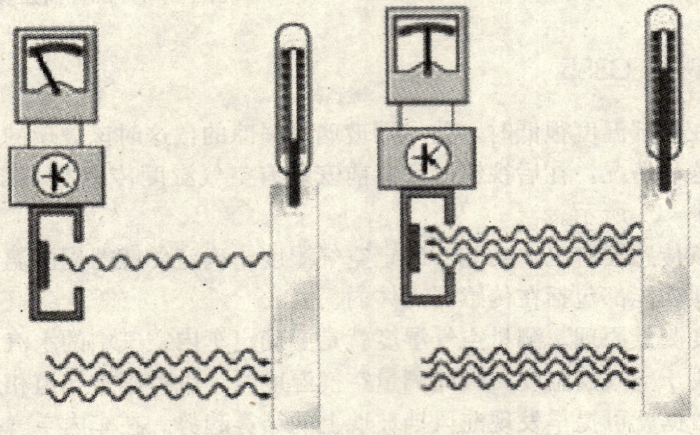

图 13—1—23　风挡玻璃测量原理图

五、执行元件

1. 执行器电动机

自动空调执行元件包括 G92－V68 温度风板电动机和电位计、G114－V85 脚坑风板电动机和电位计、G112－V70 中央风板电动机和电位计、G113－V71 通风风板电动机和电位计，执行电动机实物如图 13—1—24 所示，电路结构如图 13—1—25 所示。

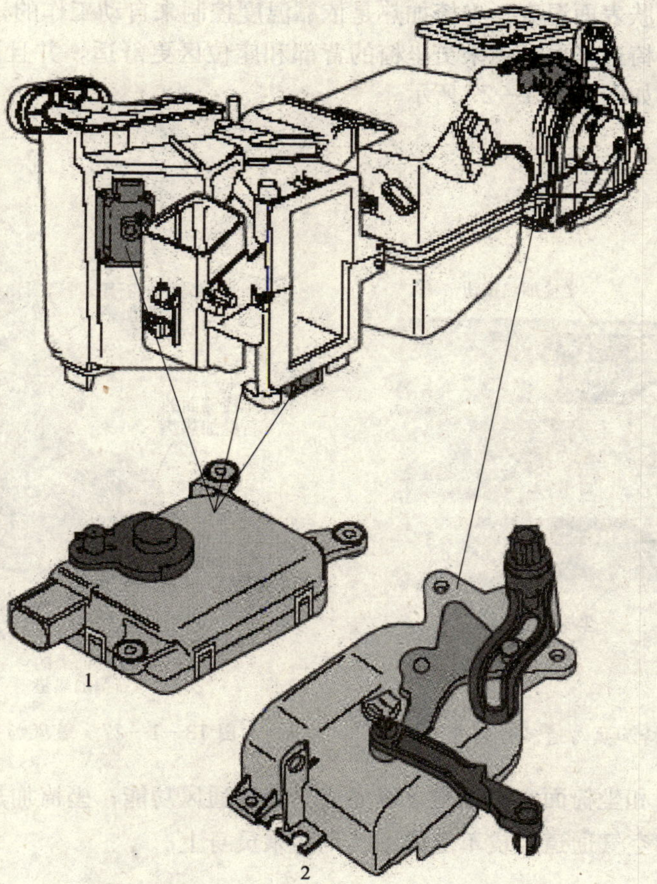

图 13—1—24　执行风板电动机实物图

1—温度风板、中央风板和地板风板控制电动机　2—空气循环风板和空气流量风板电动机

2. 有加热和通风功能的空调坐椅

大众奥迪部分车型可以选装空调式前、后坐椅，这种坐椅既有加热功能也有通风功能，每个乘员的坐椅均可单独调节。选择坐椅加热或坐椅通风的按钮集成在前、后操纵和显示单元上。

按下坐椅加热或坐椅通风的按钮后，相应的发光二极管就会亮起。自动空调控制单元 J255 的显示区以及 MMI 空调菜单上会显示出选择的是坐椅加热或坐椅通风的哪一挡。坐椅加热或坐椅通风启动后，即使通过 ON/OFF 按钮关闭了空调，坐椅加热或坐椅通风仍会继续工作。一般

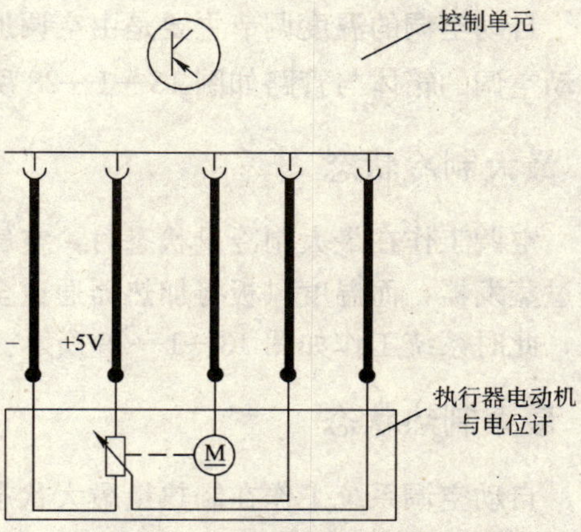

图 13—1—25　执行风板电机电路结构图

情况下，坐椅通风在工作 30 min 后会自动关闭，坐椅加热和通风按钮如图 13—1—26 所示。

坐椅在通风的同时还进行着加热，为了阻止通风过程中所产生的冷却效应。使用坐椅通风会降低乘员的皮肤表面温度。坐椅加热是依靠温度控制来自动工作的，它会终止冷却并加热流过的空气。坐椅通风可以使乘员坐椅的背部和座位区更舒适，并且可使皮肤干得更快，通风加热坐椅结构如图 13—1—27 所示。

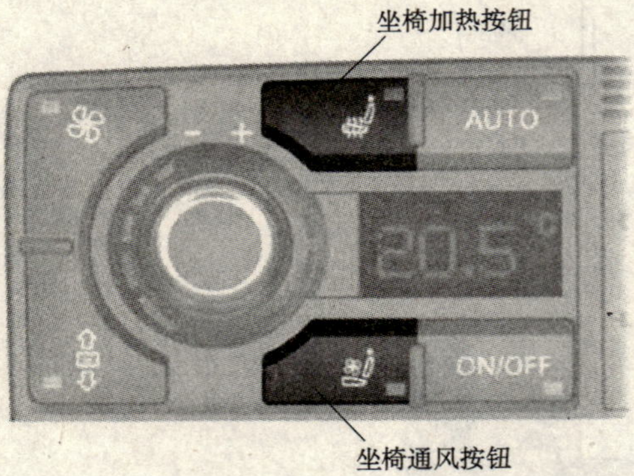

图 13—1—26　坐椅加热与通风控制开关图

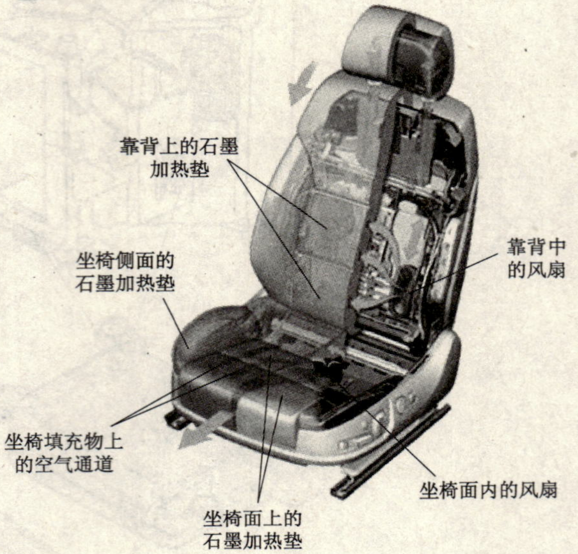

图 13—1—27　通风加热坐椅结构图

靠背中的风扇和坐椅面内的风扇可以完成坐椅的通风功能；坐椅加热装置加热的空气通过坐椅填充物上的空气通道经皮革上的细孔到达乘员身上。

六、箱体与管路系统

自动空调的温度调节主要是由空调加热和制冷管路调节制冷和加热的空气量来实现的，自动空调的箱体与管路如图 13—1—28 所示。

1. 最大制冷状态

空调工作在最大制冷量状态时，空气流量风板开度最大，此时需要进行制冷的空气全部经过蒸发器，而温度风板将加热器通道全部关闭，空气只制冷、不加热，故为制冷量最大状态，此时系统工作如图 13—1—29 所示。

2. 最大制热状态

自动空调系统工作在制热量最大状态时，空气流量风板全开，全部空气都经过蒸发器制冷，但制冷系统不工作，故蒸发器不起冷却空气的作用，温度风板将加热器通道完全打开，

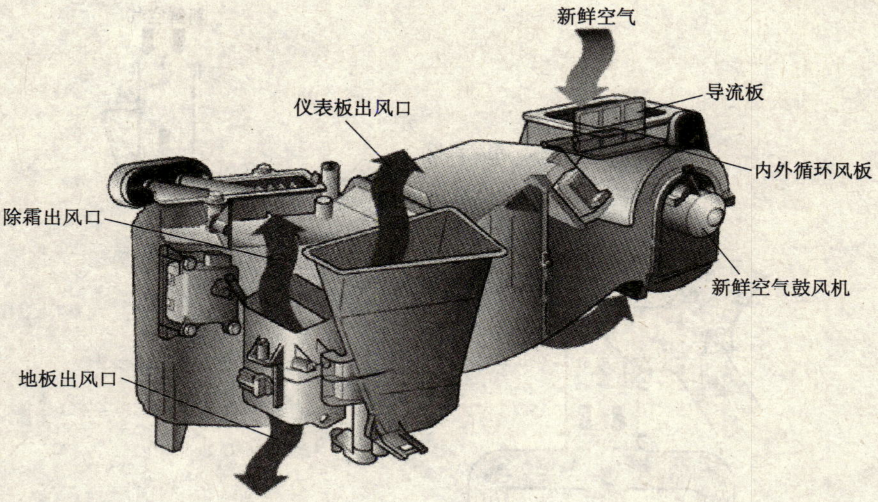

图 13—1—28 自动空调的箱体与管路图

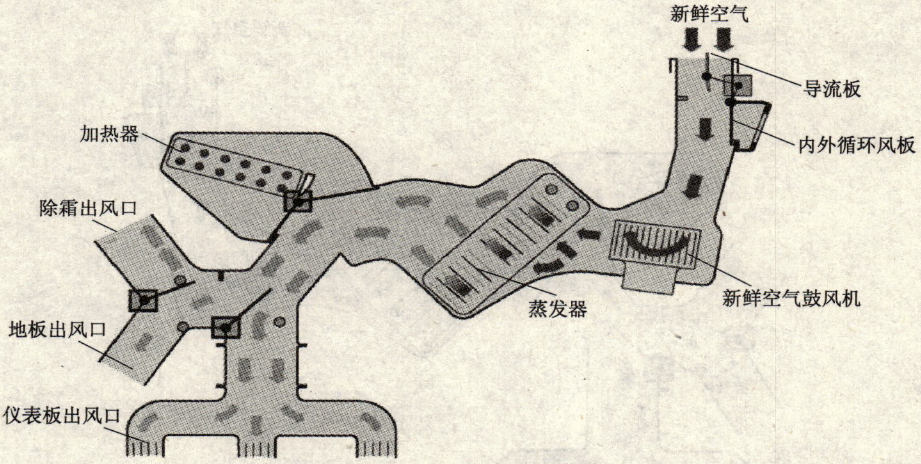

图 13—1—29 最大制冷量工作气体管路图

全部新鲜冷空气均经过加热器进行加热，空气只进行加热而不制冷，故为最大制热状态，此时的系统管路如图 13—1—30 所示。

3. 自动空调冷热空气混合模式

自动空调在制冷模式工作时，如图 13—1—31 所示，全部新鲜空气都经过蒸发器，根据用户设定的温度不同，空调系统的控制单元控制温度风板不断调整位置，空调设定的温度越低，则温度风板打开的角度就越小，则经过加热器的空气就越少，出风口的空气温度就越低。

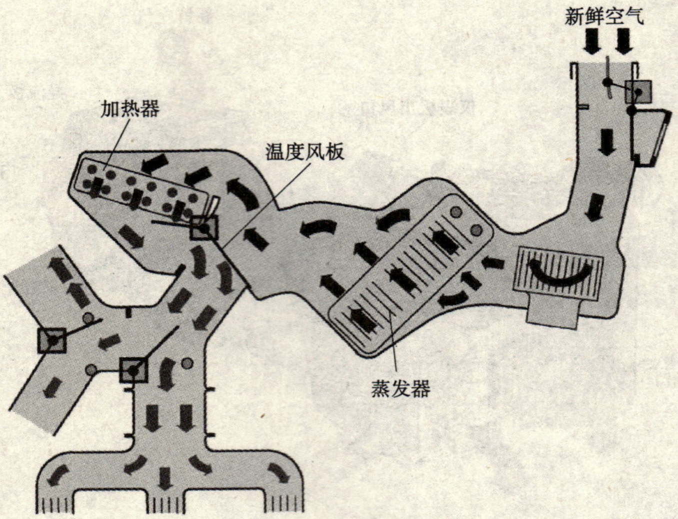

图 13—1—30　最大制热量工作气体管路图

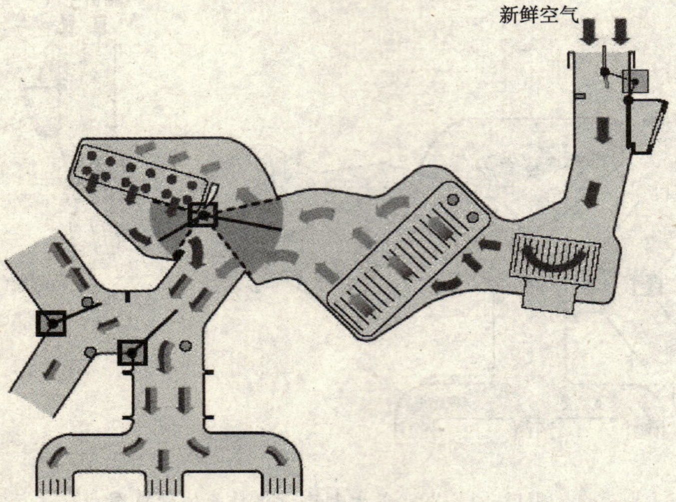

图 13—1—31　自动空调冷热空气混合模式

七、系统电路控制

前部空调和后部空调电路控制如图 13—1—32 和图 13—1—33 所示。

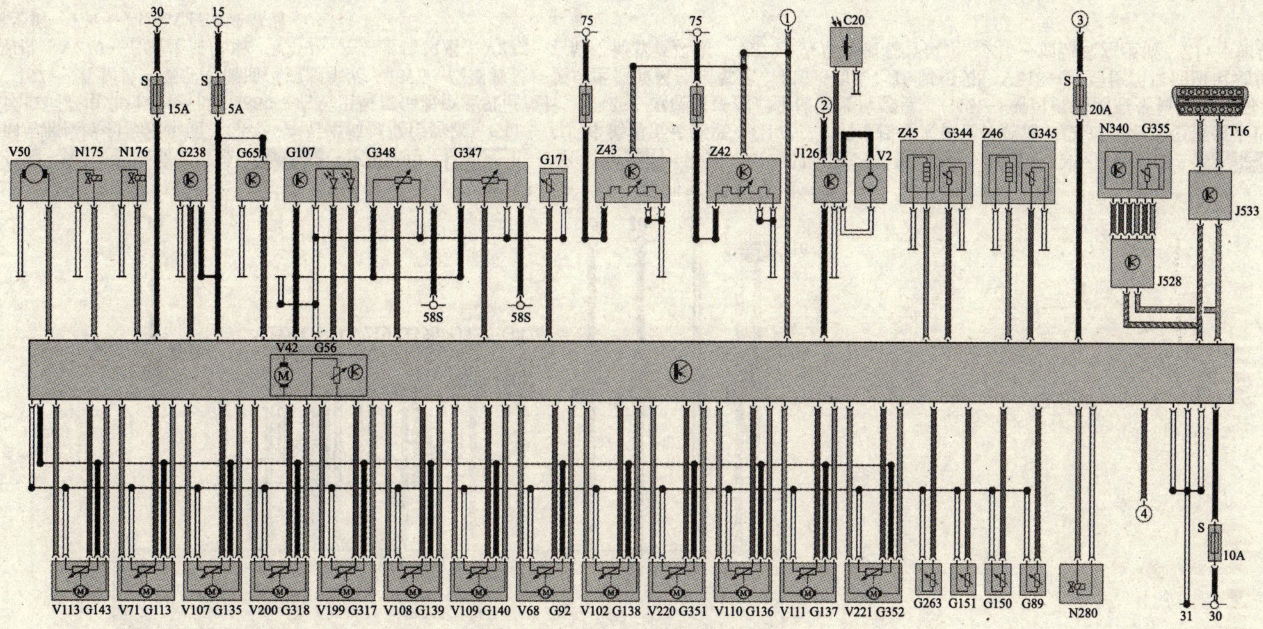

图 13—1—32　前部空调电路图

=输入信号　=输出信号　=正极供电　=接地　=舒适 CAN—High 总线　=舒适 CAN—Low 总线　=LIN 总线

附加信号①　空调控制 LIN 总线，用于前风挡玻璃加热控制单元 J505、驾驶员坐椅通风控制单元 J672、副驾驶员坐椅通风控制单元 J673；②鼓风机接线柱 30；③前坐椅加热接线柱 30；④后卷帘开关 E149 输入信号

C20—太阳能电池　G56—仪表板温度传感器　G65—高压传感器　G89—新鲜空气进气道温度传感器　G92—温度翻板伺服电动机电位计　G107—阳光强度光敏电阻　G113—气流翻板伺服电动机电位计　G135—除霜翻板伺服电动机电位计　G136—左侧中央出风口伺服电动机电位计　G137—右侧中央出风口伺服电动机电位计　G138—中央出风口伺服电动机电位计　G139—左侧脚坑翻板伺服电动机电位计　G140—右侧脚坑翻板伺服电动机电位计　G143—循环空气翻板伺服电动机电位计　G150—左侧出风口温度传感器　G151—右侧出风口温度传感器　G191—中央出风口温度传感器　G238—空气质量传感器　G263—蒸发器出口温度传感器　G317—右前除霜/中央出风口翻板关闭伺服电动机电位计　G318—左前除霜/中央出风口翻板关闭伺服电动机电位计　G344—左前坐椅温度传感器　G345—右前坐椅温度传感器　G347—中央左侧出风口传感器　G348—中央右侧出风口传感器　G351—左后出风口热/冷气翻板伺服电动机电位计　G352—右后出风口热/冷气翻板伺服电动机电位计　G355—空气湿度传感器　J126—新鲜空气鼓风机控制单元　J255—自动空调控制单元　J528—车顶电气控制单元　J533—数据总线诊断接口　N175—左侧热水调节阀　N176—右侧热水调节阀　N280—空调压缩机调节阀　N340—空气湿度传感器加热器　T16—插头，16 脚诊断接头　V2—新鲜空气鼓风机　V42—温度传感器鼓风机　V50—冷却液循环泵　V68—温度翻板伺服电动机　V71—气流翻板伺服电动机　V102—中央出风口伺服电动机　V107—除霜翻板伺服电动机　V108—左侧脚坑翻板伺服电动机　V109—右侧脚坑翻板伺服电动机　V110—左侧中央出风口伺服电动机　V111—右侧中央出风口伺服电动机　V113—循环空气翻板伺服电动机　V199—右前除霜/中央出风口翻板关闭伺服电动机　V200—左前除霜/中央出风口翻板关闭伺服电动机　V220—左后出风口热/冷气翻板伺服电动机　V221—右后出风口热/冷气翻板伺服电动机　Z42—左后脚坑加热元件　Z43—右后脚坑加热元件　Z45—加热式左前坐椅　Z46—加热式右前坐椅

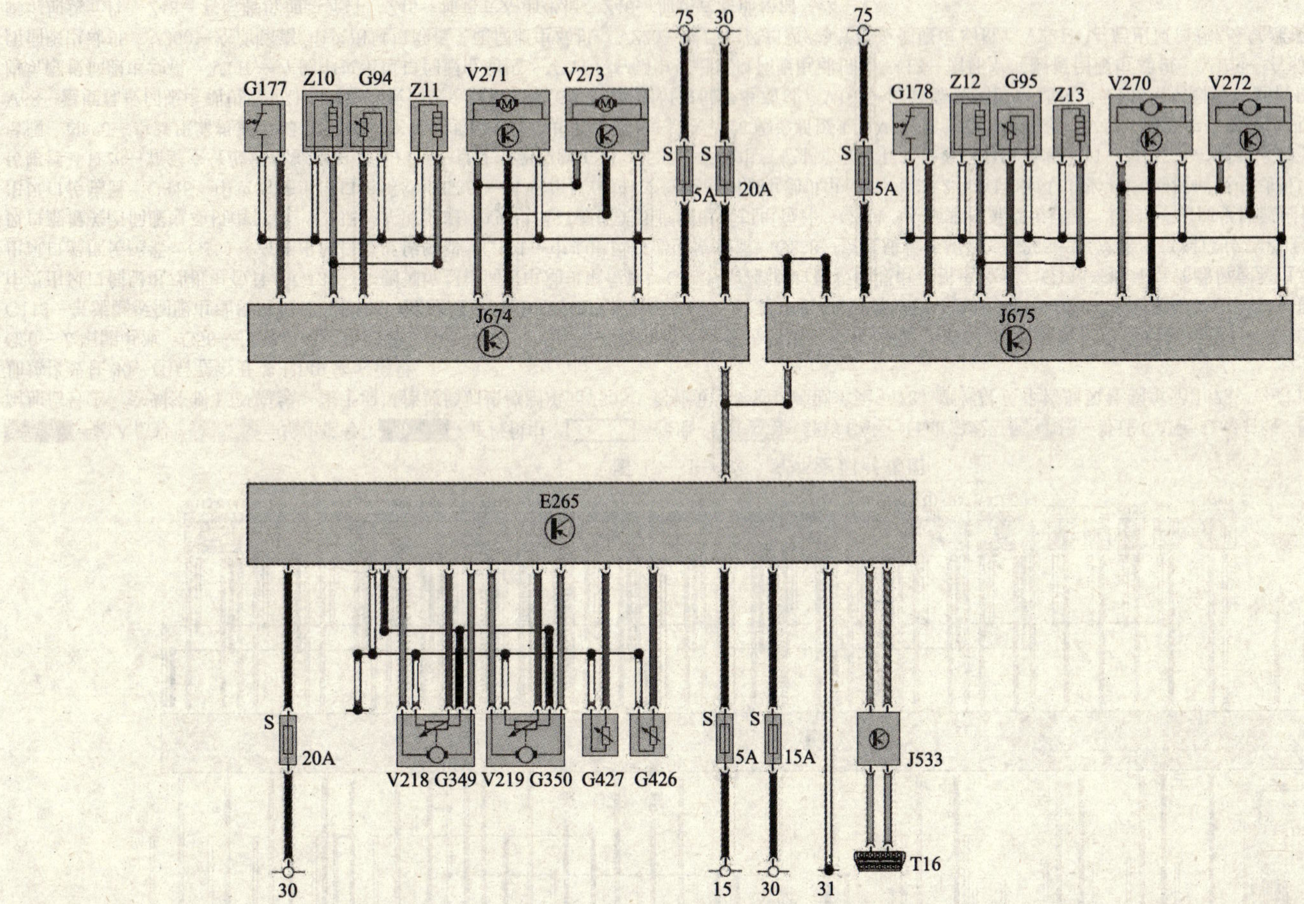

图 13—1—33　后部空调电路图

▇=输入信号　▇=输出信号　▇=正极供电　▭=接地　▨=舒适 CAN—High 总线　▨=舒适 CAN—Low 总线　▨=LIN 总线

E265—自动空调后部操纵和显示单元　G94—左后坐椅温度传感器　G95—右后坐椅温度传感器　G177—左后坐椅坐人识别传感器　G178—右后坐椅坐人识别传感器　G349—左后出风口伺服电动机电位计　G350—右后出风口伺服电动机电位计　G426—驾驶员一侧后坐椅温度传感器　G427—副司机一侧后坐椅温度传感器　J533—数据总线诊断接口　J674—驾驶员一侧后坐椅通风控制单元　J675—副驾驶员一侧后坐椅通风控制单元　T16—插头，16 脚接头　V218—左后出风口伺服电动机　V219—右后出风口伺服电动机　V270—右后坐椅风扇　V271—左后坐椅风扇　V272—右后坐椅靠背风扇　V273—左后坐椅靠背风扇　Z10—加热式左坐椅　Z11—加热式左坐椅靠背　Z12—加热式右坐椅　Z13—加热式右坐椅靠背

第十四章 安全气囊与张紧式安全带系统

第一节
安全气囊系统概述

大众奥迪车型上安装的被动保护系统有驾驶员安全气囊、副驾驶员安全气囊、前坐椅爆炸锁紧安全带、前后头枕、车门防撞梁、可伸缩转向柱、防撞踏板机构、安全车门锁等。本章讲解的安全气囊与引爆式安全带系统是一种常见的车辆和乘员被动安全保护系统。如图 14—1—1 所示为大众奥迪车型常见安全气囊系统的安装情况，最多可安装有 10 个安全气囊，为了提醒维修人员注意安全气囊的存在，不要引起气囊的误触发，在装有安全气囊的车上都设置有相应的标志，如图 14—1—2 所示。

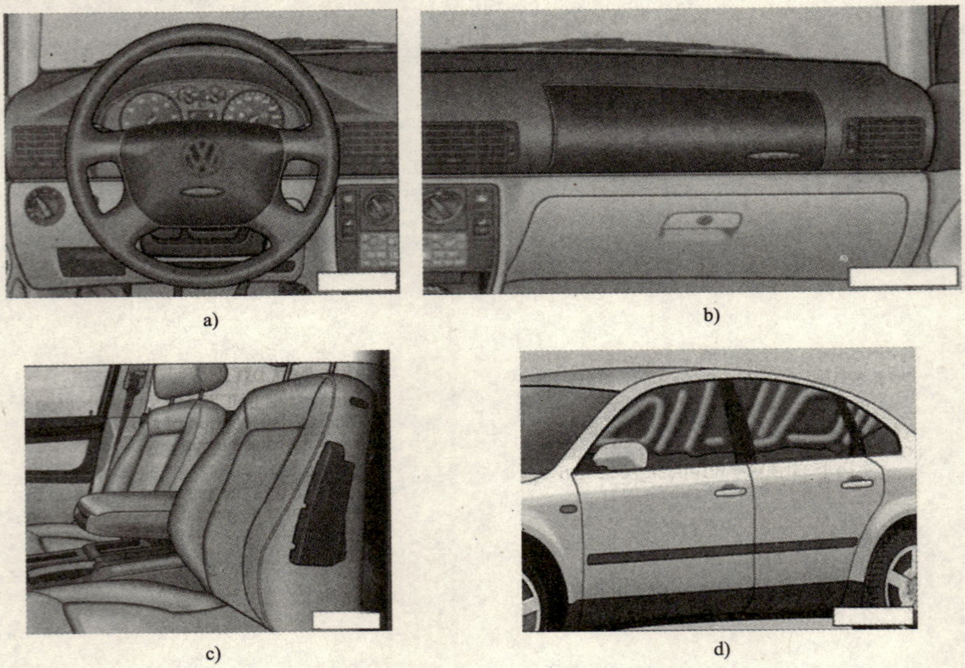

图 14—1—1　安全气囊的安装情况图

a）驾驶员前安全气囊　b）乘客侧前安全气囊　c）侧安全气囊　d）窗帘安全气囊（头安全气囊）

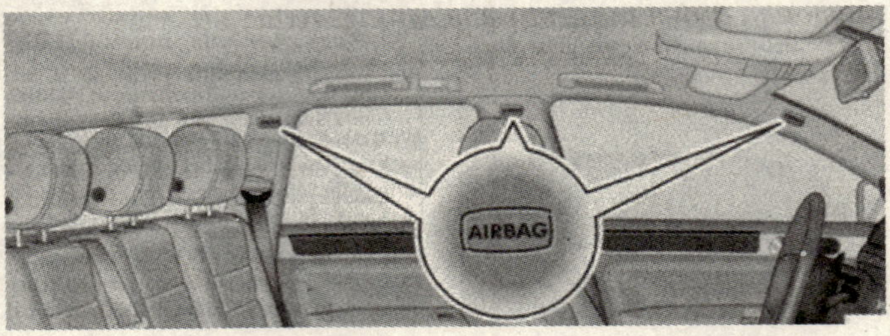

图 14—1—2　安全气囊位置标志

一、奥迪 A4 轿车安全气囊系统

奥迪 A4 轿车安全气囊系统元件位置如图 14—1—3 和图 14—1—4 所示，系统包含的元件如图 14—1—5 所示，系统包含司机前安全气囊和乘客侧前安全气囊、前座侧安全气囊（保护人体的胸部和腰部）、选装后座侧安全气囊、卫星传感器、三点引爆式前坐椅安全带、三点引爆式后坐椅安全带、中央包围安全带（固定后座长椅）、6个碰撞传感器、2个前部碰撞传感器、2个驾驶员/乘客侧安全气囊碰撞传感器（安装在B柱上检测侧面碰撞的发生）、2个驾驶员/乘客后侧安全气囊碰撞传感器（安装在C柱上检测侧面碰撞的发生）。

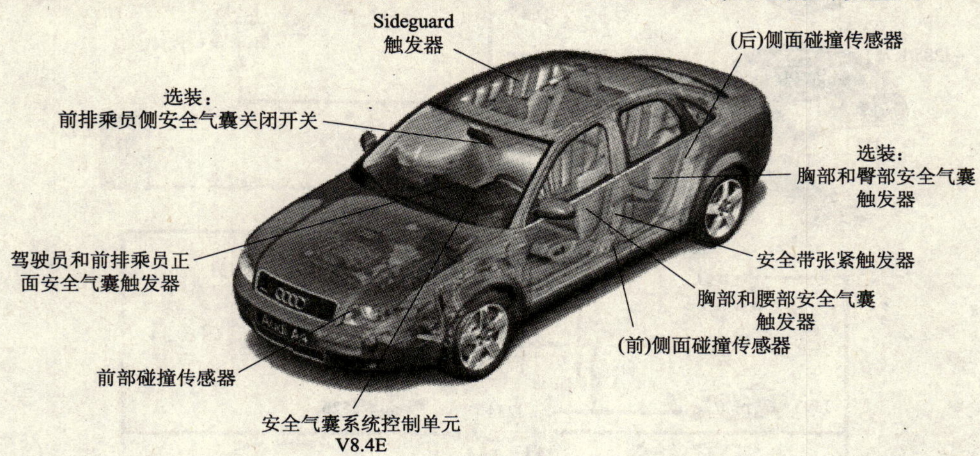

图 14—1—3　奥迪 A4 轿车安全气囊布置图

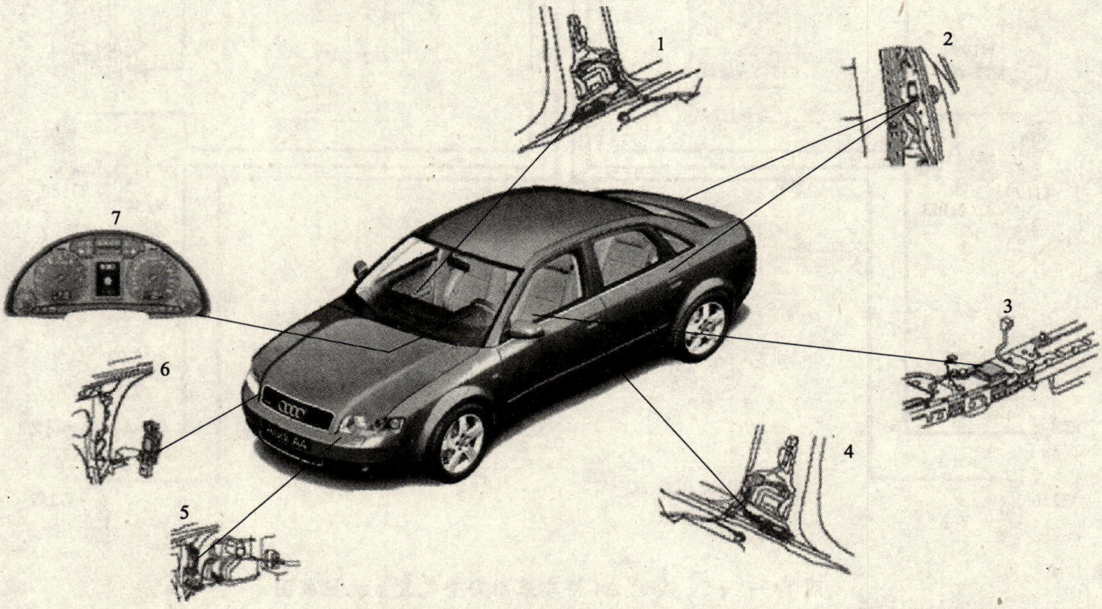

图 14—1—4　奥迪 A4 轿车安全气囊系统元件传感器位置图
1—乘客侧侧安全气囊碰撞传感器　2—驾驶侧后和乘客侧后碰撞传感器　3—安全气囊控制单元
4—驾驶侧侧安全气囊碰撞传感器　5—驾驶侧前安全气囊碰撞传感器
6—乘客侧前安全气囊碰撞传感器　7—显示和仪表控制单元

二、奥迪 A6 轿车安全气囊系统

奥迪 A6 轿车安全气囊系统由德国西门子公司研发生产，系统组成如图 14—1—6 所示，

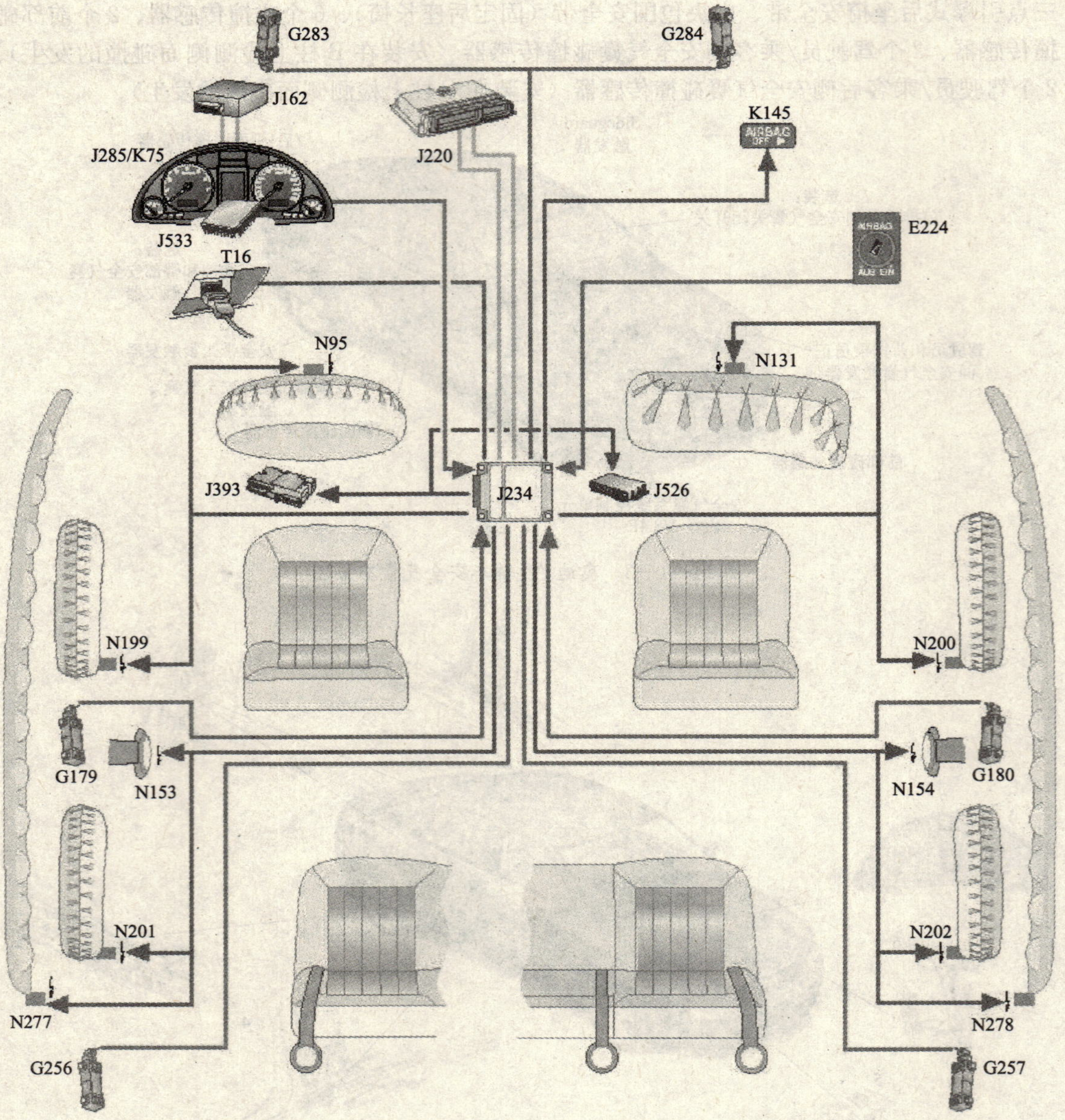

图 14—1—5　奥迪 A4 轿车采用安全气囊系统组成图

E224—乘客侧安全气囊钥匙开关　G179—侧安全气囊碰撞传感器，驾驶侧 B 柱上　G180—侧安全气囊碰撞传感器，乘客侧 B 柱上　G256—后侧安全气囊碰撞传感器，驾驶侧　G257—后侧安全气囊碰撞传感器，乘员侧　G283—前安全气囊碰撞传感器，驾驶侧　G284—前安全气囊碰撞传感器，乘员侧　J162—加热控制单元　J220—发动机控制单元　J234—安全气囊控制单元　J285—仪表板显示器控制单元　J393—便利系统中央控制单元　J526—电话控制单元　J533—诊断 Bus（网关 Gateway）　K75—安全气囊警告指示灯　K145—“Airbag off”警告指示灯，乘员侧　N95—安全气囊触发器，驾驶侧　N131—1 号安全气囊触发器，乘客侧　N153—安全带张紧器触发器，驾驶侧　N154—安全带张紧器触发器，乘客侧　N199—侧气囊点火器，驾驶侧　N200—侧气囊点火器，乘员侧　N201—后侧气囊点火器，驾驶侧　N202—后侧气囊点火器，乘客侧　N277—安全气囊点火器 B 柱，驾驶侧　N278—安全气囊点火器 B 柱，乘员侧　T16—16—pin 诊断接头

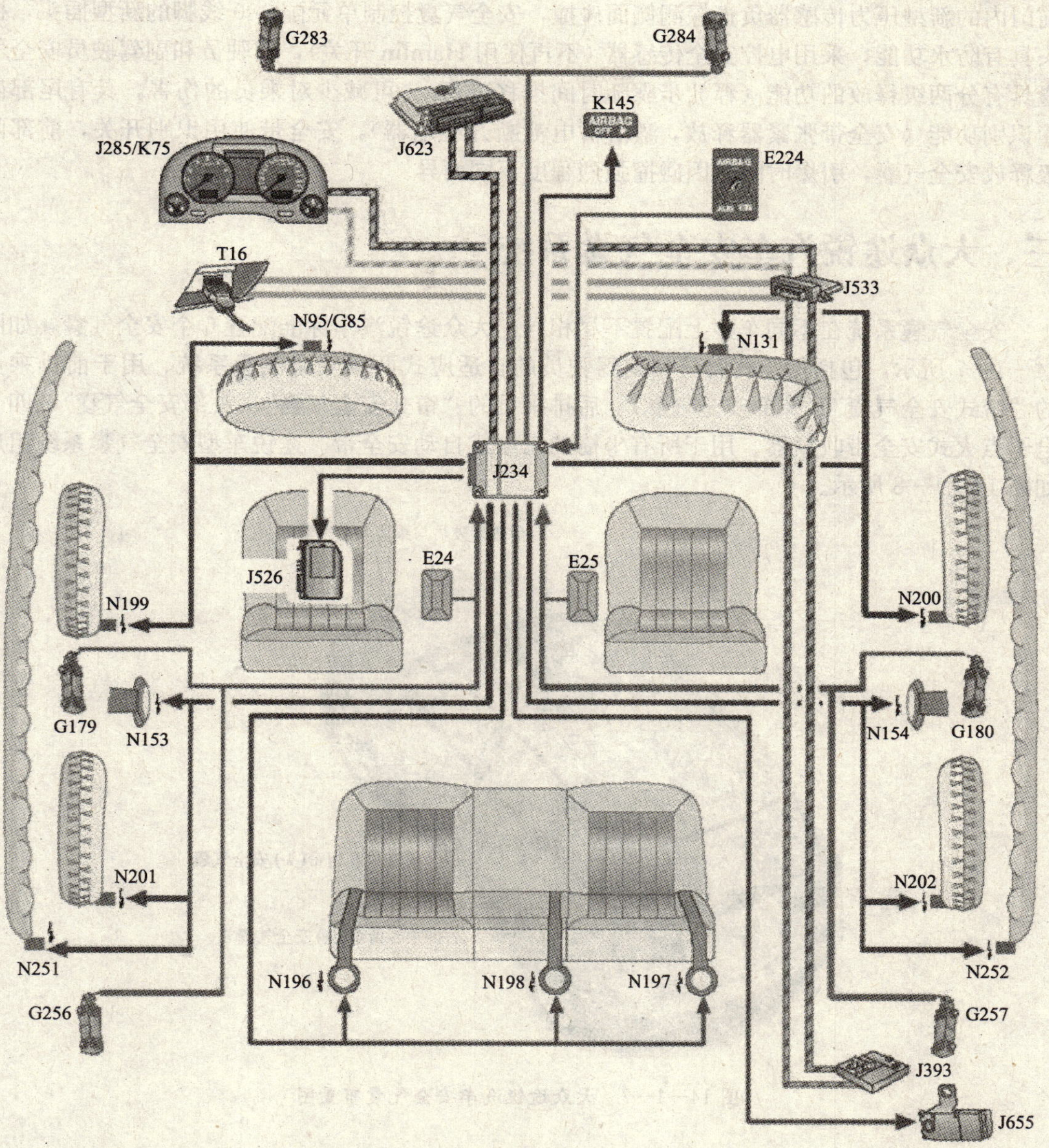

图 14—1—6　奥迪 A6 轿车安全气囊系统组成图

E24—驾驶员安全带开关　E25—副驾驶员安全带开关　E224—副驾驶员安全气囊关闭钥匙开关　G85—转向角传感器　G179—驾驶员侧面安全气囊碰撞传感器（B—柱）　G180—副驾驶员侧面安全气囊碰撞传感器（B—柱）　G256—左后座侧面安全气囊碰撞传感器　G257—右后座侧面安全气囊碰撞传感器　G283—司机安全气囊碰撞传感器　G284—副驾驶员安全气囊碰撞传感器　J234—安全气囊控制单元　J285—组合仪表内带显示屏的控制单元　J393—舒适系统中央控制单元　J526—电话控制单元　J533—数据总线诊断接口（网关）　J623—发动机控制单元　J655—蓄电池切断继电器　K75—安全气囊指示灯　K145—副驾驶员安全气囊关闭指示灯　N95—驾驶员安全气囊触发器　N131—副驾驶员安全气囊触发器 1　N153—驾驶员安全带张紧触发器　N154—副驾驶员安全带张紧触发器　N196—左后座安全带张紧触发器　N197—右后座安全带张紧触发器　N198—后座中间安全带张紧触发器　N199—司机侧面安全气囊触发器　N200—副司机侧面安全气囊触发器　N201—左后座侧面安全气囊触发器　N202—右后座侧面安全气囊触发器　N251—驾驶员头部安全气囊触发器　N252—副司机头部安全气囊触发器　T16—插头，16 孔诊断接口前门内的新型压力传感器负责探测侧面碰撞，安全气囊控制单元配100线脚的新型插头，插头具有防水功能，采用电控安全传感器（不再使用Hamlin开关），驾驶员和副驾驶员安全气囊具有分两级释放的功能（释放步骤随时间推移进行），可减少对乘员的伤害，具有尾部碰撞识别功能（安全带张紧器释放，激活蓄电池断开继电器），安全带使用识别开关，前部两级释放安全气囊，引爆时间差因碰撞强烈程度不同而异。

三、大众途锐汽车安全气囊系统

安全气囊系统在不同车型上配置不尽相同，大众途锐汽车标准配置6个安全气囊，如图14—1—7所示，包括用于驾驶员和副驾驶员的自适应式两级安全气囊系统、用于前排乘员的“帘式安全气囊”（头部安全气囊）、后排乘员的“帘式安全气囊”（头部安全气囊）、四个电子点火式安全带收紧器、用于所有坐椅的三点式自动安全带。途锐车型安全气囊系统组成如图14—1—8所示。

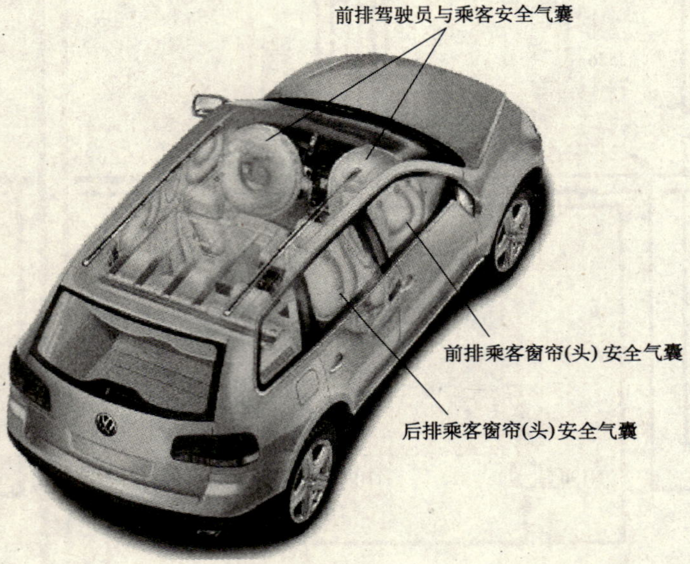

图14—1—7　大众途锐汽车安全气囊布置图

四、大众开迪轿车安全气囊系统

大众开迪轿车安全气囊系统组成如图14—1—9所示。

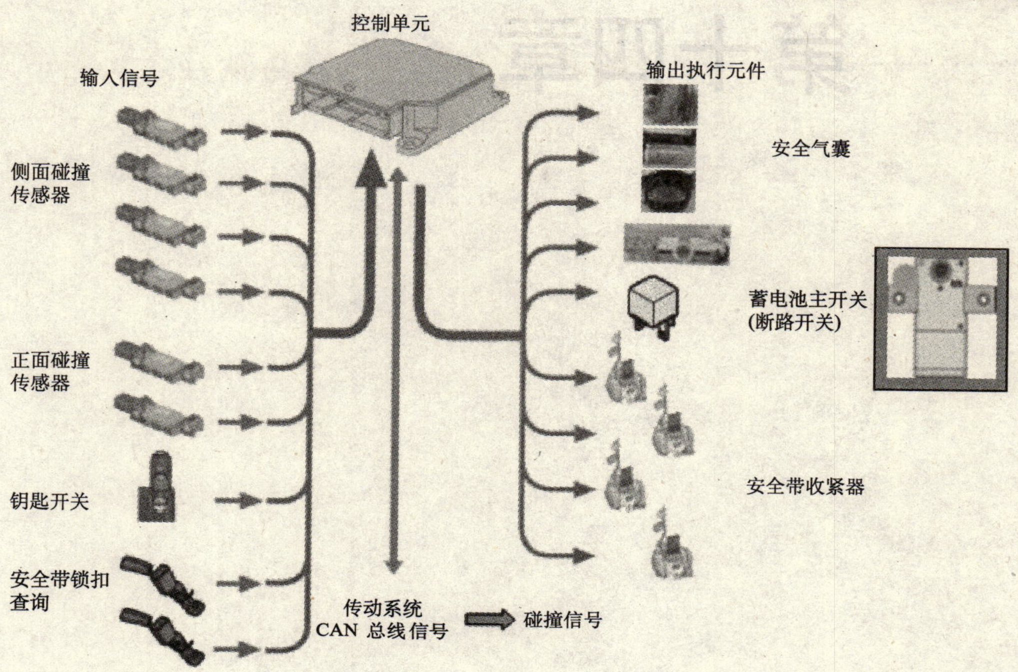

图 14—1—8　大众途锐汽车安全气囊系统组成图

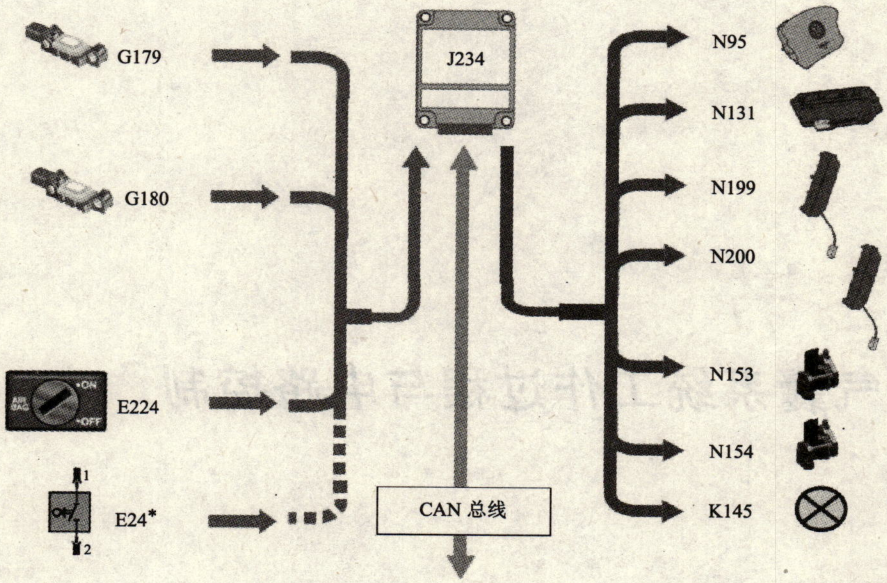

图 14—1—9　大众开迪轿车安全气囊系统组成图

J234—安全气囊控制单元　G179—驾驶侧侧安全气囊碰撞传感器　G180—乘客侧侧安全气囊碰撞传感器
E224—乘客前气囊钥匙解除开关　E24—乘客侧安全带开关　N95—驾驶员前安全气囊触发器
N131—乘客前安全气囊触发器　N199—驾驶员侧安全气囊触发器
N200—乘客侧气囊触发器　N153—驾驶员安全带张紧器触发器
N154—乘客安全带张紧器触发器　K145—乘客安全气囊关闭指示灯

第十四章 安全气囊与张紧式安全带系统

第二节

安全气囊系统工作过程与电路控制

一、安全气囊系统与其他系统之间的通信过程

当车辆发生碰撞时，有两个独立的碰撞信号输出，一个碰撞信号会通过电话控制单元发送紧急呼叫信号（选装），同时车门解锁、打开车内灯（开关必须设定在门控挡）、通过中央便利控制单元打开紧急灯、中央便利控制单元通过 CAN 总线通信信号关闭辅助加热器（选装）、断开蓄电池的起动机与发电机的电源线；另一个碰撞信号如图 14—2—1 所示，通过 CAN 总线输出通信信号，发动机控制单元接收到该信号以后，停止燃油继电器的工作，停止发动机供油，发动机将停止工作，防止燃油意外泄漏，导致事故的升级扩大，防止爆炸事故的发生。

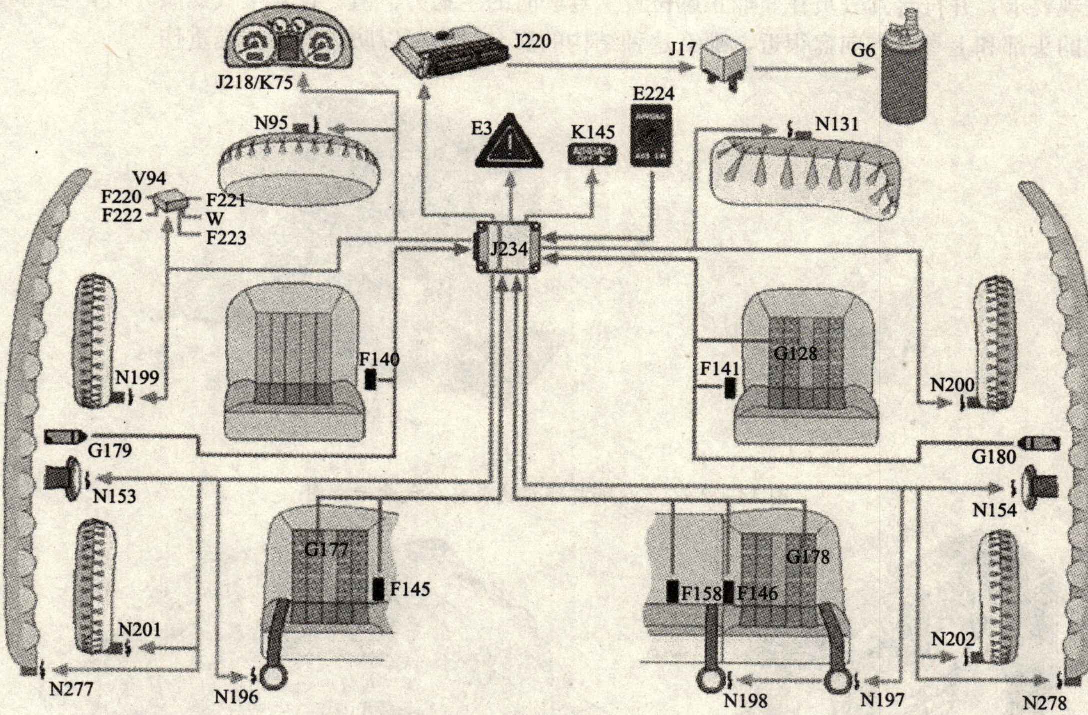

图 14—2—1　控制单元之间的通信图

E3—紧急运行灯　E224—副司机安全气囊关闭钥匙开关　F140—左前安全带开关　F141—右前安全带开关
F145—左后安全带开关　F146—右后安全带开关　G6—油泵　G128—右前坐椅乘员识别传感器
G177—左后坐椅乘员识别传感器　G178—右后坐椅乘员识别传感器　G179—司机侧面安全气囊碰撞传感器（B—柱）
G180—副司机侧面安全气囊碰撞传感器（B—柱）　J218—仪表　J220—发动机控制单元　J234—安全气囊控制单元
J17—油泵继电器　K75—安全气囊指示灯　K145—副驾驶员安全气囊关闭警告灯　N95—司机安全气囊触发器
N131—副司机安全气囊触发器 1　N154—副司机安全带张紧触发器　N196—左后座安全带张紧触发器
N197—右后座安全带张紧触发器　N198—后座中间安全带张紧触发器　N199—司机侧面安全气囊触发器
N200—副司机侧面安全气囊触发器　N201—左后座侧面安全气囊触发器　N202—右后座侧面安全气囊触发器
N277—左侧头部和窗帘安全气囊触发器　N278—右侧头部和窗帘安全气囊触发器

二、双级前部驾驶员安全气囊工作过程

如图 14—2—2 所示，前部安全气囊是双级触发式的，这就可以保证车速在 30 km/h 左右撞车时，乘员可以得到最佳保护。驾驶员和副驾驶员安全气囊都是双级的，每级都有独立的触发用点火剂，前气囊引爆器结构如图 14—2—3 所示，点火剂按规定的时间间隔依次点火。司机安全气囊称为“环形安全气囊”，它充满气后的形状就像一个救生圈。这种安全气囊呈辐射状展开，因此对于坐在离方向盘很近的驾驶员尤其具有保护作用。在安全气囊展开并充气成环形的过程中，方向盘中心保持不变（仍是气囊中心）。环形安全气囊周围的三面缝有方形的织物层，剩余的一面没有缝，以便让气囊滑过不动的方向盘中心。这种安全气囊结构满足最新的法规要求，并符合驾驶员在“非正确位置”驾驶时的生物力学值。在安全气囊展开时，若驾驶员的头部和上身离方向盘很近，那么这种结构的安全气囊可以防止驾驶员受重伤。

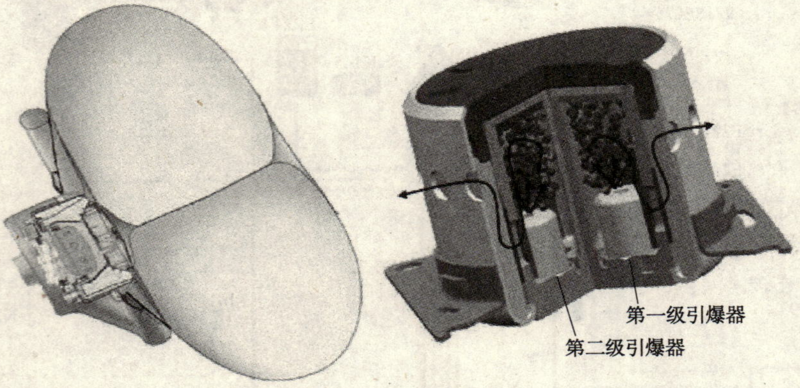

图 14—2—2　双级前部驾驶员安全气囊示意图

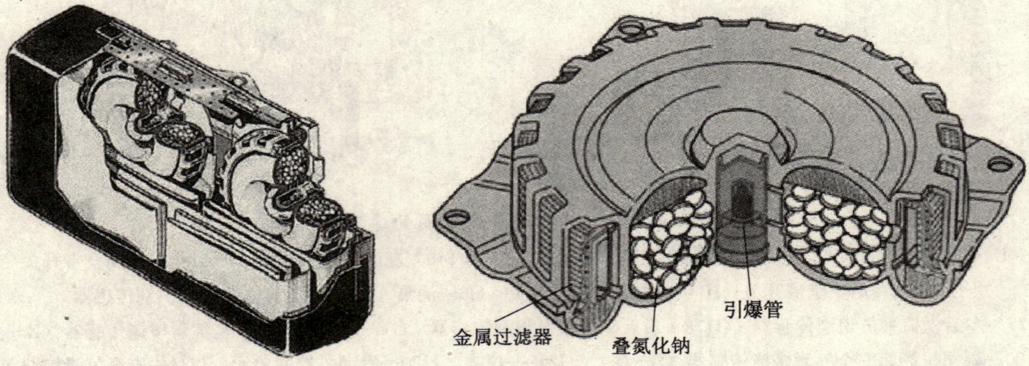

图 14—2—3　驾驶员前安全气囊双级引爆器结构图

前部安全气囊引爆工作过程如图 14—2—4 所示，当车辆发生碰撞时，由车辆前部传感器来检测碰撞的发生，电控单元接收传感器信号，碰撞达到一定条件，控制单元先向前坐椅安全带张紧器通电，使张紧器迅速拉紧乘客；控制单元同时通过螺旋电缆向前安全气囊引爆器通电，引爆器在大电流的作用下，迅速产生大量的氮气，迅速充入气囊中，使前气囊在

50 ms 内迅速爆出，减小乘客的前冲力，防止乘客撞到车玻璃与仪表板，大约 100 ms 后，气囊充气结束，气囊不断进行放气，车辆发生反弹，乘客停止前冲，恢复正常状态。

三、乘客侧前安全气囊工作过程

驾驶员和乘客前安全气囊都是双级引爆，每级都有独立的触发用引爆器，如图 14—2—5 所示，双级安全气囊内部包括两套机构，每套机构均由独立的引爆器、推进剂、压缩气罐、线路等组成。

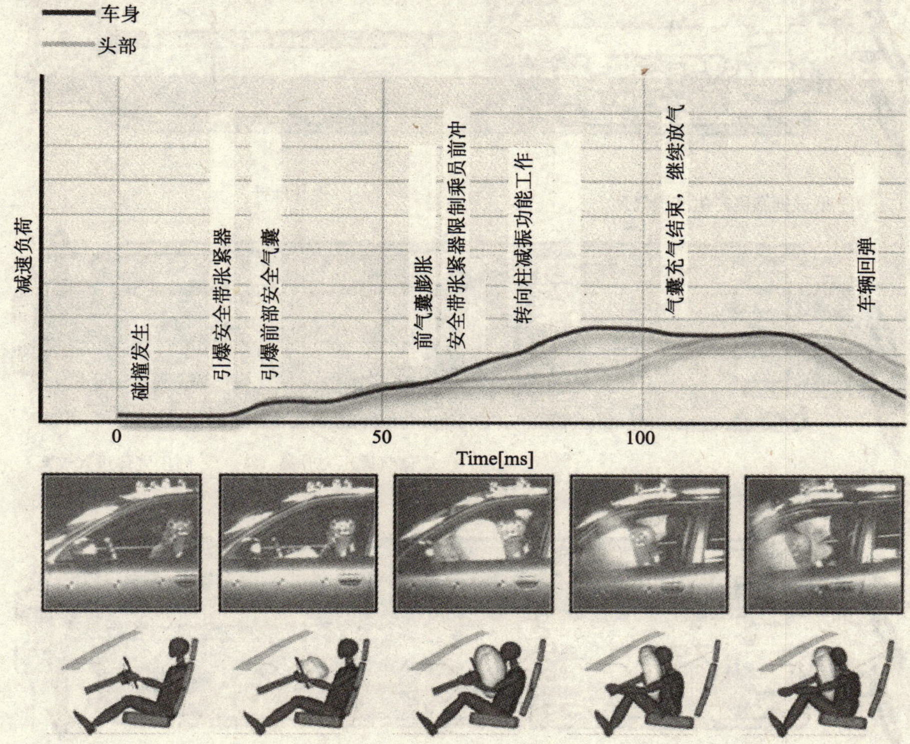

图 14—2—4　前部安全气囊引爆工作过程图

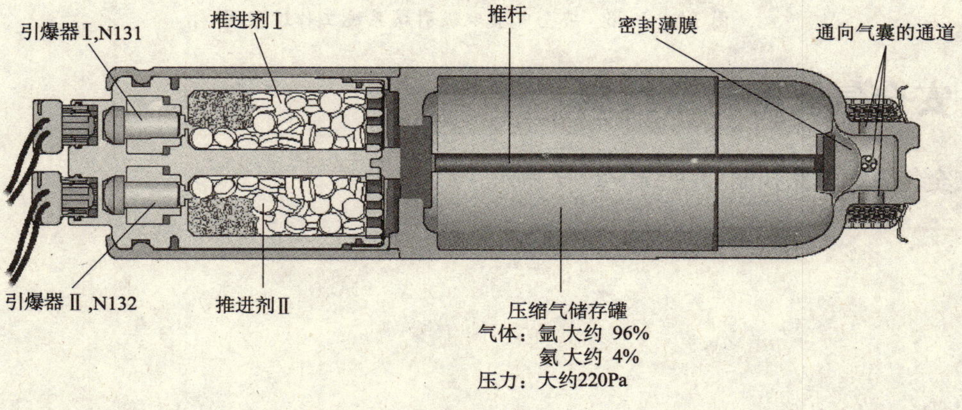

图 14—2—5　乘客前安全气囊双级引爆结构图

如图 14—2—6 所示，在车辆发生碰撞以后，双级安全气囊中的一级先引爆，1 号引爆器触发，点燃 1 号推进剂叠氮化钠固体，叠氮化钠在火焰的作用下产生大量氮气迅速推开推杆，储气罐压力迅速升高，大量氮气通过气室的通道迅速进入到气囊，使气囊引爆。1 号引爆器工作以后，2 号引爆器工作，点燃 2 号引爆器对应的固体叠氮化钠，大量氮气迅速补充到气囊中，实现两级引爆，在起到保护乘员的基础上，可以有效减少对乘员的伤害。

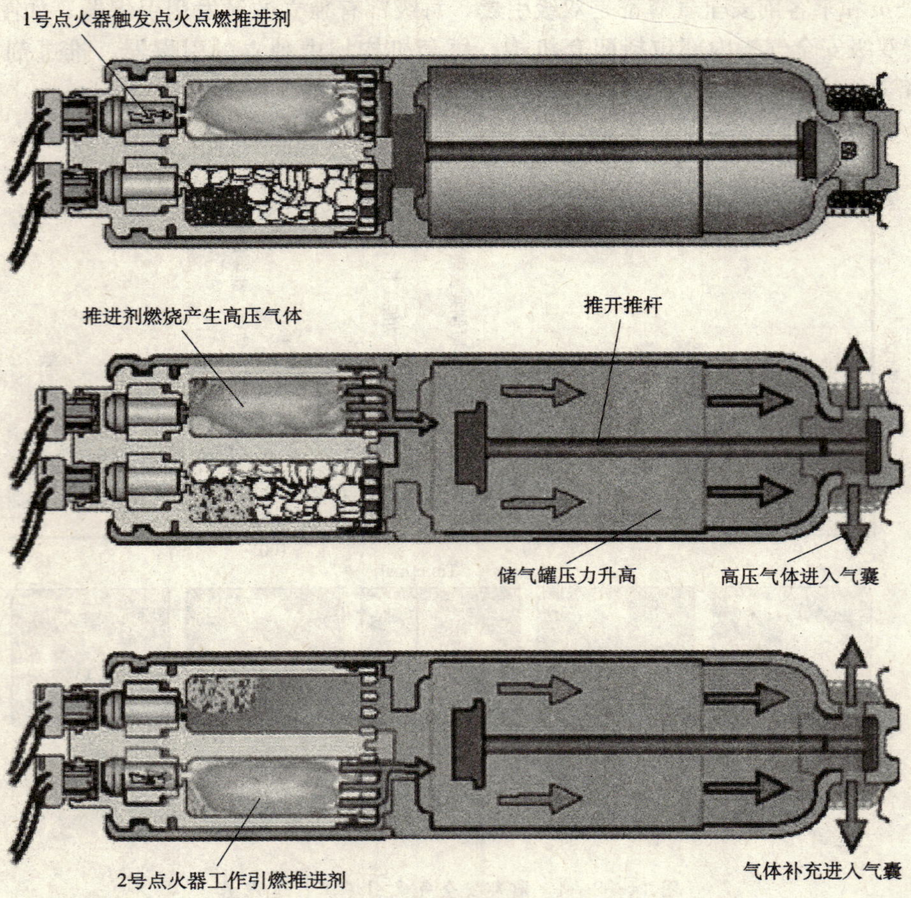

图 14—2—6　安全气囊双级引爆系统工作过程图

四、安全气囊的电路控制

安全气囊的电路控制如图 14—2—7 所示。

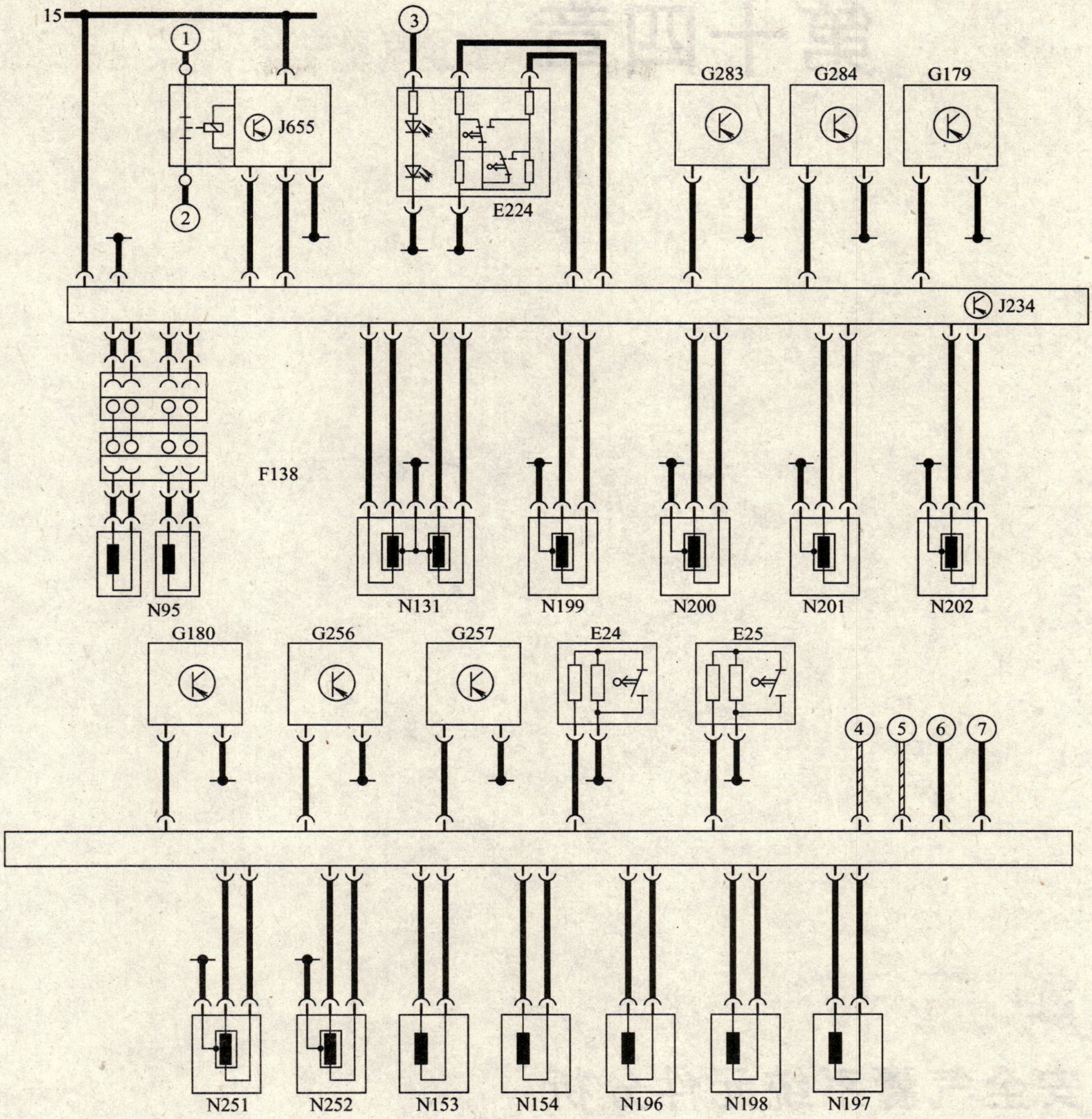

图 14—2—7　奥迪 A8 轿车安全气囊系统电路图

E24—驾驶员安全带开关　E25—副驾驶员安全带开关　E224—副驾驶员安全气囊关闭钥匙开关
F138—安全气囊螺旋弹簧/带滑环的回位环　G179—驾驶员侧面安全气囊碰撞传感器
G180—副驾驶员侧面安全气囊碰撞传感器　G256—左后座侧面安全气囊碰撞传感器
G257—右后座侧面安全气囊碰撞传感器　G283—驾驶员安全气囊碰撞传感器
G284—副驾驶员安全气囊碰撞传感器　J234—安全气囊控制单元　J655—蓄电池切断继电器
N95—驾驶员安全气囊触发器　N131—副驾驶员安全气囊触发器 1　N153—驾驶员安全带张紧触发器
N154—副驾驶员安全带张紧触发器　N196—左后座安全带张紧触发器　N197—右后座安全带张紧触发器
N198—后座中间安全带张紧触发器　N199—驾驶员侧面安全气囊触发器　N200—副驾驶员侧面安全气囊触发器
N201—左后座侧面安全气囊触发器　N202—右后座侧面安全气囊触发器
N251—驾驶员头部安全气囊触发器　N252—副驾驶员头部安全气囊触发器

附加信号：
①蓄电池 A（正极）　②去往起动机 B 和发电机 C 的正极连接　③接线柱 58 s　④驱动 CAN 总线（High）
⑤驱动 CAN 总线（Low）　⑥撞车信号　⑦副驾驶员安全气囊关闭指示灯 K145

第十四章 安全气囊与张紧式安全带系统

第三节

安全气囊系统元件分析

一、安全气囊控制单元

安全气囊控制单元（J234）具备两级处理系统，控制气囊分两个级别引爆，可以有效减少气囊对乘员的伤害；控制单元具备前部、侧面、尾部碰撞识别功能；控制单元可以正确释放安全气囊和安全带张紧器，并在发生碰撞时切断蓄电池电路，防止事故升级；控制单元同时对整个气囊系统的持续监控；在蓄电池电路断开后的 150 ms 时间内通过电容器向气囊系统提供独立的电源；控制单元通过故障报警灯显示系统故障，激活安全带提示报警 SBR（seat belt reminder），以提醒司机气囊与安全带系统是否正常，其内部结构如图 14—3—1 所示。安全气囊控制单元一般安装在车辆中心线上，以均匀检测车辆各部位发生的碰撞情况，如图 14—3—2 所示。安全气囊传感器安装位置如图 14—3—3 所示。

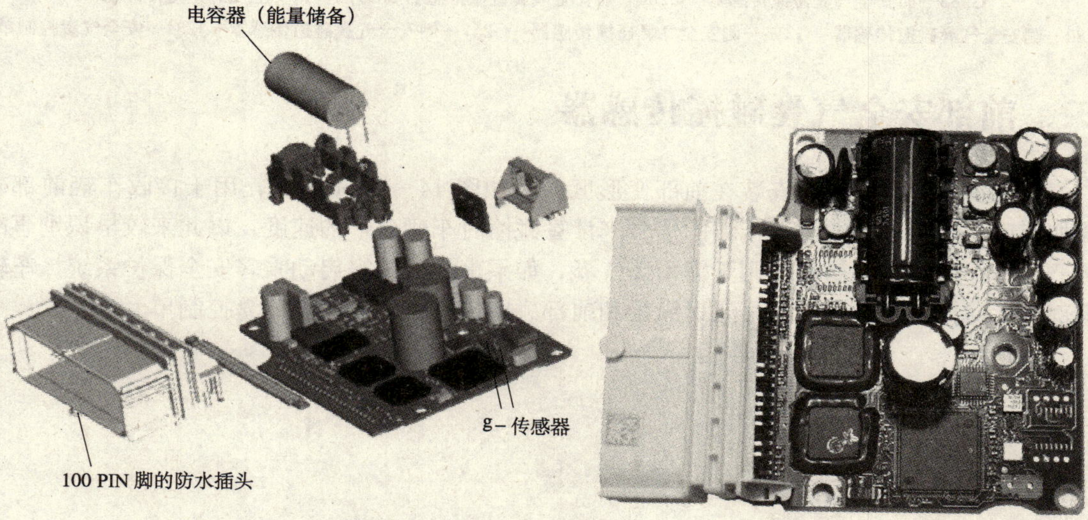

图 14—3—1　控制单元内部结构图

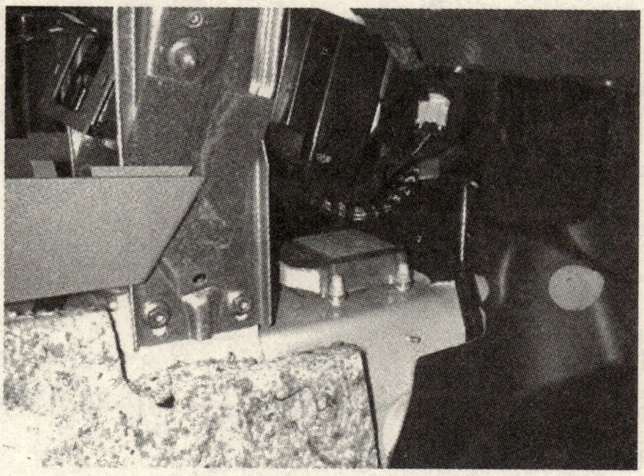

图 14—3—2　控制单元位置图

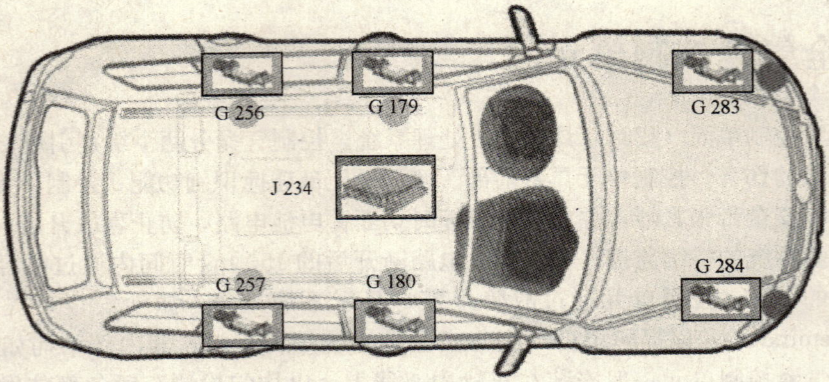

图 14—3—3　安全气囊传感器安装位置图

G283—前安全气囊碰撞传感器　G284—前安全气囊碰撞传感器　G179—侧安全气囊碰撞传感器
G180—侧安全气囊碰撞传感器　G256—侧安全气囊碰撞传感器　G257—侧安全气囊碰撞传感器　J234—安全气囊控制单元

二、前部安全气囊碰撞传感器

前部安全气囊传感器安装在前部变形区内，如图 14—3—4 所示，用于接收车辆前部碰撞加速度。控制单元通过其传输的信号来计算碰撞时车辆变形的速度，以此来较早识别事故的严重性。如果是轻微碰撞则无需引爆气囊，如果事故严重需启动乘客安全保护系统。车辆前部发生碰撞时，强烈的信号通过纵梁和前部碰撞传感器传入安全气囊控制单元。

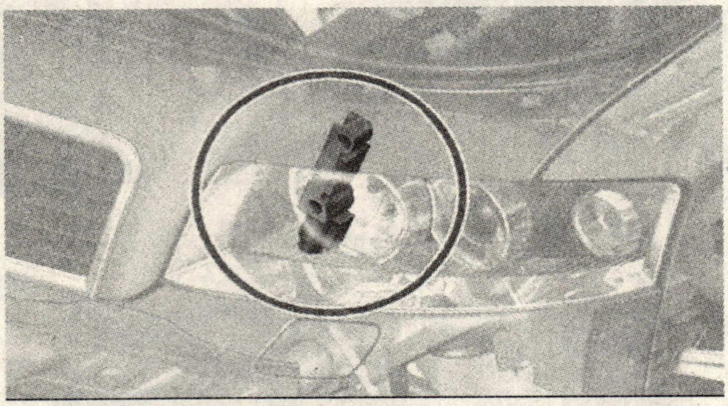

图 14—3—4　前部安全气囊传感器安装位置图

三、侧面安全气囊碰撞传感器

侧面安全气囊碰撞传感器是一个压力传感器，一般安装在车门侧面内部或车门侧面底部，如图 14—3—5 和图 14—3—6 所示，侧面碰撞传感器内部由硅酮元件、盖子、起动机等组成，如图 14—3—7 所示。

如图 14—3—8 所示，侧面安全气囊碰撞传感器中设置有四个压电元件，四个压电元件连接成惠斯通电桥结构，给电桥提供电源与搭铁电路，四个压电元件中两个处于压力影响

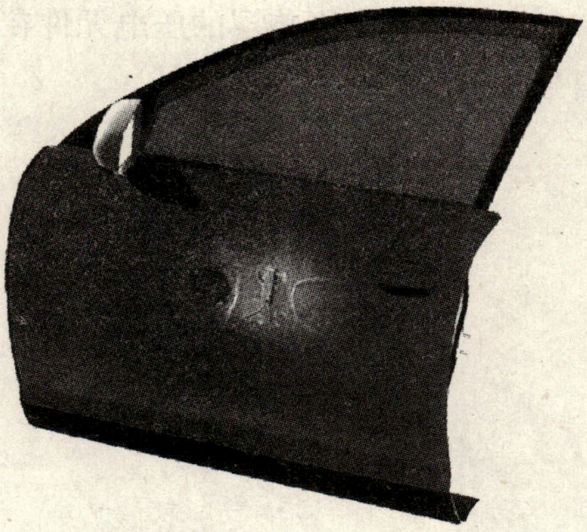

图 14—3—5 侧面安全气囊碰撞传感器安装位置图 1

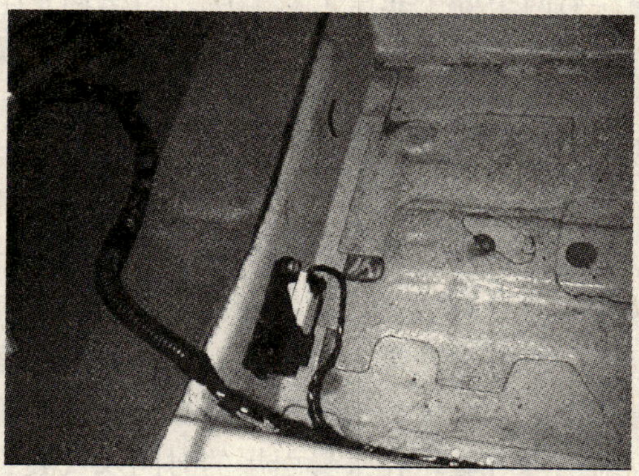

图 14—3—6 侧面安全气囊碰撞传感器安装位置图 2

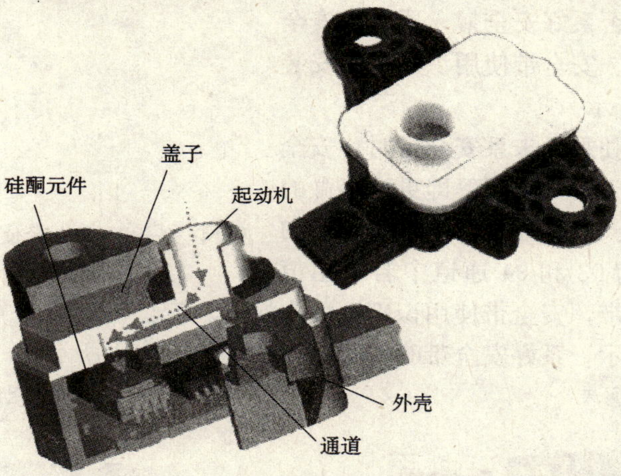

图 14—3—7 侧面安全气囊碰撞传感器结构图

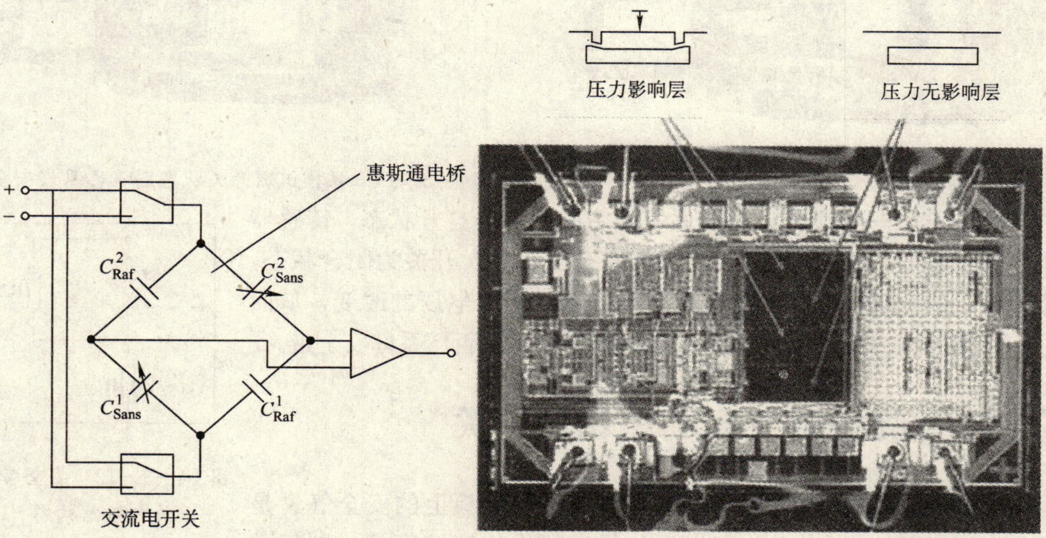

图 14—3—8 侧面安全气囊碰撞传感器电路结构图

层，另两个处于非压力影响层。当车辆发生侧面碰撞时，处于压力影响层的压电元件在压力的作用下产生电压信号，由惠斯通电桥转换成数字信号输出作为传感器的信号。

四、安全带使用识别开关

驾驶员及乘客在没有系安全带的情况下发生事故时，驾驶员及乘客的位移与移动的速度会远远大于系好安全带的情况，对驾驶员与乘客的伤害非常大，在这种情况下，安全气囊控制单元会提前引爆气囊，在气囊引爆的时间及气囊引爆的要求都会发生改变，所以安全气囊控制单元必须知道驾驶员与乘客是否系好安全带，这也是安全带识别开关的重要性。安全带使用识别开关安装位置如图 14—3—9 所示。

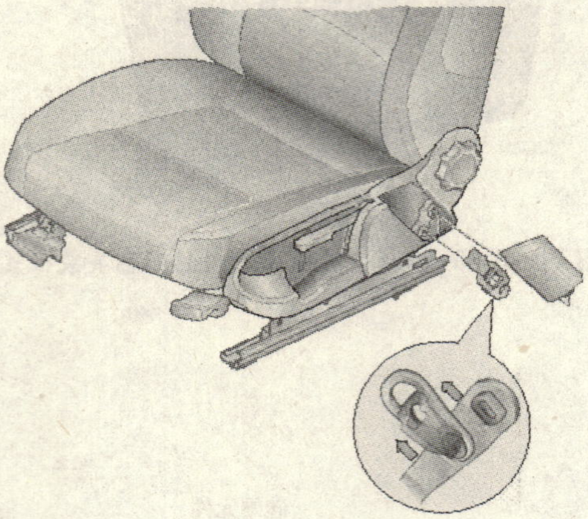

图 14—3—9　安全带使用识别开关安装位置图

当驾驶员和副驾驶乘员未系安全带时，安全气囊控制单元的触发门槛将降低，即更为轻微的碰撞都可能引爆安全气囊。在大众检测仪器的 08 读取测量数据块的 03 和 04 通道中若电阻值过大，表示未系安全带，安全带使用识别开关未接通。安全带识别开关在未系安全带时的状态如图 14—3—10 所示，系好安全带时的状态如图 14—3—11 所示。

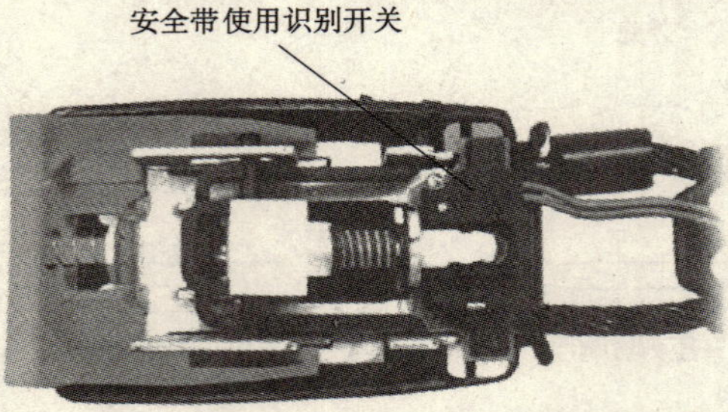

图 14—3—10　碰撞识别开关状态图（未系安全带）

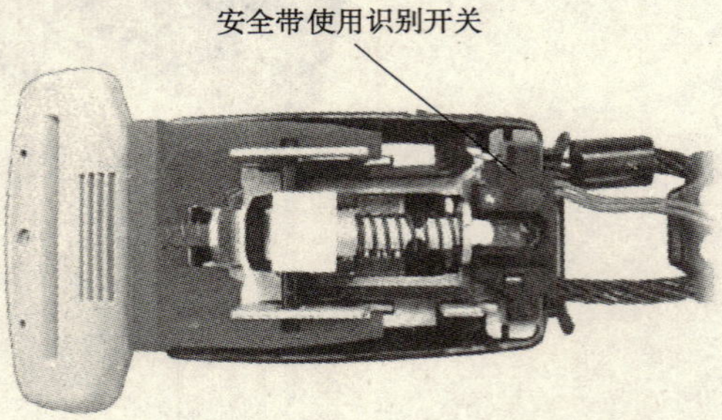

图 14—3—11　碰撞识别开关状态图（已系好安全带）

如图 14—3—12 所示，当未系安全带时开关为打开状态，传感器电阻为 R1 和 R2 的电阻之和，当系好安全带以后，开关为闭合状态，电阻为 R1 的电阻，电阻变化会引起传感器的信号电压的改变，从而电控单元根据传感器电压变化就可以判断驾驶员是否已系好安全带。

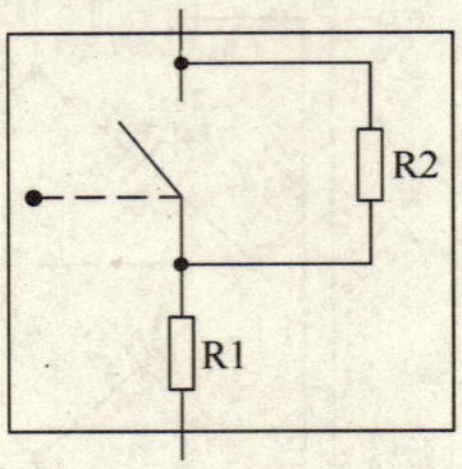

图 14—3—12　安全带开关电路结构图

五、副驾驶安全气囊关闭钥匙开关

很多车型的乘客侧前气囊或叫副驾驶的仪表板上的安全气囊是可以人工关闭的，在人工关闭以后如果车辆发生碰撞事故，副驾驶的安全气囊是不会引爆的。这样的好处在于如果副驾驶没有人乘坐，发生碰撞事故后可以适当减少维修费用，减少不必要的损失。该开关是可以通过钥匙插入以后旋转到 OFF 位置，即为关闭位置，如图 14—3—13 所示。其电路结构如图 14—3—14 所示，这个开关内集成了两个电阻电路，控制单元通过每个电路均可单独识别出开关的位置，当开关为 ON 或 OFF 时，因为传感器内触点的位置不同，传感器两端产生不同的电压，从而安全气囊控制单元根据开关两端电压的变化来判断开关的位置，控制副驾驶安全气囊的工作状态。如果这个钥匙开关损坏，副驾驶员安全气囊关闭指示灯就会闪烁。

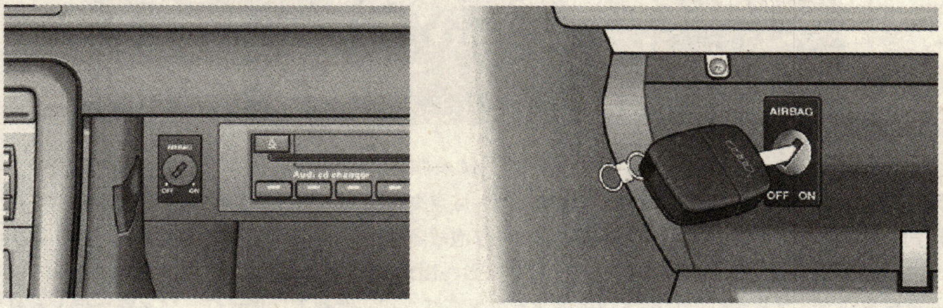

图 14—3—13　副驾驶安全气囊关闭钥匙开关位置图

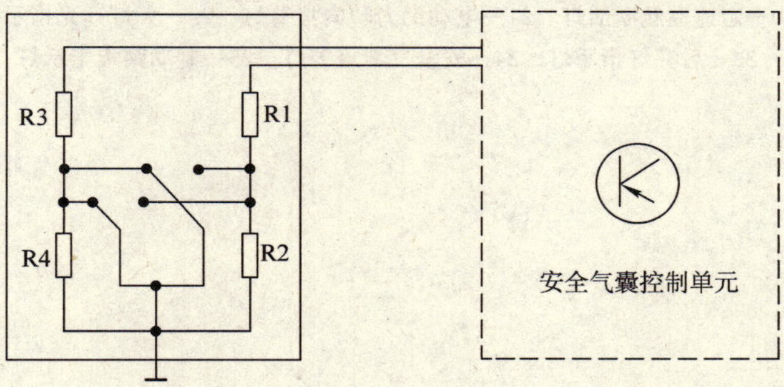

图 14—3—14　副驾驶安全气囊关闭钥匙开关电路结构图

六、安全气囊指示灯

安全气囊系统每次点火开关打开到 ON 位置时，系统均要进行自检，对系统的组成元件进行检查并判断元件的工作状态；在车辆运行过程中控制单元也要进行不断的检查，对各个元件进行监控，当发现有元件发生故障时，控制单元会点亮仪表中的故障指示灯。

汽车上的各个电控系统都有自己的故障指示灯，所以汽车仪表也是一个信息显示中心，指示有几十个，各系统的故障指示灯如图 14—3—15 所示。

图 14—3—15　仪表指示灯含义图

1—发动机系统故障灯　2—汽油车电子油门故障灯　3—灯点亮为柴油车预热塞正在预热；灯闪烁为电子油门故障　4—电子防盗器指示灯　5—发电机故障报警灯　6—灯泡故障报警灯　7—转向灯指示灯　8—机油压力报警灯　9—冷却液温度及液位报警灯　10—车门开启报警灯　11—制动摩擦片磨损报警灯　12—发动机舱盖开启指示灯　13—风窗清洗液不足指示灯　14—发动机机油不足报警灯　15—燃油不足指示灯　16—安全带未系报警灯　17—ABS 故障指示灯　18—常亮为 ESP 故障；闪烁为 ESP 处于工作状态　19—手刹车指示及制动液报警灯　20—定速巡航激活灯　21—电动助力转向报警灯　22—大灯远光指示灯　23—后雾灯指示灯　24—安全气囊报警灯　25—制动踏板指示灯

第十四章 安全气囊与张紧式安全带系统

第四节

预张紧式安全带系统

一、系统功能

当车辆在高速行驶时发生碰撞或紧急制动时，巨大的惯性会使车内乘员与方向盘、风挡玻璃等发生二次碰撞，从而造成对乘员的严重伤害。安全带能将人束缚在座位上，它的缓冲作用会吸收大量动能，极大地减轻乘员的受伤害程度。当车辆仅以 40 km/h 的速度行驶，一旦发生碰撞，身体前冲的力量就相当于从 4 层楼上扔下一袋 50 kg 重的水泥块。

根据演示试验并通过模拟计算，对头部伤害值和胸部加速度指标进行分析，结果表明安全带是最主要的乘员保护装置，同时配备安全气囊将会取得更好的保护效果，在可能致命的车祸中，只有“安全带＋气囊”起到的保护作用最有效。有统计数据表明，这种“安全带＋气囊”的保护方式可以挽救约 60％的生命；而在仅使用安全带的情况下，有效保护率为 43％；在仅使用安全气囊的情况下，这一比例将下降到 18％左右。

预张紧式安全带的控制装置是一种电子式控制装置，由电子控制单元（ECU）检测到汽车加速度的不正常变化，经过电脑处理将信号发至卷收器的控制装置，激发预拉紧装置工作，这种预紧式安全带通常与安全气囊组合使用，如图 14—4—1 所示。

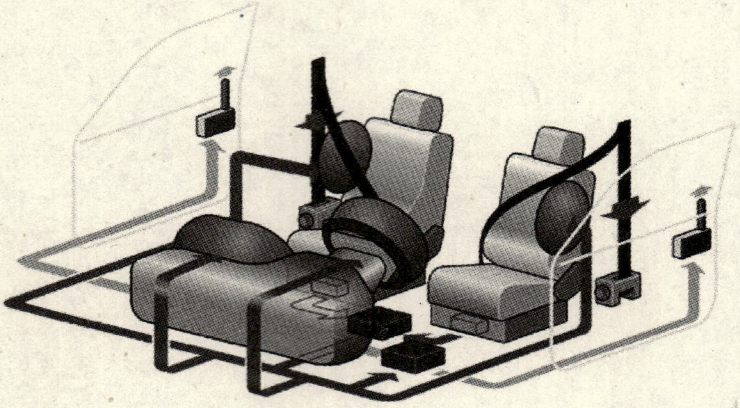

图 14—4—1　预张紧式安全带与安全气囊的工作示意图

二、系统的组成

预张紧式安全带系统电路组成如图 14—4—2 所示。

三、系统工作过程

安全带张紧器一般结构如图 14—4—3 所示。安全带张紧器有两种类型，包括滚珠式安全带张紧机构和齿轮式安全带张紧机构。

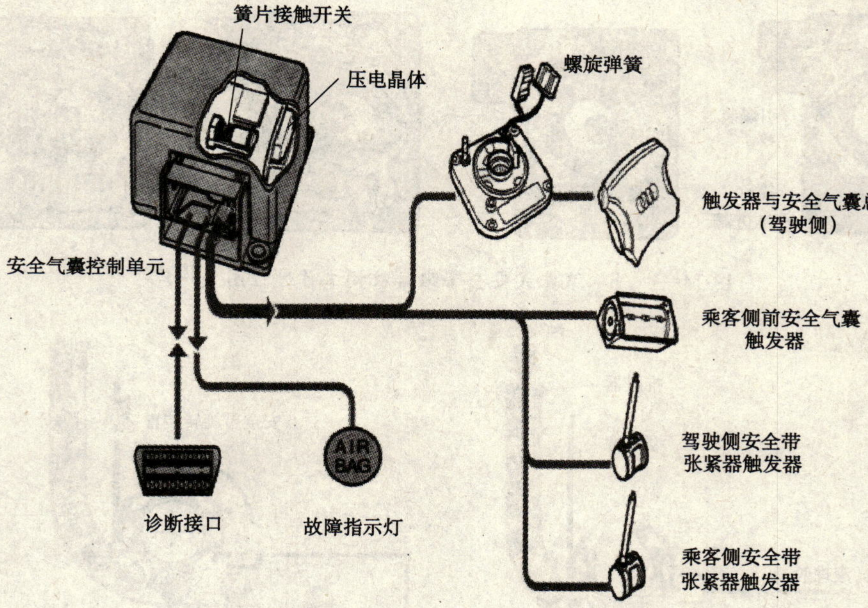

图 14—4—2 预张紧式安全带系统电路组成图

1. 滚珠式安全带张紧机构的工作过程

滚珠式安全带张紧机构由充气推进装置、滚珠轨道、滚珠、触发单元、齿轮等元件组成，其结构如图 14—4—4 所示。

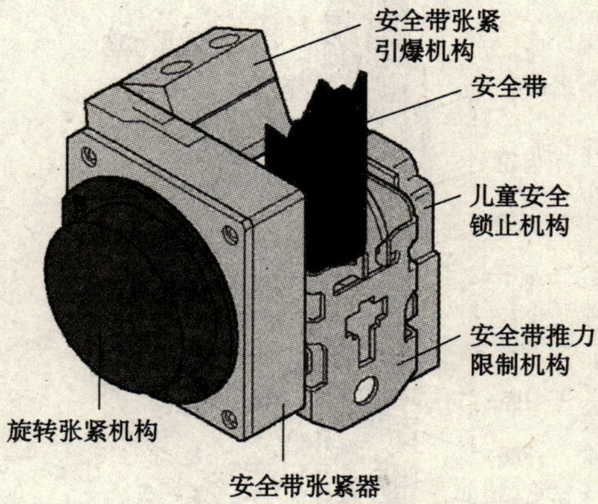

图 14—4—3 安全带张紧器结构图

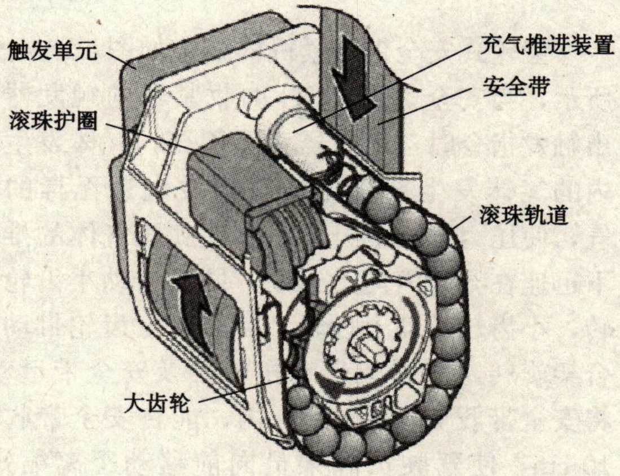

图 14—4—4 滚珠式安全带张紧机构结构图

当控制单元检测到车辆发生碰撞时，通过电路导线给引爆装置通电流，如图 14—4—5 所示，在引爆装置的作用下转子发生旋转，撞针顶动推进器。如图 14—4—6 所示，推进器在撞针的大力撞击下产生大量的气体推动活塞与滚珠，在滚珠和转子的转动的带动下大齿轮旋转，拉动安全带张紧，防止乘员前倾，起到保护乘员的作用。

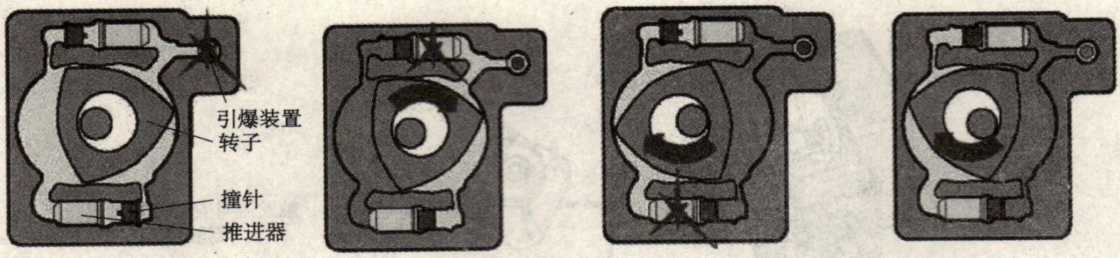

图 14—4—5　滚珠式安全带张紧机构工作过程图（一）

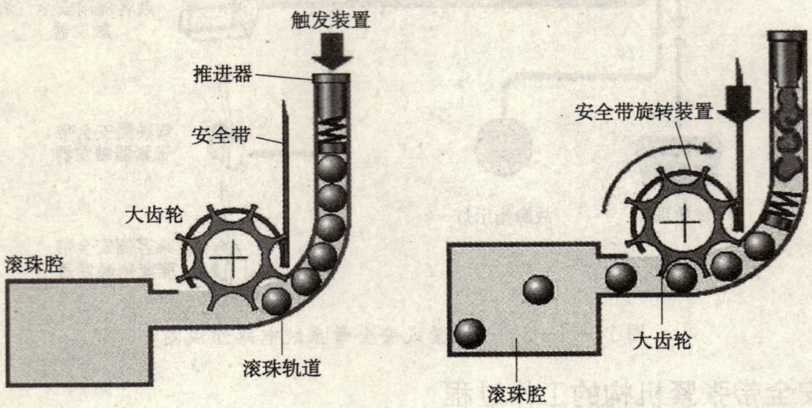

图 14—4—6　滚珠式安全带张紧机构工作过程图（二）

2. 齿轮式安全带张紧机构的工作过程

齿轮式安全带张紧机构结构如图 14—4—7 所示，当安全气囊 ECU 向收紧器的触发器发出触发指令时，触发器引爆引药，气体发生器内的气体发生剂受热分解释放大量无毒的氮气，使压力急剧上升。活塞在膨胀气体的推动下迅速在导管内向上运动，同时带动小齿轮旋转，小齿轮带动上齿轮计旋转，上齿轮带动啮合架旋转，啮合架带动扭转轴及安全带运动，将安全带收紧。在 8 ms 内，能将安全带收紧 10 cm，使驾驶员和乘员向前移动距离缩短，从而防止其面部、胸部与方向盘、风挡玻璃或仪表台发生碰撞，工作过程如图 14—4—8 所示。

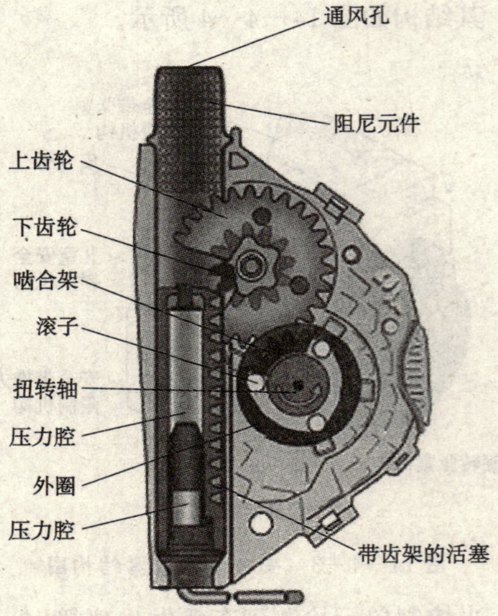

图 14—4—7　齿轮式安全带张紧机构结构图

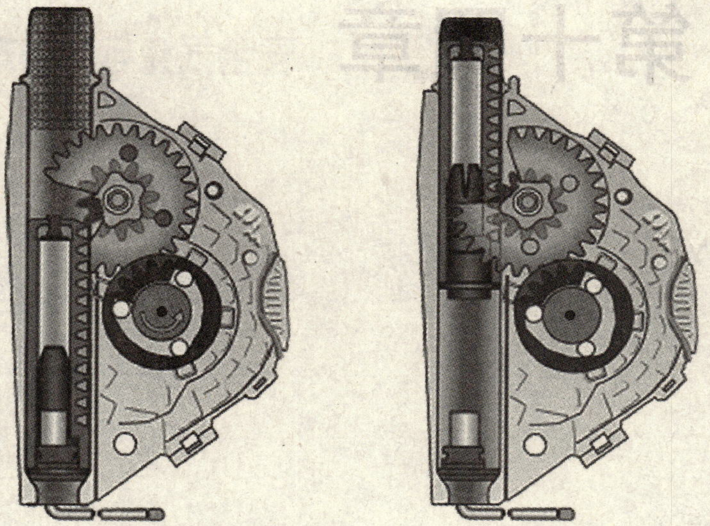

a)　　　　　　　　　　b)

图 14—4—8　齿轮式安全带张紧机构工作过程图

a）引爆前　b）引爆后

第十四章 安全气囊与张紧式安全带系统

第五节

主动反应头枕与蓄电池切断保护装置

一、前部主动反应头枕

1. 系统作用

有些车型的前坐椅上使用的是主动式头枕，当发生尾部撞车时，这个头枕会向前运动，以便减小头部与头枕之间的距离，如图 14—5—1 所示。由于避免了肩部和头部之间的相对运动，因此可大大降低颈椎受伤的可能性。如果发生的是正面碰撞，那么离心配重的机械机构会被锁止。

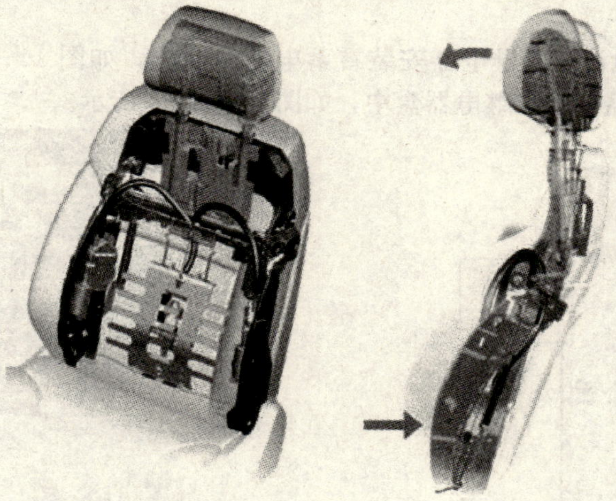

图 14—5—1　主动头枕工作示意图

2. 系统结构与工作过程

如图 14—5—2 所示，在坐椅 S 形弯曲位置，主动头枕设置了一个杠杆机构，在车辆尾部发生碰撞时，杠杆机构发生旋转，使头枕发生前移，起到保护乘员颈部的作用。

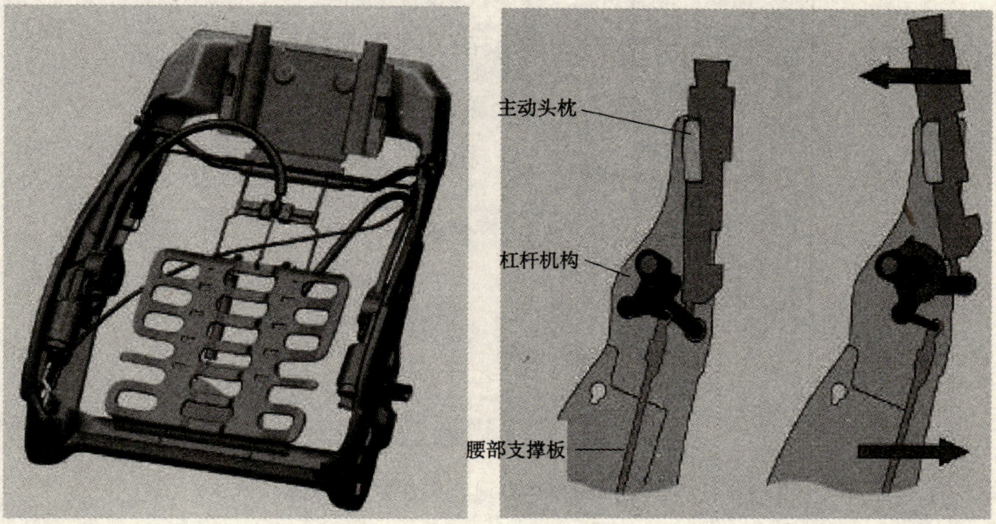

图 14—5—2　主动头枕工作过程图

二、碰撞蓄电池切断保护装置

1. 蓄电池保护继电器的作用

蓄电池切断继电器是蓄电池的分离元件，它的任务是在发生撞车事故时，切断起动机和发电机，其实物如图 14—5—3 所示。

2. 安装位置

奥迪 A6 轿车蓄电池切断继电器安装在蓄电池的前方，如图 14—5—4 所示，大众途锐汽车蓄电池断路继电器安装在继电器盒中，如图 14—5—5 所示。

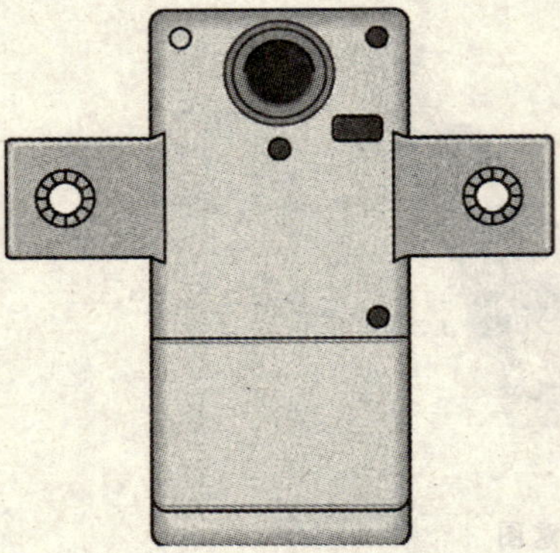

图 14—5—3　蓄电池切断继电器实物图

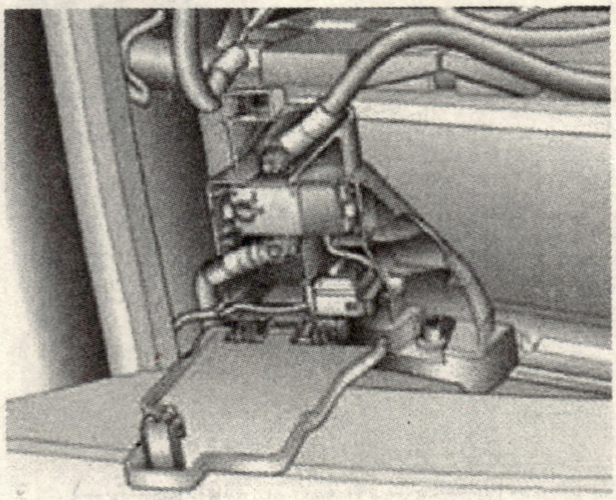

图 14—5—4　蓄电池切断继电器安装位置图（奥迪 A6 轿车）

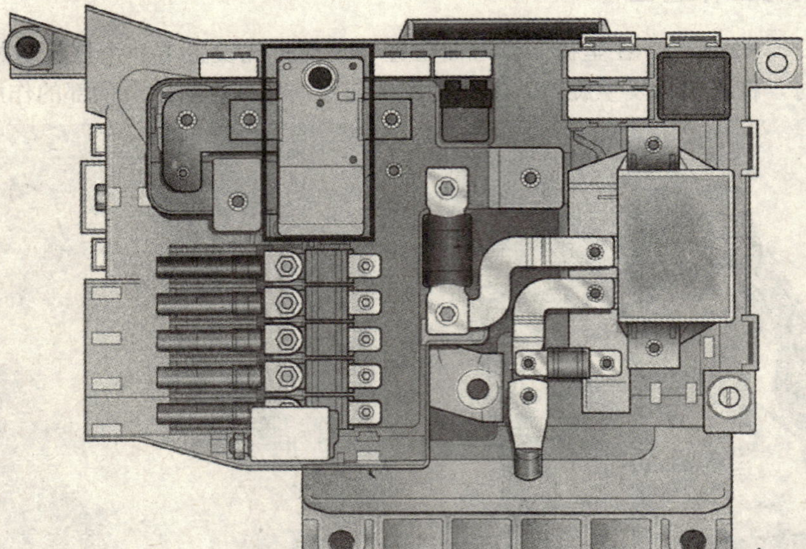

图 14—5—5　蓄电池断路继电器位置图（大众途锐汽车）

3. 工作过程

如图 14—5—6 所示为蓄电池断路继电器的电路控制图，图中各元件的标注见表 14—5—1，蓄电池断路继电器由 3 号端子接收安全气囊的碰撞信号。当车辆发生撞车事故，安全气囊发生引爆时，蓄电池切断继电器接收到相应的电压信号，触发继电器工作，断开图中的 A 与 B 之间的开关，使蓄电池停止向外界用电器供电。

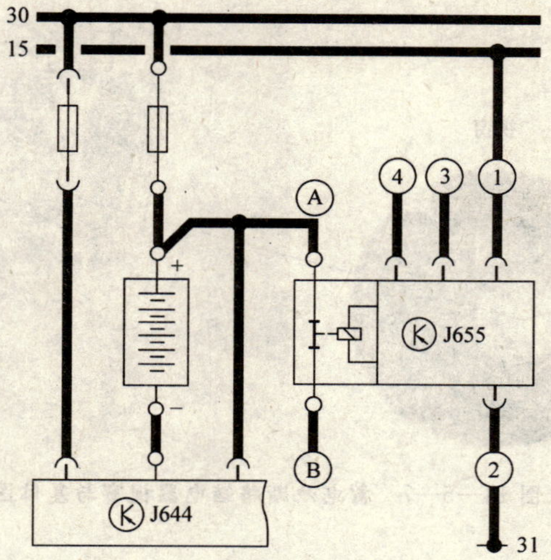

图 14—5—6 蓄电池断路继电器的电路图

J644—电能管理控制单元 J655—蓄电池管理继电器

表 14—5—1 **蓄电池断路继电器说明表**

接线柱	针脚	输入/输出	说 明
30，蓄电池	A	输入 （螺栓连接）	蓄电池接线柱 30
87	B	输出 （螺栓连接）	输出
接线柱 15	1	输入 （插接）	正极供电可切断
车搭铁	2	输入 （插接）	安全气囊 控制单元 J234 搭铁
撞车信号	3	输入 （插接）	安全气囊 控制单元 J234 撞车信号
诊断	4	输入 （插接）	安全气囊 控制单元 J234 诊断线

4. 复位与诊断

安全气囊控制单元执行元件诊断也可以触发蓄电池切断继电器，但要注意执行元件诊断后一定要将该继电器手动复位，否则无法给蓄电池充电。

当安全气囊控制单元触发了蓄电池切断元件后，切断元件视窗里看到的就不再是一个铜线圈，而是一个白色区域，切断后可以通过黄色按钮来将其复位，如图 14—5—7 所示。

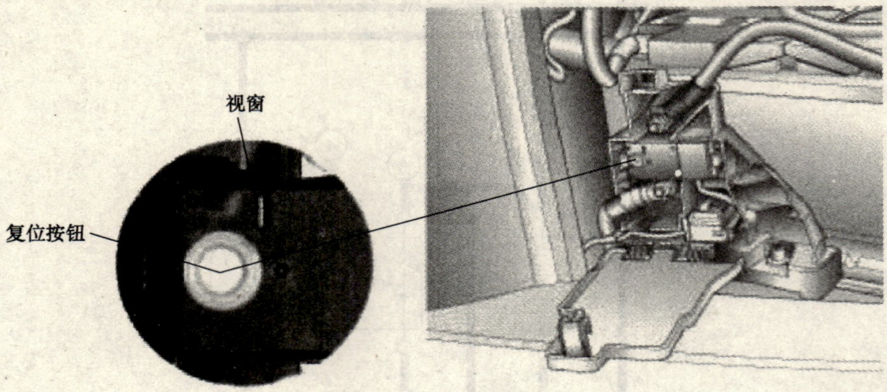

图 14—5—7　蓄电池断路继电器视窗与复位图

第十五章 无钥匙进入和起动授权系统

一、系统功能

无钥匙进入和起动授权系统即 Keyless Entry Start/Exit Security System（KESSY），其功能包括无钥匙登车进入（Keyless Access）、无钥匙起动（Keyless Go）和无钥匙锁车（Keyless Exit）。一般装备有无钥匙进入系统的车辆，其车门把手上有接近传感器，如图 15—1—1 所示。

大部分的无钥匙进入系统都包括了无钥匙起动功能，仅有少数车型只具有无钥匙进入功能，而没有无钥匙起动。无钥匙进入和起动授权系统又被称为智能钥匙系统，它通过车主随身携带的智能卡里的芯片感应自动开关门锁，当车主走近车辆一定距离时，门锁会自动打开并解除防盗；当车主离开车辆时，门锁会自动锁上并进入防盗状态。一般装备有无钥匙进入系统的车辆，其车门把手上有感应按钮和接近传感器，如图 15—1—2 所示，同时也有钥匙孔，是以防智能卡损坏或没电时，车主仍可用普通方式开启车门。

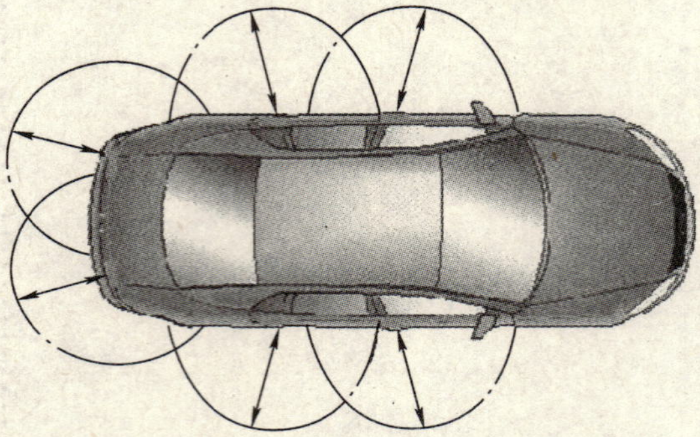

图 15—1—1　车门把手接近传感器位置图

图 15—1—2　备有无钥匙进入系统的车门把手

当车主进入车内时，车内的检测系统会马上识别智能卡，经过确认后车内的电脑才会进入工作状态，这时只需按动车内的起动按钮（或者是旋钮），如图 15—1—3 所示，就可以正常起动车辆了。也就是说无论在车内还是车外，都可以保证系统在任何情况下都能正确识别驾驶者。

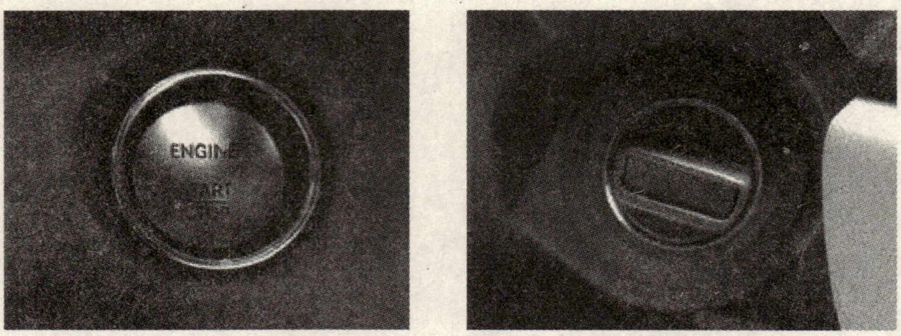

a)　　b)

图 15—1—3　无钥匙起动钮

a）按钮式　b）旋钮式

无线遥控器与钥匙配合使用，控制单元分析无线信号。插入和拔出钥匙时，KESSY控制单元对电动转向柱锁止装置（ELV）进行控制，如图15—1—4所示，插入钥匙时转向柱开锁，拔出钥匙时转向柱上锁。KESSY控制单元与ELV之间以密码形式通讯。仅在上锁或开锁时KESSY控制单元才向ELV供电。在其他情况下ELV不通电。只有ELV已开锁时，才能启用点火开关。

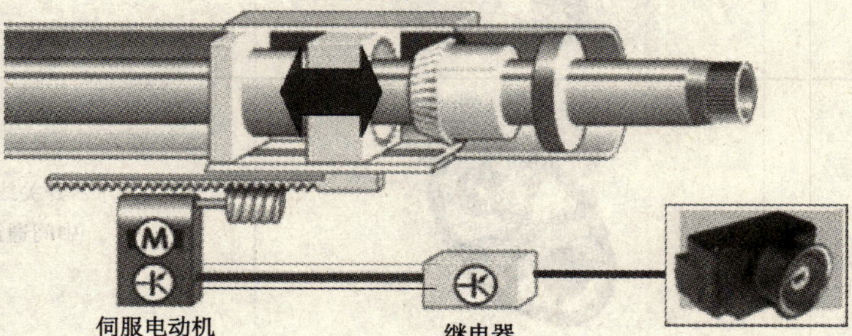

图15—1—4　电动转向柱锁止装置

二、系统组成

电子点火开关、防盗锁、无线遥控器、电动转向柱锁止控制装置、起动停止按钮、KESSY车内和车外天线、车门外侧把手上的锁止按钮、接近传感器、包括WFS的识别传感器（收发器）、包括KESSY电子装置控制单元的识别传感器。大众途锐汽车的无钥匙进入起动和授权系统组成见表15—1—1。

表15—1—1　无钥匙进入起动和授权系统组成元件表

系统元件	图　示	元件位置
折叠式遥控钥匙		车主随身使用
电子点火开关　EZS		仪表板，方向盘右侧
带电容式传感器的车门把手天线	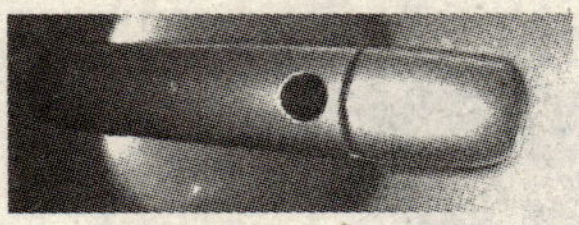	车门上

续表

系统元件	图　示	元件位置
尾部天线		在保险杠内
车内天线		开关线槽盖板 中间通道中部
起动和停止按钮	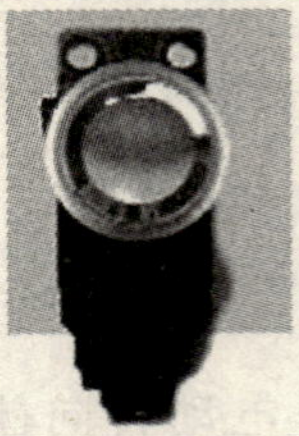	开关线槽挡板
继电器		继电器盒内
电动转向柱 锁止装置执行器		电动转向柱 锁止装置上
电动转向柱 锁止装置	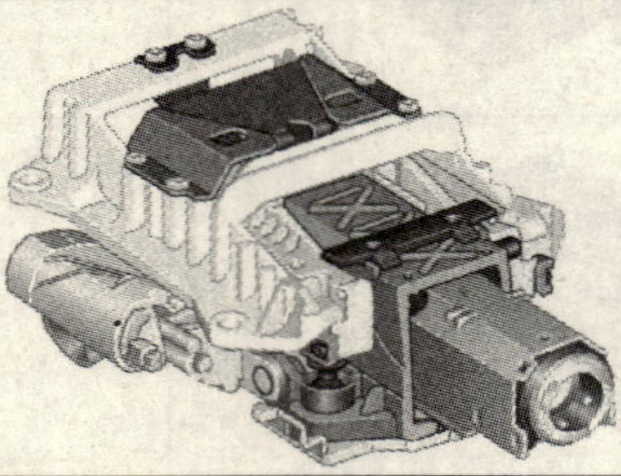	方向盘转向柱上
起动和授权控制单元		左侧脚舱

奥迪 A6 轿车的无钥匙进入与起动授权系统的组成元件如图 15—1—5 所示。

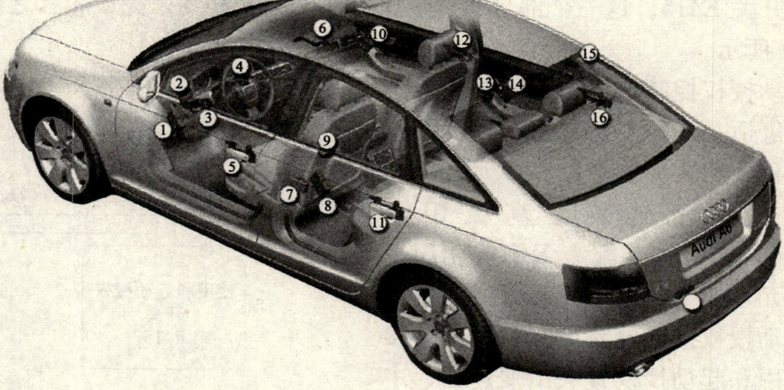

图 15—1—5　奥迪 A6 的起动授权系统组成图

1—驾驶员车门控制单元　2—供电控制单元　3—使用和起动授权控制单元　4—使用和起动授权开关
5—驾驶员车门中央门锁外把手按钮、驾驶员车门上的外把手开关、驾驶员车门外把手接触传感器
6—无钥式使用授权天线读出单元　7—驾驶员一侧使用和起动授权天线　8—左后车门控制单元
9—使用和起动授权乘员舱内天线　10—副驾驶员车门控制单元
11—左后车门中央门锁外把手按钮、左后车门外把手开关、左后车门外把手接触传感器
12—副驾驶员车门中央门锁外把手按钮、外把手开关、外把手接触传感器
13—副驾驶员一侧使用和起动授权天线　14—右后车门控制单元　15—中央门锁和防盗警报系统天线
16—右后车门中央门锁外把手按钮、右后车门外把手开关、右后车门外把手接触传感器　17—使用和起动授权行李箱天线

三、系统工作控制过程

无线遥控器的信息由登车和起动授权控制单元的天线接收。登车和起动授权控制单元得到这些信息并通过舒适 CAN 总线将其传输到舒适系统中央控制单元。该控制单元控制车门控制单元，控制车门的打开，除了打开车门不需要进行其他任何操作外，登车和起动授权控制单元识别点火开关钥匙中的无线收发器；拉动车门拉手时，它将向登车和起动授权控制单元发出打开相应车门的信号。然后该控制单元通过舒适 CAN 总线向舒适系统中央控制单元发出一个信号。该中央控制单元便控制相应的车门控制单元，如图 15—1—6 所示。

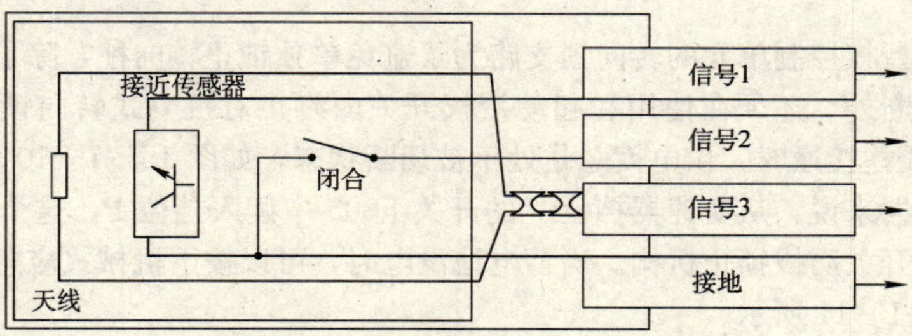

图 15—1—6　车门接近传感器结构图

使用和起动授权控制单元与转向柱锁止机构执行元件合并在一起。对系统的控制分为三个基本部分，使用和起动授权控制单元 J518、无钥式使用授权天线读入单元 J723 和使用和起动授权控制开关 E415。这三个部分通过一根局域网单线总线来完成相互之间的通讯联系，如图 15—1—7 所示。

使用和起动授权控制单元是系统的主控制器，同时也是舒适 CAN 总线系统的一个用户。不管系统是哪种，所装的这个控制单元都是相同的。只有在车上选装了高级钥匙（Advanced Key）时，才装配有无钥式使用授权天线读入单元，这个读入单元在天线、传感器与使用和起动授权控制单元之间起一个转接口的作用。使用和起动授权开关由变速器、中央门锁遥控频率及选装装置高级钥匙（Advanced Key）来决定。在使用和起动授权控制单元内集成有机电式转向柱锁止机构。

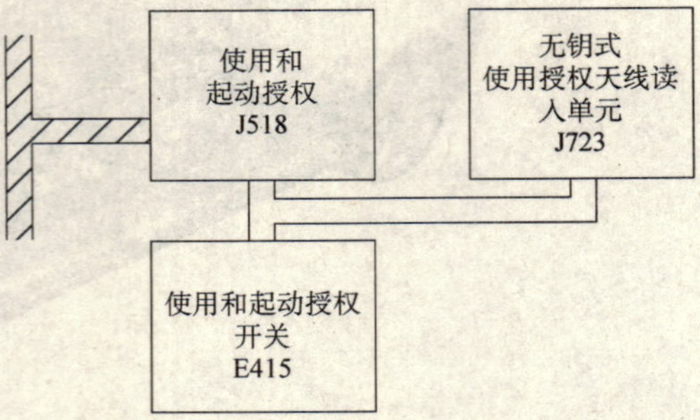

图 15—1—7 通讯信息图

四、元件分析

1. 使用和起动授权开关

（1）类型，根据有或没有高级钥匙（Advanced Key）和有或没有点火钥匙拔出锁止机构，使用和起动授权开关的结构是不同的，使用和起动授权开关实物如图 15—1—8 所示。

图 15—1—8 使用和起动授权开关实物图

（2）功能。使用和起动授权开关除作为点火起动开关外，还集成了估算点火开关内钥匙位置的作用，点火开关内用四个开关来估算点火钥匙的位置，这些开关的信息通过局域总线及双导线（起监控作用）以二进制代码形式传送到使用和起动授权控制单元上。点火开关内的锁芯不是机械码式的，使用和起动授权开关电路结构如图 15—1—9 所示。

使用和起动授权控制单元的转向锁支路为了避免单独锁止转向柱，除了在使用和起动授权控制单元内关断外，还须在使用和起动授权开关内终止对机电式转向锁止机构电机的供电。当 15 号接线柱接通时，供电就总是处于被切断状态，如图 15—1—10 所示。

对自动变速器来说，从变速器挡位 P 的开关 F305 中读入挡位 P，这个信号用于操纵集成的电磁式点火开关防拔锁止机构。当蓄电池没电时，可以按下机械式应急开锁机构来拔出钥匙，如图 15—1—11 所示。

通过集成的读出线圈与钥匙进行数据交换，如果钥匙已插入使用和起动授权开关内，那么电子装置就通过读出线圈将电能输送到钥匙内，然后钥匙通过脉冲转发器和读出线圈将钥

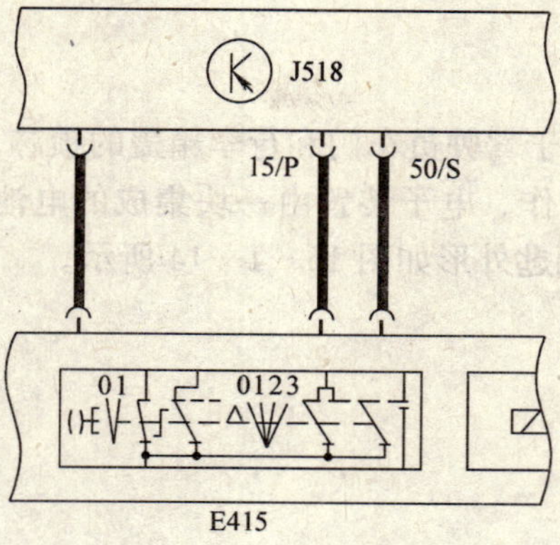

图 15—1—9 使用和起动授权开关电路结构

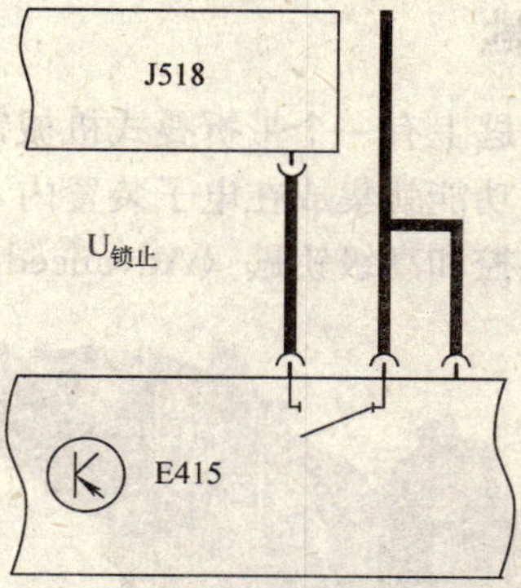

图 15—1—10 转向锁止机构电机断电示意图

匙识别码发送到该开关内，该开关再将这个信息发送到使用和起动授权控制单元。

使用和起动授权开关将汽车钥匙通过遥控发来的数据信息发送到使用和起动授权单元，接收中央门锁和防盗警报装置天线 R47 的信息，该单元使用这些数据信息，如图 15—1—12 所示。

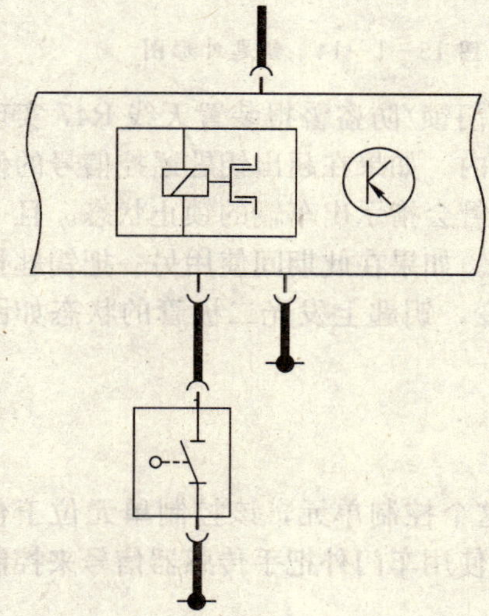

图 15—1—11 P 挡信号接收图

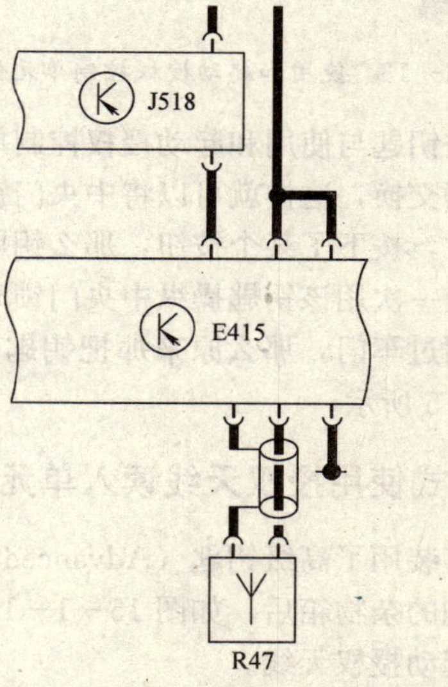

图 15—1—12 中央门锁和防盗警报装置天线 R47 信号接收图

2. 使用和起动授权控制单元

在使用和起动授权控制单元内集成有机电式转向柱锁止机构，其位置如图 15—1—13 所示。其功能包括接线柱的控制、锁止转向柱、防盗锁和元件保护等功能。

使用和起动授权控制单元通过接线柱 15、75x、50、S 和 P 将信息放到舒适 CAN 总线上。然后控制单元操纵接线柱 15 和 75x 的继电器并将起动请求信号发送给发动机控制单元。

在使用和起动授权控制单元内集成有用于锁止转向柱的电动机和传动机构。有两个集成的微开关用于检查锁止位置，只有当转向系统完全松开时，15 号接线柱才接通。

该控制单元是防盗锁和元件保护功能的主控制器。

3. 车钥匙

车钥匙上有一个带折叠式机械钥匙齿的部分，用于驾驶员车门和行李箱盖的锁芯。脉冲转发器的功能就集成在电子装置内，没有电池也可工作。电子装置由一块集成的电池供电，以完成遥控和高级钥匙（Advanced Key）功能，车钥匙外形如图 15—1—14 所示。

图 15—1—13　使用和起动授权控制单元位置图

图 15—1—14　钥匙外形图

遥控钥匙与使用和起动授权控制单元之间可通过中央门锁/防盗警报装置天线 R47 实现双向数据交换，这样就可以将中央门锁的状态传送到钥匙内。如果在超出钥匙遥控信号的作用范围时，按下了某个按钮，那么钥匙上集成的发光二极管会指示出车辆的锁止状态。且一直显示上一次用该钥匙操纵中央门锁时所呈现的锁止状态。如果在此期间使用另一把钥匙打开或关闭过车门，那么原来那把钥匙的锁止状态并不改变，钥匙上发光二极管的状态如图 15—1—15 所示。

4. 无钥式使用授权天线读入单元

只有装用了高级钥匙（Advanced Key）时，才会有这个控制单元，该控制单元位于仪表板右侧的杂物箱后，如图 15—1—16 所示。该控制单元使用车门外把手传感器信号来控制使用和起动授权天线。

5. 车门外把手接触传感器

车门外把手内的电容式传感器识别出把手接触后，会向无钥式使用授权天线读入单元发送一个短信号，天线读入单元分析该信号后，通过使用授权天线向车钥匙发出一个询问。车上锁后约 80 s，或无授权钥匙操纵 20 次后，传感器关闭。车门外把手接触传感器位置如图 15—1—17 所示。

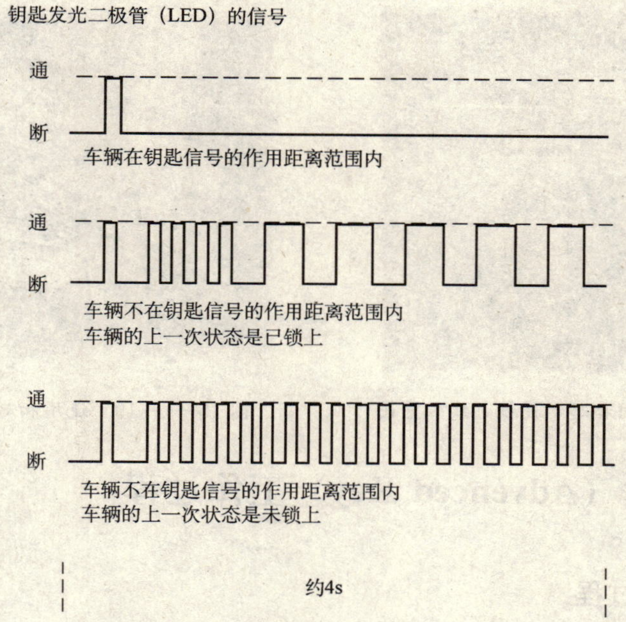

图 15—1—15　钥匙发光二极管的状态图

图 15—1—16　无钥式使用授权天线读入单元位置图

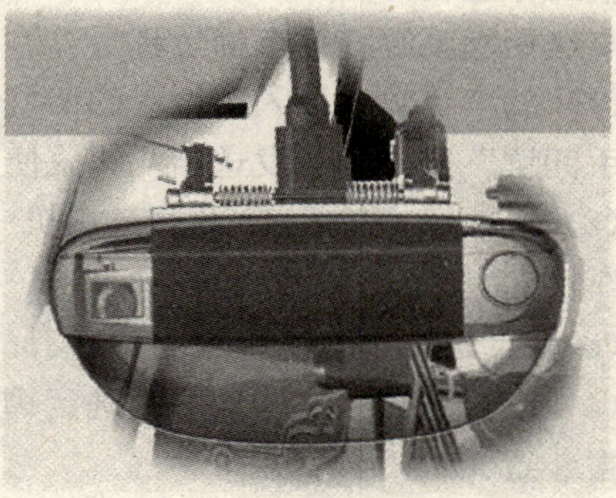

图 15—1—17　车门外把手接触传感器位置图

6. 使用和起动授权天线

车上共有四个发射天线，车辆使用这些天线与车钥匙进行无线通信，天线的发射频率为 24.5 kHz。车钥匙分析这四个信号，并根据每个天线的场强来确定车钥匙的位置。四个天线分别位于两个后车门内、中央副仪表板上和后保险杠内，如图 15—1—18 所示。

7. 使用和起动授权按钮

出于安全考虑，使用和起动授权控制单元及使用和起动授权开关都要使用和起动授权按钮位置信号，该按钮位置如图 15—1—19 所示。

图 15—1—18　使用和起动授权天线位置图

图 15—1—19　使用和起动授权按钮位置图

五、高级钥匙（Advenced Key）工作过程

1. 打开车辆工作过程

高级钥匙系统（Advenced Key）打开车辆工作过程如图 15—1—20 所示。通过按钮起动车辆工作过程如图 15—1—21 所示。

高级钥匙系统打开车辆过程为：

（1）驾驶员将手放入门把手的凹坑内，车门外把手接触传感器 G415 就会将“手指已放入把手凹坑”这个信息发送给无钥式使用授权天线读入单元 J723。

（2）天线读入单元 J723 通过司机一侧的使用和起动授权天线 R134 将一个唤醒信号发送到车钥匙上。

（3）天线读入单元 J723 通过所有的使用和起动授权天线给车钥匙发送一个信号。

（4）车钥匙根据这些信号来确定钥匙在车上的位置，并将这个信息发送到中央门锁和防盗警报装置天线 R47。

（5）中央门锁和防盗警报装置天线接收到信息，这个信息由使用和起动授权开关 E415 传送给使用和起动授权控制单元 J518 使用。

（6）使用和起动授权控制单元将“打开车门”这个信息发送给舒适系统中央控制单元 J393 和车门控制单元（指门把手已经开始钥匙查询的车门的）。

（7）收到使用和起动授权控制单元命令的车门控制单元再操纵相应的锁芯，这样就打开了该车门。

（8）舒适系统中央控制单元 J393 将“打开车门－Advanced Key”这个信息发送到舒适 CAN 总线上。

（9）正常的开门过程包括停用安全装置、开门、确认闪光及接通车内灯。除了确认闪光外，使用和起动授权控制单元通过使用和起动授权开关和中央门锁/防盗警报装置天线 R47 将锁止状态发送到车钥匙内。

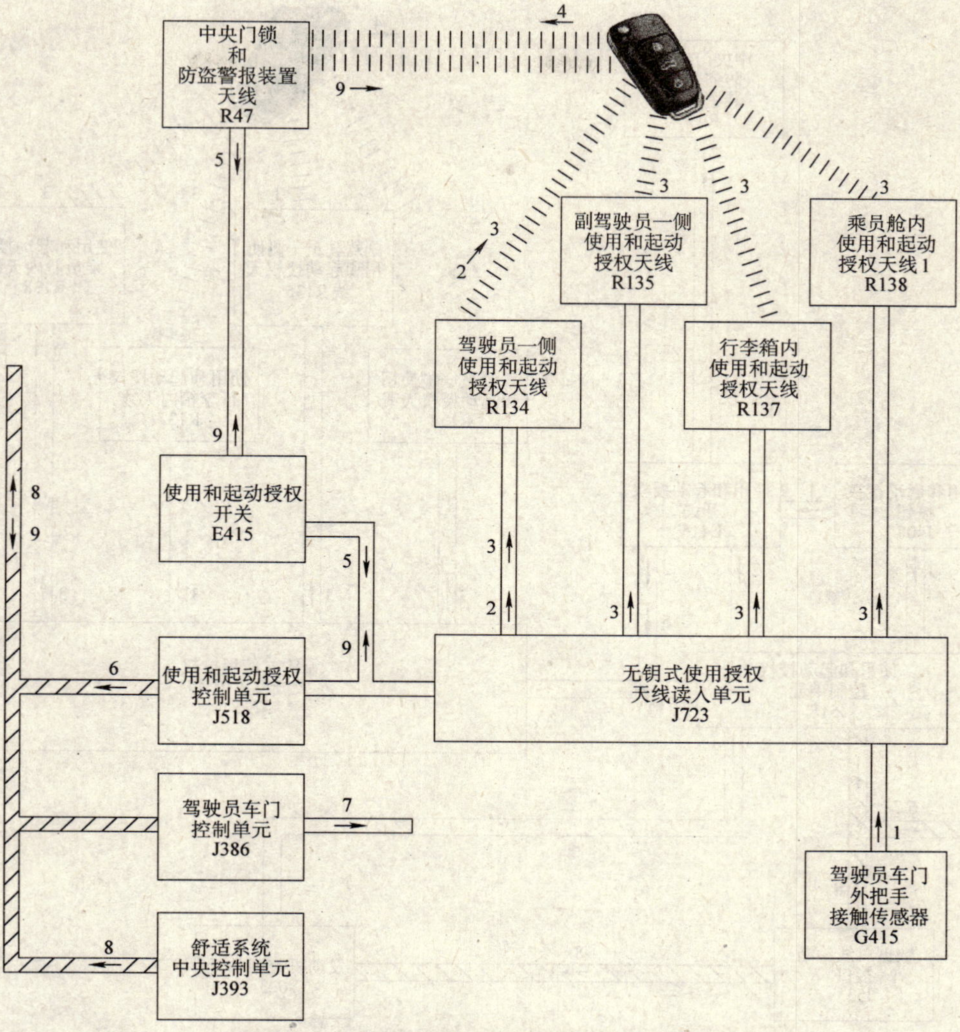

图 15—1—20　高级钥匙系统打开车辆工作过程图

2. 起动车辆工作过程

通过按钮起动车辆工作过程：

（1）驾驶员将使用和起动授权按钮 E408 完全按下，这个按钮将“点火开关接通”和“发动机起动”的信息发送到使用和起动授权开关 E415 和使用和起动授权控制单元 J518 上。

（2）使用和起动授权开关将这个按钮信息通过数据线继续传至使用和起动授权控制单元，将这两个按钮信息进行比较。

（3）控制单元 J518 将钥匙查询信息发送给无钥式使用授权天线读入单元 J723。天线读入单元通过所有的使用和起动授权天线将一个信号发送给车钥匙。

（4）车钥匙根据这个信号来确定钥匙在车上的位置，并将其信息发送给中央门锁/防盗警报装置天线 R47。

（5）中央门锁/防盗警报装置天线收到这个信息，然后该信息通过使用和起动授权开关

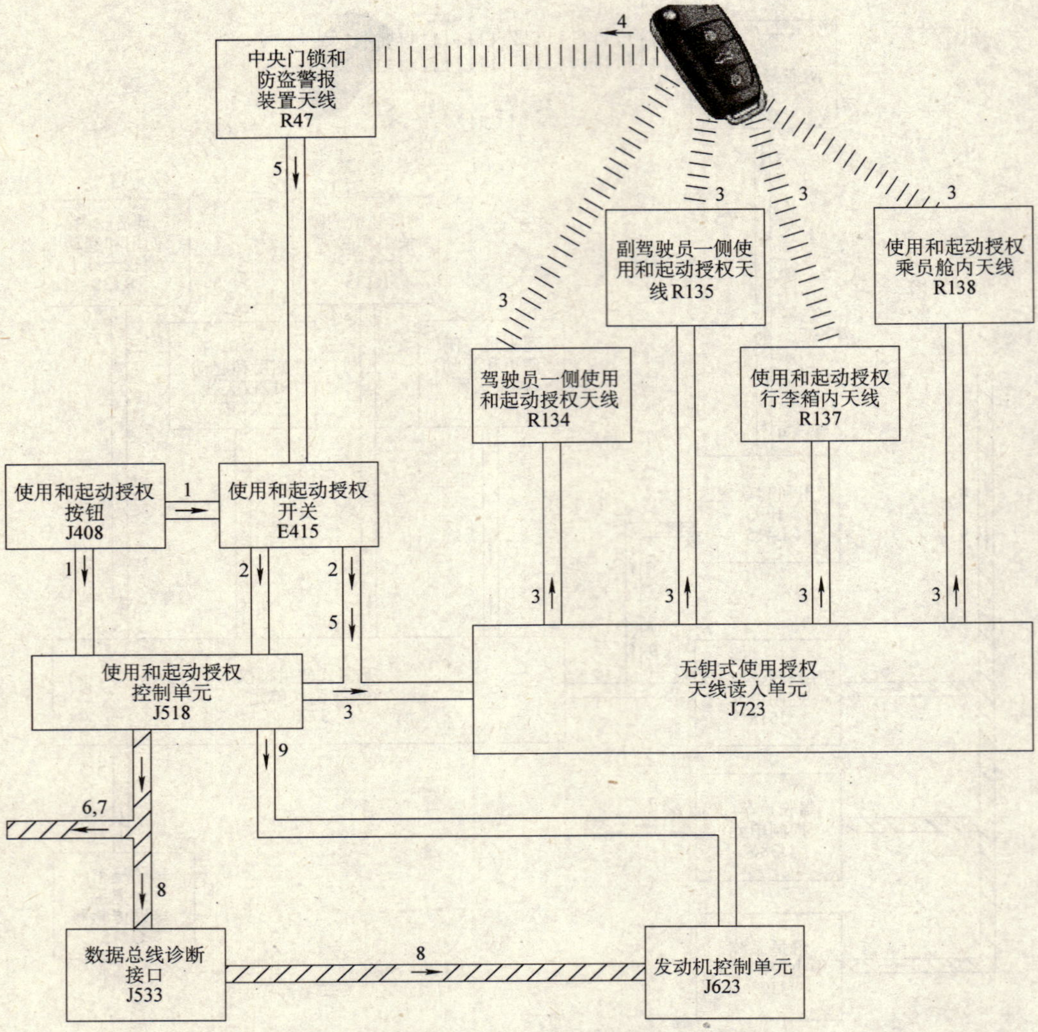

图 15—1—21　通过按钮起动车辆工作过程图

E415 被传送给使用和起动授权控制单元使用。

(6) 根据钥匙的使用情况，S 触点信号就被发送到舒适 CAN 总线上，转向系统开锁。

(7) 转向锁完全打开后，接线柱 15 接通。

(8) 接线柱 15 接通后，发动机控制单元与使用和起动授权控制单元之间就开始经 CAN 数据总线进行数据交换。然后防盗锁被停用。

(9) 使用和起动授权控制单元将“起动请求”这个信号发送给发动机控制单元。发动机控制单元检查离合器是否已踏下或是否已挂入 P 或 N 挡（自动变速器），然后就会自动起动发动机。

六、系统电路控制

起动和授权系统电路控制如图 15—1—22 和图 15—1—23 所示。

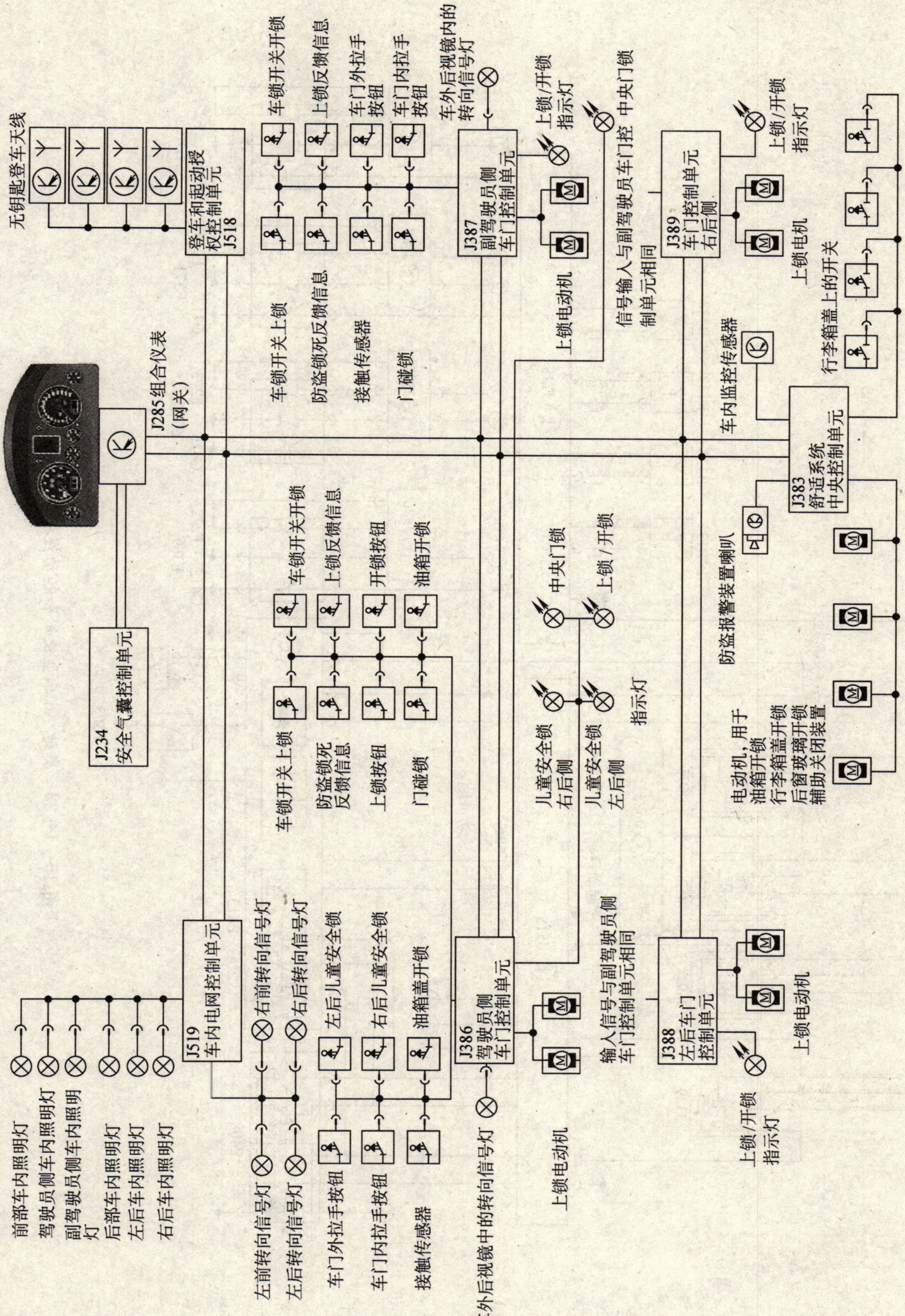

图 15—1—22 使用和起动授权系统组成电路图

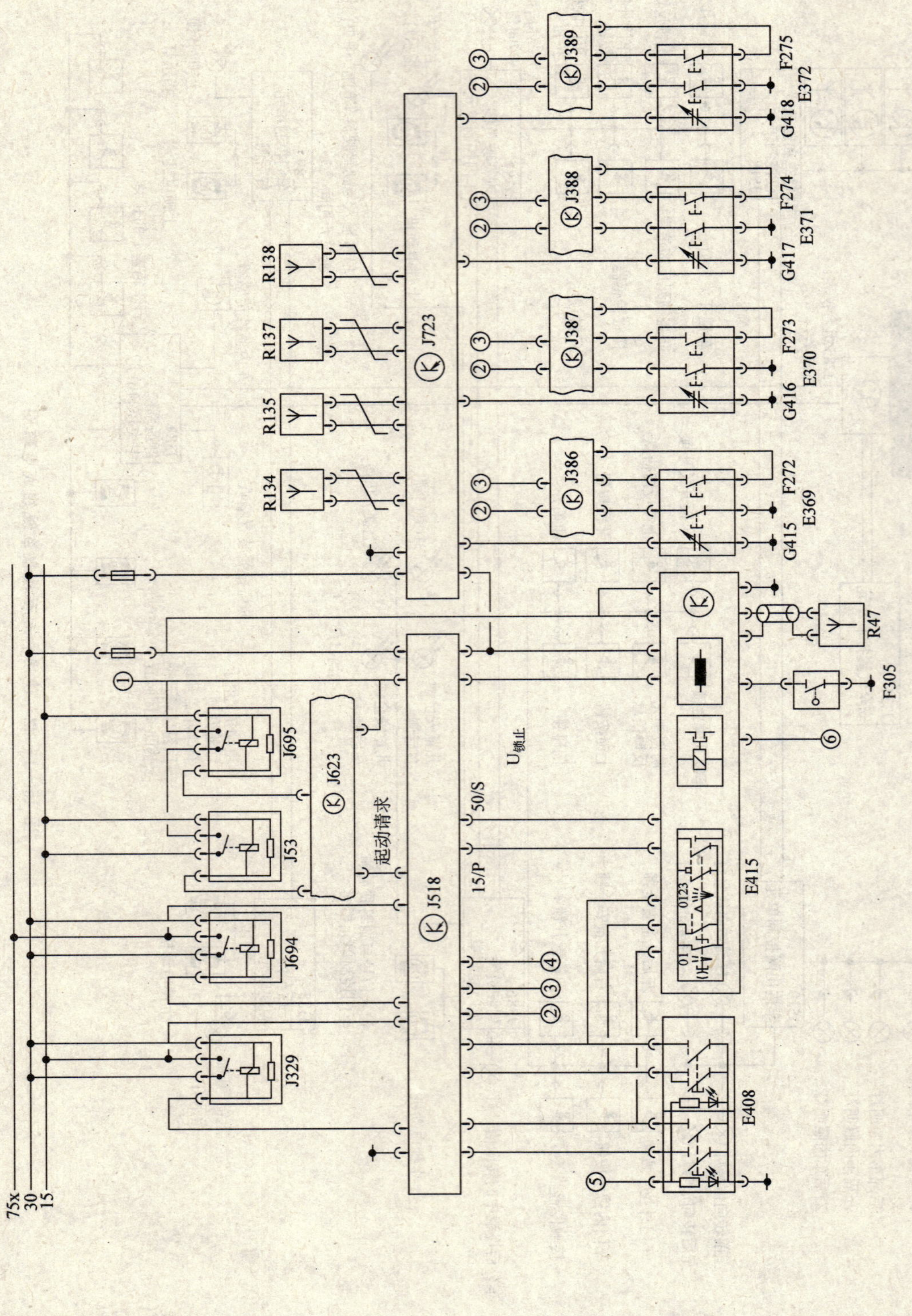

图 15—1—23　奥迪 A6 车型使用和起动授权系统电路图

(1) 接线柱50(接起动机B)

(2) CAN舒适High线

(3) CAN舒适Low线

(4) 自动变速器控制单元J217的P/N信号**

(5) 接线柱58s(照明)*

(6) 制动灯开关F信号*

E369—驾驶员车门中央门锁外把手按钮＊　E370—副驾驶员车门中央门锁外把手按钮＊　E371—左后车门中央门锁外把手按钮＊
E372—右后车门中央门锁外把手按钮＊　E408—使用和起动授权按钮＊　E415—使用和起动授权开关　F272—驾驶员车门上的外把手开关＊
F273—副驾驶员车门上的外把手开关＊　F274—左后车门上的外把手开关＊　F275—右后车门上的外把手开关＊　F305—变速器挡位 P 的开关＊＊
G415—驾驶员车门外把手接触传感器＊　G416—副驾驶员车门外把手接触传感器＊　G417—左后车门外把手接触传感器＊
G418—右后车门外把手接触传感器＊　J53—起动机继电器　J329—15 号接线柱供电继电器　J386—驾驶员车门控制单元　J387—副驾驶员车门控制单元
J388—左后车门控制单元　J389—右后车门控制单元　J518—使用和起动授权控制单元　J623—发动机控制单元　J694—75x 号接线柱供电控制单元
J695—起动机继电器 2　J723—无钥式使用授权天线读入单元＊　R47—中央门锁和防盗系统天线　R134—驾驶员一侧使用和起动授权天线＊
R135—副驾驶员一侧使用和起动授权天线＊　R137—行李箱使用和起动授权天线＊
R138—乘员舱使用和起动授权天线＊　＊—仅指带高级钥匙(Advanced Key)的车　＊＊—仅指自动变速器的车

第十六章 自适应空气悬挂系统

第一节

系统功能与系统组成

车辆底盘的开发除了要满足传统目标如舒适功能、行驶安全性、强度和耐用性外，还对减小质量、行驶舒适性和降低噪声方面提出了越来越高的要求。这就存在一些矛盾如果车辆具有良好的运动特性，那么它就能达到很高的转弯车速且较长时间后才达到极限车速，但必然会导致舒适性的降低。如图 16—1—1 所示为在大众途锐车型上安装的两种悬挂系统，即钢质螺旋弹簧和空气弹簧。

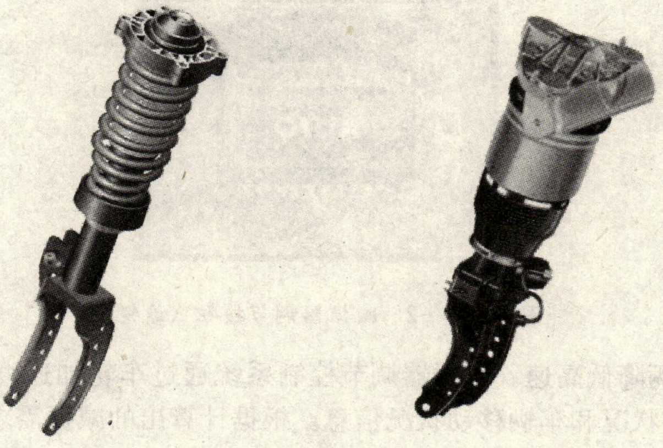

图 16—1—1　螺旋弹簧与空气弹簧对比图
a）螺旋弹簧　b）空气弹簧

安装钢质螺旋弹簧车辆离地间隙 237 mm，安装空气弹簧的车辆离地间隙为 160～300 mm。空气悬挂可以在物理极限内更好地满足这些矛盾的要求了。

本章主要讲述自适应空气悬挂的内容，空气悬挂是一种可调节式的车辆悬挂，使用空气悬挂很容易实现车身自水平调节，自水平调节机构一般就集成在悬挂系统内，空气悬挂的自水平调节的优点在于：静态压缩量与载荷无关，总保持恒定，这样的话就可以大大减小车轮拱罩内为车轮自由转动而预留的空间，对总体的空间利用很有好处；车身可以支承在较软的弹簧上，这就可以提高行车舒适性；不论载荷多大，均可以保证回弹和压缩的整个行程不变；不论载荷多大，均可保证相应的离地间隙；加载时不需变动前束和外倾角；不会增加风阻系数和改变车辆外形；由于偏转角较小，所以球头连接的磨损也小；必要时载荷可以高一些。

一、减振器工作模式

通过底盘开关中部的减振器调节按钮实现减振设置，底盘开关安装在换挡杆后中控台上。通过减振器调节按钮可实现三种减振设置，包括自动 Auto、运动 Sport 和舒适 Comfort 三种模式，自动模式为自动中等程度的减振设置或称标准设置，Sport 运动模式为较硬的减振设置、Comfort 舒适模式为柔和的减振设置，如图 16—1—2 所示。

以运动方式驾车（如快速转弯）时，减振系统会自动调节到“运动”模式（与所选设置无关）。此时减振器调节按钮位置不变。在公路高度下减振设置为“运动”时，当车速低于

图 16—1—2 减振器调节按钮（途锐）

125 km/h 以下时车辆降低高速。减振器调节控制系统通过车轮加速度传感器和三个车身加速度传感器获取道路状况和车辆移动状况信息。根据计算出的减振需求调整各个减振器的特性曲线。此时在弹簧压缩和拉伸模式下减振器都作为半主动式组件工作。连续式减振器调节系统是以特性曲线电控可调的减振器为基础的。这些减振器集成在空气弹簧减振器内。安装在减振器上的比例阀根据综合特性曲线调节阻尼力，在几毫秒内就可使阻尼力与行驶状况和道路状态相适应。

原则上系统会尝试通过“悬钩调节策略”调节阻尼力。即根据车轮和车身垂直加速度调节减振器。在理想情况下进行调节时，车身好像挂在一个“悬钩”上，几乎不受阻碍地飘浮在路面上方，这样就达到了最佳行驶舒适性。车辆底盘有两种类型，一种是标准底盘，又叫自适应空气悬挂，另一种是运动底盘，又叫运动型自适应空气悬挂。

二、悬挂减振硬度调节

1. 转弯工况调节

车辆转弯时悬挂水平调节系统根据车辆的转动方向、惯性及向心力作用自动将外侧两车轮悬挂减振器的硬度加强，防止车辆发生一侧倾斜，提高车辆的舒适性能，防止给乘员带来的摇晃的感觉。车辆是否在转弯及车辆的转弯方向可根据转向角传感器和横向加速度传感器的信号来判断。减振的阻尼力与当时的行驶状况相适应时可有效地避免出现不必要的车身运动，转弯工况调节过程如图 16—1—3 所示。

2. 制动工况调节

在车辆进行制动工作过程中，由于车速的迅速降低及惯性的作用，车辆易发生制动点头和车体晃动的情况，为了提高车辆的稳定性及车辆的舒适性，悬挂车身水平调节系统调节减

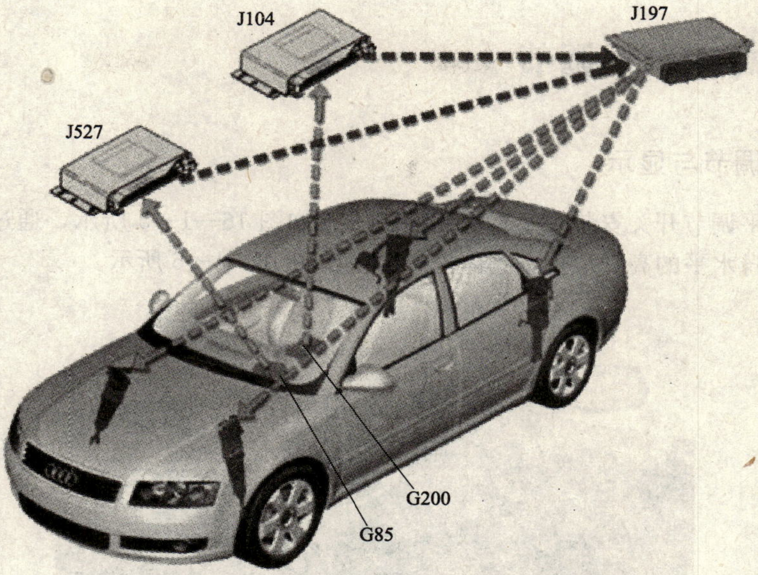

图 16—1—3 转弯工况悬挂调节过程

J197—自适应空气悬挂控制单元 J104—ESP 控制单元 J527—转向柱电气控制单元
G200—横向加速度传感器 G85—转向角传感器

振阻尼力，将两个前轮的悬挂减振器硬度加强，调节的幅度根据制动压力的大小进行计算，这样就可以有效减少汽车点头和晃动的情况，如图 16—1—4 所示。

图 16—1—4 制动工况悬挂调节过程图

3. 起步工况调节

在起步过程中，车身的惯性会导致出现汽车点头现象，此时系统将调整两车轮前悬挂硬度加强，将前悬挂减振阻尼力与当时的行驶状态相适应，这就可以将这种汽车点头现象减至最小，从而提高车辆的舒适性能。

三、车身高度水平调节

1. 车身高度调节与显示

车身自水平调节开关安装在中央控制面板上，如图 16—1—5 所示，通过上面的按键可以手工调节车身水平的高度位置，具体按键含义如图 16—1—6 所示。

图 16—1—5　自水平调节开关位置图

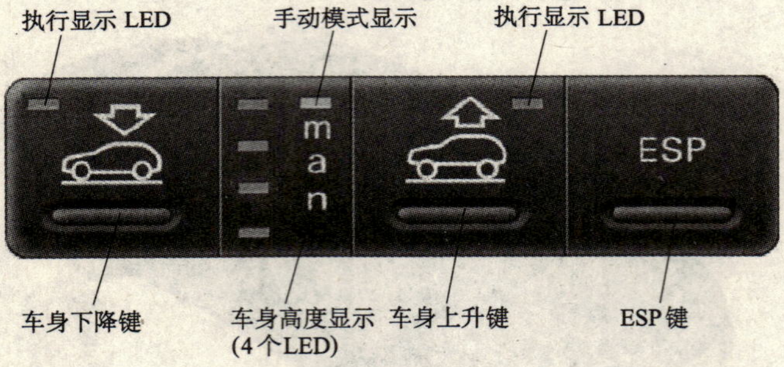

图 16—1—6　自水平调节开关按键含义与显示图

车身水平高度变化是调节车左右侧之间的水平高度差。当车速低于 35 km/h 时，优先使用蓄压器作为能源，但前提条件是蓄压器和空气弹簧之间至少存在 3×10^5 Pa 的压力差。车身水平高度的变化过程为：车体提升时先是后桥升高，然后前桥再升高；下降时先是前桥下降，然后是后桥下降，如图 16—1—7 所示。

这个动作顺序是为了保证灯光的水平，即使在大灯照程调节功能失效时，也可避免在调节过程中给对面来车造成眩目。

对于标准底盘来说，“dynamic”（动态）模式（低底盘）还会由组合仪表上的一个指示灯来向司机指示。底盘特别低和特别高时，组合仪表上的指示灯和警报灯会进行指示，指示灯含义如图 16—1—8 所示。

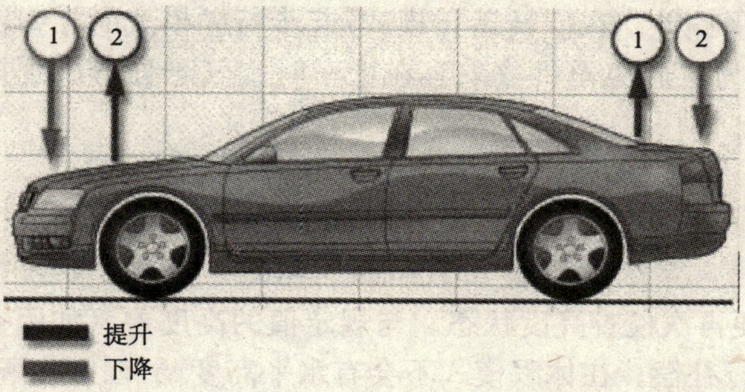

图 16—1—7　车身水平高度变化调整图

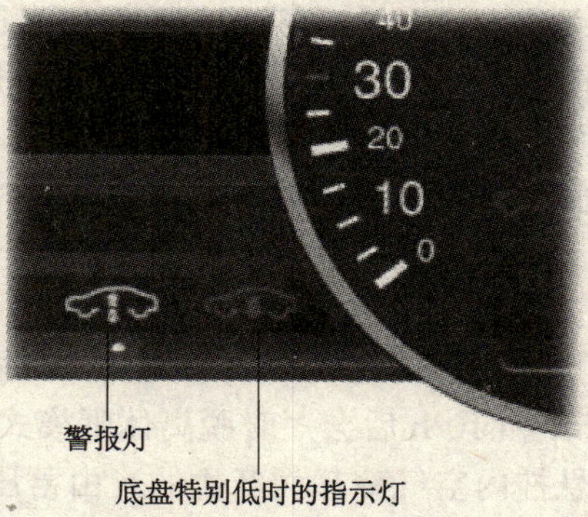

图 16—1—8　指示灯含义图

当底盘处于极低状态时（比正常高度低 65 mm 以上），指示灯和警报灯都会指示。停车时间过长时就可能出现这种状态，如图 16—1—9 所示。当底盘处于极高状态时（比正常高度高 50 mm 以上），警报灯会闪亮。在很重的载荷被卸下后，就可能短时出现这种状态，如图 16—1—10 所示。

图 16—1—9　底盘极低指示灯状态

图 16—1—10　底盘极高指示灯状态

2. 行驶模式

在车速大于 10 km/h 时系统则判断车辆处于行驶模式。在行驶模式时，由于燃油消耗或因温度变化而引起容积变化导致的空气悬挂水平变化可以得到调节。为了使得加速和制动过程不影响调节，所以行驶模式设定的反应时间长一些。根据调节极限的不同，行驶模式反应时间在 50 s 到 15 min 之间。

3. 驻车模式

在车速小于 5 km/h 时系统认为车辆处于驻车模式。驻车模式时水平偏差（由乘员上车、下车或行李箱装载或卸载引起的）可在较短的反应时间内得到调节，以便在起步行驶前尽快达到规定的水平状态。根据水平偏差的大小，反应时间为1～5 s。在水平偏差较大时（悬挂位置极低）为1 s；在水平偏差较小时（正常偏差）为5 s。

4. 空转运行模式/起步行驶模式

在“点火开关关闭”后，控制单元就进入空转运行模式/起步行驶模式。在进入休眠模式之前，控制单元最长可保持15 min激活状态（通过30号接线柱）。空转运行模式/起步行驶模式用于调节停车后或起步行驶前的水平偏差。在空转运行模式/起步行驶模式时，弹簧回弹方向的极限值被提高了25 mm，这是为了避免司机或乘客在上车时空气悬挂下沉到规定值以下或尽量缩短所需要的调节时间。

5. 休眠模式

进入行驶模式60 s后若仍无输入信号，系统就可进入节能的“休眠”模式。系统在2.5 h和10 h后会短时脱离休眠模式，以便再次检查高度状态。与规定值的高度差（如因空气悬挂内空气冷却而产生的）由蓄压器进行补偿。在休眠模式不会有水平高度调节。“唤醒”首先是根据车门接触信号来完成的。如果车门接触信号有故障，就由点火开关接通信号或车速信号来唤醒系统。休眠模式与起步行驶模式之间的切换（由车门接触信号来触发）最多可进行5次，之后系统只能经15号接线柱或车速信号来“唤醒”了。

6. 举升机模式

如果用举升机举起车辆，那么系统与升高时的状态是一样的，就是要排掉空气悬挂内的压力。一般说来，排气后车身会下沉。达到规定的水平高度值时排气就停止了。由于车辆在举升时不会达到规定的水平高度值，所以空气悬挂内的压力就会降至剩余保持压力。为了避免出现这种情况，在控制单元内准备了举升模式。在排气过程中分析水平高度信号就可判定举升状态（虽在排气但不下沉），于是系统就切换到举升模式。识别出举升状态后就停止排气，调节过程也终止。分析相应的信号后可再退出举升模式。车辆上到举升器后，后桥下沉是正常的，因为在识别出举升模式前，会有一段时间在释放压力。举升机模式是通过车辆高度传感器信号和静止车辆停止运行的时间长度识别出来的。故障存储器内无故障存储，指示灯不指示这个模式状态。

7. 维修模式（使用千斤顶）

这种模式系统不会自动识别，如果要使用千斤顶，必须先关闭自适应空气悬挂系统。这时要通过操作中央控制面板和MMI多功能显示或通过专用的关闭开关暂时关闭该系统。

8. 挂车模式

当挂车与车辆完成电气连接后会被自动识别出来。使用多功能显示器可以查询系统状态（即挂车模式现在是否处于接通状态），必要时可激活该模式。对于标准底盘的车来说，处于“挂车模式”时，“dynamic”（动态）模式就处于不可用状态。

9. 应急运行状态

如果识别出系统部件故障或信号故障，就无法保证系统功能的可靠性了。根据故障的严重程度，系统会启动应急运行程序。故障会存入故障存储器。组合仪表上的警报灯会点亮。应急状态是为了保证行驶稳定性，这样可避免悬挂过软。当悬挂的调节功能完全失效时，该系统就会被中断供电，于是悬挂就呈“硬”状态。

四、系统组成

空气悬挂系统一般包括控制单元、车身水平传感器、压缩机温度传感器、压力传感器、加速度传感器，空气供给单元（包括压缩机、蓄压器、排气阀）、左前空气悬挂、右前空气悬挂、左后空气悬挂、右后空气悬挂、控制开关、故障指示灯、电磁阀、压力管路等元件组成，其主要部件位置如图 16—1—11 所示，车空气悬挂系统组成图如图 16—1—12 所示。

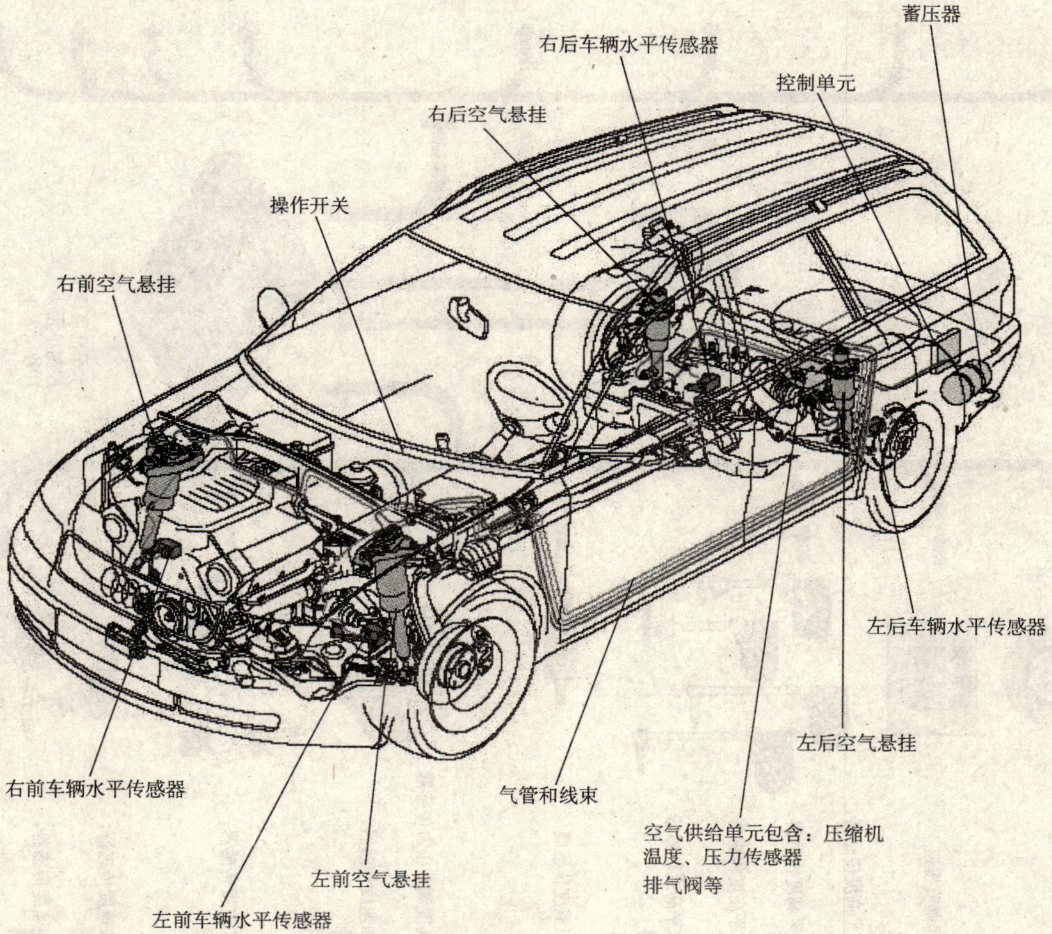

图 16—1—11　空气悬挂部件位置图

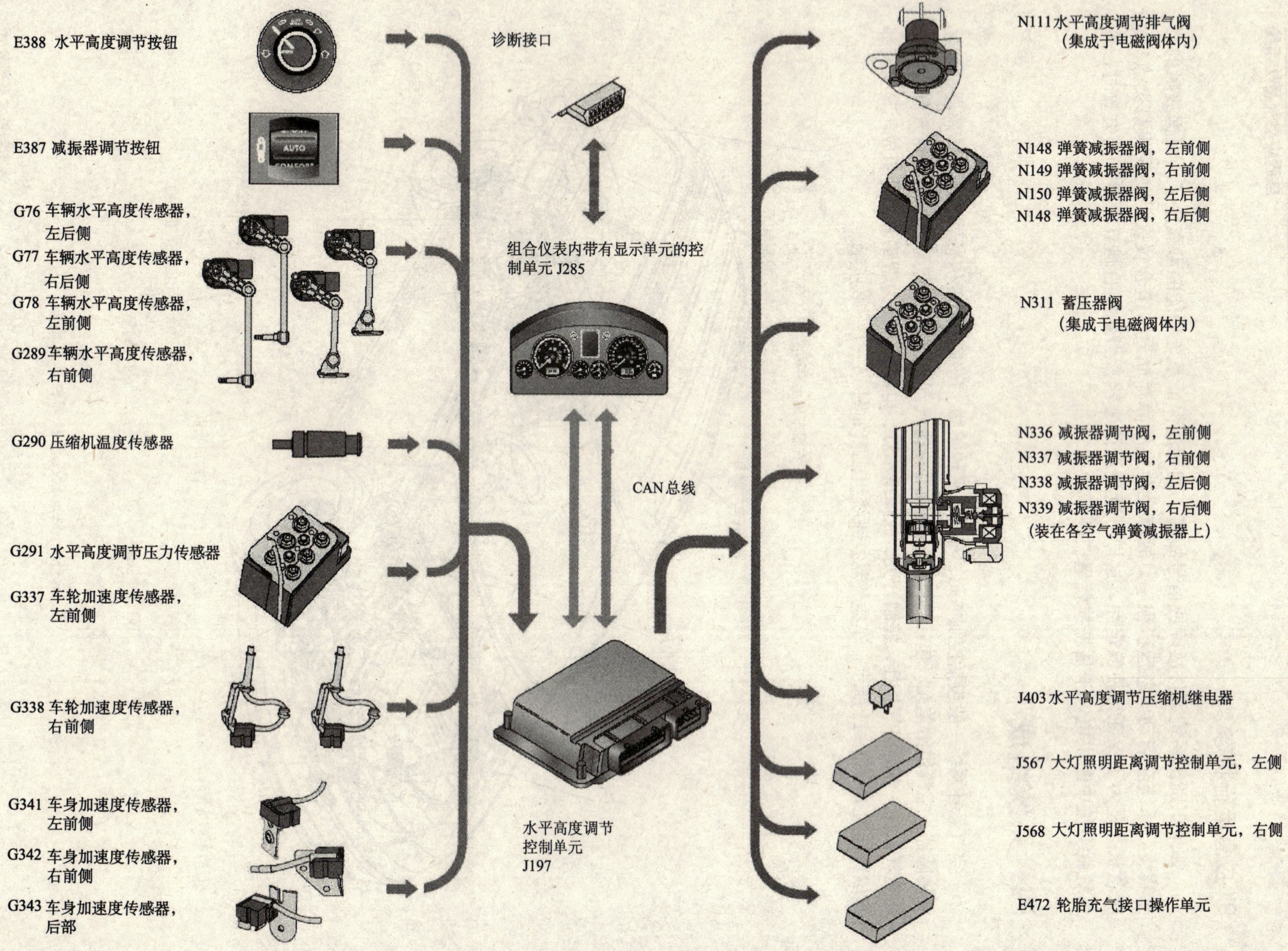

图 16—1—12　空气悬挂系统组成图

第十六章 自适应空气悬挂系统

第二节 系统工作调节过程

一、悬挂减振器的硬度调节过程

1. 空气弹簧与减振器的关系

为了使减振器衰减度（也就是行驶性能）在部分负荷和全负荷之间保持恒定，在车辆的后桥上装有无级式负荷识别装置（带有自水平调节机构的奥迪 A6 轿车空气悬挂以及奥迪四轮驱动车型的四级空气悬挂都装配有该装置）。

恒定不变的车身固有频率加上空气弹簧，可以使汽车车身的振动特性与载荷基本无关。在部分负荷时，可以达到良好的驾驶舒适性，而在全负荷时又可保证车身运动获得足够的减振刚性，PDC 减振器（气动减振控制）就是用来实现这一目的的装置。在这种减振器上，阻尼力可根据空气弹簧压力来改变，空气弹簧与 PDC 减振器同轴布置如图 16—2—1 所示。

2. 阻尼力的变化过程

阻尼力的变化是通过一个单独的 PDC 阀来实现的，该阀集成在减振器内，它通过一根软管与空气弹簧相连。空气弹簧压力（该压力与载荷成比例）作为可调参数来控制 PDC 阀上的可变节流口，通过控制流动阻力来控制回弹和压缩时的阻尼力。为了平衡空气弹簧中不希望出现的动态压力变化（压缩和回弹），PDC 阀的空气接口上装有一个节流阀。

3. PDC 减振器的结构和功能

PDC 阀会影响活塞杆一侧工作腔（工作腔 1）的液压油流动阻力。工作腔通过一个孔与 PDC 阀相连。当空气弹簧压力较小时（空载或很小的部分载荷），PDC 阀所形成的液压油流动阻力也小，因此一部分减振液压油会流过阻尼阀，于是阻尼力就减小了。PDC 阀的流动阻力与控制压力（空气弹簧压力）有固定的对应关系，阻尼力由相应的阻尼阀（压缩/回弹）和 PDC 阀形成的流动阻力决定，PDC 减振器的结构如图 16—2—2 所示。

4. 减振器的伸长与压缩过程

（1）空气弹簧压力较小时的伸长过程。活塞被拉着向上运动，一部分机油流过活塞阀，另一部分机油通过工作腔内的孔流往 PDC 阀。由于控制压力（空气弹簧压力）及液体流过 PDC 阀的阻力变小了，因而减振力（阻尼力）就减小了，工作过程如图 16—4—3 所示。

（2）空气弹簧压力较大时的伸长过程。由于控制压力（空气弹簧压力）及液体流过 PDC 阀的阻力增大了。大部分液体（取决于控制压力）必须流过活塞阀，因而减振力（阻尼力）就增大了，工作过程如图 16—2—4 所示。

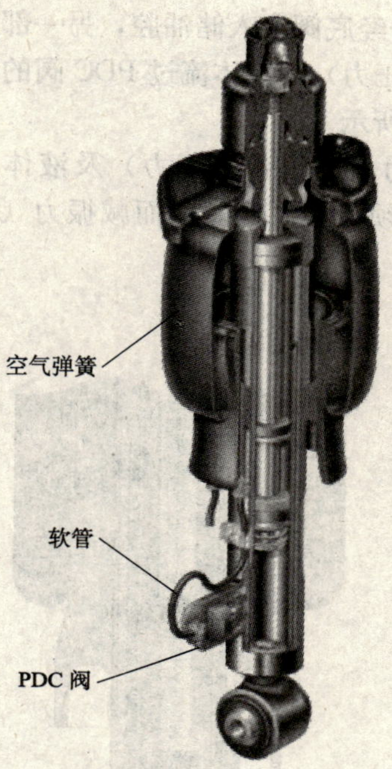

图 16—2—1　空气弹簧与 PDC 减振器同轴布置

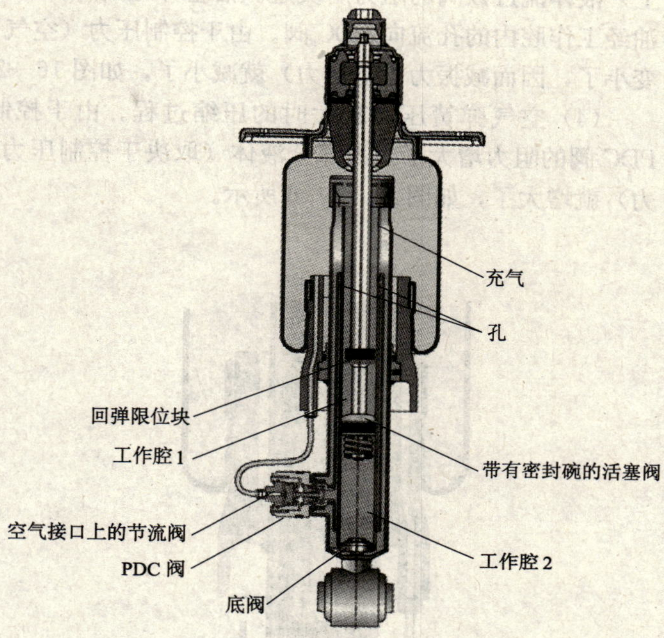

图 16—2—2　空气减振器的结构图

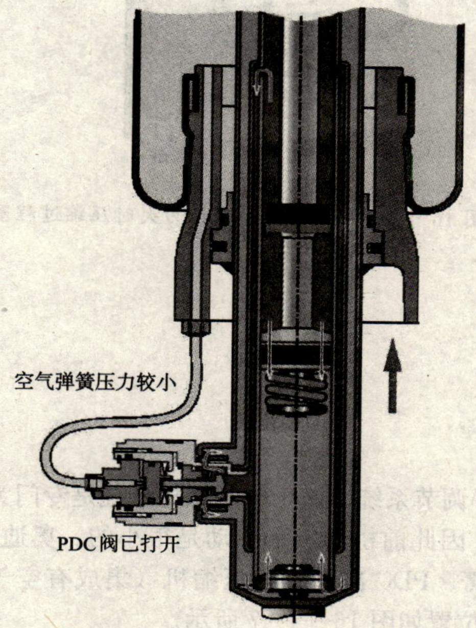

图 16—2—3　空气弹簧压力较小时的伸长过程图

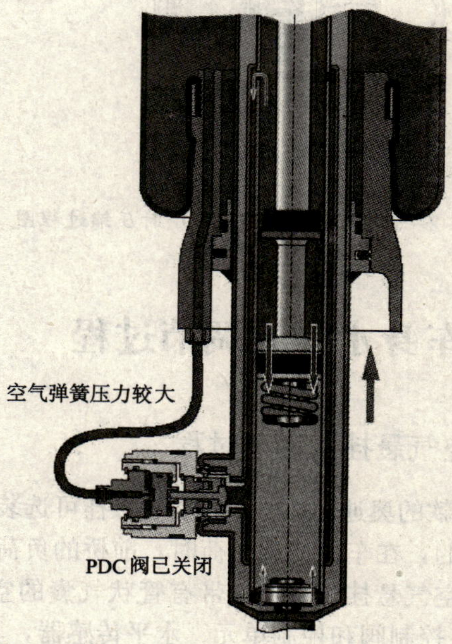

图 16—2—4　空气弹簧压力较大时的伸长过程图

(3) 空气弹簧压力较小时的压缩过程。活塞被向下压，阻尼力由底阀和（在一定程度上）液体流过该阀的阻力所决定。活塞杆压出的机油一部分经底阀流入储油腔，另一部分机油经工作腔内的孔流向 PDC 阀。由于控制压力（空气弹簧压力）及液体流过 PDC 阀的阻力变小了，因而减振力（阻尼力）就减小了，如图 16—2—5 所示。

(4) 空气弹簧压力较大时的压缩过程。由于控制压力（空气弹簧压力）及液体流过 PDC 阀的阻力增大了。大部分液体（取决于控制压力）必须流过底阀，因而减振力（阻尼力）就增大了，如图 16—2—6 所示。

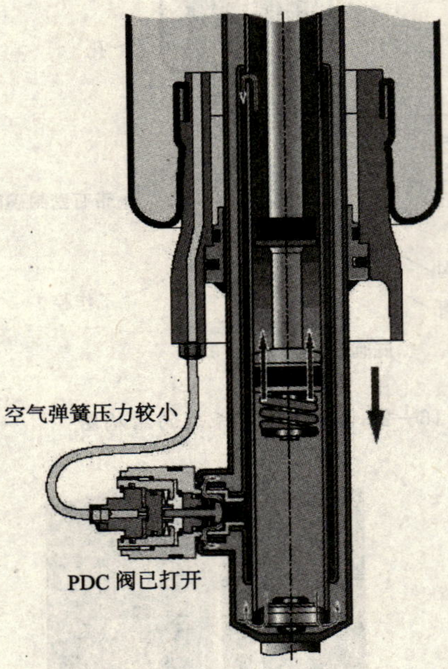

图 16—2—5　空气减振器压力小时压缩过程图

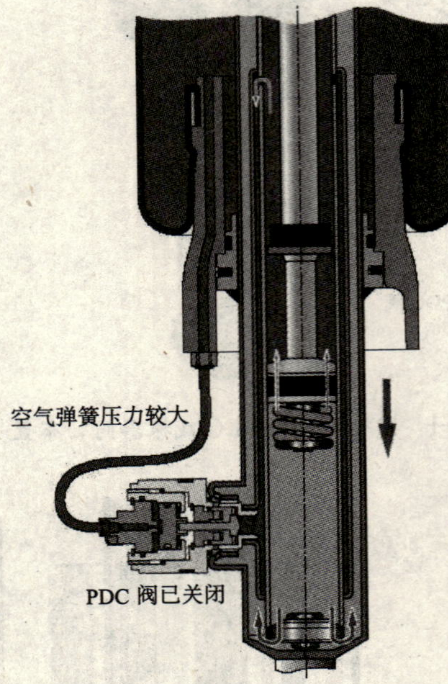

图 16—2—6　空气减振器压力大时压缩过程图

二、车身水平的调节过程

1. 两空气悬挂式调节过程

98 款的奥迪 A6 轿车的空气悬挂可选装自水平调节系统。这个空气悬挂系统是专门为后桥设计的，在车辆加载负荷时，前桥的负荷很小，因此前桥的水平变动是很小的。奥迪 A6 轿车的空气悬挂部件包括带有管状气囊的空气弹簧、PDC 减振器、压缩机（集成有空气干燥器）、控制阀和控制单元、水平传感器，其元件位置如图 16—2—7 所示。

空气供给总成装在一个金属盒中，其中包括空气压缩机 V66（集成有空气干燥器和排气阀 N111）、横向截止阀 N150 和 N151、控制单元 J197、压缩机继电器 J403，如图 16—2—8 所示。

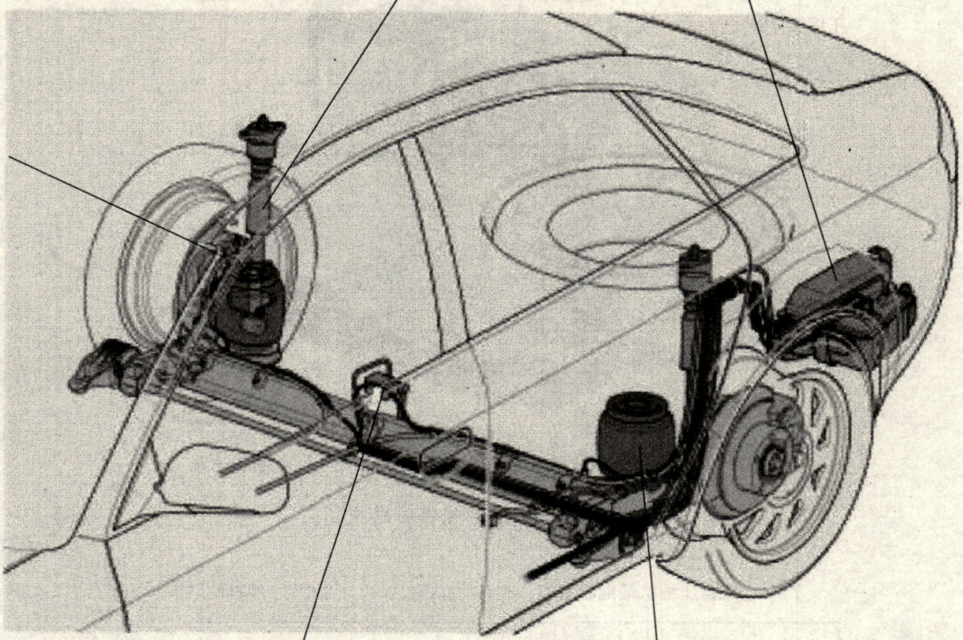

图 16—2—7　自水平调节机构元件位置图

在建立压力时，空气由压缩机经空气滤清器吸入空气，压缩空气经空气干燥器、止回阀进入左后和右后减振支柱阀，两个支柱阀均电控单元控制工作，如果需要将车辆后部整体提升，则两个电磁阀均通电，则压缩空气进入空气弹簧，在车辆发生侧滑时，两阀也可单独来调节。

在车辆后部需要降低时，相应的阀以及电控排气阀打开，气流流经排气阀并打开气动排气阀，气流经排气滤清器离开系统。系统的气动原理与工作过程如图 16—2—9 所示，系统的电路控制如图 16—2—10 所示。

2. 四空气悬挂式调节过程

压缩机供气通过消声器/ 滤清器吸入、清洁并排出。集成式温度传感器用于防止压缩机过热。供气组件包括压缩机单元、干燥压缩机（压缩机）、空气干燥器、电磁排气阀、消声器及空气滤清器、集成式压缩机温度传感器（过热保护温度传感器）、具有压力保持功能和最大压力限制功能的气动排气阀、轮胎充气接口和电磁阀体、带有用于各空气弹簧减振器和蓄压器的调节阀以及一个用于监控的集成式压力传感器，供气组件如图 16—2—11 所示。

系统气动控制如图 16—2—12 所示。建立系统压力时，阀 9a、9b 和 9c、9d 是成对进行控制的（前桥和后桥）。空气由压缩机经空气滤清器和辅助消音器吸入。压缩空气经空气干

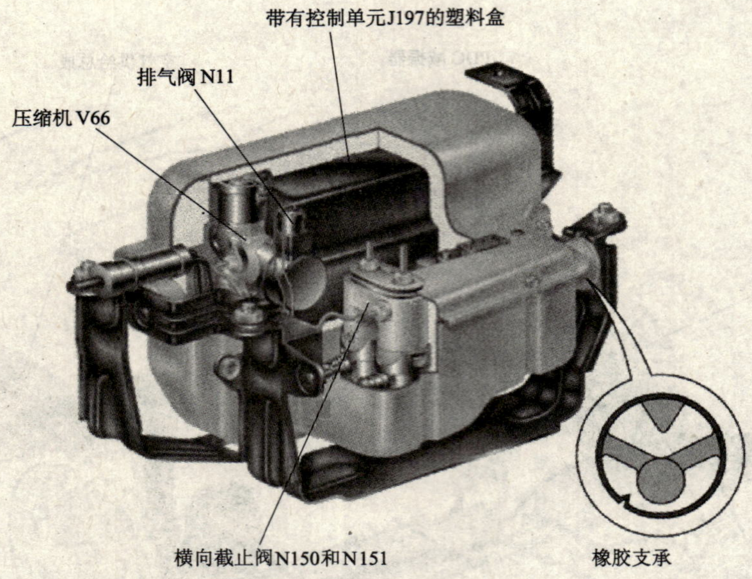

图 16—2—8　空气供给总成图

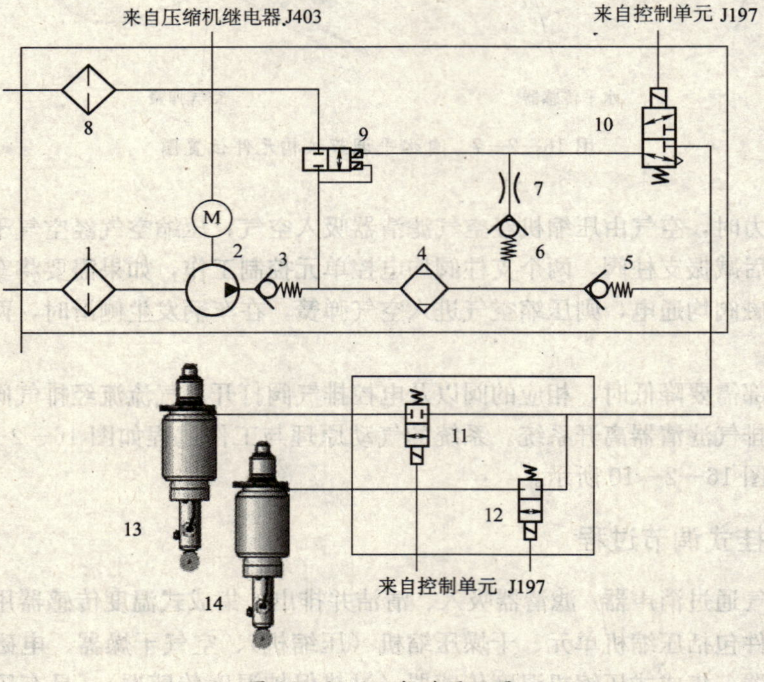

图 16—2—9　气动原理图

1—进气滤清器　2—带有电动机 V66 的压缩机　3—止回阀 1　4—空气干燥器　5—止回阀 2　6—止回阀 3
7—节流阀　8—排气滤清器　9—气动排气阀　10—排气阀 N111　11—左后减振支柱阀 N150
12—右后减振支柱阀 N151　13—左后空气弹簧　14—右后空气弹簧

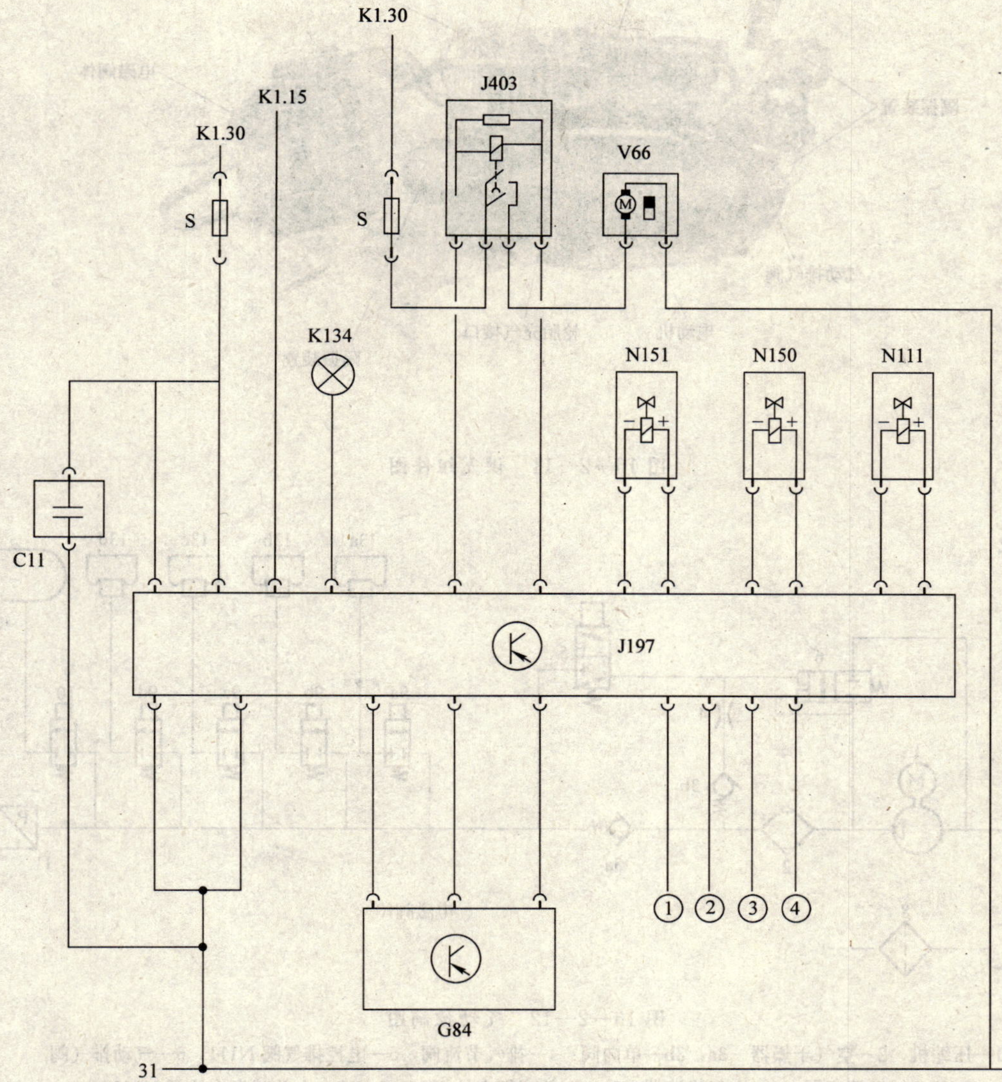

图 16—2—10　系统电路图

1—诊断接口　2—车速信号　3—车门接触信号　4—接线柱 50 的信号

C11—电容器　G84—水平调节传感器　J197—水平调节控制单元　J403—水平调节压缩机继电器　K134—水平调节指示灯　N11—排气阀　N150—左后减振支柱阀　N151—右后减振支柱阀　S—熔丝　V66—压缩机电动机

燥器、单向阀 3a 和阀 9 进入空气弹簧。如果空气弹簧由蓄压器充气，那么阀 10 和相应车桥上的阀 9 就会打开。蓄压器由压缩机经打开的阀 10 来充气，在车辆发生侧滑时，阀 9a～9d 也可单独来调节。

系统卸压时相应的阀 9a、9b 和 9c、9d 以及电控排气阀 5 打开，气流流经排气阀 5 并打

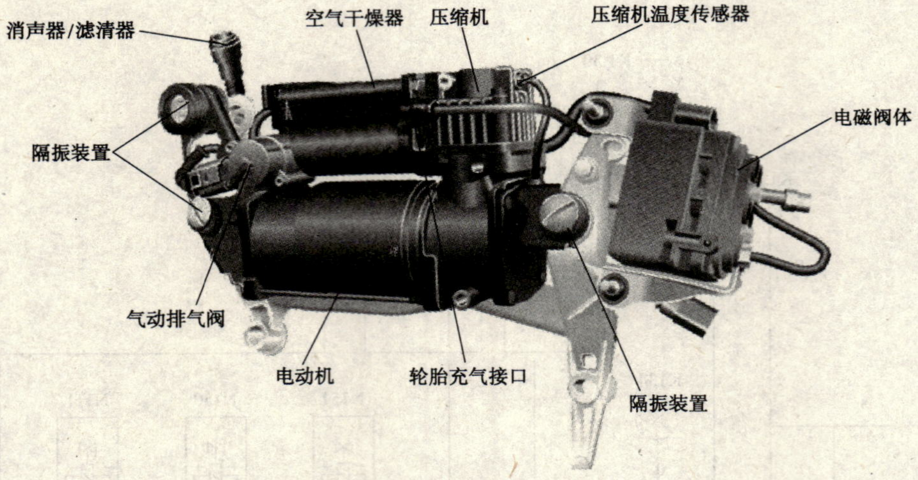

图 16—2—11　供气组件图

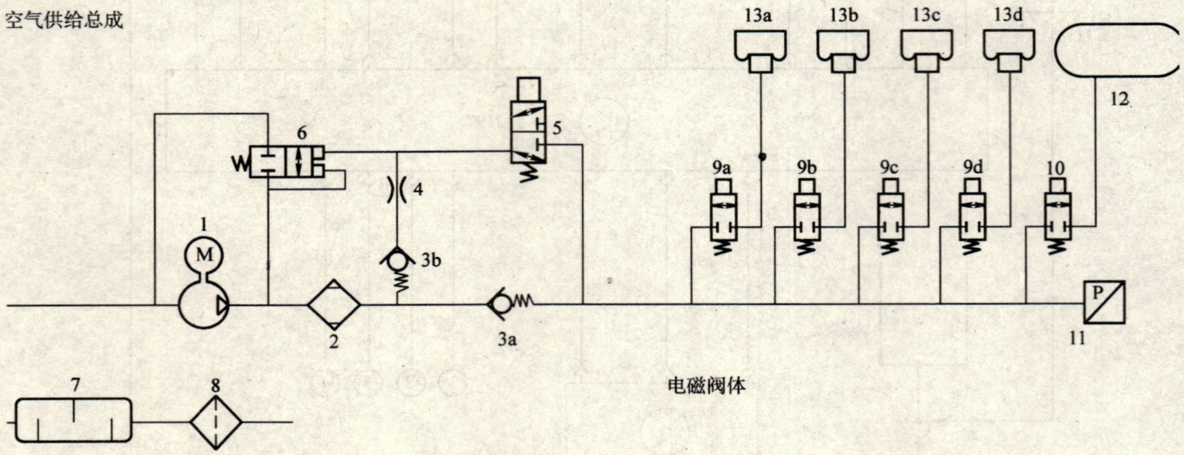

图 16—2—12　气动控制图

1—压缩机　2—空气干燥器　3a，3b—单向阀　4—排气节流阀　5—电控排气阀 N111　6—气动排气阀
7—辅助消音器　8—空气滤清器　9a—左前减振支柱阀 N148　9b—右前减振支柱阀 N149
9c—左后减振支柱阀 N150　9d—右后减振支柱阀 N151　10—蓄压器阀 N311　11—压力传感器 G291
12—蓄压器　13a—左前减振支柱　13b—右前减振支柱　13c—左后减振支柱　13d—右后减振支柱

开气动预控排气阀 6。气流经排气阀 6、辅助消音器 7 和空气滤清器 8 离开系统。当气流流经空气干燥器 2 时，干燥剂就被还原了，系统工作如图 16—2—13 所示。

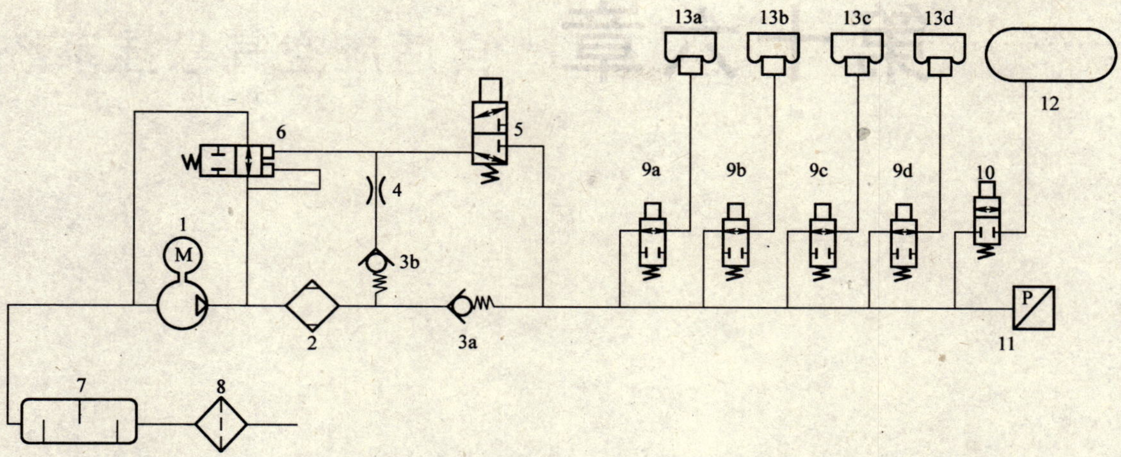

图 16—2—13　系统卸压状态气动控制图

1—压缩机　2—空气干燥器　3a，3b—单向阀　4—排气节流阀　5—电控排气阀 N111　6—气动排气阀
7—辅助消音器　8—空气滤清器　9a—左前减振支柱阀 N148　9b—右前减振支柱阀 N149
9c—左后减振支柱阀 N150　9d—右后减振支柱阀 N151　10—蓄压器阀 N311
11—压力传感器 G291　12—蓄压器　13a—左前减振支柱　13b—右前减振支柱　13c—左后减振支柱　13d—右后减振支柱

第十六章 自适应空气悬挂系统

第三节

元件分析

一、控制单元

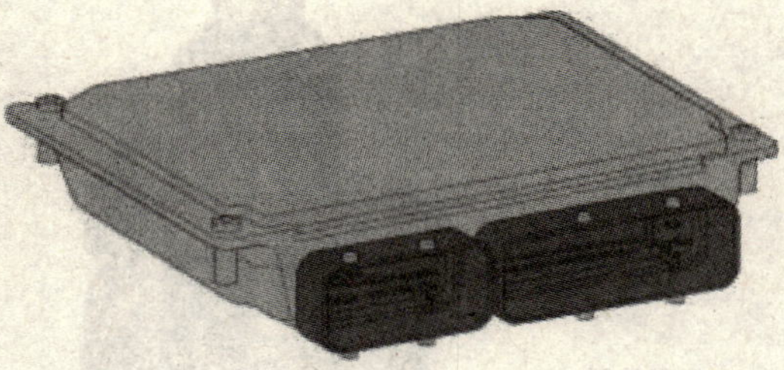

图 16—3—1　控制单元外形图

自适应空气悬挂系统的核心部件是控制单元，它安装在车内杂物箱的前方。除了完成调节功能外，它还能对整个系统进行监控和诊断。该控制单元接收到水平传感器的信号并从中分析出当前车辆的水平状态。然后将该状态与规定的水平值进行对比，并根据其他输入量（接口）和调节参数（过滤时间和水平偏差）在必要时进行校正。该控制单元处理其他总线上的相关信息以及个别的输入信号。处理后的重要结果就是用于启动压缩机、电磁阀和减振器的信号。由于标准底盘和运动底盘有所不同，所以有两种控制单元，控制单元外形如图 16—3—1 所示。

二、空气弹簧

在轿车上，使用带有管状气囊的空气弹簧来作为弹性元件。这种空气弹簧的特点是占用空间小、弹簧行程大。空气弹簧由上端盖、管状气囊、活塞（下端盖）、张紧环等部件构成，如图 16—3—2 所示。内、外保护层采用优质弹性材料制成，这种材料可满足各种气候要求且。内保护层密封性非常好。高强度支架可以吸收空气弹簧产生的内压力。

优质弹性材料和用尼龙制成的织物芯层（高强度支架）使得管状气囊具有良好的开卷特性和反应灵敏性。所要求的特性在－35～＋90℃的范围内都均可以得到满足。上端盖和活塞之间的管状气囊由金属张紧环来夹紧，这个张紧环是生产厂家用机械压紧的。管状气囊在活塞上展开。根据具体的车桥设计形式，空气弹簧或与减振器是分开的，或与减振支柱在一起（同轴布置）。

空气弹簧在无压力时千万不可运动，因为这时管状气囊无法在活塞上展开，会造成损坏。当空气弹簧没有压力时，如果想举升和下压车辆（如用升降平台和举升器），必须先用诊断仪器给相应的空气弹簧充气。

三、减振器

连续阻尼控制（Continuous Damping Control，CDC）双筒充气减振器可通过一个安装在减振器外部的电控阀门在较大的阻尼力范围内进行调节。通过改变电磁线圈的供电电流，可在几毫秒内通过 CDC 阀门调节油流量和阻尼力使之与当前所需相符。CDC 阀门在拉伸方向和压缩方向的通电方式相同。这点可通过活塞和底阀的止回阀功能得到保证。

安装在前桥减振器上的车轮加速度传感器提供相应信号，这些信号与车身加速度传感器信号一起用于对所需减振器设置进行计算。通过在拉伸阶段与压缩阶段之间进行快速识别及调节，可确保只对当前行驶状况所需阻尼力进行调节。取决于行驶状况的特性曲线存储在水平高度调节控制单元内。CDC 阀结构如图 16—3—3 所示。

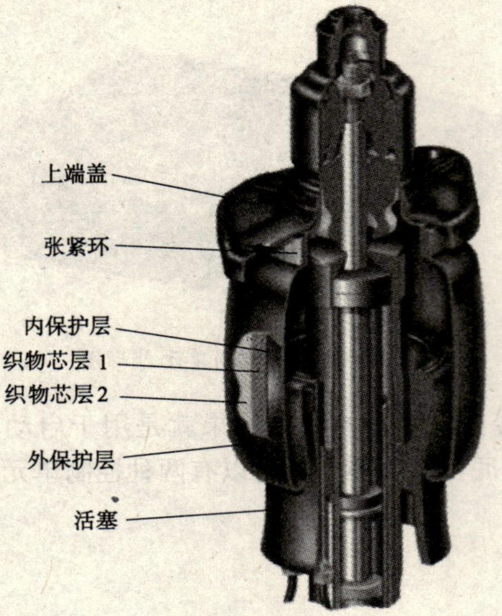

图 16—3—2　空气弹簧结构图

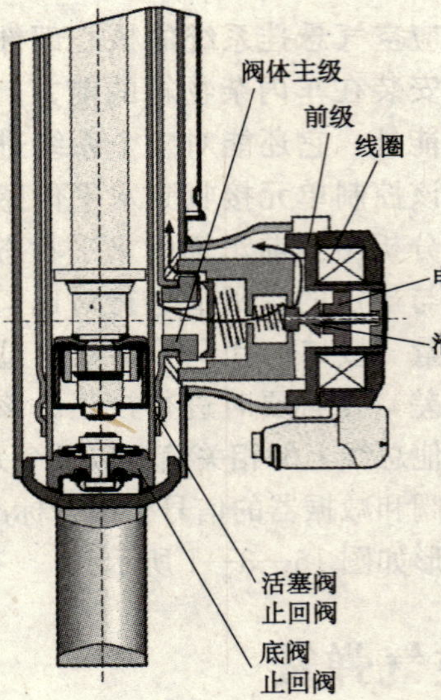

图 16—3—3　CDC 阀门结构图

四、空气供给总成

空气供给总成安装在发动机舱内左前部，这样可避免在车内产生噪声，而且还可以实现有效的冷却效果。这种布置可以延长压缩机的接通时间，从而提高调节的质量。为了防止压缩机过热，在必要时（汽缸盖温度太高）空气供给总成会被切断。空气供给总成如图 16—3—4 所示。

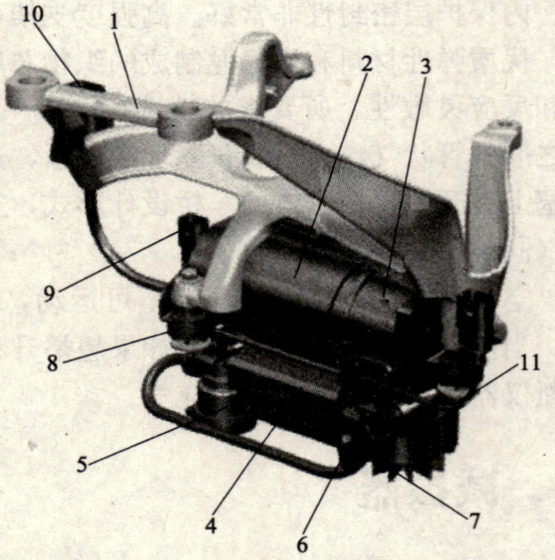

图 16—3—4　空气供给总成

1—支架　2—电动机　3—压缩机　4—空气干燥器
5—气动排气阀　6—温度传感器　7—进气和排气管
8—接电磁阀体的压缩空气接口　9—排气电磁阀接头
10—蓄电池 12 V 接头　11—温度传感器接头

五、压缩机

1. 压缩机的结构

压缩空气是由一个单级往复活塞式压缩机（集成有空气干燥器）产生的。为了避免机油污染膜片式折叠气囊和干燥器管壳，压缩机采用的是无润滑式（干式）压缩机。由于轴承一直处在润滑过程中，且活塞环采用

PTFE（聚四氟乙烯）制成，这就保证了压缩机的使用寿命很长，压缩机的结构如图 16—3—5 所示。

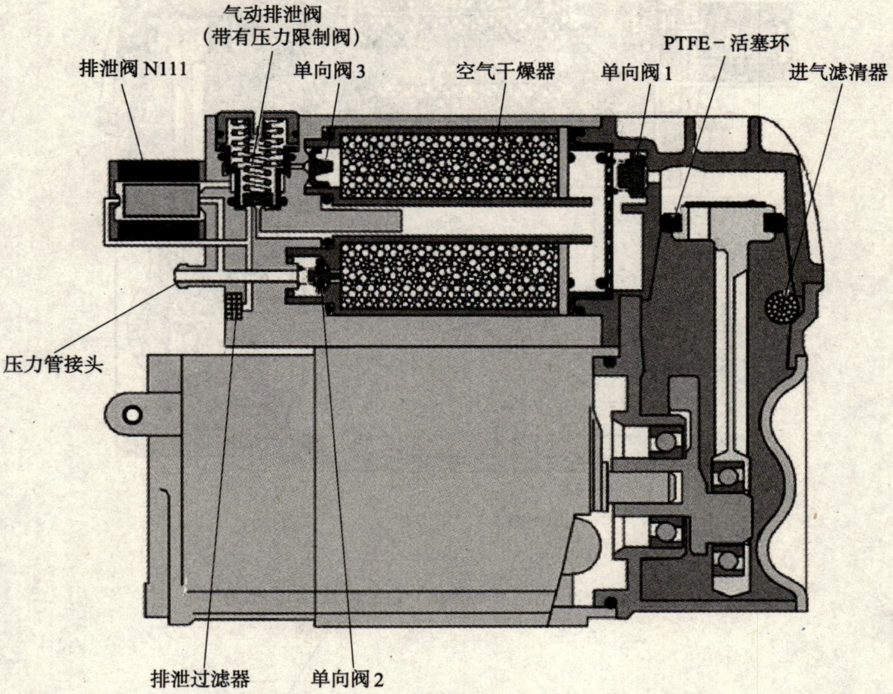

图 16—3—5　压缩机结构图

2. 吸气和压缩过程

当需要升高车辆车身时，需要压缩机工作，当压缩机活塞向上运动时，空气经烧结过滤器被吸入曲轴箱，活塞上部的空气被压缩，经单向阀 1 进入空气干燥器。压缩并干燥后的空气经单向阀 2 流向压力接口，这个接口通往横向截止阀，控制单元必须同时启动压缩机继电器和横向截止阀，吸气和压缩过程如图 16—3—6 所示。

3. 溢流

当活塞向下运动时，已经吸入曲轴的空气经隔膜阀进入汽缸。如图 16—3—7 所示。

4. 排气下降过程

在排气过程中，空气弹簧阀 N150 和 N151 以及排气阀 N111 都打开。空气弹簧压力传至气动排气阀，在此处经空气干燥器和压力限制阀进入大气，此时压缩机和干燥器内的空气流向如图 16—3—8 所示，排气时气动控制原理如图 16—3—9 所示。

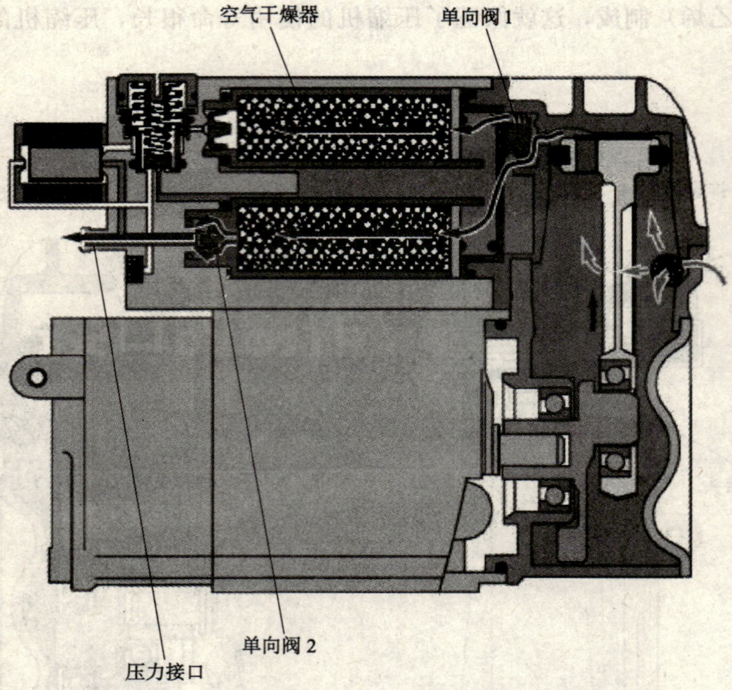

图 16—3—6　压缩机的吸气和压缩过程图

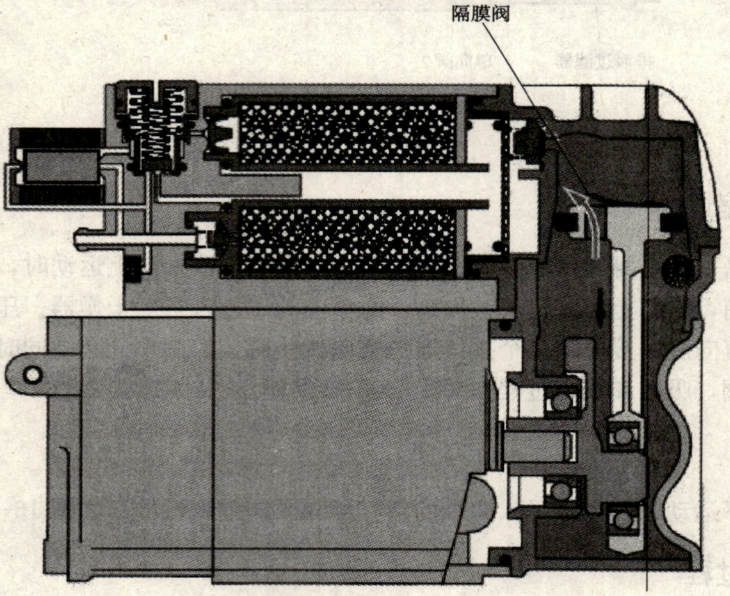

图 16—3—7　压缩机溢流过程图

5. 过热保护

为了防止压缩机过热，在温度过高时应关闭压缩机。控制单元内集成有温度模块用于监控温度，可计算出压缩机的温度。根据压缩机的工作时间和冷却时间来计算出温度，工作时间最长限制为 120 s（超过的话在控制单元内会有故障记录）。每冷却 6 min 可允许压缩机工作 15 s。冷却 48 min 后压缩机可工作 120 s（最长工作时间）。

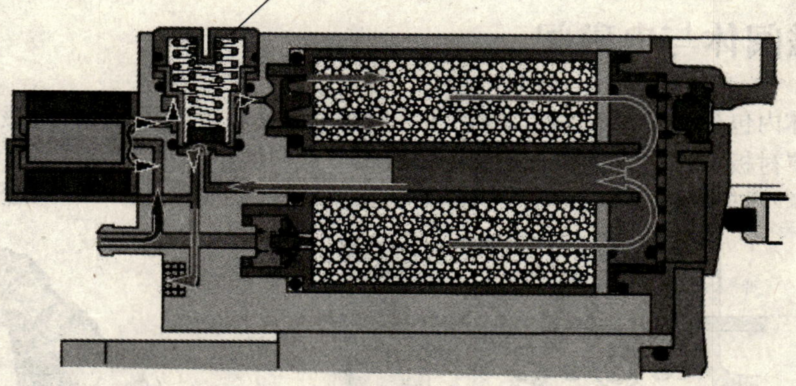

图 16—3—8　压缩机和干燥器内的空气流向图

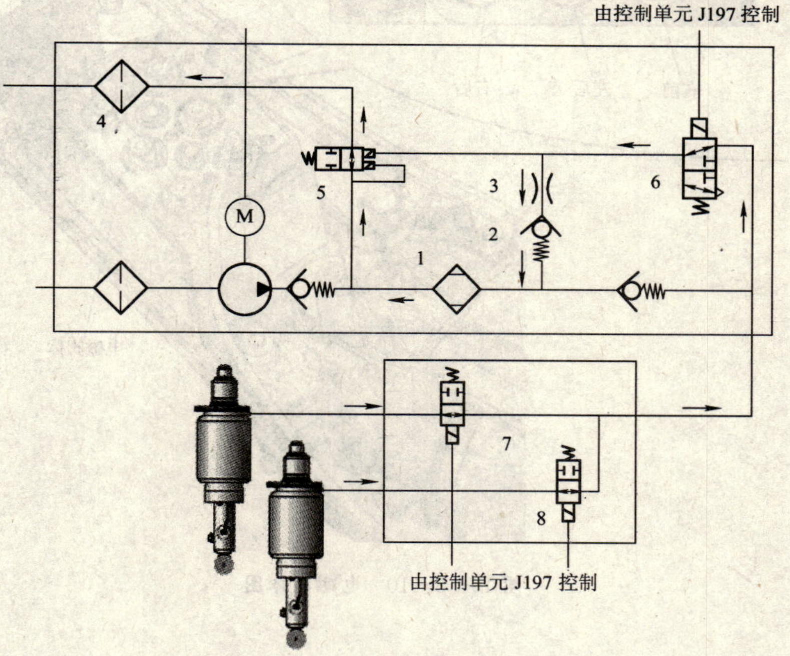

图 16—3—9　排气过程气动原理图

1—空气干燥器　2—单向阀 3　3—节流阀　4—排气过滤器

5—气动排气阀　6 —电控排气阀 N111　7—左后减振支柱阀 N150　8—右后减振支柱阀 N151

6. 蓄电池保护

为了保护蓄电池，在点火开关关闭后，压缩机最长工作时间被限制为 60 s，系统关闭后只有再次接通点火开关后才能激活系统。

7. 轮胎充气接口

压缩机抽气为备用车轮充气时，压缩机电磁阀通过簧片触点断开。这样就不会从整个系统中抽出空气，防止水平高度发生改变。

六、电磁阀体与电磁阀

电磁阀体内包含有压力传感器以及用于控制空气弹簧和蓄压器的阀。电磁阀体安装在车左侧的车轮罩衬板和 A 柱之间，电磁阀体如图 16—3—10 所示。

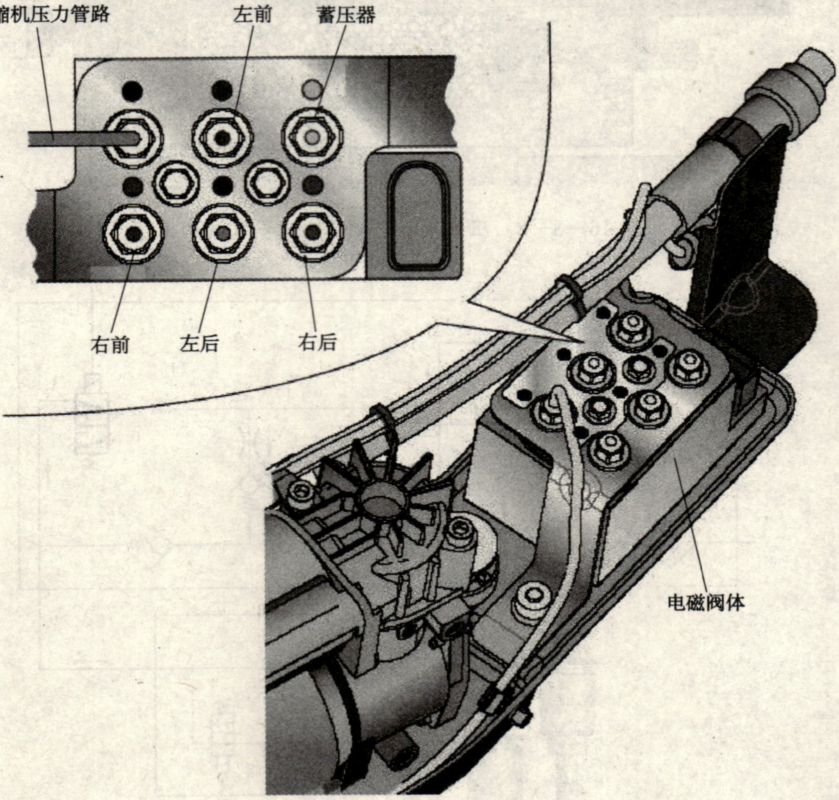

图 16—3—10　电磁阀体图

七、蓄压器

蓄压器安装在车辆左侧、行李箱地板和后消音器之间。蓄压器是铝制的，容积为 5.81，最大工作压力为 16×10^5 Pa，作用是用尽可能小的能量消耗来保证功能要求，有了这个装置后，压缩机就可以尽可能少地接通工作，为了能使调节过程只由蓄压器来进行，蓄压器与空气弹簧之间必须存在至少 3×10^5 Pa 的压力差，蓄压器实物如图 16—3—11 所示。

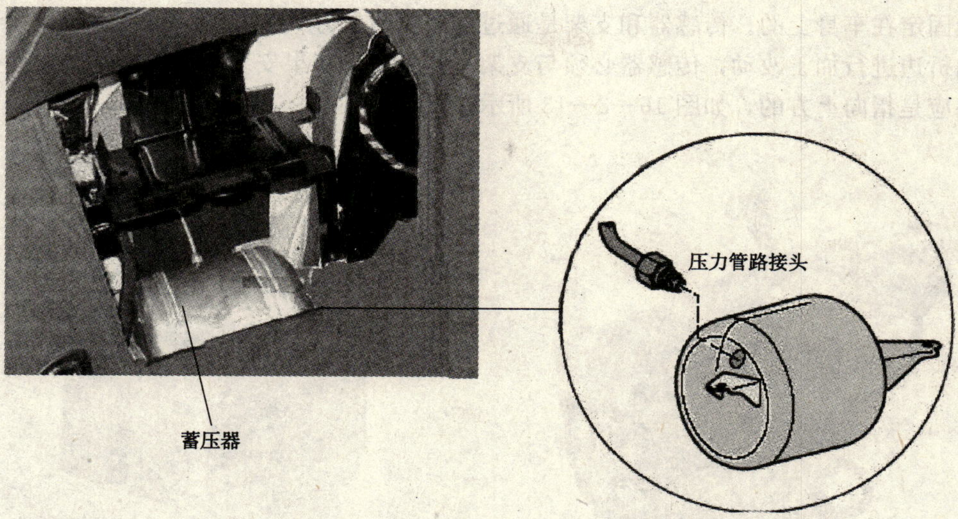

图 16—3—11　蓄压器实物图

八、压缩机温度传感器

压缩机温度传感器是在一个玻璃壳体内装有一个负温度系数（NTC）热敏电阻器。该传感器接收的是压缩机汽缸盖的温度，其电阻值随着温度的升高而减小（即所谓负温度系数的含义），控制单元会对这个电阻变化进行分析。压缩机最长可以工作多长时间由当时的温度来决定，压缩机的过热保护就是根据压缩机温度传感器的信号来控制的，其安装位置如图 16—3—12 所示。

九、压力传感器

压力传感器是浇铸在电磁阀体内的，从外面看不到。压力传感器测量的是前、后桥减振支柱的压力或蓄压器内的压力（取决于电磁阀的控制状态）。压力传感器采用的是电容测量原理。要测量的压力使陶瓷膜片发生偏移，于是安装在这个膜片上的电极和固定在传感器壳体上的对应电极之间的距离就发生了变化。这两个电极构成了一个电容器，两电极之间的距离越小，这个电容器的电容就越大。传感器内部集成的电子装置会测量出这个电容值并将它转换成一个线性输出信号。

十、加速度传感器

为了能使得车辆在任何行驶状态都能获得最佳的减振效果，就需要在这段时间内车身的运动情况（悬挂质量）和车桥部件（非悬挂质量）的特性。车身的加速度由三个传感器来测量。其中两个传感器装在前桥减震支柱座上，第三个传感器位于右后车轮罩内。车桥部件

（非悬挂质量）的加速度是通过分析车辆水平传感器信号而确定的。这些传感器是通过支架用螺栓固定在车身上的。传感器和支架是通过卷曲折边的方式连在一起的。在维修中，不得对卷曲折边进行加工改动，传感器必须与支架一同更换。如果安装正确的话，传感器壳体上的箭头应是指向上方的，如图 16—3—13 所示。

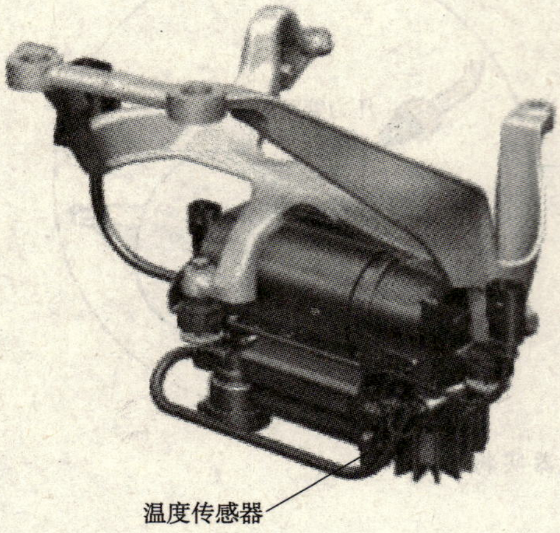

图 16—3—12　压缩机温度传感器图

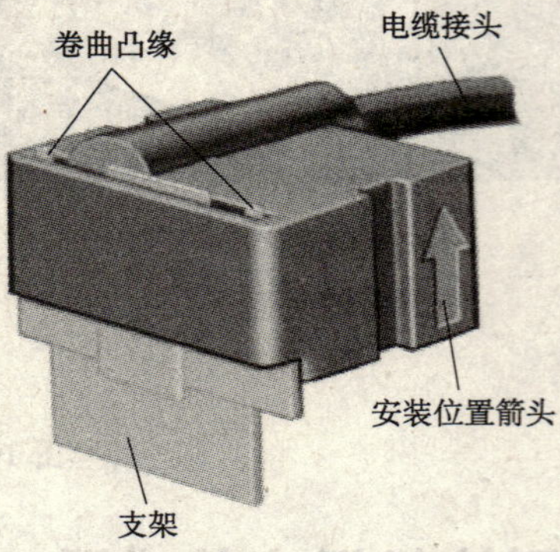

图 16—3—13　加速度传感器安装方向图

传感器元件是由数层硅和玻璃组成的。中间的硅层是弹性舌片（振动块）。传感器的灵敏度主要取决于弹簧刚度和舌片的质量。带有金属涂层的振动块作为可动电极来工作，它与上、下对应电极构成电容器，电容值的大小取决于电极面积和电极间距离。静止状态振动块处于电极的正中间，分成的两个电容器 C1 和 C2 的电容值大小是相等的，如图 16—3—14 所示。

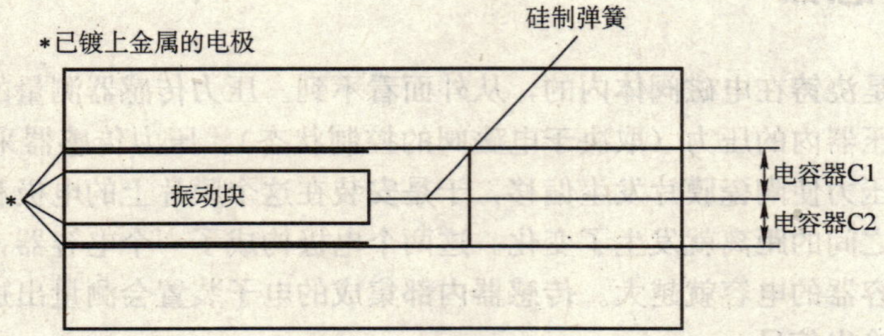

图 16—3—14　静止时电容状态图

加速状态振动块由于惯性会偏离中央位置，因而电极间的距离就会发生变化，距离减小，电容值就会变大。如图 16—3—15 所示，与静止状态相比，C2 的电容值变大了，C1 的电容值变小了。

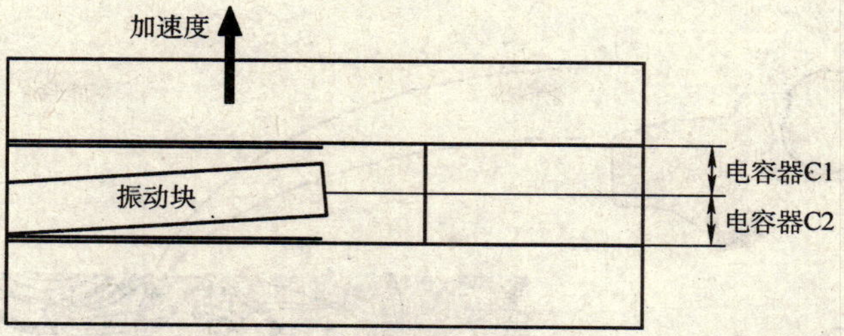

图 16—3—15　加速时电容状态图

十一、车身水平传感器

水平传感器用于车身的水平状态。这种传感器是一种非接触式的转角传感器，它通过一根联动杆来判定后桥相对于车身的弹簧压缩量。联动杆的连接结构可以在很大程度上来补偿单侧压缩。车身水平传感器一般安装在前轴或后轴上，不同车型安装的个数是不同的，如图 16—3—16 和图 16—3—17 所示。车身水平传感器根据结构不同分为磁电式和霍尔式两种。

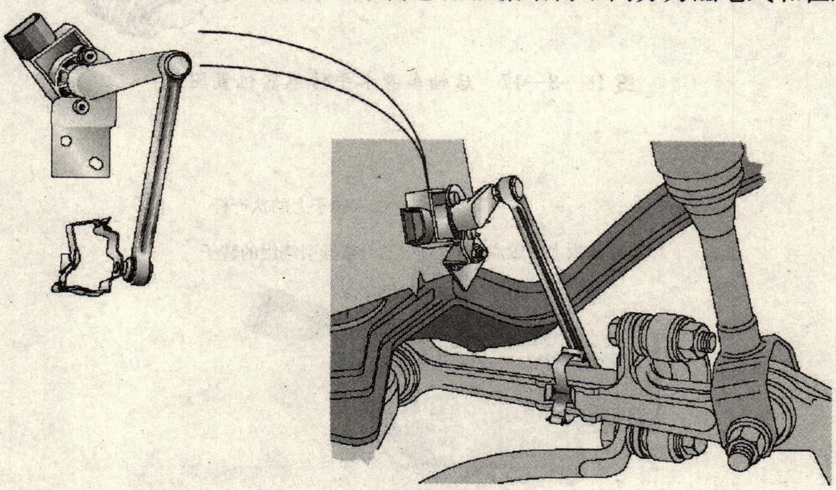

图 16—3—16　前轴车身水平传感器安装位置图

1. 磁电式车身水平传感器

奥迪 A6 轿车上安装的四个磁电式车身水平传感器是完全相同的，只有支架和连接杆是不同的，这与在车辆上的安装面与安装轴有关。这些传感器将接收叉形臂和车身之间的距离，也就是车身水平信息。传感器外表与四轮驱动车上的传感器是一样的，但不可将四轮驱动车上的传感器装到奥迪 A6 轿车上，否则会出现系统故障。传感器主要由定子和转子构成。定子由一个多层电路板构成，其上有励磁绕组和三个接收绕组以及控制和电子解析单元。三个接收绕组为星型连接且采用偏置布置方式。励磁绕组位于电路板（定子）的背面。转子连接着执行杆并随其运转。闭合导引绕组位于转子上。导引绕组的几何形状与三个接收绕组相同，如图 16—3—18 所示。

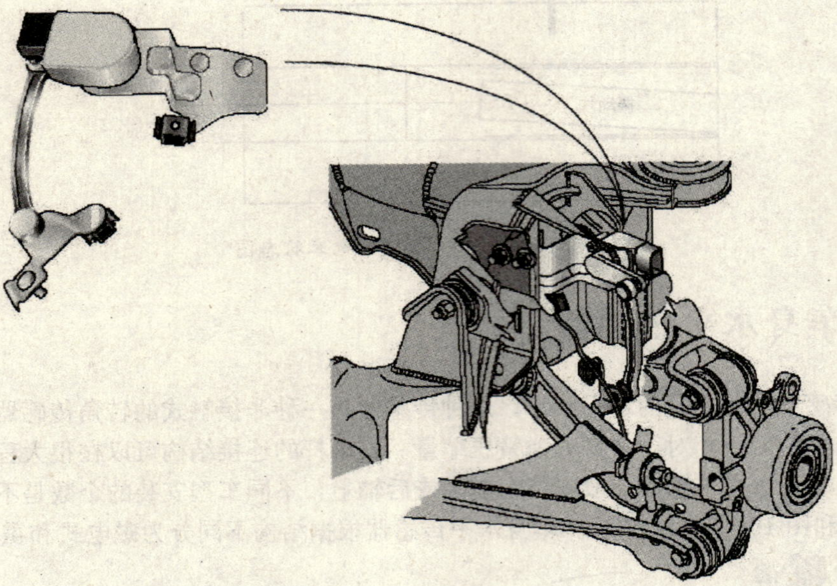

图 16—3—17　后轴车身水平传感器位置图

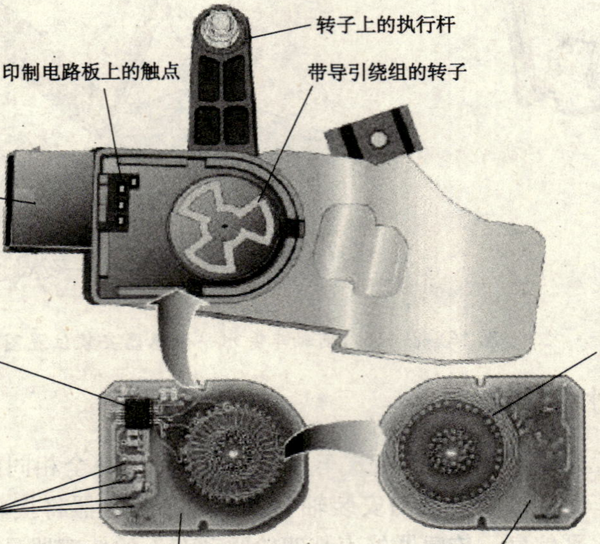

图 16—3—18　磁电式车身水平传感器结构图

交变电流流经励磁绕组（定子）后产生交变电磁场（初级磁场）。该交变磁场穿过转子的导引绕组。转子导引绕组中感应出来的电流反过来也会产生一个转子导引绕组交变磁场

（次级磁场）。励磁绕组与转子的交变磁场作用在三个接收绕组上，并在其上感应出与位置相关的交流电压。转子中的感应电压与转子的角度位置无关，接收绕组的感应电压取决于它们到转子的距离，也就是它们与转子的相对角度位置。由于转子与各个接收绕组的交叠随角度位置而变化，所以接收绕组中的感应电压幅值也随着它们的角度位置而变化。电子解析单元将接收绕组的交流电压进行整流和放大并使之与三个接收绕组的输出电压成比例（成比例测量）。在该电压求值后，结果被转换成高度传感器的输出信号，并提供给控制单元进行下一步处理。如图 16—3—19 所示。

2. 霍尔式车身水平传感器

有些传感器是根据霍尔原理来工作的，集成在传感器内的测量电子装置将霍尔集成电路信号按角度比例转换成电压信号。联动杆的连接结构可以在很大程度上来补偿单侧压缩。这种连接结构用一个水平传感器就可以实现水平调节。

一块环形磁铁与传感器曲拐轴连接在一起为转子。在分为两半的铁心即定子之间有一个偏心安装的霍尔集成电路，与测量电子装置共同构成一个部件，如图 16—3—20 所示。

根据环形磁铁的位置不同，穿过霍尔集成电路的磁场会发生变化。由此而产生的霍尔信号就被测量电子装置按角度比例转换成电压信号，这个模拟的电压信号由控制单元 J197 来使用，用于判定车身的水平状态，传感器信号电压的变化如图 16—3—21 所示。这种转角传感器也用于大灯照程自动调节装置上。带有大灯照程自动调节装置的车上共装有 3 个传感器。

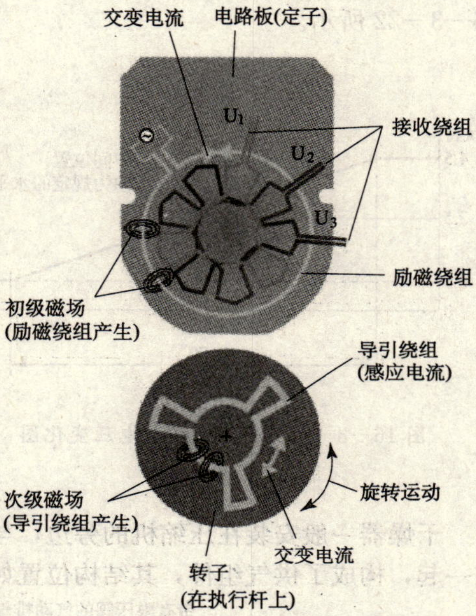

图 16—3—19　磁电式车身水平传感器的转子和定子

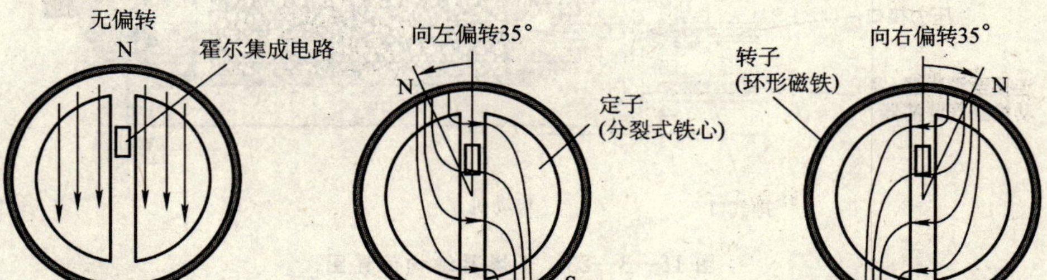

图 16—3—20　霍尔式车身水平传感器结构原理图

十二、空气干燥器

当压缩机内有水出现时，会引起锈蚀和冻结等故障，为了避免产生冷凝水，必须给空气去湿。空气干燥器是一种所谓的可再生的干燥系统，其干燥剂是一种人造的硅酸盐颗粒。这种颗粒最多可将自身重量的 20%（取决于温度）溶入水中。由于这种干燥器是可再生的，且只处理不含机油而且已经过滤的空气，所以它不必定期保养与更换，干燥器实物如图 16—3—22 所示。

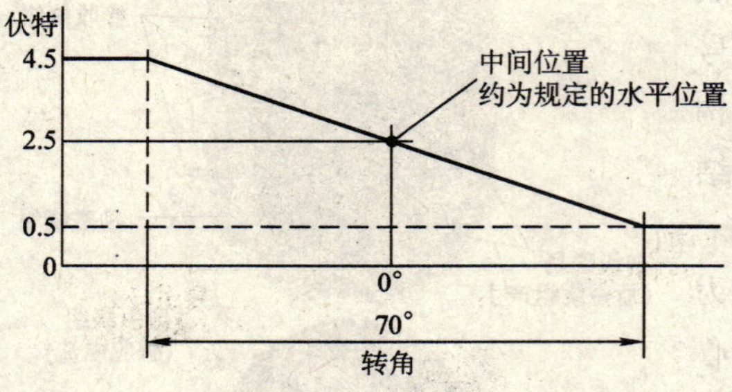

图 16—3—21　传感器信号电压变化图

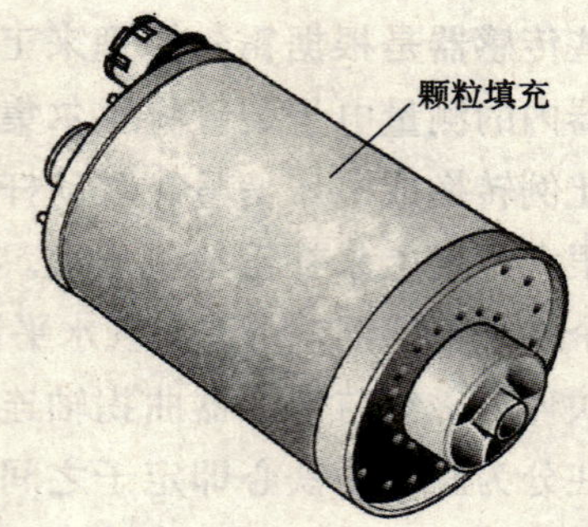

图 16—3—22　干燥器实物图

干燥器一般安装在压缩机的旁边，与压缩机、排气电磁阀、气动排气阀等元件固定安装在一起，构成了供气组件，其结构位置如图 16—3—23 所示。

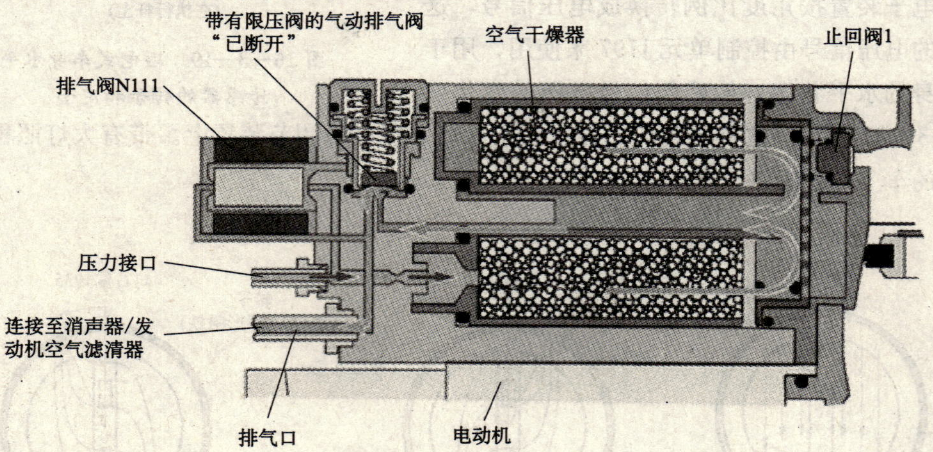

图 16—3—23　干燥器结构位置图

压缩空气流经空气干燥器并去湿，水分暂时存在空气干燥器内，已脱水的压缩空气进入系统内。干燥剂的再生过程发生在排气时。如图 16—3—24 所示，在系统排气时干燥的压缩空气（排出的气体）被导回到空气干燥器 5 内，于是就吸收了暂时存在干燥内的水分，吸收了水分的压缩空气随后再经过排气阀和滤清器排入周围大气中。

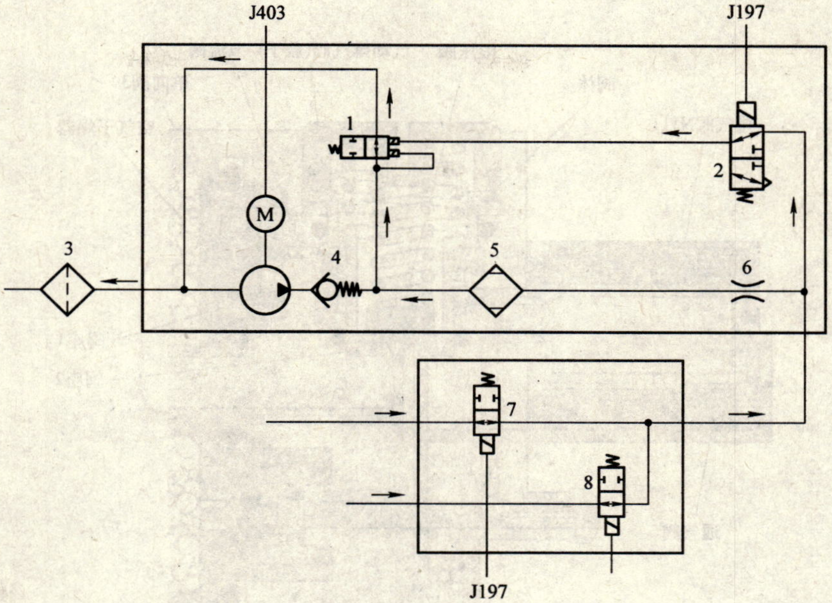

图 16—3—24 干燥器的再生功能图

→为排出的空气

1—气动排气阀 2—电动排气阀 N111 3—消声器/滤清器 4—止回阀 1

5—空气干燥器 6—节流阀 7—弹簧减振器阀 N148 8—弹簧减振器阀 N149

十三、排气阀（电控）

排气阀 N111 是一个三通两位阀，即有三个接口和开关两个位置，在不通电时该阀是关闭的。排气阀是用来排气的即用来控制车辆车身高度的下降，排气电磁阀实物如图 16—3—25所示。

十四、气动排气阀

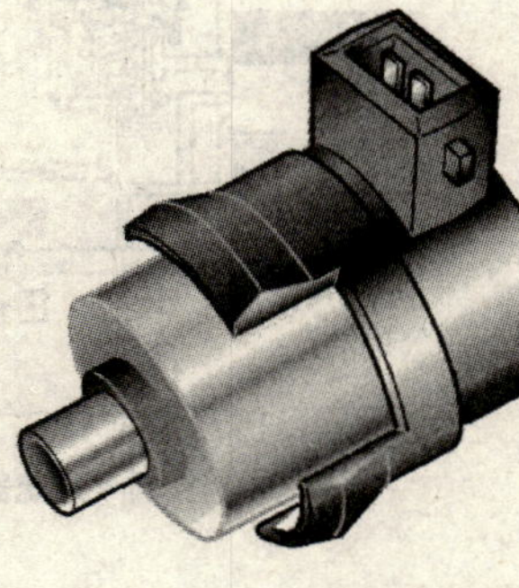

图 16—3—25 排气电磁阀实物图

气动排气阀有两个作用即保持剩余压力和限制压力。为了避免损坏空气弹簧（管状气囊），要求最小压力不得低于 3.5×10^5 Pa。保持剩余压力就是要在卸压时保证空气悬挂系统内的压力不会降到 3.5×10^5 Pa 以下（除非气动排气阀前部漏气）。当空气弹簧内的压力大于 3.5×10^5 Pa 时，阀体就会逆着两阀的弹簧力而升起并打开阀座 1 和 2，于是空气弹簧压力就经过节流阀和单向阀 3 到达空气干燥器。空气流过空气干燥器后再经限压阀的阀座和排气滤清器进入周围空气中。空气经节流阀后压力下降很大，这就导致空气相对湿度降低，因而“排出气体”的吸湿能力就得到了提高，气动排气阀的结构如图 16—3—26 所示。

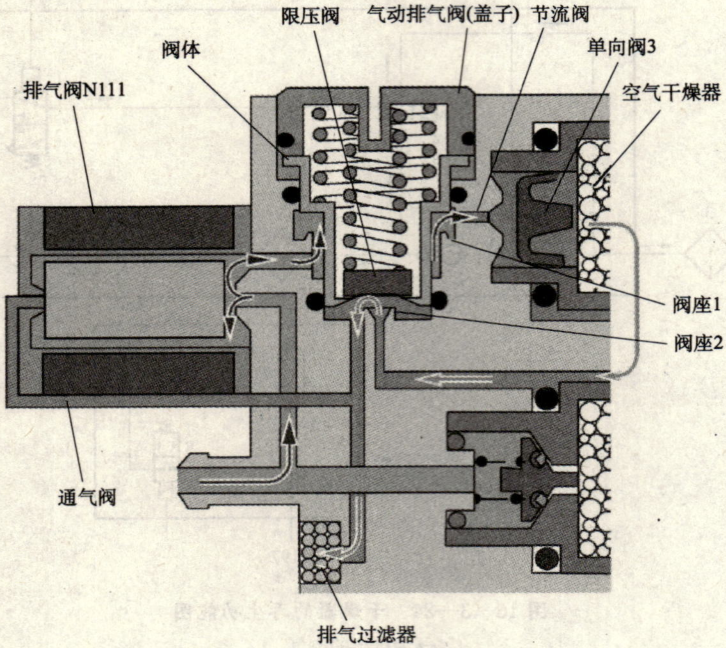

图 16—3—26　气动排气阀结构图

限压功能可防止系统内的压力过高，例如由于继电器接触故障或控制单元有故障时压缩机没有关闭。在这种情况下，如果压力高于约 13.5×10^5 Pa，限压阀就会逆着弹簧力而打开，压力经排气过滤器而卸掉，排气阀限压功能如图 16—3—27 所示，限压功能气动原理如图 16—3—28 所示。

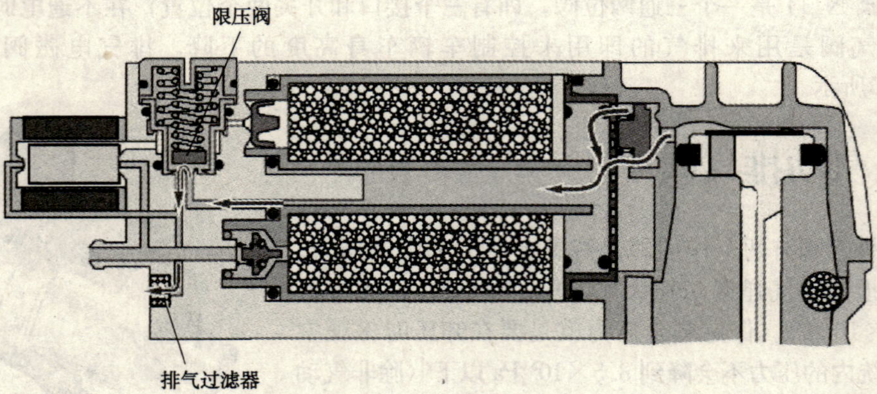

图 16—3—27　排气阀限压功能图

十五、减振支柱电磁阀

减振支柱电磁阀也称为横向截止阀，这两个阀包在一个壳体内。这两个横向截止阀是两

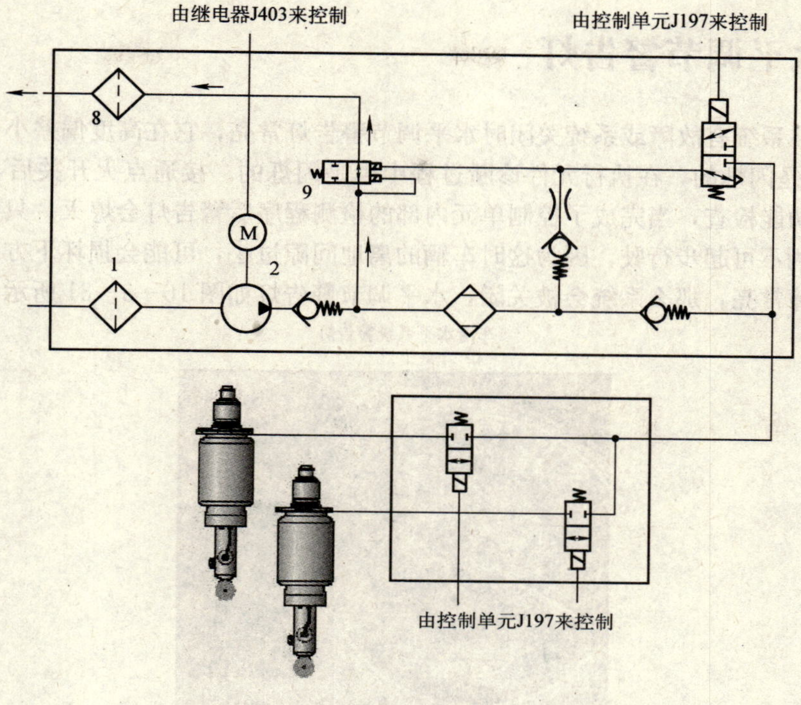

图 16—3—28 限压功能气动原理图

1—吸气过滤器 2—压缩机 8—排气过滤器 9—气动排气阀

通两位阀（有两个接口和两个切换位置）。这两个横向截止阀用于给空气弹簧充气和排气，在未通电时这两个阀是关闭的，这样就可以防止左、右空气弹簧出现不必要的压力平衡。在车辆转弯时就可防止外侧车轮的空气弹簧压力（压力较高）泄漏到内侧车轮的空气弹簧（压力较低）中，否则会出现短时车身倾斜，减振支柱电磁阀如图 16—3—29 所示。

在车身升起和下沉过程中，这两个横向截止阀总是一同控制的，因为只能在同一轴上进行调节。在车辆行驶过程中车速在 10 km/h 以上时，完成调节后，这两个横向截止阀每隔约 12 s 打开三次，打开持续时间约为 3 s，这是为了使得左右空气弹簧的压力能平衡。如果调节过程发生在转弯时，会导致后桥倾斜，而打开横向截止阀就可以补偿这种倾斜，横向截止阀电路控制如图 16—3—30 所示。

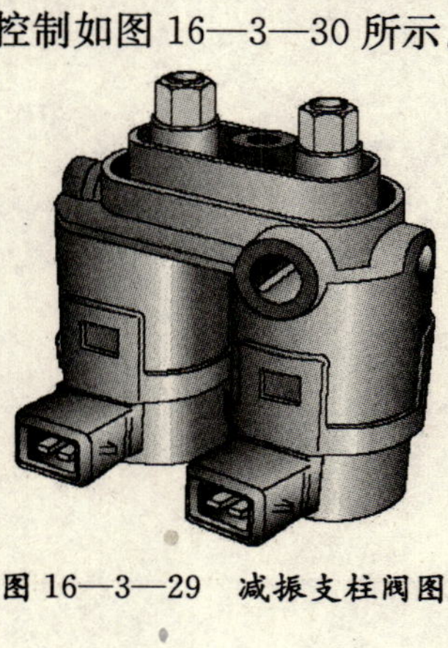

图 16—3—29 减振支柱阀图

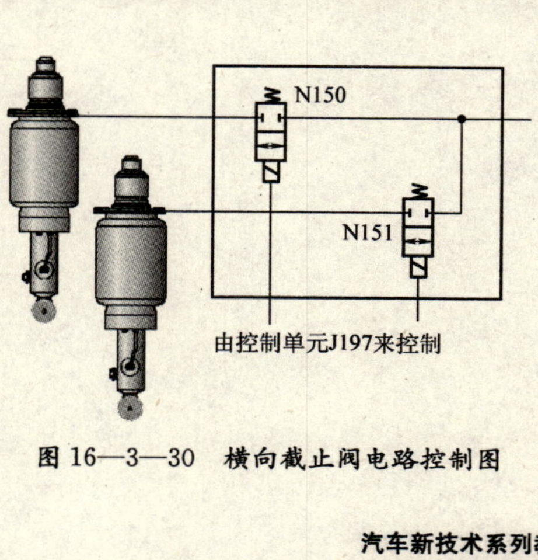

图 16—3—30 横向截止阀电路控制图

十六、水平调节警告灯

警告灯在系统有故障或系统关闭时水平调节警告灯常亮，它在高度偏差小于 5 mm 或大于 30 mm 时是闪烁的，在执行元件诊断过程中也是闪烁的。接通点火开关后，警告灯会亮起以便进行功能检查，当完成了控制单元内部的检测程序后警告灯会熄灭。只要是警告灯在闪亮，则车辆不可起步行驶，因为这时车辆的离地间隙过小，可能会损坏下方的部件。如果警告灯有故障常亮，那么系统会被关闭，水平调节警告灯如图 16—3—31 所示。

图 16—3—31　水平调节警告灯示意图

第十六章 自适应空气悬挂系统

第四节

系统控制与故障诊断

一、系统控制

1. 系统 CAN 总线信息交换

系统 CAN 总线信息交换如图 16—4—1 所示。

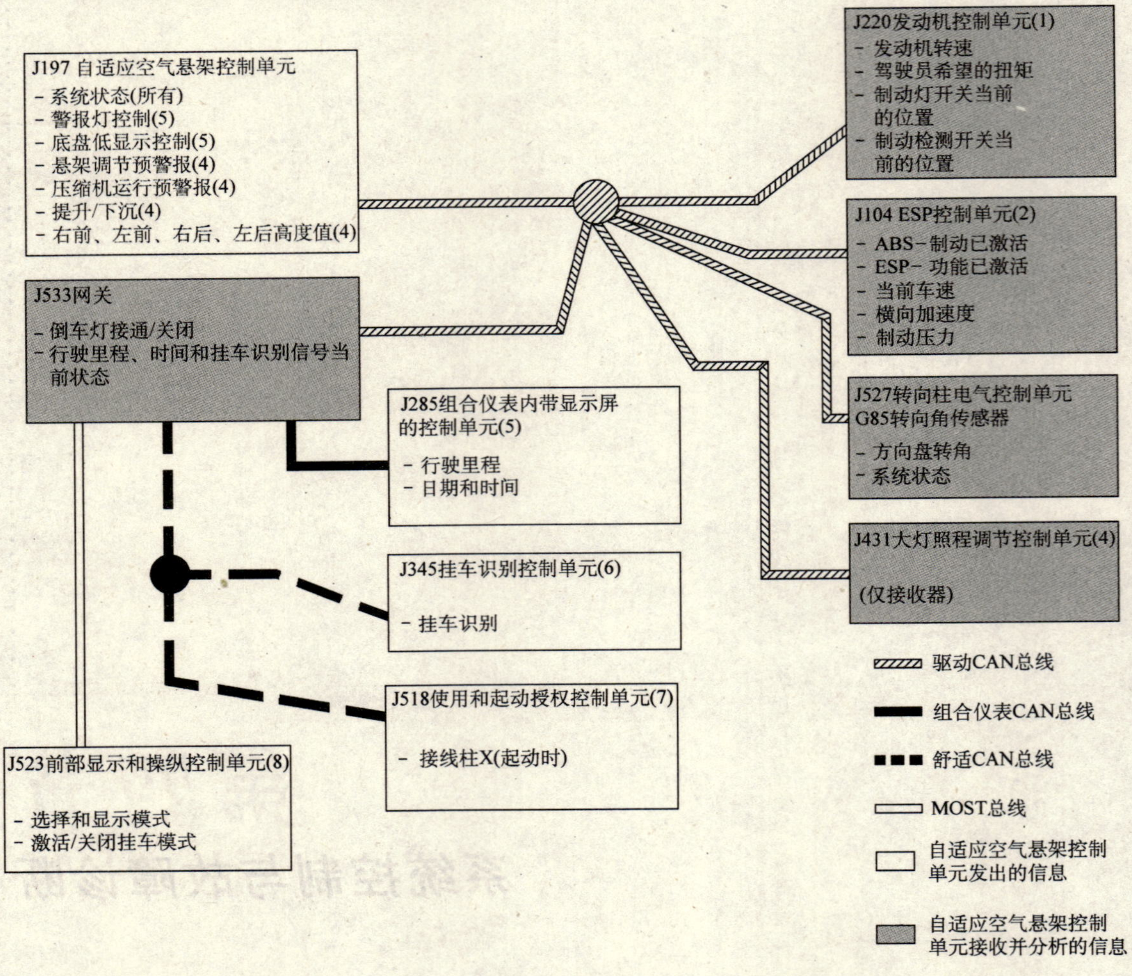

图 16—4—1　CAN 总线信息交换图

2. 系统电路控制

系统电路控制如图 16—4—2 所示。

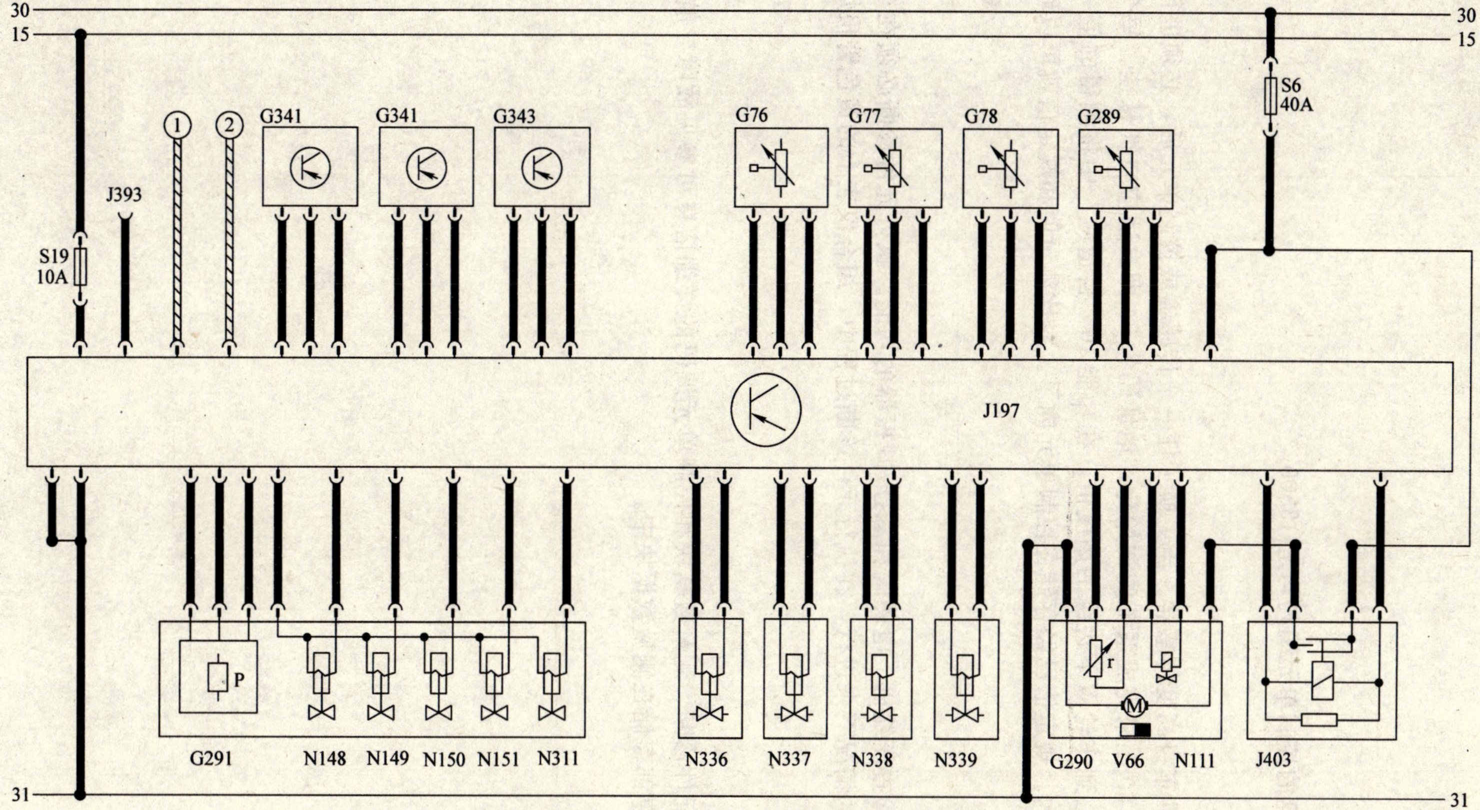

图 16—4—2 电路控制图

G76—左后底盘高度传感器　G77—右后底盘高度传感器　G78—左前底盘高度传感器　G289—右前底盘高度传感器　G290—自适应空气悬挂压缩机温度传感器

G291—自适应空气悬挂压力传感器　J393—舒适系统中央控制单元（用于车门信号）　G341—左前车身加速度传感器　G342—右前车身加速度传感器

G343—后部车身加速度传感器　J197—自适应空气悬挂控制单元　J403—自适应空气悬挂压缩机继电器　N111—自适应空气悬挂排气阀　N148—左前减振支柱阀

N149—右前减振支柱阀　N150—左后减振支柱阀　N151—右后减振支柱阀　N311—自适应空气悬挂蓄压器阀　N336—左前减振器调节阀　N337—右前减振器调节阀

N338—左后减振器调节阀　N339—右后减振器调节阀　V66—自适应空气悬挂压缩机电动机

附加信号

①CAN 总线，High　②CAN 总线，Low

二、故障诊断

1. 控制单元编码

标准底盘和运动底盘的控制单元编码均是 15500。

2. 系统初始化

系统初始化包括校准车身高度传感器。当更换了任一个传感器或控制单元后，必须进行系统初始化。使用 VAS 5051 来完成系统的初始化，地址码为 34 即自适应空气悬挂。每个车轮都要测量从车轮中心到车轮罩下边缘的高度值。在功能 10“自适应”中将测得的值一个一个传送到控制单元内。规定值已经存储在控制单元内了。对比测量值和规定值就可以确定出校正系数。

3. 执行元件诊断

执行元件诊断用于检查压缩机、电磁阀和悬挂/减振器的功能。执行元件诊断必须在车辆静止且点火开关接通的情况下来进行，在执行元件诊断过程中，组合仪表上的黄色警报灯会闪亮。

4. 测量数据块

系统初始化、执行元件诊断、测量数据块和控制单元编码的详细信息可参见故障导航。关于系统状态的重要信息都存储在测量数据块中。

第十七章 脚踏驻车制动与电控制动系统

第一节 脚踏驻车制动系统

一、脚踏驻车制动功能

脚踏驻车制动器可在各种坡路上使车辆稳稳停住。脚踏驻车制动器的制动踏板位于脚舱内，安装在A柱附近。

二、系统工作过程

操作脚踏驻车制动器踏板时，所施加的力通过一条拉线传送到拉杆机构上。此时该力分配到两条制动拉线上，拉线作用在后部车轮制动器的操纵机构上。该驻车制动器是双向自增力鼓式制动器。驻车制动功能通过安装在制动鼓内的制动蹄实现。用于松开脚踏驻车制动器的开锁手柄和拉线集成在仪表板内，如图17—1—1所示。

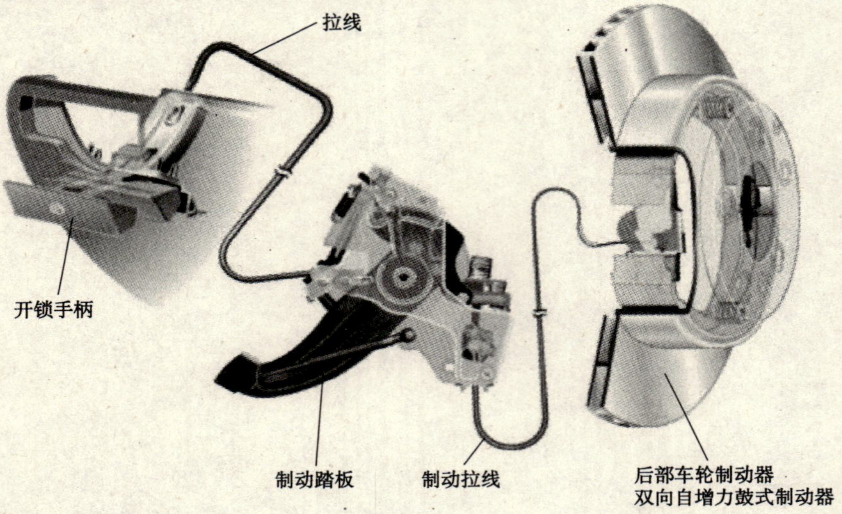

图17—1—1　系统组成图

脚踏驻车制动器的制动功能通过安装在双向自增力鼓式制动器内的制动蹄实现。实施驻车制动踩下脚踏驻车制动踏板时，制动拉线拉紧并因此带动膨胀销的拉杆。制动蹄通过膨胀销彼此压开并压到制动鼓内侧。这样即可在各种坡路上稳稳地停住车辆，如图17—1—2所示。

松开脚踏驻车制动器时，制动拉线上不再有拉力。弹簧将制动蹄拉回，制动蹄不再压在制动鼓内侧，膨胀销回到初始位置，如图17—1—3所示。

三、脚踏驻车制动踏板结构

扇形齿轮和脚踏驻车踏板以旋转方式支撑，且彼此牢固地固定在一起。操纵脚踏驻车踏板即可操纵拉线，止动爪插入扇形齿轮内即可实现驻车制动功能。止动杆弹簧的压力可防止止动爪弹出，同时会压下缓冲器，制动拉线被拉紧，如图17—1—4所示。

操纵开锁拉杆时，止动杆使止动爪抬起并放开扇形齿轮。操纵后张紧的开锁拉杆弹簧使其重新回到初始位置。压下的缓冲器通过弹力和阻尼作用慢慢地使驻车制动踏板回到初始位置，如图 17—1—5 所示。

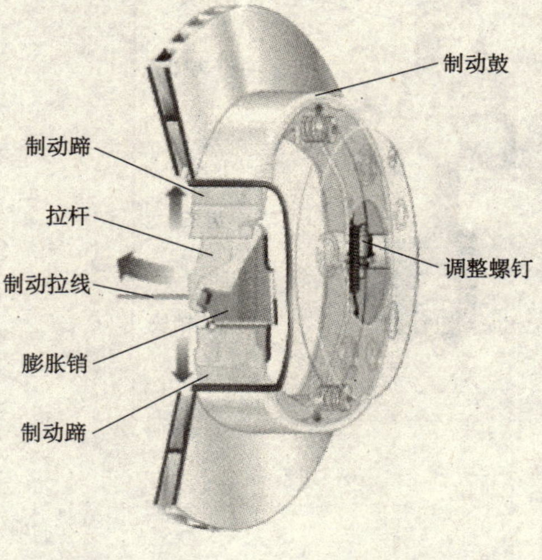

图 17—1—2　系统工作过程图（一）

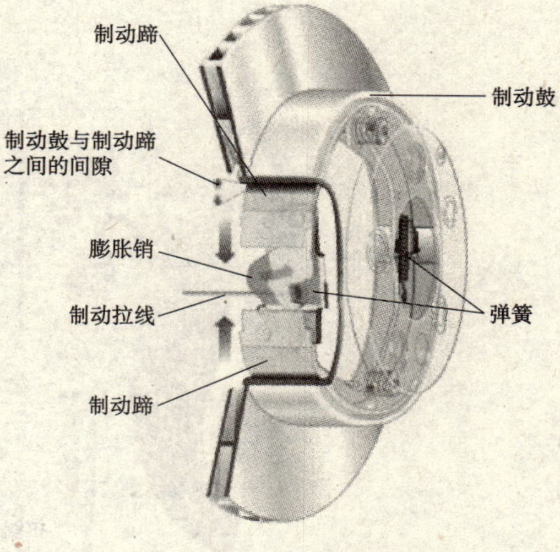

图 17—1—3　系统工作过程图（二）

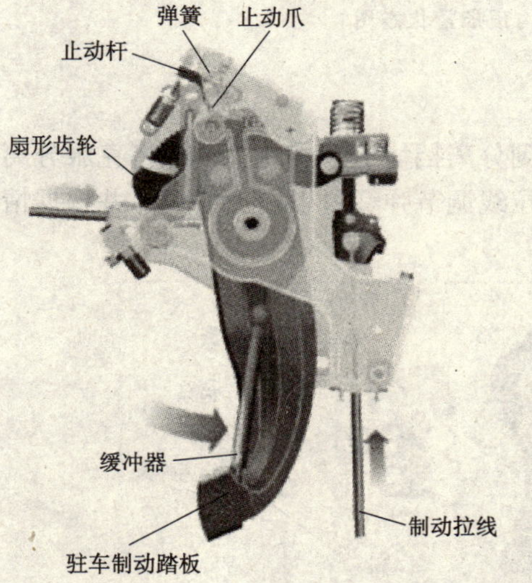

图 17—1—4　实施制动工作图

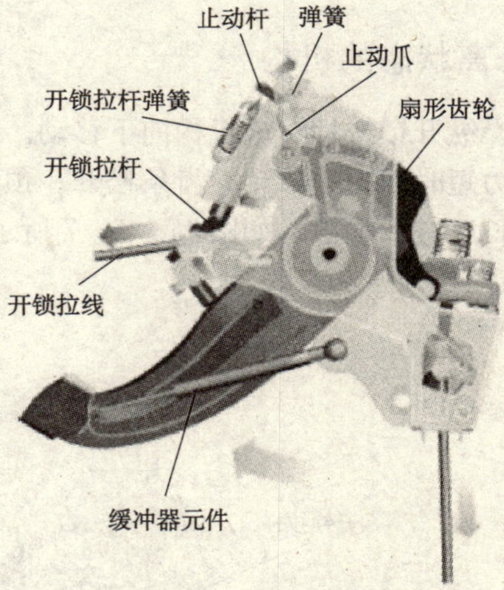

图 17—1—5　放开制动工作图

四、调节机构

为了使后部车轮制动器拉线始终具有最佳长度，在脚踏驻车制动器模块内集成有一个调节机构。该调节机构与驻车制动踏板牢固地固定在一起。

1. 预张紧状态的机构

拉线调节弹簧已预先张紧，止动杆插入内置齿条中。为了防止止动杆弹出及提前使调节机构分离，分离弹簧压在止动杆上。操纵或松开脚踏驻车制动器时，整个调节机构会向上或向下移动，如图 17—1—6 所示。

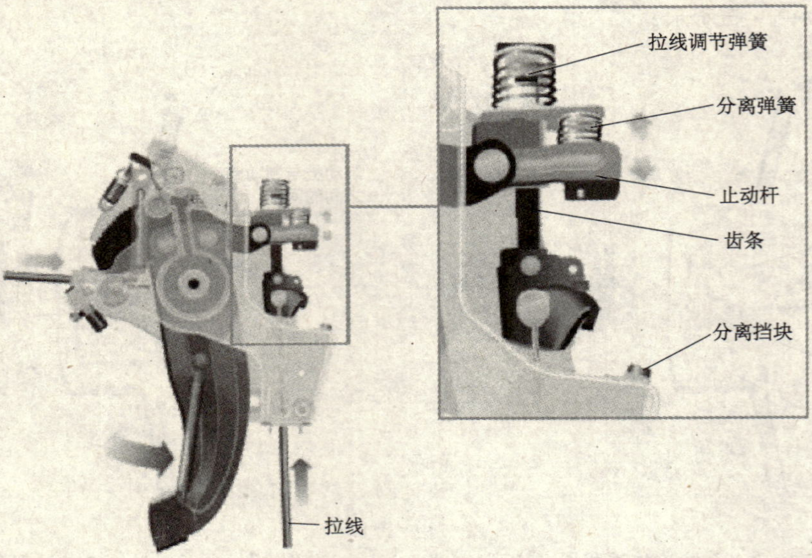

图 17—1—6　调节机构预张紧状态图

2. 分离状态的机构

操纵开锁拉杆时该机构向下移动。止动杆碰到分离挡块上，因此止动杆将克服分离弹簧的弹力短时间向上移动，齿条松开。预先张紧的拉线调节弹簧可以向上移动，并根据情况对所需长度进行补偿，如图 17—1—7 所示。

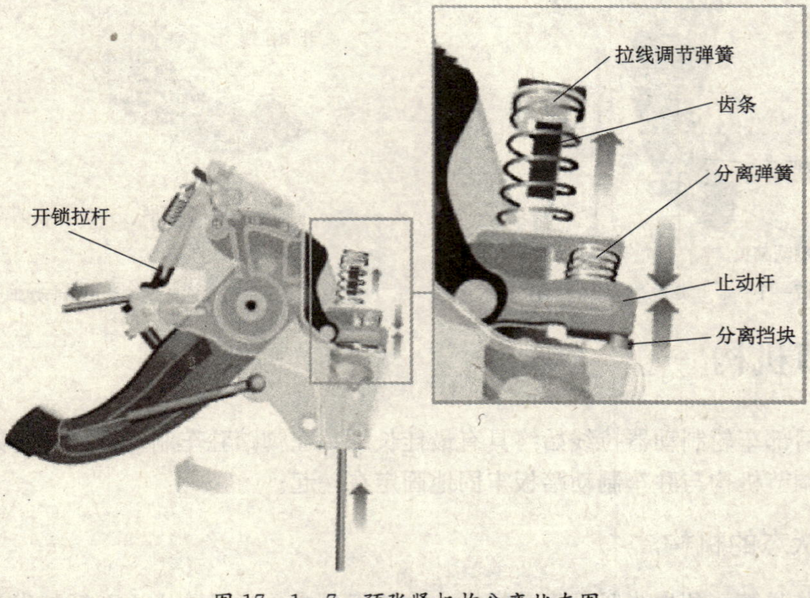

图 17—1—7　预张紧机构分离状态图

第十七章 脚踏驻车制动与电控制动系统

第二节

MK 系列制动系统介绍

一、TEVES MK 系列制动系统发展过程

TEVES MK 系列制动系统有多种型号，经过几十年的发展变化，TEVES 公司的 MK 系列的 ABS 已经有 MK－II、MK－IV、MK IV－G、MK20、MK20－I/E、MK60、MK70、MK50、MK25 等形式，MK 系列 ABS 的发展过程图如图 17—2—1 和图 17—2—2 所示，这些系统不断在更新，液压和电脑电控单元变得越来越小、越来越轻，而系统的动力越来越大。MK 系列 ABS 应用在不同年份和不同形式的车型上，目前安装 MK 系列 ABS 系统的车型越来越多，MK 系列各种制动系统安装的年份与车型见表 17—2—1。

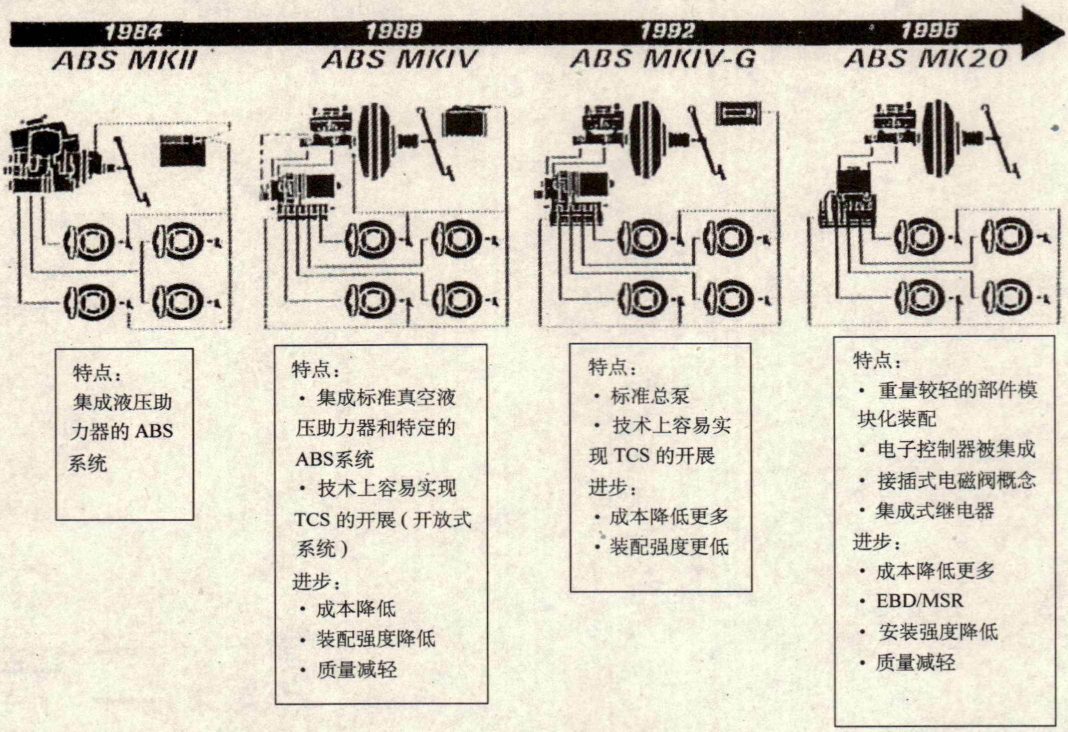

图 17—2—1　MK 系列 ABS 的发展过程图（一）

二、MK20 系统

MK20 系统安装的车型非常广泛，其特点与系统组成见本章第三节所述。

三、MK20I/E 系统

1. MK20I/E 形式 ABS 的优点

大众桑塔纳 3000 轿车上装配了 MK20I/E 形式的 ABS 系统，与 MK20—I 相比 MK20—I/E 有以下优点：

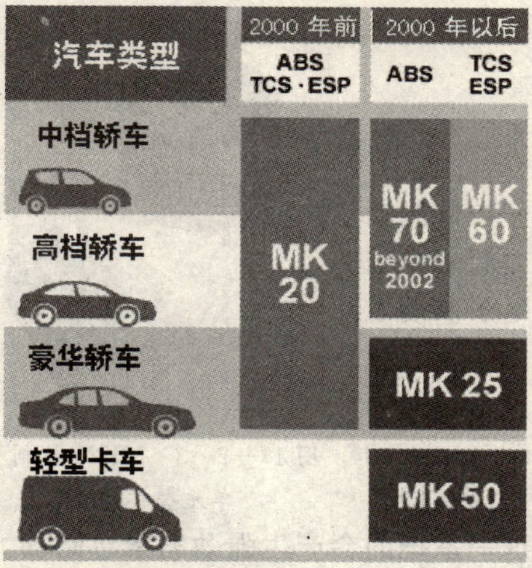

图 17—2—2 MK 系列 ABS 的发展过程图（二）

表 17—2—1 MK 系列 ABS 系统与常见车型对照表

车 型	所采用的 MK 系列 ABS 制动系统
桑塔纳 2000GSI	MK20—1
捷达 GTX	MK20—I
奇瑞风云	MK20
帕萨特 2.0	MK20I/E
帕萨特 2.8 V6（2002 年以后的）	MK20I/E
桑塔纳 3000 超越者轿车	MK20—I/E
宝来	MK60
高尔夫	MK60
Polo	MK60
雷诺 Laguna	MK60
长安福特嘉年华	MK60
标致 206	MK70
途安 Touran	MK70
2004 年以后的克莱斯勒（切诺基、新吉普）	MK25E
轻型卡车、中型卡车	MK50

（1）制动舒适性较好 ABS 工作时，控制电机的噪声低于 MK20—I；踏板反弹较小。

（2）弯道制动时制动稳定性明显优于 MK20—I。

（3）增加 EBV 功能，EBV 工作制动时，车辆能更好地保持原有行驶轨迹，制动稳定性和可转向能力好。

2. MK20—I/E 与 MK20—I 系统的差别

MK20—I/E 与 MK20—I 系统的差别见表 17—2—2。

表 17—2—2 MK20—I/E 与 MK20—I 系统比较表

	对比项目	MK20I	MK20I/E
1	电磁阀节流孔	单级	两级
2	ECU	集成度低	集成度高
3	ABS 功能	增加了横向稳定控制逻辑	弯道制动与制动力分配功能
4	CAN 总线	无	采用高阻抗总线，便于实现 CAN 总线功能
5	轮速传感器型号和安装	相同	
6	制动管路布置与接头	相同	
7	线束	不同	
8	ECU 软件	不同	
9	ECU 端子排列	不同	

四、MK25 系统

大众途锐汽车安装了 MK25 式的制动系统，该系统带有制动辅助系统和 ESP 电子稳定程序，MK25 装置使车辆在各种状况和路面状况下都能稳稳地停住。其特点包括液压单元和控制单元构成一个整体，主动式车轮传感器可识别出向前和向后行驶。ESP 传感器单元包括横向加速度传感器、纵向加速度传感器和偏航角速率传感器，它们位于一个壳体内。

MK25 ABS/ESP 装置可提高乘员的安全性，包括制动辅助系统、电子差速锁、驱动防滑系统、发动机牵引力矩调节系统、上坡起步辅助系统、下坡行驶辅助系统、越野 ABS 等功能。MK25 制动系统的控制单元整体如图 17—2—3 所示。

五、MK60 系统

图 17—2—3 MK25 控制单元整体图

如图 17—2—4 所示，MK60 是质量非常轻的电子控制制动系统，是 TEVES 电子制动系统的一员，MK60 主要是针对中档和高档轿车的尺寸设计开发的，对比前一代 MK20 电子制动系统，MK60 在电子控制和液压控制方面都进行了大的改良，减小了产品的尺寸和质量，更新的液压泵和直流电机设计，整合了电子控制器和过多的铁芯，采用了双晶片设计。能适应主动式和被动式轮速传感器工作，采用了稳定性控制，自动防滑，ABS，电控行驶制动系统（EPB），当汽车行驶按动这一系统的会产生强劲的紧急制动力。系统的重量得到了大的降低。如 MK20、MK60、MK70 质量对比如图 17—2—4 所示。单纯 ABS 功能的 MK60 液压与电控总成只有 2. 0 kg，在相同尺寸下 MK60 可以扩展 TCS 和 ESP 功能，此时它只有 2. 3 kg，而 MK20 在具备 ABS、TCS 和 ESP 功能时质量为 2. 8 kg。

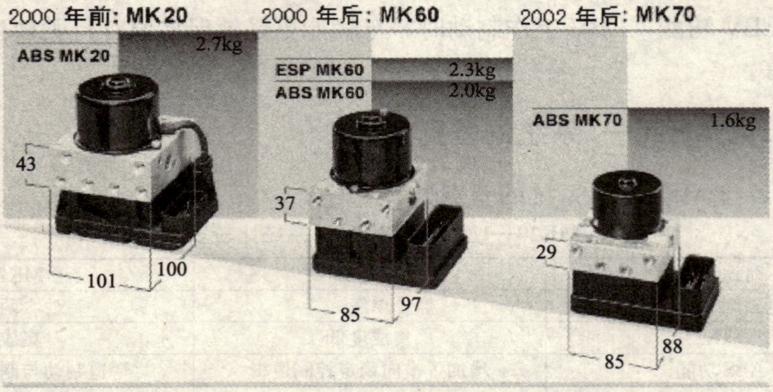

图 17—2—4 MK20、MK60 与 MK70 液压电控单元对比图

六、MK70 系统

在 2002 年以后的大众车型中开始安装 MK70 形式的 ABS 系统，如大众途安轿车，MK70 系统与 MK60 相比较，体积更小巧，质量更轻，液压控制单元仅重 1. 6 kg。

第十七章 脚踏驻车制动与电控制动系统

第三节

MK20 型 *ABS* 系统

一、MK20 型 ABS 系统组成

桑塔纳 2000GSI 型和大众捷达系列轿车采用的是 MK20—Ⅰ型 ABS 系统，为三通道的 ABS 调节回路，前轮单独调节，后轮则以两轮中地面附着系数低的一侧为依据统一调节。MK20—1 型 ABS 系统软件中已包含电子制动力分配功能，所以不需要再安装制动比例控制阀。ABS 系统主要由 ABS 控制器（包括电子电控单元、液压调节器、液压泵等）、四个车轮转速传感器、ABS 故障警告灯、制动警告灯等组成，如图 17—3—1 所示。

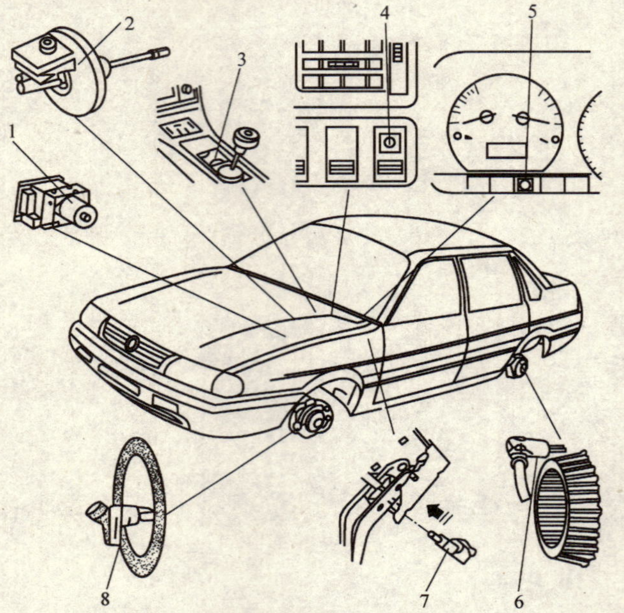

图 17—3—1　MK20 系统元件组成与位置

1—ABS 控制器　2—制动主缸和真空助力器　3—自诊断插口　4—ABS 警告灯（K47）　5—制动警告灯（K118）　6—后轮转速传感器（G44/G46）　7—制动灯开关（F）　8—前轮转速传感器（G45/G47）

二、MK20 ABS 主要特点

1. 高性能的 ABS 系统，可带 EBD。
2. 模块结构，带集成电路控制器，可安装在发动机舱内。
3. 电子集成块继电器。
4. 外接自诊断插头。
5. 质量 2.9 kg。

三、MK20 ABS 液压调节器

液压电控单元与液压泵电机不允许拆卸。ABS 液压调节器实物照片如图 17—3—2 所示。

图 17—3—2　MK20 ABS 液压调节器实物图

产生故障的后果：ABS/EBD 系统功能中断，ABS 警告灯点亮。液压泵电机产生故障的后果：防抱死系统（ABS）功能中断，电子制动力分配功能仍能保持工作，ABS 警告灯亮。大众桑

塔纳 2000GSI 轿车 ABS 液压调节器管路连接如图 17—3—3 所示。

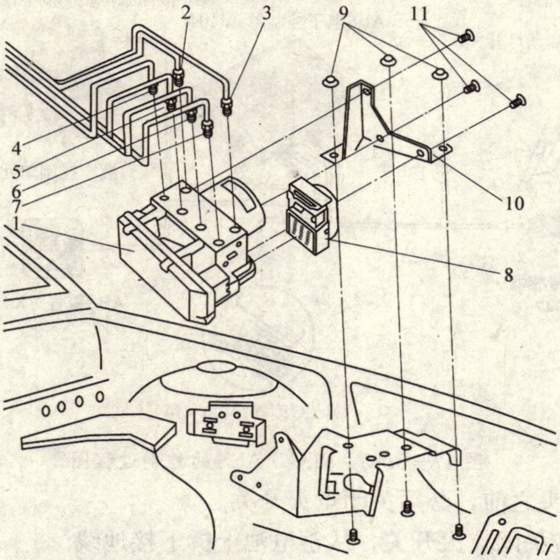

图 17—3—3 大众桑塔纳 2000GSI 轿车 ABS 液压调节器管路连接

1—ABS 控制器 2—制动管与接头，制动主缸后活塞到液压调节器 3—制动管与接头，制动主缸前活塞到液压调节器 4—制动管与接头，液压调节器到右前辅助缸 5—制动管与接头，液压调节器到左后辅助缸 6—制动管与接头，液压调节器到右后辅助缸 7—制动管与接头，液压调节器到左前辅助缸 8—ABS 电控单元线束插头（25 针插头） 9—螺母 10—ABS 控制器支架 11—安装螺栓

四、ABS 控制器

ABS 控制器由 ABS 电子电控单元（J104）、液压电控单元（N55）、液压泵（V64）等组成。液压电控单元（N55）阀体内包括 8 个电磁阀，每个回路各一对，其中一个是常开进油阀，一个是常闭出油阀。它在制动主缸、制动轮缸和回油路之间建立联系，实现压力升高、压力保持和压力降低的功能，防止车轮抱死。电控单元内部结构如图 17—3—4 所示。MK20 ABS 的控制过程如图 17—3—5 所示。

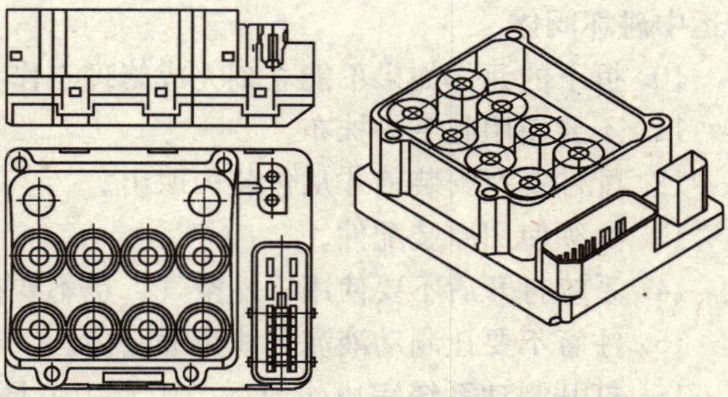

图 17—3—4 电控单元内部结构图

五、ABS 系统的检修注意事项

1. 系统发生故障由 ABS 警告灯（K47）和制动装置警告灯（K118）指示。某些故障只能在车速超过 20 km/h 后才能被检测到。

2. 如果 ABS 警告灯（K47）和制动装置警告灯（K118）不亮，但制动效果仍不理想，则可能是系统放气不干净或在常规的制动系中存在故障。

3. 对 ABS 修理前，为了检查故障所在，应先用 VAG1552 故障诊断仪查询故障码。

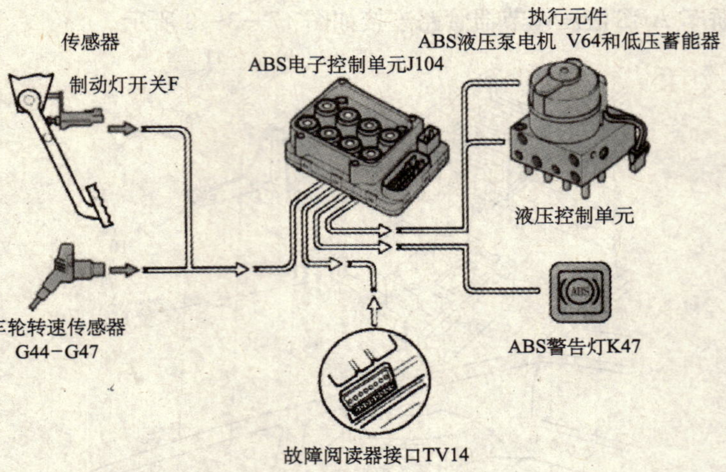

图 17—3—5　MK20 ABS 的控制过程图

4. 拔 ABS 电气插头之前，必须关闭点火开关。

5. 开始修理前，应关闭点火开关，从蓄电池上拆下接地线。

6. 防抱死制动系统工作必须绝对清洁，决不要使用含矿物油的物质，例如机油或油脂。

7. 拆卸前必须彻底清洁连接点和支承面，决不要使用像汽油、稀释剂等类似的清洁剂。

8. 拆下的零件必须放在干净的地方，并且覆盖好。

9. 把 ABS ECU 和液压电控单元分开后，必须把液压电控单元放在专用支架上以免在搬运中碰坏阀体。

10. 拆下的元件如果不能立刻完成修理工作，必须小心地盖好或者用塞子封闭。

11. 不要使用起毛的抹布。

12. 配件要在安装前才从包装内取出。

13. 必须使用原装配件。

14. 系统打开后不要使用压缩空气，也不要移动车辆。

15. 注意不要让制动液流到线束插头内。

16. 打开制动系统完成作业后，用专用工具 VW1238A 制动液充放机与 V. A. G1552 故障诊断仪配合使用，对系统进行放气。

17. 在试车中，至少进行一次紧急制动。当 ABS 正常工作时，会在制动踏板上感到有反弹，并可感觉到车速迅速降低而且平稳。

六、ABS 系统故障诊断与排除

1. 故障诊断

如图 17—3—6 所示，图为 MK20－1 型 ABS ECU 控制过程，点火开关接通后闪烁几次后熄灭表明 ABS 自诊断完毕，系统正常，如果不熄灭，表明系统有故障，当 ABS 失灵后，

EBV 仍继续工作。

2. VAG1552 故障阅读仪操作

ABS 系统故障诊断可使用 VAG1552 故障诊断仪来操作。

VAG1552 操作方法：在断电情况下，将 VAG1552 故障诊断仪与诊断插座连接后，打开点火开关。

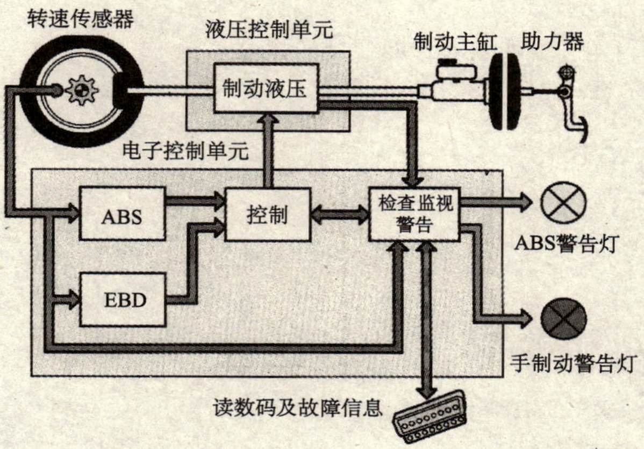

图 17—3—6　MK20－1 型 ABS ECU 控制过程图

第十七章 脚踏驻车制动与电控制动系统

第四节

MK60 型 ABS 系统

一、MK60 型 ABS 的概述

大众车系宝来、Polo、高尔夫等车型均安装了 MK60 型 ABS 系统。

二、MK60 型 ABS 系统元件位置

ABS 液压调节器 N55 安装在发动机舱内左侧，液压调节器内的液压泵 V64 及进/出液阀可由自诊断来检查，液压泵 V64 与阀组彼此不可分开。更换液压调节器后，一定要用修理包中的堵塞（备件号为 1H0 698 311A）塞住旧单元。

ABS 电控单元 J104 安装在发动机舱内左侧的液压调节器上，可由自诊断来检查，检查电控单元的多孔插头，在完成自诊断前不要拔下多孔插头。关闭点火开关后方可拔下插头。带 ABS/ESP 的车在更换电控单元 J104 后，须进行零点平衡。

制动灯开关 F 在静止位置时是断开的，它可以在测量数据块中检查。

带 ABS/EDS/ASR/ESP 的车装有摆动速率传感器 G202，横向加速度传感器 G200，它安装在仪表板下的转向柱旁，可由自诊断检查，也可以测量数据块中检查，更换横向加速度传感器后，需进行零点平衡。

MK60 ABS 系统元件安装位置如图 17—4—1 所示，液压系统与管路连接如图 17—4—2 所示。

纵向加速度传感器 G251 仅用于四轮驱动车中，安装在右侧 A 柱上与仪表板等高处，可由自诊断检查，也可以测量数据块中检查。更换了纵向加速度传感器 G251 后，需进行零点平衡。

制动压力传感器 G201 仅指带 ABS/EDS/ASR/ESP 的车型，它可用自诊断检查，也可在测量数据中检查，更换制动压力传感器 G201 后，需进行零点平衡。

转向角度传感器 G85，仅指带 ABS/EDS/ASR/ESP 的车型，安装在方向盘与转向开关之间的转向柱上。可由自诊断检查，也可以测量数据块中检查。更换转向角度传感器 G85 后，需进行零点平衡。

制动真空泵 V192 安装在副驾驶左侧，但并非所有的车上都安装，它可由发动机电控单元自诊断来检查。自诊断接口安装在暖风/空调操纵单元下部的中央副仪表板内。

右前/左前转速传感器 G45/G47 可由自诊断检查，在安装传感器前，应清洁传感器座内表面并涂 G000650。安装传感器时，注意车轮罩内的传感器线不要扭绞在一起。螺栓拧紧力矩为 10 N·m。

带转速传感器转子的轮毂，右前和左前转速传感器及转子是相同的。

右后/左后转速传感器 G44/G46 可由自诊断检查，在安装传感器前，应清洁传感器座内表面并涂 G000650。安装传感器时，注意车轮罩内的传感器线不要扭绞在一起。螺栓拧紧力

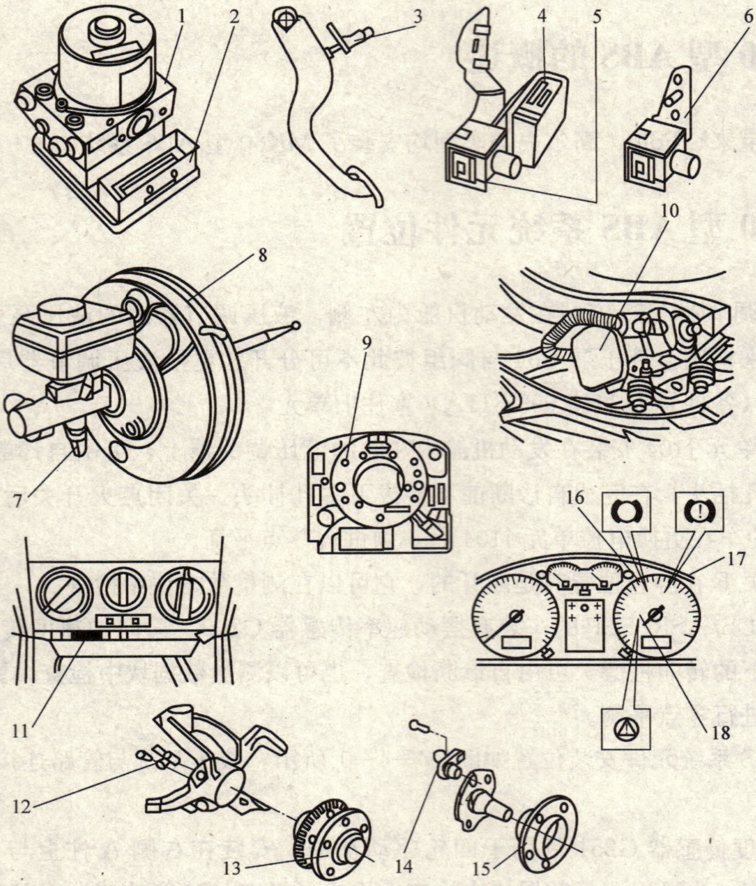

图 17—4—1　MK60 ABS 系统元件安装位置图

1—ABS 液压单元 N55　2—ABS 控制单元 J104　3—制动灯开关 F　4—摆动速率传感器 G202　5—横向加速度传感器 G200　6—纵向加速度传感器 G251　7—制动压力传感器 G201　8—制动助力器　9—转向角度传感器 G85　10—制动真空泵 V192　11—自诊断接口　12—右前/左前转速传感器 G45/G47　13—带转速传感器转子的轮毂　14—右后/左后转速传感器 G44/G46　15—带转速传感器转子的轮毂　16—ABS 警告指示灯 K47　17—制动系统警告灯 K118　18—稳定程序警告灯 K155

矩为 10 N·m。

ABS 警告指示灯 K47、制动系统警告灯 K118、稳定程序警告灯 K155 安装在组合仪表内。在打开点火开关及结束检测过程后，如果 ABS 警告灯 K47 不熄灭，则系统存在故障，ABS 有故障时，防抱死功能被切断，但制动功能正常。当车速超过 20 km/h 时，K47 自动熄灭。如果 K47 熄灭，但 K118 仍亮着，则为手制动器已拉紧或制动液面过低。如果 K47 及 K118 亮，说明 ABS 及 EBV（电子制动力）分配有故障。注意：如果 K47 和 K118 亮，那么制动时后轮可能提前抱死。车在行驶中，如稳定程序警告灯 K155 闪亮，说明 ASR 和 ESP 正在工作。

三、MK60 电控系统组成与工作

大众宝来轿车 MK60 电控系统组成如图 17—4—3 所示。

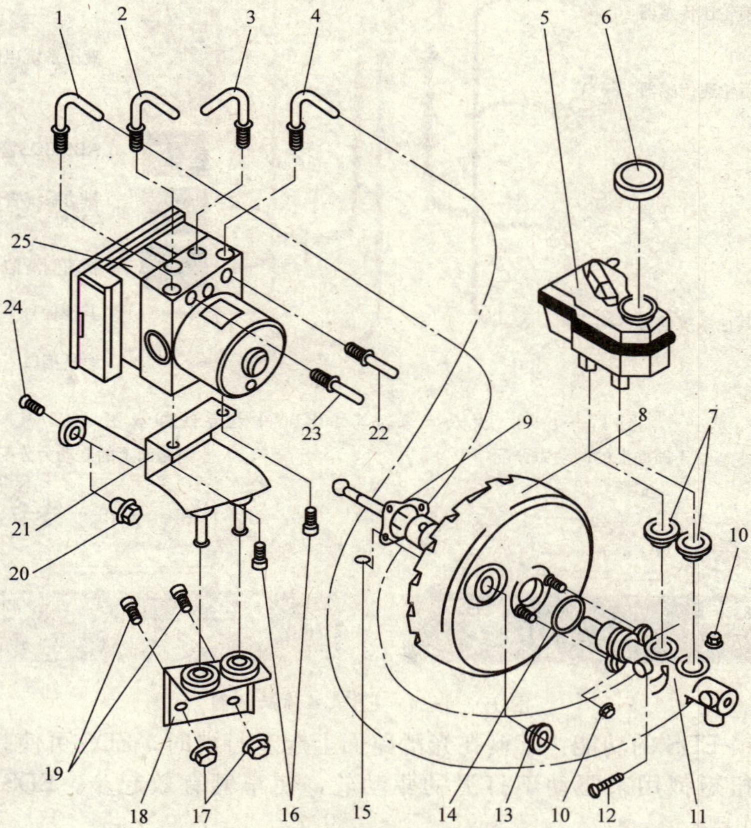

图 17—4—2　MK60 液压系统与管路连接图

1—主缸推杆活塞至液压单元管路　2—液压单元至左前制动钳制动管路　3—液压单元至右前制动钳制动管路　4—主缸浮动活塞至液压单元制动管路　5—制动液储液罐　6—密封盖　7—密封塞　8—制动助力器　9—密封件　10—六角螺母　11—制动主缸　12—定位销　13—密封塞　14—密封环　15—六角螺母　16—螺栓　17—六角螺母　18—支架　19—支撑螺栓　20—六角螺母　21—支架　22—液压单元至左后轮缸制动钳制动管路　23—液压单元至右后轮缸制动钳制动管路　24—支撑螺栓　25—带 ABS 控制单元

四、MK60 的 EBV 功能

EBV 为电子制动力分配功能，能在各种工况下自动调整前后轴制动力的分配，如在车辆后部负载增多时在制动条件下加大后轮的制动力，在车辆路面变化时增大后轮的制动力，制动力分配功能的实现也是通过 ABS 系统的元件来实现。ABS 失效时，EBV 仍然能独立工作。系统工作如图 17—4—4 所示。

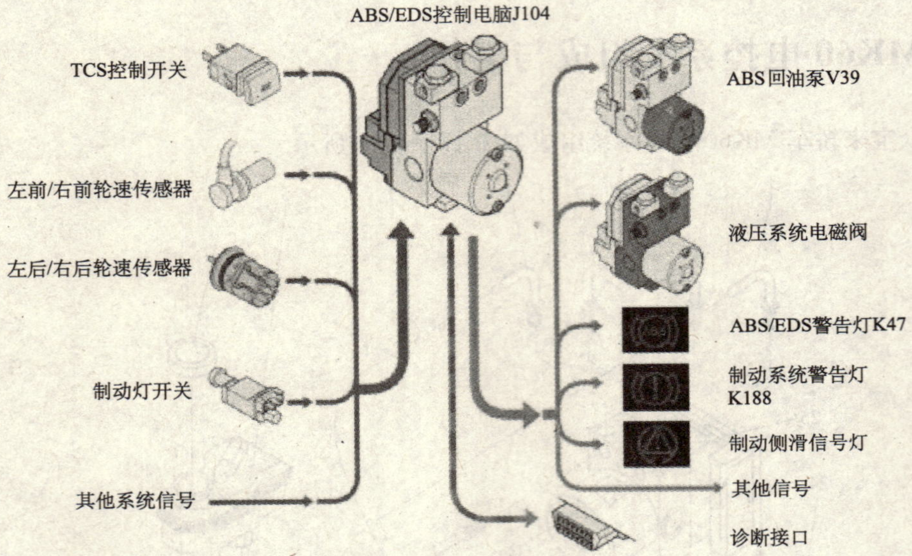

图 17—4—3　大众宝来轿车 MK60 电控系统组成图

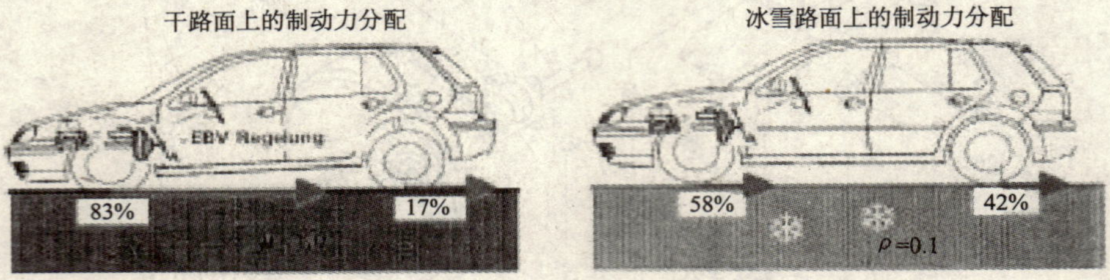

图 17—4—4　EBV 工作示意图

电子差速锁 EDS 的功能：车辆在光滑路面上起步打滑时，EDS 可使打滑的驱动轮停转，保证输出扭矩都用来驱动不打滑的驱动轮，使车辆有效起步。EDS 功能在车速小于40 km/h 起作用。